Martin Häublein/Stephen Utz (Hrsg.)

Rechtsgeschäft, Methodenlehre und darüber hinaus
Liber Amicorum für Detlef Leenen
zum 70. Geburtstag am 4. August 2012

# Rechtsgeschäft, Methodenlehre und darüber hinaus

Liber Amicorum für

DETLEF LEENEN

zum 70. Geburtstag
am 4. August 2012

herausgegeben von

Martin Häublein und Stephen Utz

De Gruyter

MIX
Papier aus verantwortungsvollen Quellen
FSC® C016439

ISBN 978-3-11-026021-2
e-ISBN 978-3-11-026022-9

*Bibliografische Information der Deutschen Nationalbibliothek*

Die Deutsche Nationalbibliothek verzeichnet diese Publikation in der Deutschen Nationalbibliografie; detaillierte bibliografische Daten sind im Internet über http://dnb.d-nb.de abrufbar.


Datenkonvertierung: Werksatz Schmidt & Schulz GmbH, Gräfenhainichen
Druck: Hubert & Co. GmbH & Co. KG, Göttingen

∞ Gedruckt auf säurefreiem Papier

Printed in Germany

www.degruyter.com

Detlef Leenen
zum 4. August 2012

Wolfgang Ernst
Johannes Hager
Martin Häublein
Roland Hoffmann-Theinert
Richard Hyland
Philip Kunig
Stephan Lorenz
Willajeanne F. McLean
Ángel R. Oquendo
Jens Petersen
Jürgen Prölss
Reinhard Singer
Guido Toussaint
Stephen Utz

# Inhaltsverzeichnis

# Vorwort

Dieses Buch ist *Detlef Leenen* aus Anlass seines 70. Geburtstags am 4. August 2012 zugeeignet. Obwohl es nicht seinem Wesen entspricht, derartiges groß zu feiern, meinten nicht nur wir Herausgeber, das Ereignis und das juristische Wirken des Jubilars sollten mit einer Freundesgabe gewürdigt werden. Die daran Mitwirkenden fühlen sich dem Geehrten in besonderer Weise verbunden, was neben inspirierenden fachlichen Gesprächen vor allem seiner unprätentiösen und herzlichen Persönlichkeit geschuldet ist. Manche der Autoren kennen ihn bereits seit seiner Münchener Assistentenzeit bei *Karl Larenz*; andere Freundschaften haben sich erst nach seinem Wechsel auf den Lehrstuhl für Bürgerliches Recht, Handelsrecht, Rechtstheorie und Methodenlehre an der Freien Universität Berlin im Jahr 1982 ergeben, dafür aber teilweise eine beträchtliche räumliche Distanz überdauert, obwohl diese nur gelegentlich, insbesondere durch Forschungsaufenthalte in den USA, verkürzt wurde.

Ein wesentlicher Teil der Aufsätze in diesem Band widmet sich Problemen der Rechtsgeschäfts- oder Methodenlehre und reflektiert so die beiden Hauptgebiete der wissenschaftlichen Tätigkeit des Jubilars; darüber hinaus gehende Interessen, etwa zivilrechtsdogmatischer und rechtsphilosophischer Art, werden von anderen Beiträgen aufgegriffen. Da die Autoren in unterschiedlichen Rechtsordnungen zu Hause oder zumindest tätig sind, werden die Grenzen des deutschen Rechts dabei immer wieder verlassen.

Zu danken haben wir dem Verlagshaus Walter de Gruyter für die Aufnahme in das Verlagsprogramm sowie der Ernst-Reuter-Gesellschaft und insbesondere den in ihr versammelten Freunden und Förderern des Fachbereichs Rechtswissenschaft der Freien Universität Berlin, weil erst durch ihre großzügige Unterstützung der Plan zur Tat werden konnte.

Innsbruck und Hartford im Frühjahr 2012

*Martin Häublein* und *Stephen Utz*

# Der Beschluss als Organakt

Wolfgang Ernst

## I. Die Vorstellung vom Beschluss als mehrseitigem Rechtsgeschäft

Über den Beschluss heisst es bei *Andreas von Tuhr*, er sei ein mehrseitiges Rechtsgeschäft. Er entstehe aus einer Mehrheit einzelner Willenserklärungen.[1] Als diese sah *von Tuhr* die einzelnen Stimmabgaben an. Der Beschluss sei ein „Zusammenwirken mehrerer inhaltlich übereinstimmender Willenserklärungen, also ein mehrseitiges Rechtsgeschäft".[2] Der Beschluss soll danach durch die einzelnen, zustimmenden Stimmabgaben gegeben sein, ähnlich wie das Rechtsgeschäft „Vertrag" durch die beiden Willenserklärungen Angebot und Annahme gegeben ist. Die Stimmabgabe des einzelnen Mitglieds sei jeweils „ein Stück des Rechtsgeschäfts, an dem die übrigen Abstimmenden mitbeteiligt sind".[3] Auch von einer „Vereinigung der Stimmen zum Beschluss" ist in diesem Zusammenhang die Rede.[4] Man könnte auch sagen, die Stimmabgabe sei ein Teil, der Beschluss das Ganze desselben Rechtsgeschäfts. Nach dieser Vorstellung ist der Beschluss ein Rechtsgeschäft, das nur von den Zustimmenden (der Mehrheit) herrührt; diese zusammen sind *auctor* des Beschlusses. Hingegen tragen die Nichtzustimmenden zum so verstandenen Rechtsakt Beschluss gar nichts bei; ihre Stimmabgaben werden nicht Bestandteil des Rechtsgeschäfts „Beschluss". Von den Gegenstimmen und Enthaltungen ihrer Stimmabgaben kann man nur sagen, dass sie die Fassung des Beschlusses nicht haben verhindern können; mit der mehrheitlichen Beschlussfassung haben sie sich daher erledigt, während die JA-Stimmen im Beschluss fortwirken. Nach dieser Vorstellung stehen die Nichtzustimmenden dem abgeschlossenen Rechtsgeschäft „Beschluss" als *extranei* gegenüber, ebenso wie die bei der Abstimmung Abwesenden. Den Umstand, dass auch diese Mitglieder durch den Beschluss gebunden sind, muss man als eine Art Drittwirkung des Beschlusses verstehen, die sich dem Mehrheitsprinzip verdankt: Der Beschluss erscheint so als ein mehrseitiges Rechtsgeschäft nur der

[1] Der Allgemeine Teil des Deutschen Bürgerlichen Rechts, Bd. II/1, 1914, S. 232.

[2] *A. von Tuhr*, Der Allgemeine Teil des Deutschen Bürgerlichen Rechts, Bd. I, 1910, S. 514.

[3] *von Tuhr* (o. Fn. 2), S. 516.

[4] *R. Ruth*, ZHR 88 (1926), 454, 526.

Zustimmenden, an welches die Nichtzustimmenden als *extranei* wegen des Mehrheitsprinzips gebunden sind. So bildete für *von Tuhr* das Mehrheitsprinzip die *differentia specifica*, durch die sich der Beschluss von anderen mehrseitigen Rechtsgeschäften unterscheiden sollte. In seinem Allgemeinen Teil des Schweizerischen Obligationenrechts heißt es: „Der Beschluss erfordert in der Regel keine Einigung (welche beim Vertrag wesentlich ist), sondern nur Stimmenmehrheit: Der Wille der Mehrheit ist auch für die überstimmten und für die abwesenden Beteiligten maßgebend."[5] Der Grund für die Bindung an den Beschluss erscheint daher in eigentümlicher Weise abhängig vom Stimmverhalten: Wer dem Beschluss zugestimmt hat, ist gebunden, weil dies seinem rechtsgeschäftlich betätigten Willen entspricht; die Überstimmten und die Abwesenden sind gebunden wegen des Mehrheitsprinzips.

Weil *von Tuhr* in dieser, im Mehrheitsprinzip begründeten Wirkung auf die *extranei* geradezu das begriffsbestimmende Merkmal des Beschlusses sah,[6] gelangten diejenigen, die ihm in diesem Verständnis nachgefolgt sind, zu der Frage, ob eine Versammlungsentscheidung, für die Einstimmigkeit erforderlich ist, überhaupt als Beschluss bezeichnet werden kann; derselbe merkwürdige Zweifel entstand hinsichtlich der Entschließung durch einen Alleingesellschafter:[7] In diesen Fällen fehlt ja die für charakteristisch gehaltene Fremdwirkung der mehrheitlichen JA-Stimmen auf diejenigen, die nicht für den Antrag gestimmt haben. Schließlich ergab und ergibt sich aus dem Ansatz *von Tuhrs*, dass die Feststellung (Verlautbarung, Eröffnung) des Beschlusses nur noch ein bloß deklaratorischer Akt sein kann (und insofern entbehrlich ist), da der Beschluss als Rechtsgeschäft bereits mit der letzten Stimmabgabe vollendet sein soll. Weitgehend war damit der Beschluss in die Rechtsgeschäftslehre integriert, dies in einem gewissen Gegensatz zu *Otto von Gierke*, dessen Lehre vom „Gemeinwillen" den Beschluss vom gewöhnlichen Rechtsgeschäft abgerückt hatte.[8]

*Hans Erich Feine* sah im Beschluss einen einheitlichen „Gesamtwillensakt", zu dem sich die Stimmabgaben „verschmelzen"; in diesem Vorgang sollen die einzelnen Stimmabgaben „untergehen", indem sie von dem einheitlichen Beschluss „absorbiert" werden.[9] Im Unterschied zur Vorstellung

[5] *A. von Tuhr*, Allg. Teil des Schweiz. Obligationenrechts, 1. Halbbd., 1924, S. 122; s. auch *von Tuhr* (o. Fn. 1), S. 235 f.

[6] Ausdrücklich ebenso *D. Medicus*, Allgemeiner Teil des BGB, 10. Aufl. 2010, Rn. 205.

[7] Siehe die charakteristischen Erörterungen bei *J. Baltzer*, Der Beschluss als rechtstechnisches Mittel organschaftlicher Funktion im Privatrecht, 1965, S. 35 f.; für die Ausgrenzung der durch eine Person herbeigeführten Entschliessung aus dem Beschlussbegriff auch *W. Zöllner*, Festschrift Lutter, 2000, S. 821, 822.

[8] *O. v. Gierke*, Deutsches Privatrecht, Bd. I, 1895, S. 283 Fn. 2 a.E.; s. auch S. 501 ff.

[9] *H. E. Feine*, in: Ehrenbergs Handbuch des Handelsrechts, 3. Bd./II. Abt., 1929, S. 517.

*von Tuhrs* besteht nach *Feine* der Beschluss nicht in den positiven Stimmabgaben; diese bewirken aber nach seiner Vorstellung den Beschluss, um in diesem Wirkakt gleichsam zu vergehen.[10] Eine ähnliche Abschichtung des Beschlusses von den Stimmabgaben klingt auch bei *Karsten Schmidt* an, wenn er meint: „Der Beschluss gewinnt seine Wirksamkeit aus Willenserklärungen (den abgegebenen Stimmen), ist aber selbst keine Willenserklärung."[11] Während bei *von Tuhr* das Verhältnis von positiver Stimmabgabe und Beschluss als das Verhältnis vom Teil zum Ganzen angesehen werden kann, scheint es sich bei *Feine* und *Schmidt* eher um ein Verhältnis von Ursache und Wirkung (vorher/nachher) zu handeln. Aber auch für *Feine* und *Schmidt* ist der Beschluss eine unmittelbare Wirkung der Stimmabgaben, wird er durch diese hervorgebracht.

Die Ansicht vom Beschluss als mehrseitigem, aus den Stimmabgaben zusammengefügtem Rechtsgeschäft bestimmt auch das heute maßgebliche Schrifttum. So hieß es in der grundlegenden Studie *Baltzers*, der Beschluss sei als mehrseitiges Rechtsgeschäft anzusehen, da er stets aus mehreren Willenserklärungen entstehe; die Einzelstimme sei „Entstehungselement" des Beschlusses.[12] Auch in einer jüngeren Studie zur Haftung für Gremienentscheidungen wird dieses Verständnis von Beschluss und Stimmabgabe zugrunde gelegt.[13] In *Werner Flumes* Werk zur Juristischen Person heißt es unter Berufung u.a. auf *von Tuhr*: „Die einzelne Stimmabgabe ist eine Willenserklärung, und der Beschluss ist als Zusammenwirken mehrerer inhaltlich übereinstimmender Willenserklärungen ein mehrseitiges Rechtsgeschäft."[14] In der Darstellung durch *Medicus*[15] wird hervorgehoben, dass die den Beschluss erzeugenden Willenserklärungen gleichlautend seien. Weil danach nur die zustimmenden Erklärungen den gefassten Beschluss ausmachen, müssen auch nach der Formel von *Medicus* diejenigen, die anders gestimmt hatten als mit JA, hinsichtlich des aus der Abstimmung hervorgegangenen Rechtsgeschäfts „Beschluss" *extranei* sein. Auf die „an der Beschlussfassung beteiligten Per-

[10] Hiergegen wieder *Baltzer* (o. Fn. 7), S. 141 f., 170.

[11] *K. Schmidt*, Gesellschaftsrecht, 4. Aufl. 2002, S. 436; ähnl. *F. Jacoby*, Das private Amt, 2007, S. 421: „Beschlussfassung beruht [sic!] auf der Stimmabgabe der einzelnen Mitglieder ... für oder gegen einen bestimmten Beschlussantrag. ... Der Beschluss beruht also auf zumindest einer Willenserklärung und führt eine Rechtsfolge herbei, so dass er als (mehrseitiges) Rechtsgeschäft einzuordnen ist."

[12] O. Fn. 7, S. 177 f. u. öfter.

[13] *H. Dröge*, Haftung für Gremienentscheidungen, 2008, S. 18 ff.

[14] *W. Flume*, Die juristische Person, 1983, S. 249. Dagegen hatte *Helmut Coing* schon 1957 angemerkt, der Beschluss sei ein einseitiges Rechtsgeschäft, wobei freilich *Coing* weiter davon ausging, der Beschluss setze sich aus den Stimmabgaben zusammen; *Coing*, in: Staudinger, BGB, Bd. I – Allgemeiner Teil, 11. Aufl., 1957, § 32 Rn. 28. Die Ansicht *Coings* hat indes die weitere Diskussion des Beschlussbegriffs nicht beeinflusst.

[15] O. Fn. 6 a.a.O.

sonen“ verweist hingegen die aktuelle Darstellung des Allgemeinen Teils von *Detlef Leenen*: „Der Beschluss ist ein mehrseitiges Rechtsgeschäft, das durch die gleichgerichteten Willenserklärungen der an der Beschlussfassung beteiligten Personen zustande kommt.“[16] Was sich aus dem herkömmlichen Beschlussverständnis für die Beschlussfeststellung ergibt, dass diese nämlich für die Rechtswirkung des Beschlusses im Grundsatz unbeachtlich ist, hat vor einiger Zeit *Wolfgang Zöllner* erneut ausgeführt.[17]

Die folgenden Ausführungen zielen auf eine kritische Überprüfung des Ansatzes, der den Beschluss als ein mehrseitiges Rechtsgeschäft begreift, das durch die Gesamtheit der einzelnen Stimmabgaben konstituiert oder bewirkt wird. Zur Literaturlage siehe noch das P.S. Seite 42.

## II. Die Beschlussfassung im und für das Verbandsorgan und Mehrheitsentscheidungen ohne Organbezug und -grundlage

Es besteht ein wesentlicher Unterschied zwischen der Beschlussfassung, die im und für das Verbandsorgan erfolgt, und solchen Mehrheitsentscheidungen, bei denen die Abstimmenden nicht aufgrund einer Organzugehörigkeit tätig werden.[18] Ein Musterbeispiel für die Abstimmung, bei der die Stimmberechtigten nicht für ein Verbandsorgan handeln, ist die Abstimmung unter Bruchteilseigentümern nach §§ 741 ff. BGB.[19] Für die Abstimmung unter Bruchteilseigentümern dürfte der hier auf *von Tuhr* zurückgeführte Beschlussbegriff im Wesentlichen zutreffen: Wenn die Mehrheit der Bruchteilseigentümer eine Verwaltungsmaßnahme beschließt (§ 745 I BGB), dann müssen die überstimmten Miteigentümer die Vornahme der entsprechenden Verwaltungsmaßnahme gegen sich gelten lassen; sie sind nicht kraft der Mehrheitsentscheidung notwendig selbst an der Durchführung der Verwaltungsmaßnahme beteiligt, die Durchführung ist vielmehr eine Angelegenheit nur derjenigen, die mit JA gestimmt haben.[20] Die überstimmten Miteigentümer sind nicht ihrerseits Mit-Urheber der Mehrheitsentscheidung, diese nimmt ihnen lediglich das Recht, sich der Durchführung der Maßnahme zu

[16] *D. Leenen*, BGB Allgemeiner Teil: Rechtsgeschäftslehre, 2011, S. 32.

[17] O. Fn. 7; vor *Zöllner* s. bereits *Baltzer* (o. Fn. 7), S. 175 f.: Beschlussfeststellung „lediglich ein zu der verfahrensmässig bereits existenten Größe ‚Beschluss‘ hinzutretender Akt der Ausführung [sic!] des Beschlusses“.

[18] Grundlegend zur Organschaft im Recht der privaten Verbände *J. Schürnbrand*, Organschaft im Recht der privaten Verbände, 2007; s. auch *Jacoby* (o. Fn. 11).

[19] S. dazu umf. *R. Schnorr*, Die Gemeinschaft nach Bruchteilen (§§ 741–758 BGB), 2004, S. 238 ff.; seither vor allem *Jacoby* (o. Fn. 11), S. 111 ff.

[20] *W. Flume*, Die Personengesellschaft, 1977, S. 116 f.; *Schnorr* (o. Fn. 19), S. 241, dort auch Auseinandersetzung mit abw. Ansichten.

widersetzen.[21] Insbesondere bei der Ausführung des Beschlusses unterscheidet sich hier in der Tat die Rechtsstellung derjenigen, die die Mehrheit ausmachen, von der Rechtsstellung derjenigen, die sich als Minderheit nicht haben durchsetzen können. Mehrheitsentscheidungen, die nicht für ein Organ gefasst werden, werden im Gesetz üblicherweise nicht als Beschluss bezeichnet.[22] Vielmehr spricht z.B. § 745 I BGB von der „Stimmenmehrheit". Die „Stimmenmehrheit" ist nicht ein Beschluss der Gemeinschaft nach Bruchteilen. Es dürfte sich empfehlen, Mehrheitsentscheidungen wie die nach § 745 I BGB nicht als Beschluss zu bezeichnen. Beschluss ist demnach nur diejenige Mehrheitsentscheidung, die für ein Verbandsorgan getroffen wird und aus einer Aktivität dieses Verbandsorgans hervorgeht. Die Mehrheitsentscheidung, die nicht für ein Organ und von diesem getroffen wird, aber auch nur diese – wie man sagen könnte: – „schlichte" Mehrheitsentscheidung, lässt sich als das zusammengesetzte, mehrseitige Rechtsgeschäft erfassen, das *von Tuhr* mit dem Beschluss identifiziert hat.

Die These des folgenden Beitrags geht dahin, dass der Beschlussbegriff, welcher den Beschluss mit der Gesamtheit der übereinstimmend abgegebenen JA-Stimmen identifiziert, für die Erfassung der Beschlüsse von Verbandsorganen nicht geeignet ist. Im Folgenden ist daher nur noch von der Beschlussfassung die Rede, die im Rahmen der Tätigkeit eines Verbandsorgans und für dieses erfolgt. Die schlichte Mehrheitsentscheidung, die m.E. auch kein Beschluss ist, ist nicht Gegenstand dieses Beitrags. Abkürzend wird hier von der „Versammlung" gesprochen, doch sind auch Organe wie der mehrgliedrige Vorstand, der Aufsichtsrat, ein Stiftungsrat und dergleichen gemeint. Es wäre zu überlegen, inwieweit die vorgestellten Thesen auch für die Beschlussfassung unter Gesellschaftern einer Personengesellschaft gelten können, soweit es um die Herstellung eines gemeinsamen Willens für die „Wirkungseinheit" geht und nicht allein um das Verhältnis der Gesellschafter zueinander.[23] Es kommt darauf an, ob man die Versammlung der BGB-Gesellschafter als Organ der Gesellschaft begreifen kann; diese Frage wird hier nicht untersucht. Wenn für die folgenden Überlegungen der Anspruch erhoben wird, sie seien rechtsformunabhängig gültig, versteht sich dies hinsichtlich der verschiedenen Erscheinungsformen solcher Verbände des Privatrechts, bei denen von Organen die Rede sein kann. Es geht mithin

[21] Zutr. *G.-H. Langhein*, in: Staudinger, BGB (2008), § 745 Rn. 28.

[22] Zutr. hat sich *Medicus* dagegen gewandt, das „Einvernehmen" der sorgeberechtigten Eltern nach § 1627 S. 1 BGB als „Beschluss" zu bezeichnen; s.o. Fn. 6 a.a.O.

[23] Zu dieser Unterscheidung s. *Flume* (o. Fn. 20), S. 97 ff.; zur Beschlussfassung in der Personengesellschaft s. auch *U. Noack*, Fehlerhafte Beschlüsse in Gesellschaften und Vereinen, 1989, 169 ff.; *D. Leenen*, Festschrift Larenz, 1983, S. 371 ff.; zum Handeln der Gesellschafter der Personengesellschaft nach Art eine „Organs" s. auch *Schürnbrand* (o. Fn. 18), S. 90 ff.

um die Beschlussfassung in Versammlungen der Mitglieder/Gesellschafter/Genossen/Wohnungseigentümer, aber auch um die Beschlussfassung in Vorstand und Aufsichtsrat, im Betriebsrat, in Gläubigerausschuss wie -versammlung nach der InsO und dergleichen.

Im Bereich des Privatrechts hat man die Lehre vom Beschluss in die Lehre vom Rechtsgeschäft einzuordnen, unabhängig davon, ob man im Beschluss ein Rechtsgeschäft *stricto sensu* sehen mag. Im Folgenden geht es darum, den Beschluss, wie er in organisierten Verbänden vorkommt, als Handlungsform mit der zivilistischen Lehre vom Rechtsgeschäft zu koordinieren.[24]

## III. Positiv- und Negativbeschlüsse

Ist die Ablehnung eines Antrags auch ein Beschluss? Ausgehend von dem Standpunkt, der den Beschluss mit den ihn tragenden Stimmen identifiziert, muss dies fraglich erscheinen. Sehen wir zunächst auf eine vergleichbare Situation beim Vertragsschluss: Wird ein Angebot zum Abschluss eines Vertrages nicht angenommen, sondern abgelehnt, so ist ein Vertrag nicht zustande gekommen. Nur insofern hat auch die Ablehnung eines Angebots eine gewisse Rechtswirkung, als sie das u.U. noch annahmefähige Angebot beseitigt.[25] Der Nicht-Vertrag enthält aber keine Regelung. Beim Beschluss verhält es sich anders: Zwar enthält nur der Positivbeschluss, durch den der zur Abstimmung gestellte Antrag angenommen wird, eine für den Verband getroffene Festlegung für das weitere Verbandsgeschehen, gleichgültig, ob es noch weiterer Umsetzungsaktivitäten bedarf oder nicht. Aber auch der Negativbeschluss gilt zu Recht als ein Beschluss, weil durch ihn für den Verband die Festlegung getroffen wird, dass der Antrag nicht gewollt ist.[26] Mit Recht gilt im Aktienrecht der negative Beschluss als möglicher Anfechtungsgegenstand.[27] Ebenso verhält es sich nach der Erkenntnis des Bundesgerichtshofs auch bei Negativbeschlüssen der Wohnungseigentümerversammlung; diese seien keineswegs blosse Nichtbeschlüsse.[28] Für uns ist nun bedeutsam, dass ein Negativbeschluss nicht als ein „Zusammenwirken mehrerer inhaltlich übereinstimmender Willenserklärungen, also [als] ein mehrseitiges Rechtsgeschäft“ erfasst werden kann: Wenn ein Antrag „durchgefallen“ ist, weil

[24] Vielleicht sind die anschließend zu entwickelnden Thesen für die Beschlusslehre doch auch auf dem Gebiet des Öffentlichen Rechts anschlussfähig.

[25] § 146, 1. Alt. BGB.

[26] Siehe *Zöllner* (o. Fn. 7), S. 821, 823; *Dröge* (o. Fn. 13), S. 22 m.w.N.; a.A. *R. Winnefeld*, DB 1972, 1053 ff., bei dem überhaupt die *von Tuhr'sche* Beschlusslehre in ihren Konsequenzen eindrucksvoll durchbuchstabiert ist.

[27] BGHZ 97, 28.

[28] BGHZ 148, 335, 341 ff.

keine hinreichende Anzahl von JA-Stimmen abgegeben wurden, kann dem auf der „Ablehnungsseite" ein *mixtum compositum* aus NEIN-Stimmen, Enthaltungen und ungültigen Stimmen gegenüberstehen: Die Gesamtheit der NEIN-Stimmen, Enthaltungen und ungültigen Stimmen, von der man sagen kann, sie habe die Annahme des Antrags verhindert,[29] ist gerade keine Vereinigung inhaltlich übereinstimmender (gleichlautender) Willenserklärungen. Besonders deutlich wird dies, wenn es zum Negativbeschluss kommt, weil ein erforderliches „Mitgliedermehr" nicht erreicht wurde:[30] Verfehlt etwa der Antrag auf Entziehung des Wohnungseigentums das erforderliche, überhälftige Mehr der stimmberechtigten Wohnungseigentümer (§ 18 WEG), dann sind u.U. für den Negativbeschluss neben den NEIN-Stimmen und den Enthaltungen auch diejenigen Wohnungseigentümer ursächlich geworden, die nicht zur Versammlung erschienen sind. Das Fernbleiben von der Versammlung ist aber als solches kein rechtsgeschäftliches Handeln und kann daher nicht „Bestandteil" oder „Entstehungselement" des ablehnenden Beschlusses sein. Die Anerkennung des Negativbeschlusses als Beschluss ist mit der *von Tuhr'schen* Beschlusslehre nicht zu vereinbaren. Mit der Anerkennung des Negativbeschlusses als Beschluss ist in Wahrheit der *von Tuhr'sche* Beschlussbegriff bereits aufgegeben worden.

## IV. Der Beschluss als Rechtsakt des Verbandsorgans

Da nach der hier vertretenen Auffassung der Beschluss als Rechtsakt nicht schon mit der Gesamtheit der einzelnen (zustimmenden) Stimmabgaben gegeben ist, muss gefragt werden, von wem der Beschluss ausgeht, wer dessen *auctor* ist. Denn wenn der Beschluss nicht aus der Gesamtheit der ihn tragenden Stimmabgaben zusammengesetzt ist, kann man für die Urheberschaft des Beschlusses nicht einfach auf die zustimmenden Mitglieder verweisen.

Der Beschluss ist ein Rechtsakt der Versammlung als ganzer, nicht nur der Abstimmungsmehrheit derjenigen, die für den Beschluss gestimmt haben. Der Beschluss ist Ergebnis eines Handelns des Organs „Versammlung",

[29] Ob Enthaltungen der Annahme eines Antrags entgegenwirken, hängt vom dem konkreten Mehrheitserfordernis ab: Gilt das Anwesendenmehr (*vulgo*: absolutes Mehr), wie es nach der gesetzlichen Regelung für den Verein bestimmt schien (§ 32 I 3 BGB), wirken Enthaltungen der Annahme des Antrags entgegen; stellt man auf das Überwiegen der JA-Stimmen über die NEIN-Stimmen ab (so BGHZ 83, 35 für § 32 I 3 BGB; BGHZ 106, 179 für § 25 WEG), entfalten nur die NEIN-Stimmen eine Gegenwirkung, nicht aber die Enthaltungen.

[30] Ebenso kann auf die Fälle verwiesen werden, in denen ein besonderes Beschlussfassungsquorum erforderlich ist.

nicht nur der den Beschluss befürwortenden Mehrheit.[31] Die Versammlung, die als Urheber des Beschlusses anzusehen ist, ist wohlgemerkt nicht die Gruppe der bei der konkreten Abstimmung anwesenden und mitstimmenden Mitglieder, sondern das Verbandsorgan „Versammlung", als das die Anwesenden, falls beschlussfähig, agieren. Die in der konkreten Versammlung Agierenden sind im Verhältnis zum Organ die Organwalter.[32] Die Zurechnung des Beschlusses zur Versammlung ist auch die gedankliche Voraussetzung dafür, dass der Verein nach § 31 BGB wegen eines Beschlusses der Mitgliederversammlung haftbar gemacht werden kann, wenn die Beschlussfassung eine Handlung darstellt, die einen Dritten zum Schadensersatz berechtigt.[33]

Dass die Versammlung der Urheber des Beschlusses ist, zeigt sich schön an dem Vorgang der Aufhebung eines Beschlusses, also am sog. Konträrakt. Hierzu genügt, ist aber auch erforderlich, dass wieder mit der nötigen Mehrheit entschieden wird; es ist nicht erforderlich, dass genau diejenigen Mitglieder für die Beschlussaufhebung stimmen, deren Stimmen für die ursprüngliche Fassung des Beschlusses gesorgt haben. Wenn also in einer Versammlung, in der die fünf Mitglieder A, B, C, D und E anwesend sind, A, B und C für einen Antrag gestimmt haben, so wäre der Beschluss nach der durch *von Tuhr* formulierten Ansicht ein Rechtsgeschäft nur von A, B und C, weil nur diese gleichlautende, den Beschluss befürwortende Stimmen abgegeben haben. Nach der hier vertretenen Ansicht ist der Beschluss ein Rechtsakt der Versammlung als ganzer; für die Rechtswirkung des Beschlusses kommt es grundsätzlich nicht mehr darauf an, welche konkreten Mitglieder für ihn gestimmt haben.[34] Angenommen, bei der späteren Behandlung eines Aufhebungsantrags sind noch zahlreiche weitere Mitglieder anwesend; A, B und C befürworten die Aufhebung „ihres" Beschlusses, bleiben damit aber in der Minderheit: Hier unterbleibt die Beschlussaufhebung. Umgekehrt kann eine Mehrheit den Beschluss jetzt aufheben, auch wenn dabei A, B und C gegen die Beschlussaufhebung stimmen. Wäre der Beschluss ein Rechtsgeschäft derjenigen, die ihn durch ihre JA-Stimme verabschiedet haben, müsste bei diesen auch die Zuständigkeit für die Aufhebung liegen.

[31] Zutr. *Dröge* (o. Fn. 13), S. 20 f. – Die aktienrechtliche Anfechtungsklage richtet sich nicht gegen diejenigen, die dem anzufechtenden Beschluss zugestimmt haben, sondern gegen die Aktiengesellschaft, deren Organ Hauptversammlung den anzufechtenden Beschluss mit Wirkung für die Gesellschaft gefasst hat; § 246 II 1 AktG.

[32] Grundlegend *Schürnbrand* (o. Fn. 18), S. 231 ff.; *Jacoby* (o. Fn. 11), S. 163 f.; s. auch *V. Beuthien*, Festschrift Zöllner, Bd. 1, 1998, S. 87 ff.

[33] Zur Außenhaftung des Vereins für Akte der Mitgliederversammlung s. (krit.) *Reuter*, in: MünchKomm-BGB, 6. Aufl. 2012, § 31 Rn. 24 m.w.N.; *Schürnbrand* (o. Fn. 18), S. 99 ff.

[34] Es verhält sich auch nicht so, dass diejenigen, die gleichgerichtete Stimmerklärungen abgeben, unter sich irgendein Rechtsverhältnis begründen würden.

Es ist immer wieder zu lesen, dass der Beschluss mit der Abgabe der letzten an der Abstimmung beteiligten Stimme zustande komme.[35] Diese Sichtweise passt zu der Ansicht, der Beschluss sei die Vereinigung mehrerer inhaltlich übereinstimmender Willenserklärungen.[36] Nach der hier vertretenen Ansicht kann mit der Abgabe der letzten an der Abstimmung beteiligten Stimme der Beschluss noch nicht gefasst sein. Es fehlt zu diesem Zeitpunkt noch an dem unverzichtbaren Endakt, durch den die Stimmabgaben in eine Entscheidung umgesetzt werden, die als Entscheidung der Versammlung als ganzer gelten kann.[37] Das Erfordernis der Beschlussfeststellung ergibt sich schon daraus, dass der Beschluss ein Rechtsakt der Versammlung als ganzer ist, während die Stimmabgaben ein Rechtshandeln der einzelnen Mitglieder darstellen. Nach Abgabe der Stimmen steht allerdings schon fest, mit welchem inhaltlichen Ergebnis der Beschluss – korrektes Vorgehen vorausgesetzt – festzustellen sein wird. Auch wenn mit dem Abschluss der Abstimmung die Grundlage der anschließenden Beschlussfeststellung fixiert ist, ist der Beschluss doch erst gefasst mit und durch seine Feststellung.

Die Unverzichtbarkeit der Beschlussfeststellung wird durch eine funktionale Betrachtung des Beschlusses unterstützt: Mit dem Beschluss wird ein für den Verband bindender Willensentschluss gefasst, der dem Verband – bildlich gesprochen – eine Marschrichtung vorgibt. Dadurch wird das auf den Verband bezogene Verhalten der anderen Organe und der Mitglieder angeleitet. Der Beschluss hat Steuerungsfunktion. Nehmen wir an, vier Gesellschafter haben ihre Stimmen abgegeben, wobei aber Streit besteht, ob ein Stimmrechtsausschluss eine oder mehrere dieser Stimmabgaben ungültig macht. Man kommt zu keiner Einigung und geht auseinander. Mit dem Beschlussverständnis, das den Beschluss mit der Gesamtheit der zustimmenden Stimmabgaben gleichsetzt, müsste man nun allerdings sagen, der Beschluss sei gefasst ungeachtet dessen, dass über den Beschlussinhalt (Annahme oder Ablehnung des Antrags) keine Einigkeit besteht. Ein solcher „Beschluss" kann aber die Funktion, das Handeln der Verbandsorgane und -mitglieder zu steuern, nicht erfüllen. Ähnlich verhält es sich, wenn man die Versammlung beendet, ohne festgestellt zu haben, welcher Beschlussinhalt aus der Gesamtheit der Stimmabgaben resultiert. Wenn man zum Beispiel auseinandergeht und die Urne mit den eingesammelten Stimmzetteln für eine spä-

[35] Z.B. *Roth*, in: Roth/Altmeppen, GmbHG, 6. Aufl. 2009, § 47 Rn. 4.

[36] Bei sukzessiver Stimmabgabe müsste danach, genau besehen, der Positivbeschluss sogar schon mit der letzten zustimmenden Stimmabgabe zustande gekommen sein (oder sogar schon mit Abgabe der Stimme, mit der das Mehrheitserfordernis erfüllt wird); der Negativbeschluss mit derjenigen Stimmabgabe, nach der feststeht, dass die erforderliche Mehrheit mit den ausstehenden Stimmen keinesfalls mehr erreicht werden kann.

[37] Für die GmbH ist dies nicht die h.M.; vgl. *Hüffer*, in: GroßKomm-GmbHG, 2006, § 47 Rn. 26 m. umf. Nachw.

tere Auszählung wegschließt, so müsste nach dem *von Tuhr'schen* Beschlussbegriff ein Beschluss bereits gefasst sein. Die Lage, wie sie hier besteht, gibt aber den Verbandsorganen und -mitgliedern nicht die mindeste Anleitung, was zu tun und was zu unterlassen ist. Ein Beschlussbegriff, der die Steuerungsfunktion des Beschlusses im Verband ignoriert und auch in Situationen, in denen von einer den Verband anleitenden Willensbildung noch keine Rede sein kann, das Gegebensein eines Beschlusses bejaht, empfiehlt sich nicht.

Es verhält sich auch keineswegs so, dass jeder, der einer Stimmabgabe gefolgt ist, nun auch genau wissen müsste, was das inhaltliche Beschlussergebnis ist: Immer bedarf es einer – größeren oder kleineren – gedanklichen juristischen Leistung, die von dem realweltlichen, äußerlich wahrnehmbaren Heben einer gewissen Anzahl von Händen, Stimmkarten oder dergleichen zu der Feststellung führt, der Antrag sei von der Mehrheit angenommen oder abgelehnt. Diesen Schritt leistet erst die Beschlussfeststellung, die aus den nackten Zahlen des Abstimmungsergebnisses den Inhalt des Beschlusses herleitet. Es ist einzuräumen, dass der in der Beschlussfassung eingeschlossene Vorgang der Rechtsanwendung auch ganz einfach, geradezu trivial sein kann; dies ändert aber nichts daran, dass ein juristischer Gedankenschritt stets notwendig ist.[38] Diese Notwendigkeit, von den in der Abstimmung ermittelten Zahlen für „JA", „NEIN", „Enthaltung" und „ungültig" gedanklich zum Beschlussinhalt zu kommen, besteht bei jeder Beschlussfassung, erfolge sie nun in der Vereinsversammlung oder in der Hauptversammlung der Aktiengesellschaft. Zwischen den mittels Stimmabfrage erhobenen Zahlen und dem Beschluss liegt immer und notwendig ein Hiatus, nicht nur bei den Versammlungen der Aktionäre, sondern in allen mehrgliedrigen Organen, die einen Willen im Abstimmungswege bilden.

Beim Vertragsschluss durch Angebot und Annahme sagen wir allerdings nicht, dass erst ein zusätzlicher Akt einer gemeinschaftlichen „Konsensfeststellung" den Vertrag zustande bringt. Wir überlassen es vielmehr den Vertragsschließenden, je für sich und unabhängig voneinander zu beurteilen, ob durch fristgerechten Zugang einer uneingeschränkten Annahmeerklärung ein ordnungsgemäß gemachtes Angebot angenommen wurde und dadurch der Vertrag zustande gekommen ist.[39] Wenngleich sich erst durch eine Rechtsanwendung der gültige Abschluss des Vertrages erkennen lässt, bewirken nach unserer Vorstellung Angebot und Annahme den Vertrag doch ohne einen zusätzlichen gemeinschaftlichen Akt der „Konsensfeststellung". Ungeachtet dessen, ob der einzelne Kontrahent die Rechtslage zutreffend einschätzt, steht objektiv fest, ob eine Vertragsbindung gegeben ist oder nicht.

[38] Zutr. *Zöllner* (o. Fn. 7), S. 825 f.

[39] Das Gesetz sorgt nur dafür, dass den Vertragsschließenden hierfür die erforderlichen Informationen zustehen, s. § 149 S. 1 BGB.

Wer als Kontrahent einen gültigen Vertrag als ungültig einschätzt, wird daher in Gläubigerverzug und – wegen der grundsätzlichen Unbeachtlichkeit des Rechtsirrtums – in Schuldnerverzug kommen. Wer als Kontrahent einen ungültigen Vertrag als gültig einschätzt, wird möglicherweise eine Leistung ohne Rechtsgrund erbringen und den anderen Teil ungerechtfertigt zur Leistung auffordern. Für die Beschlussfassung kann man es jedoch nicht so halten wie beim Vertragsschluss: Während es beim Vertragsschluss nur um die beiden Parteien geht, die den Vertragsschluss betreiben und daher auch dessen Stand beurteilen können, bindet der gefasste Beschluss weitere Rechtssubjekte, die nicht an der Beschlussfassung beteiligt waren, nämlich die abwesenden Mitglieder und die anderen Organe des Verbandes. Den – ebenfalls gebundenen – abwesenden Mitgliedern und auch den anderen Verbandsorganen ist eine eigenständige Beurteilung, mit welchem Ergebnis in der Versammlung Stimmen abgegeben wurden, nicht möglich. Schon deswegen liegt es bei der Beschlussfassung anders als beim Vertragsschluss, verlangt die Beschlussfassung nach einer überpartikularen Feststellung des Beschlussergebnisses, an die sich alle vom Beschluss Betroffenen halten können. Die Beschlussfeststellung ist damit nicht nur die nachfolgende Verkündung eines Rechtsgeschäfts, das als solches bereits abgeschlossen und auch ohne Verkündung existent ist, sondern es perfiziert die Beschlussfeststellung überhaupt erst den Beschluss.[40] Dabei handelt es sich auch nicht bloß um ein äußeres Wirksamkeitserfordernis, das erfüllt werden muss, um einem inhaltlich schon feststehenden Rechtsgeschäft Wirksamkeit zu verleihen. Die Beschlussfeststellung entscheidet nicht nur über das „Ob“, sondern auch über den Inhalt des Rechtsakts „Beschluss“ und bildet daher ein echtes Tatbestandsmerkmal der Beschlussfassung.

Wenn man anerkennt, dass der Beschluss auf der Beschlussfeststellung als einem konstitutiven Endakt des Verfahrens der Beschlussfassung beruht, ist auch der Negativbeschluss zwanglos als Beschluss zu erfassen. Ebenso stellt es nach der hier vertretenen Ansicht keine Schwierigkeit dar, dass auch der durch einen Alleingesellschafter oder durch das einzige erschienene Mitglied (Beschlussfähigkeit vorausgesetzt) gefasste Beschluss ein gewöhnlicher Beschluss ist, der als etwaiger Anfechtungsgegenstand usf. nicht anders behandelt wird als ein Beschluss, der von einer Mehrzahl von Stimmberechtigten erzeugt worden ist: So oder so handelt es sich immer um einen Rechtsakt der Versammlung als Verbandsorgan.

Für die Hauptversammlung der Aktiengesellschaft ist in ständiger Praxis anerkannt, dass bei unterbliebener Beschlussfeststellung nicht die Anfechtungsklage – die eben einen Beschluss als Streitgegenstand voraussetzt –, sondern die allgemeine Feststellungsklage anzustellen ist.[41] Nach der Rechtspre-

[40] Grds. a.A. *Zöllner* (o. Fn. 7), S. 826 f.

[41] BGHZ 76, 154, 156; BGH NJW 1996, 259; s. aber noch unten XIII.

chung des Bundesgerichtshofs soll sich indes die Fassung des Beschlusses in der Vereinsversammlung und in der Hauptversammlung der Aktiengesellschaft kategorial unterscheiden. Für das Aktienrecht verhalte es sich so, dass das von zuständiger Stelle, typischerweise also durch den Versammlungsleiter, festgestellte Beschlussergebnis den maßgeblichen Beschlussinhalt angebe.[42] Dabei verhält es sich nicht bloß so, dass der festgestellte Beschluss aus Gründen des Vertrauensschutzes und dergleichen als vorläufiger Rechtsschein des „wirklichen" Beschlusses zu nehmen wäre: Der Beschluss selbst ist erst mit und aufgrund der Beschlussfeststellung – und also mit dem ihm dabei gegebenen Inhalt – gefasst.

Freilich soll die Beschlussfeststellung nur für die Aktiengesellschaft entscheidend sein, nicht hingegen für den Verein.[43] Zur Begründung wird darauf verwiesen, dass bei der Aktiengesellschaft – im Gegensatz zum Verein – die Beschlussfassung zu einem konstitutiven, das Ergebnis fixierenden Akt führe; dies wiederum ergebe sich im Aktienrecht daraus, dass die Feststellung des Beschlussergebnisses vor allem Bedeutung für die Geltendmachung von Mängeln habe. Wegen der Bindung der Anfechtungsklage an die kurze Frist von einem Monat (§ 246 I AktG), müssten die Anfechtungsberechtigten von einem bestimmten Beschlussergebnis als maßgebend ausgehen können; dazu sei erforderlich, dass dieses Ergebnis festgestellt und verkündet wird. Entgegen dieser Rechtsprechung ist die Notwendigkeit einer Beschlussfeststellung nicht eine Besonderheit der Hauptversammlung der Aktiengesellschaft, sondern ein für jeden Beschlussvorgang von der Sache her erforderlicher Schritt.[44]

Auf die vereinsrechtliche Frage der entsprechenden Anwendung der §§ 241 ff. AktG soll hier nicht eingegangen werden.[45] Unabhängig davon, ob man die §§ 241 ff. AktG auf die Beschlüsse der Vereinsversammlung anwendet, ist doch der Hergang der Beschlussfassung durch die Vereins- bzw. die Hauptversammlung nicht als kategorial gegensätzlich zu erfassen.[46] Das Erfordernis einer Beschlussfeststellung – im Sinne einer gedanklichen Ableitung des Beschlussinhalts aus dem numerischen Abstimmungsergebnis – besteht für diese Versammlungen unterschiedslos. Man sollte daher auch für

[42] BGHZ 104, 66; die ältere, zu Recht aufgegebene Rechtsprechung wollte diese Wirkung noch davon abhängig machen, dass der Beschluss beurkundet worden ist: BGHZ 51, 209, 211 ff.

[43] BGH NJW 1975, 2101.

[44] Für die Beschlüsse der Eigentümerversammlung nach WEG begründet BGHZ 148, 335, 343 ff. den konstitutiven Charakter der Beschlussfeststellung ebenfalls mit der gesetzlichen Befristung der Beschlussanfechtung.

[45] Ausf. *Reuter*, in: MünchKomm-BGB, 6. Aufl. 2012, § 32 Rn. 55 ff. m. umf. Nachw.

[46] Sollte sich wirklich die Rechtsnatur der Beschlussfassung der Vereinsversammlung kategorial ändern, wenn der Gesetzgeber für Klagen gegen die Beschlüsse der Vereinsversammlung eine Frist einführen würde?

den Verein davon ausgehen, dass eine Beschlussfassung zwingend die Feststellung des Beschlussergebnisses erfordert. Die weitere Frage, ob die Beschränkung von Angriffen auf Vereinsbeschlüsse mittels einer Analogie zu §§ 241 ff. AktG bewerkstelligt wird oder auf andere Weise, soll damit nicht präjudiziert sein.

## V. Die Zuständigkeit für die Beschlussfeststellung

Zu fragen ist nun nach der Zuständigkeit für die Beschlussfeststellung. Sehen wir zunächst auf die Versammlung, deren Verfahren von einem Versammlungsleiter geordnet wird. Die Feststellung des Beschlusses ist – wie die Durchführung der vorausgegangenen Abstimmung – ein Ordnungshandeln, für das grundsätzlich der Versammlungsleiter zuständig ist. Der Beschluss ist daher vom Versammlungsleiter festzustellen. Der Beschluss ist freilich kein Rechtsakt des Versammlungsleiters; dieser eröffnet den Beschluss vielmehr für die Versammlung als ganze: Die Beschlussfeststellung wird, auch wenn sie vom Versammlungsleiter vorgenommen wird, als Rechtsakt der Versammlung als ganzer – und über diese dem Verband – zugerechnet. Die Feststellung des Beschlusses durch den Versammlungsleiter ist ein gebundenes Rechtshandeln: Das Abstimmungsergebnis, so wie es vom Versammlungsleiter erhoben worden ist, und damit die Gesamtheit der einzelnen Stimmabgaben, determiniert im Zusammenspiel mit gesetzlichen und satzungsmäßigen Regelungen vor allem über die Beschlussfähigkeit, das Mehrheitserfordernis, über die Stimmgültigkeit und ein etwaiges Quorum, mit welchem Inhalt der Beschluss festzustellen ist. Hierzu ist geradezu selbstverständlich nicht erforderlich, dass der Versammlungsleiter für seine Feststellung die Zustimmung aller an der Abstimmung teilnehmenden Mitglieder erhält, wie *Zöllner* es für die GmbH verlangt hat.[47]

Die von einem Versammlungsleiter durchgeführte Versammlung verliert allerdings nicht die Verfahrenshoheit über ihr eigenes Vorgehen.[48] Soweit nicht die Rechtsgrundlagen entgegenstehen, erscheint es daher denkbar, dass die Versammlung mittels eines Ordnungsantrags das Geschäft der Beschlussfeststellung an sich zieht. In diesem Fall entscheidet anschließend die Versammlung als ganze, wie das Beschlussergebnis inhaltlich zu lauten hat. Bei einer Versammlung, die ohne Versammlungsleiter durchgeführt wird, muss der Beschluss ohnehin durch die versammelten Mitglieder festgestellt wer-

[47] *Zöllner* (o. Fn. 7), S. 827 f.; ebenso *ders.*, GmbHG, 19. Aufl. 2010, § 47 Anh. Rn. 120.

[48] Zum Verhältnis von Ordnungsgewalt des Versammlungsleiters und Verfahrenshoheit der Versammlung s. *W. Ernst*, Kleine Abstimmungsfibel, 2011, Rn. 10; *Schürnbrand* (o. Fn. 18), S. 136 ff.

den. Wenn bei Fehlen eines Versammlungsleiters oder nach Devolution der Beschlussfeststellung vom Versammlungsleiter auf die Versammlung als ganze Meinungsverschiedenheiten darüber auftreten, mit welchem Inhalt der Beschluss festzustellen ist, muss durch Abstimmung entschieden werden. Für diesen Fall ist umstritten, ob die Beschlussfeststellung Einstimmigkeit erfordert[49] oder ein Mehrheitsbeschluss genügt.[50] Es handelt sich um eine Ordnungsentscheidung und Ordnungsentscheidungen werden – wo nichts Abweichendes bestimmt ist – mit einfacher Mehrheit getroffen. Für das Verlangen nach Einstimmigkeit müsste eine gesetzliche oder satzungsmäßige Grundlage angegeben werden. Derlei ist nicht bekannt. In Wahrheit wäre das Mehrheitsprinzip aufgegeben, wenn man für die Beschlussfeststellung Einstimmigkeit fordern würde. Gegenstand der zu treffenden Ordnungsentscheidung ist die Feststellung, zu welchem Beschlussinhalt die vorausgegangene Sachabstimmung geführt hat. In diesen Fällen, in denen der Versammlung als ganzer die Beschlussfeststellung obliegt, handelt es sich auch für die Versammlung als ganze – ebenso wie sonst für den Versammlungsleiter – um ein gebundenes Rechtshandeln: Auch die den Beschluss feststellende Versammlung hat pflichtgemäß denjenigen Beschlussinhalt zu bestimmen, der sich rechtlich aufgrund des Vergleichs der gezählten und summierten JA- und NEIN-Stimmen sowie der Enthaltungen und der ungültigen Stimmen mit den Quorums- und Mehrheitserfordernissen ergibt. Die Mitglieder der Versammlung dürfen hierbei – anders als bei der vorausgegangenen Sachabstimmung – nicht willkürlich vorgehen. Eine Beschlussfeststellung, die das Ergebnis der zugrunde liegenden Sachabstimmung ignorieren oder offensichtlich verfälschen würde, wäre als nichtig anzusehen.

Auch wenn die Versammlung als ganze den Beschluss feststellt, muss dies mit einer gewissen Förmlichkeit geschehen;[51] es bedarf einer ausdrücklichen Feststellung. Eine konkludente Beschlussfeststellung ist nicht denkbar, weil ein Beschlussinhalt zu fixieren ist, den man den abwesenden Mitgliedern oder anderen Verbandsorganen mitteilen kann.[52] Die Vorstellung, man könne sich auf einen Beschluss berufen, dessen Existenz einfach darauf beruhen soll, dass man sich irgendwie schon einig gewesen sei, ist absurd.[53] Beschluss-

[49] Hierfür (betr. Gesellschafterbeschlüsse der GmbH): *Zöllner*, in: Baumbach/Hueck, GmbHG, 19. Aufl. 2010, § 47 Anh. Rn. 120 m.w.N.

[50] Hierfür (betr. Gesellschafterbeschlüsse der GmbH): *Roth*, in: Roth/Altmeppen, GmbHG, 6. Aufl. 2009, § 48 Rn. 25; *Hüffer* (o. Fn. 37), § 48 Rn. 33.

[51] Zutr. *Roth*, in: Roth/Altmeppen, GmbHG, 6. Aufl. 2009, § 47 Rn. 133.

[52] Anders BGHZ 148, 335, 345 f.: Wiedergabe des für sich genommen eindeutigen Abstimmungsergebnisses im Protokoll genügt.

[53] Es ist umstritten, ob die bloße Einigkeit der präsenten Gesellschafter über das Beschlussergebnis einen mit der Anfechtungsklage anfechtbaren Beschluss darstellt (OLG München GmbHR 1990, 263 f.), oder ob hier mangels Beschlusses die Feststellungsklage gegeben ist; so zutr. *Roth*, in: Roth/Altmeppen, GmbHG, 6. Aufl. 2009, § 47 Rn. 133.

fassung ist ein Rechtshandeln. Es ist keine Überforderung von Gesellschaftern, die sich für ihre Geschäftstätigkeit der Rechtsform z.B. der GmbH bedienen, wenn man zur Beschlussfassung ein sauberes Verfahren mit Antragsstellung, Abstimmung und Beschlussfeststellung verlangt.

Wo der Ablauf der Versammlung protokolliert wird, ist neben den im Abstimmungsvorgang ermittelten Zahlen für „JA“, „NEIN“, „Enthaltung“ und „ungültig“ selbstverständlich auch und getrennt hiervon der anschließend festgestellte Beschlussinhalt zu protokollieren. Man kann nur fragen, ob die Protokollierung der Beschlussfeststellung ein Formerfordernis darstellt. Eine für alle Verbände gleichermaßen gültige Antwort lässt sich nicht geben; es ist auf die Rechtsgrundlagen, einschließlich der Satzung, zu verweisen. Eine nochmals andere Frage ist es, ob eine Beschlussfeststellung, die lediglich im Protokoll enthalten ist, in der Versammlung selbst aber nicht ausgesprochen worden ist, als Beschlussfeststellung zu gelten hat.[54] Die Beschlussfeststellung ist nach der hier entwickelten Ansicht ein Konstitutivakt, der der Versammlung zugerechnet wird. Für die Setzung eines solchen Akts hat ein Protokollführer keine Zuständigkeit. Gegen den Willen des Versammlungsleiters – oder der Versammlung als ganzer, wo diese die Beschlussfeststellung übernimmt – kann der Protokollführer daher den Beschlussinhalt nicht aus eigenem Recht bestimmen.[55] Auf Fragen der Beweiswirkung des Protokolls, die bei Divergenzen von tatsächlichem Versammlungsgeschehen und Protokollinhalt wichtig werden können, wird hier nicht eingegangen.

## VI. Die Stimmabgaben in ihrem Verhältnis zum Beschluss

Der Beschluss, der von einem Verbandsorgan gefasst wird, besteht nicht durch die abgegebenen JA-Stimmen in dem Sinne, dass deren Gesamtheit schon unmittelbar den Rechtsakt Beschluss darstellen würde. Der Positivbeschluss ist vielmehr als Rechtsakt von den in seinem Sinne abgegebenen JA-Stimmen verschieden, wie auch der Negativbeschluss nicht einfach in der Gesamtheit der – in sich unterschiedlichen – Stimmverhalten all derjenigen besteht, die zusammen die Annahme des Antrags verhindert haben. Der Beschluss ist ein ganzheitlicher Rechtsakt, er ist nicht aus den einzelnen Stimm-

[54] Hierzu (betr. Gesellschafterbeschlüsse der GmbH): *Roth*, in: Roth/Altmeppen, GmbHG, 6. Aufl. 2009, § 48 Rn. 25 f.

[55] Anders könnte man allenfalls entscheiden, wenn das Protokoll von demjenigen herrührt, der für die Beschlussfeststellung zuständig ist, oder wenn der für die Beschlussfeststellung Zuständige die Beschlussfeststellung seitens des Protokollführers billigt, und nicht eine Kundgabe des Beschlussergebnisses an die Versammlung als Wirkform vorgeschrieben ist.

abgaben „zusammengesetzt".[56] Die Stimmabgaben in ihrer Gesamtheit determinieren allerdings den Beschlussinhalt.

Die Fassung eines Beschlusses erfolgt in einem gestreckten Vorgang, in einem Verfahren. Zu diesem Verfahren gehört gleichermaßen die Ermittlung der Stimmen zur Antragsfrage wie die Beschlussfeststellung.[57] Ein Stimmrechtsausschluss, der sich aus dem Beschlussgegenstand der Sachabstimmung ergibt, hindert den betroffenen Stimmberechtigten auch daran, an der Beschlussfeststellung teilzunehmen, weil die Beschlussfassung sich aus Sachabstimmung und Beschlussfeststellung ergibt. Die Beschlussfeststellung als Konstitutivakt schließt das Verfahren ab, soweit nicht noch zusätzliche Publizitätsakte nachfolgen müssen. Sieht man die Beschlussfeststellung als Konstitutivakt, so bildet das Gesamtergebnis der Stimmabgaben gleichsam den *Sachverhalt*, aufgrund dessen der Versammlungsleiter unter Beachtung der Regeln über Mehrheiten, Quoren, Gültigkeit und Auslegung von Stimmabgaben zu seiner Feststellung kommt, der Antrag, über den man abgestimmt hat, sei von der Versammlung angenommen oder abgelehnt. Die vorangehende Erzeugung des numerischen Abstimmungsergebnisses ist schon Teil des Vorgangs der Beschlussfassung. Sachabstimmung und Beschlussfeststellung bilden zusammen die Beschlussfassung, wobei die Beschlussfeststellung derart auf die Sachabstimmung bezogen ist, dass aus dem Abstimmungsergebnis der festzustellende Beschlussinhalt in gebundener Weise abzuleiten ist. Der Zusammenhang von Abstimmung und Beschlussfeststellung ist danach ein grundsätzlich anderer als nach der Vorstellung, derzufolge die einzelnen Stimmabgaben schon die Bestandteile des Rechtsgeschäfts „Beschluss" bilden, so dass mit abgeschlossener Stimmabgabe der Beschluss bereits gegeben sei. Einen Unterschied zwischen der Aktiengesellschaft und der GmbH oder dem Verein und den vereinsähnlichen Versammlungen (z.B. Versammlung der Wohnungseigentümer) ist in dieser Hinsicht nicht zu erkennen.

Da nach der hier zu entwickelnden Ansicht der Beschluss die Beschlussfeststellung zur konstitutiven Voraussetzung hat, kann jede einzelne Stimmabgabe nur auf dem Wege über eine Beschlussfeststellung wirksam werden.

[56] Es ist eine andere Frage, ob bei einem einzelnen Beschluss, in dem mehrere Beschlussgegenstände zusammengefasst sind, diese Beschlussgegenstände im Hinblick auf die Anfechtbarkeit oder Nichtigkeit ein getrenntes Schicksal haben können; s. dazu *R. Schnorr*, Teilfehlerhafte Gesellschafterbeschlüsse, 1997.

[57] A.A. *Zöllner* (o. Fn. 7), S. 826 f. Die Annahme, die Beschlussfeststellung sei kein Teil der Beschlussfassung mehr, führt *Zöllner* zu der geradezu absurden Folgerung, Fehler bei der Ergebnisfeststellung seien keine Beschlussmängel (so S. 830); zur Richtigstellung bedürfe es einer eigenständigen, von der Anfechtungsklage verschiedenen „Ergebnisrichtigstellungsklage". Mängel bei der Stimmauszählung sind idealtypische Beschlussmängel; dass Auszählungsfehler prozessual anders behandelt werden sollten als Ladungs- und Ankündigungsfehler, überzeugt nicht.

Wenn es, anders als nach dem herkömmlichen Verständnis, zum Wirksamwerden der einzelnen Stimme nicht ausreicht, dass diese abgegeben ist, muss nach der hier vertretenen Ansicht der einzelne Stimmberechtigte kraft seines Stimmrechts einen Anspruch auf rechtlich einwandfreie Beschlussfeststellung haben. Dazu, wie dieser Anspruch auf Beschlussfeststellung vom einzelnen Stimmberechtigten klageweise durchgesetzt werden kann, wird noch Stellung genommen.[58] Während nach *von Tuhr* der Einfluss der Stimmenden auf die Beschlussfassung kategorial unterschiedlich ist, je nachdem, ob sie dem Antrag zustimmen oder nicht, ist nach der hier vertretenen Ansicht der Mitwirkungsbeitrag jedes Stimmenden zur Beschlussfassung gleich, indem jede Stimme, sei sie nun ein JA, ein NEIN oder eine Enthaltung, einen Beitrag zum numerischen Abstimmungsergebnis darstellt, auf dessen Grundlage der Beschluss festzustellen ist.

Nicht sachgemäß erscheint die Redeweise, wonach die Stimmabgaben in ihrer Gesamtheit den Beschluss „bewirken".[59] Die Stimmabgaben in ihrer Gesamtheit schaffen eine Situation, in der der Beschluss durch entsprechende Feststellung gefasst werden kann und muss, und sie geben jedem der Abstimmenden ein subjektives Recht auf eine diesbezügliche Feststellung: Der Beschluss wird durch die Stimmabgaben nicht bewirkt, aber bestimmt. Mit einem Ausdruck aus dem Prozessrecht[60] könnte man sagen, die Stimmabgabe sei eine Erwirkungshandlung, aber keine Bewirkungshandlung. Die Stimmabgabe ist eine Verfahrenshandlung auf dem Gebiet des materiellen Rechts, aber nicht schon selbst die unmittelbare (Mit-)Setzung des materiell-rechtlichen Rechtsakts „Beschluss".

Von *Feine* wurde die Ansicht vertreten, der Beschluss absorbiere die Stimmabgaben, so dass diese mit der Feststellung des Beschlusses „untergingen".[61] Es handelt sich um eine Zweckvorstellung, mit der *Feine* begründen wollte, warum eine eigenständige Anfechtung der Stimmabgabe gemäß §§ 119 ff. BGB nach abgeschlossener Beschlussfassung nicht mehr möglich sein sollte. Die Frage der Anfechtung der Stimmabgabe sollte aber juristisch, d.h. als Interessenkonflikt, angegangen werden und nicht aufgrund einer Vorstellung wie der von der Absorption der Stimmabgaben im Beschluss. Zur Anfechtbarkeit der Stimmabgaben wird weiter unten noch Stellung genommen werden.

[58] Unten XIII.

[59] Vgl. *K. Schmidt* (o. Fn. 11), S. 436: Beschluss gewinnt seine Wirksamkeit aus den Stimmerklärungen.

[60] Vgl. *Greger*, in: Zöller, ZPO, 29. Aufl. 2012, vor § 128 Rn. 14 m.w.N.

[61] O. Fn. 9, S. 518.

## VII. Die Stimmabgabe als Erklärung im Rahmen des Abstimmungsvorgangs

Zur Rechtsnatur der Stimmabgabe wird hier Stellung genommen von dem Ansatz aus, wonach die Stimmabgaben nicht schon zugleich die konstituierenden Bestandteile des Rechtsakts Beschluss sind, soweit es um die Beschlussfassung eines Verbandsorgans geht.[62] Es ist für die hier vertretene Ansicht daher nicht entscheidend, ob die Stimmabgabe eine Willenserklärung ist[63] oder nicht, weil der Beschluss als Rechtsakt zwar durch das Ergebnis der Abstimmung inhaltlich determiniert wird, aber nicht einfach in einer schlichten „Zusammensetzung" aller Stimmabgaben (oder auch nur der Positivstimmen) besteht. Ob das Ergebnis des Stimmgangs aus einer Vielzahl von Willenserklärungen besteht oder aus einer Vielzahl von rechtsgeschäftsähnlichen Erklärungen, spielt für die hier verfolgte These keine entscheidende Rolle. Es erscheint wichtiger, konkret anzugeben, welche der für Willenserklärungen aufgestellten Gesetzesbestimmungen auf die Stimmabgabe anwendbar sind und welche nicht.

Die Stimmabgabe hat zum Inhalt, dass der Stimmende seine Stimmmacht einsetzt, um dem gestellten Antrag zur Annahme als Beschluss zu verhelfen (JA-Stimme) oder um dieser entgegenzuwirken (NEIN-Stimme).[64] Nun zeichnet sich im Allgemeinen die (im eigenen Namen abgegebene) Willenserklärung dadurch aus, dass der Erklärende für sich eine Regelung setzt, an die er gebunden ist. Die Stimmabgabe unterscheidet sich von den Willenserklärungen dieser Art, weil der Stimmende damit nicht an der Setzung einer *ihn selbst* betreffenden Regelung mitwirkt. Charakteristisch für die Stimmabgabe ist vielmehr, dass der Stimmende mit seiner Erklärung hinsichtlich eines Entschlusses wirkt, der Geltung nicht für ihn selbst, sondern *für den Verband* erlangt. Das Stimmrecht der Mitglieder ist, wie es in den Motiven zum BGB für den Verein heißt, „die Befugnis, bei der Herstellung des Willens für die Körperschaft mitzuwirken".[65] Wie wir gesehen haben,[66] „bewirkt" die Stimmabgabe bei einer Abstimmung in einem Verbandsorgan für sich genommen rechtlich nur, dass bei der anschließenden Beschlussfeststellung diese Stimmabgabe zutreffend erfasst und für die Ermittlung des Abstimmungsergebnisses berücksichtigt werden muss.

[62] S. oben II zur Beschlussfassung ohne Organbezug, z.B. durch Bruchteilseigentümer.

[63] So die ganz herrschende Ansicht; s. statt aller *K. Schmidt* (o. Fn. 11), S. 437; *Jacoby* (o. Fn. 11), S. 421; zuletzt *Dröge* (o. Fn. 13), S. 18 mit umf. Nachw. in Fn. 30; *Winnefeld* (o. Fn. 26) sprach konsequent der NEIN-Stimme die Qualität einer Willenserklärung ab.

[64] S. auch *W. Ernst* (o. Fn. 48), Rn. 61.

[65] Motive I, 107 = Mugdan I, 411.

[66] Soeben VI.

Inwieweit die Vorschriften, die das BGB für die Willenserklärung aufstellt, auf die Stimmabgabe angewendet werden können, sei anhand eines Durchgangs durch die einzelnen Sachfragen geprüft:[67]

(a) Die einzelne Stimmabgabe ist ein einseitiger Vorgang, so dass sich von den Vorschriften aus dem Allgemeinen Teil des BGB diejenigen zur analogen Anwendung anbieten, die das einseitige Rechtsgeschäft betreffen.

(b) Die Stimmabgabe muss in der Weise erfolgen, die durch Gesetz oder Gesellschaftervertrag/Satzung, eine Versammlungsordnung oder seitens des Versammlungsleiters (eventuell auch durch einen Ordnungsbeschluss der Versammlung) festgesetzt ist. Wenn die Festlegung durch Gesetz erfolgt ist, kann man für die Ungültigkeit einer Stimmabgabe, die der gesetzlichen Bestimmung nicht entspricht, auf § 125 S. 1 BGB verweisen; liegt eine Satzungsbestimmung zugrunde, mag § 125 S. 2 BGB analog angeführt werden. Man muss aber auch eine Stimmabgabe für ungültig halten, die nicht der vom Versammlungsleiter (oder in einem Ordnungsbeschluss) getroffenen Festlegung entspricht. Wenn die Abstimmung z.B. schriftlich erfolgt, muss eine durch Zuruf erfolgte Stimmabgabe für ungültig erachtet werden. Wenn man meinen würde, hierfür bedürfte es eines positivistischen Anhaltspunktes, könnte man ebenfalls auf den Rechtsgedanken des § 125 S. 2 BGB verweisen.

Von den Formerfordernissen, die für den Beschluss aufgestellt sind (z.B. § 130 I 1 AktG), wird angenommen, dass sie nur für den Akt der Beschlussfeststellung gelten: Wenn für den konkreten Beschluss eine notarielle Beurkundung vorgeschrieben ist, bedeutet dies gerade nicht, dass auch die Abgabe der einzelnen Stimme notariell beurkundet werden müsste. *Noack* hat in diesem Zusammenhang davon gesprochen, dass sich die Formbedürftigkeit eben nicht auf „Vorstufen" des Rechtsgeschäfts beziehe.[68] Auch die einzelne Stimmabgabe muss in diesem Sinne als „Vorstufe" zum Beschluss gesehen werden, die als solche, obschon Teil des Verfahrens der Beschlussfassung, von einem etwaigen Formerfordernis für den Beschluss nicht erfasst ist. Schon für sich genommen sollte diese Handhabung des Formerfordernisses für den Beschluss ausreichen, die Ansicht von der Identität des Beschlusses mit der Gesamtheit der zustimmenden Stimmabgaben zu widerlegen: Bei einem mehrseitigen Rechtsgeschäft, etwa bei einem Auseinandersetzungsvertrag über ein Grundstück, erstreckt sich ein Formerfordernis auf die einzelnen Willenserklärungen, womit dem Formerfordernis dann auch Genüge getan ist. Für den formbedürftigen Beschluss der Hauptversammlung – m.E.

[67] Die folgende Darstellung untersucht die Stimmabgabe in der Versammlung; es wird davon ausgegangen, dass die Stimmabgabe, wenn sie in Zirkularverfahren erfolgt, dadurch ihre Rechtsnatur nicht grundlegend verändert.

[68] O. Fn. 23, S. 31.

aber für den Beschluss von Organen der Verbände des Privatrechts überhaupt – kann die Vorstellung vom mehrseitigen, aus Stimmabgaben aggregierten Rechtsgeschäft keinesfalls zutreffen.

(c) Eine Willenserklärung ist empfangsbedürftig, wenn der Erklärende den Zugang seiner Erklärung bei einer empfangszuständigen Person bewirken muss. Der Stimmende muss die Stimmabgabe in der Weise vornehmen, die vom Versammlungsleiter vorgegeben worden ist, sei dies das Handheben, das Heben von Stimmkarten, das Ausfüllen von Stimmzetteln, das Drücken von Schaltern oder dergleichen. Es ist dann Sache des Versammlungsleiters, alle ordnungsgemäß erfolgenden Stimmabgaben wahrzunehmen und zu erfassen; er ist insoweit zu einem aktiven Ordnungshandeln verpflichtet. Ohne Rücksicht auf einen Zugang ist jede Stimme zu erfassen, die im Einklang mit den angeordneten Modalitäten abgegeben worden ist. Demgegenüber kann der Zugang einer Willenserklärung herkömmlicherweise auch gegenüber einem passiven Erklärungsempfänger erfolgen. Der Vorgang von Abgabe und Erfassung der Stimme wird mittels der Begriffe Zugang und Empfangszuständigkeit nicht zutreffend erfasst.[69]

(d) Die Stimmabgabe kann nur in einem bestimmten, kurzen Zeitraum erfolgen, nämlich auf den Aufruf zur Stimmabgabe hin. Die Abstimmung ist ein Präsenzgeschäft. Vorgängige (briefliche) oder nachträgliche Stimmabgaben sind grundsätzlich nicht möglich.

(e) Die Stimmabgabe hat das JA oder das NEIN zum Antrag zum möglichen Inhalt. Die Stimmabgabe kann nur ausdrücklich erfolgen, nicht durch schlüssiges Verhalten.[70] In der technischen Ausgestaltung des Abstimmungsvorgangs wird man bemüht sein, die Stimmabgabe so zu regeln, dass Auslegungszweifel von vornherein ausgeschlossen werden. Es ist misslich, wenn bei schriftlicher Stimmabgabe die Frage auftritt, ob ein „Sehr gut" auf dem Stimmzettel als ein JA genommen werden muss. Daher legt man die Stimmenden zweckmäßig auf den Gebrauch der Worte JA und NEIN fest oder sorgt auf andere Weise für ein möglichst eindeutiges Stimmverhalten, etwa derart, dass die Stimmkarte bei JA in eine bestimmte Urne geworfen wird, bei NEIN in eine andere o.ä. Sofern aber Stimmabgaben auslegungsbedürftig bleiben, kann § 133 BGB angewendet werden.

(f) Die Stimmabgabe ist eine Rechtsausübung. Die Gültigkeit der Stimmabgabe hängt davon ab, dass durch sie ein bestehendes Stimmrecht ausgeübt wird. Die Ausübung des Stimmrechts führt sodann, bezogen auf den betreffenden Stimmgang, zu dessen Erschöpfung: Niemand kann seine Stimme in ein und derselben Abstimmung „doppelt" abgeben. Dem entspricht es, dass

[69] *Flume* (o. Fn. 14), S. 249: „Es gibt hinsichtlich der Stimmabgabe überhaupt keinen Erklärungsgegner."

[70] *W. Ernst* (o. Fn. 48), Rn. 137.

die Stimmabgabe unwiderruflich erfolgt.[71] Mit der Stimmabgabe hat sich der Stimmende bereits selbst gebunden; die Bindung kraft des Beschlusses setzt dagegen erst nach dessen Feststellung ein. Gerade wenn man die Qualifizierung der Stimmabgabe als Willenserklärung befürwortet und ernst nimmt, verbietet sich die Zulassung eines Widerrufs. Weiterhin ist die Stimmabgabe bedingungsfeindlich.

Mit der Stimmabgabe übt der Stimmberechtigte ein *ihm selbst* zustehendes Recht aus; er handelt nicht als Vertreter des Verbandes oder der Versammlung. Das Problem eines eventuellen Konflikts zwischen der mitwirkenden Herstellung des Willens des Verbandes und eventuellen Eigeninteressen des Stimmberechtigten wird dabei abschließend durch die Regelungen zum Stimmrechtsausschluss bewältigt; § 181 BGB findet auf die Stimmabgabe insofern keine Anwendung.[72] Der Anwendung des § 181 BGB steht nach dem hier vertretenen Ansatz schon entgegen, dass die Stimmabgabe kein Handeln zur Vornahme eines „Rechtsgeschäfts“ ist, da die einzelne Stimmerklärung nicht zum Bestandteil des Rechtsgeschäfts „Beschluss“ wird.

(g) Die Frage der Stimmfähigkeit kann anhand der §§ 104 ff. BGB beurteilt werden. Der beschränkt geschäftsfähige Stimmrechtsinhaber[73] bedarf zur Ausübung des Stimmrechts der Einwilligung des gesetzlichen Vertreters; § 107 BGB analog. Das Vorliegen dieser Einwilligung ist bei der Stimmrechtsprüfung festzustellen; kann sich der Versammlungsleiter nicht vom Vorliegen der Einwilligung überzeugen, lässt er den Minderjährigen nicht mitstimmen. Zu einer Zurückweisung der Stimmabgabe analog § 111 S. 2 BGB sollte es von daher nicht kommen. Eine Genehmigung der ohne Einwilligung abgegebenen Stimme kommt nicht infrage; sie wäre auch mit dem Charakter der Abstimmung als Präsenzgeschäft unvereinbar.

Zweifelhaft ist die Anwendung des § 107 BGB hinsichtlich des Begriffs des rechtlichen Vorteils. Bei der Stimmabgabe handelt es sich um die Ausübung der „Befugnis, bei der Herstellung des Willens für die Körperschaft mitzuwirken“.[74] Es verhält sich deswegen aber nicht so, dass die Stimmabgabe zwangsläufig ein neutrales Geschäft wäre, das vom beschränkt geschäftsfähigen Minderjährigen ohne Einwilligung seines gesetzlichen Vertreters vorgenommen werden könnte. Beschlüsse können die Rechtsstellung des Stimmenden durchaus unmittelbar beeinflussen; man denke an den Beschluss über eine Erhöhung von Beiträgen, über die Feststellung der Dividende und

[71] Die Widerruflichkeit der Stimmabgabe ist umstritten; s. *K. Schmidt* (o. Fn. 11), S. 437 m.w.N.; BGH NJW-RR 1990, 798 betraf einen Sonderfall.

[72] *Flume* (o. Fn. 14), S. 237; ausf. *J. Wilhelm*, JZ 1976, 674 ff.; a.A. zu den Gesellschafterbeschlüssen der GmbH *Zöllner*, in: Baumbach/Hueck, GmbHG, 19. Aufl. 2010, § 47 Rn. 60 ff.

[73] Zum minderjährigen Aktionär (aus Sicht des schweiz. Aktienrechts) instruktiv *N. P. Vogt/D. Leu*, Festschrift Rolf Watter, 2008, S. 449, 452 ff.

[74] Motive I, 107 = Mugdan I, 411.

dergleichen. Bei solchen Beschlüssen würde die Möglichkeit des beschränkt Geschäftsfähigen, seine Stimme ohne Zustimmung des gesetzlichen Vertreters abzugeben, davon abhängen, ob der Beschluss für ihn als rechtlich lediglich vorteilhaft angesehen werden kann. Eventuell käme man sogar dazu, dass für den Minderjährigen die Abgabe einer JA- (oder NEIN-)Stimme als rechtlich lediglich vorteilhaft anzusehen wäre, nicht jedoch die Abgabe der Stimme im gegenteiligen Sinne. Wenn die Gültigkeit der Stimmabgabe von deren Inhalt abhängig wäre, könnte von einer freien Ausübung der „Befugnis, bei der Herstellung des Willens für die Körperschaft mitzuwirken," keine Rede mehr sein. Es erscheint besser, das Konzept des rechtlich lediglich vorteilhaften Geschäfts auf die Stimmabgabe überhaupt nicht anzuwenden. Sollen beschränkt Geschäftsfähige ihr Stimmrecht selbst ausüben, ist daher die Einwilligung des gesetzlichen Vertreters unverzichtbar.

(h) Wo das Stimmrecht nicht höchstpersönlicher Natur ist, kann die Stimmabgabe durch einen Stellvertreter erfolgen. Hierfür stellen die §§ 164 ff. BGB eine im Grundsatz brauchbare Normgrundlage dar. Die Bevollmächtigung muss aber auf den Vorgang der Stimmrechtsprüfung abgestimmt werden. Da das Vorliegen einer Vollmacht bei der Stimmrechtsprüfung festzustellen ist, scheidet eine interne Bevollmächtigung (§ 167 I 2. Alt. BGB) aus. Eine konkludente Bevollmächtigung wird man nicht zulassen, weil sie keine Grundlage für die Stimmrechtsprüfung bietet. Kann sich der Versammlungsleiter bei der Stimmrechtsprüfung nicht vom Vorliegen der Vollmacht überzeugen, lässt er den Vertreter nicht mitstimmen. Zu einer Zurückweisung der Stimmabgabe analog § 174 BGB braucht es von daher nicht zu kommen.

Es ist nicht möglich, einen vollmachtlosen Vertreter mitstimmen zu lassen, so dass der Stimmberechtigte die Stimmabgabe anschließend genehmigt; hierfür kann man sich auf § 180 S. 1 BGB stützen. Gelegentlich wird vorgeschlagen, man könne vollmachtlose Stimmrechtsvertreter unter den Voraussetzungen des § 180 S. 2 BGB mitstimmen lassen.[75] Dem steht nicht nur das Rechtsproblem der fehlenden Empfangszuständigkeit für die Stimmabgabe entgegen (oben c). Eine Pendenz der Stimmabgabe nach §§ 177, 180 S. 2 BGB verbietet sich wegen der Untrennbarkeit von Stimm- und Rederecht: Der vollmachtlose Vertreter könnte in der Versammlung das Wort ergreifen und die Aussprache beeinflussen. Diese Einflussnahme wäre nicht ungeschehen zu machen, wenn der Stimmrechtsinhaber schließlich die Genehmigung des vollmachtlosen Handelns verweigert. Eine vollmachtlose Teilnahme nach § 180 S. 2 BGB wäre also allenfalls dergestalt denkbar, dass sich der vollmachtlose Vertreter bloss zur Abgabe der Stimme, unter Ausschluss von Rede- und Antragsrecht, einfindet; eine derartige Rechtsaufspaltung des Teilnahmerechts wird man für die meisten Verbände ablehnen.

[75] *C. Hartmann*, DNotZ 2002, 253 ff. (für die AG); vorsichtiger *M. Häublein*, ZWE 2012, 1, 11 f. (für die Versammlung der Wohnungseigentümer).

Beim Stimmvertreter können Eigeninteressen bestehen, die es zweifelhaft erscheinen lassen, ob er das fremde Stimmrecht pflichtgemäss ausüben wird. Indem die gesetzlichen Regelungen zum Stimmrechtsausschluss nach § 136 I AktG, § 47 IV GmbHG auch die Ausübung eines fremden Stimmrechts erfassen („für sich oder einen anderen"), führt auch ein in der Person des Stimmvertreters gegebener Ausschlussgrund zum Stimmrechtsausschluss. Damit besteht eine abschließende Regelung, die für die zusätzliche Anwendung des § 181 BGB wohl keinen Raum lässt. Sofern der Stimmrechtsausschluss weder durch Gesetz noch durch Satzung geregelt ist,[76] liegt eine analoge Anwendung der positivrechtlichen Regelungen zum Stimmrechtsausschluss näher als eine Anwendung des § 181 BGB:[77] Nach dem hier vertretenen Ansatz ist die Stimmabgabe kein Handeln zur Vornahme eines „Rechtsgeschäfts", weil die einzelne Stimmerklärung nicht zum Bestandteil des Rechtsgeschäfts „Beschluss" wird, und daher könnte es sich auch hinsichtlich § 181 BGB von vornherein nur um eine analoge Anwendung handeln. Vorzugwürdig erscheint demgegenüber die (gesamt-)analoge Anwendung von Vorschriften über den Stimmrechtsausschluss, die es auch besser ermöglichen, im Rahmen der Stimmrechtsprüfung der Abgabe der fraglichen Stimme schon präventiv entgegenzutreten. Die Frage wäre eine Vertiefung wert.

(i) Da es sich bei der Stimmabgabe um eine Rechtsausübung handelt, kann man sich auch fragen, ob eine Ermächtigung dergestalt möglich sei, dass der Ermächtigte das Stimmrecht im eigenen Namen ausübe; als normative Grundlage könnte § 185 I BGB angeführt werden.[78] Da die Ermächtigung bei der Stimmrechtsprüfung nachgewiesen werden müsste, dürfte sich ein interessanter Unterschied zur Stimmrechtsvertretung nicht ergeben. Die Frage wird hier nicht vertieft.

(j) Die Frage, ob die Stimmabgabe wegen Willensmängeln angefochten werden kann, ist schon Gegenstand einer umfangreichen Kontroverse gewesen. Ausführlich wurde die Frage von *Bartholomeyczik* behandelt.[79] Da die Stimmabgabe selbstbestimmt erfolgt, ist heute anerkannt, dass man sich von einer durch Irrtum, Täuschung oder Drohung bewirkten Stimmabgabe muss „lossagen" können.[80] Es können zum Schutz der Selbstbestimmung die Vorschriften entsprechend angewendet werden, die bei Irrtum, Täuschung

[76] So verhält es sich bei § 25 WEG; dazu *Häublein* (o. Fn. 75), S. 14 f.

[77] *Häublein* weist zutr. darauf hin, dass § 181 BGB die unpassende Möglichkeit der Gestattung des Insichgeschäfts einschliesst, (o. Fn. 75), S. 14 Fn. 122.

[78] Vgl. für die Aktiengesellschaft § 129 III AktG.

[79] *H. Bartholomeyczik*, AcP 144 (1938), 287 ff.; ausf. auch *Baltzer* (o. Fn. 7), S. 152 ff.

[80] Legt man den *von Tuhr'schen* Beschlussbegriff zugrunde, demzufolge nur die zustimmenden Stimmerklärungen den Beschluss ausmachen, käme die Möglichkeit einer Anfechtung der Stimmabgabe wegen Willensmängeln streng genommen auch nur für diejenigen in Betracht, die dem Antrag zugestimmt haben.

oder Drohung die Anfechtung einer Willenserklärung erlauben. Während der Versammlung erfolgt die Anfechtung gegenüber dem Versammlungsleiter; nach Abschluss der Versammlung gegenüber demjenigen, der den Verband vertritt.[81] Die Anfechtbarkeit der Stimmabgabe ist nicht nur dann zuzulassen, wenn damit mittelbar der Beschluss zu Fall gebracht werden könnte. Schon weil der Stimmende u.U. für seine Stimmabgabe haftbar gemacht werden kann,[82] darf er nicht an eine mit einem Willensmangel behaftete Stimmabgabe gebunden sein. Auf die Anfechtung der Stimmabgabe ist nochmals zurückzukommen.[83]

Mit den vorstehenden Einzelheiten dürfte die Stimmabgabe als Rechtshandeln im Wesentlichen beschrieben sein. Wie soll man nun die Stimmabgabe kategorial erfassen? Soweit ein Rechtsgeschäft durch mehrere Willenserklärungen gebildet wird, die Willenserklärungen also Teil des rechtsgeschäftlichen Tatbestands sind, knüpfen sich die Rechtswirkungen nicht an die Willenserklärung als solche, sondern an das Rechtsgeschäft.[84] Beachtet man die Differenz von Willenserklärung und Rechtsgeschäft, so ist die einzelne Stimmabgabe sicherlich kein Rechtsgeschäft, weil durch die isolierte Stimmabgabe eine rechtliche Regelung nicht gesetzt wird. Ist die Stimmabgabe eine Willenserklärung? Nach den Vorschriften des BGB über Willenserklärungen kann die Stimmabgabe behandelt werden, sofern zugleich darauf Rücksicht genommen wird, dass die Stimmabgabe eine in den Abstimmungsvorgang eingebettete Erklärung ist, die den Vorgaben für das Abstimmungsverfahren entsprechen muss: Die Stimmabgabe kann wegen ihrer Einbettung in das Abstimmungsverfahren nur zu einem ganz bestimmten Zeitpunkt, in einer ganz bestimmten Weise und mit einem von zwei fixen Inhalten (JA oder NEIN) erfolgen.[85] Ebenso muss bei Einsatz eines Stimmvertreters dieser so bevollmächtigt werden, dass der Vertreter bei der Stimmrechtsprüfung als stimmberechtigt ermittelt werden kann. Diese und weitere, durch den Verfahrensbezug gegebene Rahmenbedingungen für die Stimmabgabe schließen nicht aus, dass man auch Vorschriften des BGB über Willenserklärungen auf die Stimmabgabe anwendet, wobei aber die üblichen Gestaltungsmöglichkeiten des Erklärenden, seine Willenserklärung inhaltlich und durch Wahl von Ausdrucksmittel und Erklärungszeit zu bestimmen, durch die mit dem Verfahrensbezug gegebenen Vorgaben stark eingeschränkt sind. Die Einbettung in den Verfahrensbezug ändert aber nichts daran, dass mit dem JA oder

[81] Vgl. *Flume* (o. Fn. 14), S. 250.

[82] Dazu umf. *Dröge* (o. Fn. 13).

[83] S. unten XV.

[84] S. *W. Flume*, Das Rechtsgeschäft, 4. Aufl. 1992, S. 25 ff.; *D. Leenen*, Festschrift Canaris, 2007, Bd. I, S. 699 ff.

[85] Die Erhaltung ist als eine erklärte Nichtausübung des Stimmrechts zu erfassen; s. *Ernst* (o. Fn. 48), Rn. 62 ff.

NEIN ein Wille kundgetan wird, der als psychologische Tatsache existiert, und zwar dazu, welches der Gesamtwille des Verbandes sein soll, und dass weiterhin die Abgabe der Stimme nicht fremd-, sondern selbstbestimmt erfolgt, wobei es aber darum geht, was für den Verband gelten soll. Am ehesten ist in diesem Umstand, dass der Stimmberechtigte autonom über die Stimmabgabe entscheidet, die Ähnlichkeit zur Willenserklärung des BGB begründet. Die Stimmabgabe ist danach eine Verfahrenshandlung im Abstimmungsvorgang, für deren rechtliche Beurteilungen Vorschriften des BGB über die Willenserklärungen entsprechend angewendet werden können, wobei auf den Verfahrensbezug und -zweck der Stimmabgabe Rücksicht zu nehmen ist. Folgt man der hier entwickelten Ansicht, dann liegt für die Stimmabgabe näher als der Vergleich mit der Willenserklärung der Vergleich mit der Prozesshandlung, wobei es sich natürlich bei der Abstimmung nicht um ein gerichtliches Verfahren handelt, sondern um ein Verfahren auf dem Gebiet des materiellen Rechts. Wie man sich sehr zurückhält, die Prozesshandlung im Zivilprozess nach den Vorschriften des BGB über Willenserklärungen zu behandeln,[86] sollte man auch bei der Stimmabgabe als einer Verfahrenshandlung des materiellen Rechts von einer voreiligen einschränkungslosen Gleichsetzung mit der Willenserklärung absehen.

Unabhängig davon, ob man die Stimmabgabe als Willenserklärung ansieht, ist jedenfalls die begrenzte, von der Stimmabgabe ausgehende Rechtswirkung zu beachten: Die abgegebene Stimme hat in die Ermittlung des Abstimmungsergebnisses einzugehen und bildet – zusammen mit allen anderen abgegebenen Stimmen – die gleichsam „tatbestandliche" Grundlage für den Beschluss. Die Stimmabgabe hat insofern „Tatbestandswirkung" für die Beschlussfeststellung. In diesem Beitrag zur Bildung des Tatbestandes für die Beschlussfeststellung erschöpft sich die Rechtswirkung der Stimmabgabe. Als Verfahrenshandlung ist die Stimmabgabe eine „Erwirkungshandlung". Die vom Beschluss ausgehenden Rechtsfolgen beziehen ihre Geltung dagegen nicht aus den Stimmerklärungen, mag man diese auch weitgehend wie Willenserklärungen behandeln: Die rechtlichen Beschlussfolgen sind nicht Rechtswirkungen, die unmittelbar deswegen eintreten, weil sie mittels Stimmabgaben als „gewollt" erklärt worden sind.

## VIII. Die Geltung (Bindungswirkung) des Beschlusses

Der Beschluss hat zum Inhalt, dass die Versammlung – für den Verband – in rechtlich einwandfreier Weise einen bestimmten Entschluss („Willen") gefasst hat. Der Beschluss zeitigt eine materielle Bindungswirkung. Diese

[86] S. statt aller *D. Schwab*, Festschrift Baumgärtel, 1990, S. 503 ff.

besteht darin, dass der Verband, seine Mitglieder und Organe, den Beschluss, wenn er aktuell wird, respektieren. Mitglieder und Organe müssen den Beschluss ihrem diesbezüglichen Handeln zugrunde legen, und zwar – wie zu zeigen sein wird – unabhängig davon, ob der Beschluss rechtmäßig oder rechtswidrig ist. Die Bindungswirkung des Beschlusses ist eine Folge der innerverbandlichen Zuständigkeitsordnung, die es der Versammlung erlaubt, in bestimmten Fragen und in einem bestimmten Verfahren den für den Verband maßgeblichen Willen zu generieren.[87]

Der Akt der Beschlussfassung ist als solcher rechtlich belastbar. Wenn der Beschluss durch weitere Aktivitäten umzusetzen ist und hierfür auf die Willensbildung des Verbandes Bezug genommen werden muss, dann genügt der Verweis auf den Beschluss. Wenn etwa von den Mitgliedern höhere Beiträge eingefordert werden, die in der Versammlung beschlossen worden sind, genügt die Berufung auf den Beschluss, um eine schlüssige Geltendmachung des Anspruchs zu erlauben und ein zahlungsunwilliges Mitglied in Verzug zu setzen. Typischerweise wird der Beschluss durch einen Auszug aus dem Protokoll nachgewiesen. Um die Forderung nach den erhöhten Mitgliedsbeiträgen in einer verzugsbegründenden Weise geltend zu machen, ist es nicht erforderlich, jedem einzelnen Mitglied die für die fragliche Beschlussfassung abgegebenen Stimmzettel vorzuweisen und ihm zu erläutern, welcher Beschlussinhalt sich daraus ergibt; man muss auch nicht dartun, dass alle Stimmberechtigten ordnungsgemäß einberufen worden waren, Stimmrechtsausschlüsse beachtet wurden und dergleichen mehr.[88] Es kann gar nicht anders sein, als dass der Verband und seine Mitglieder an den Beschlussinhalt gebunden sind, den die Versammlung – durch ihren Leiter oder durch eigene Ordnungsentscheidung – festgestellt hat. Es wäre sinnlos, die Versammlung feststellen zu lassen, sie habe so und so beschlossen, wenn man diese Feststellung anschließend rechtlich nur dergestalt beanspruchen könnte, dass man bei jedem auf den Beschluss gestützten Rechtshandeln stets von neuem die Rechtmäßigkeit der Beschlussfassung in allen ihren Einzelheiten dartäte und dazu auf die einzelnen Stimmabgaben zurückkäme.

Der Beschluss ist ein Konstitutivakt[89] mit inhärenter Bindungswirkung. Die Bindungswirkung des Beschlusses ist dem Aktstyp „Beschluss", jeden-

[87] Die Bindungswirkung betrifft auch die Versammlung selbst, indem ein Rückkommen auf den bereits gefassten Beschluss nicht ohne weiteres zulässig ist; s. *Ernst* (o. Fn. 48), Rn. 273 ff.

[88] Wenn umgekehrt eine Beschlussfeststellung zu der Abstimmung über die Mitgliedsbeiträge unterblieben ist, nachdem alle Stimmzettel in einer Urne eingesammelt worden waren, ist es nach dem hier vertretenen Ansatz nicht möglich, gegenüber dem einzelnen Mitglied den Anspruch auf die Beiträge geltend zu machen, indem man ihm die Urne mit den Stimmzetteln präsentiert und erklärt, die Mehrheit habe, wie jeder nachzählen könne, dafür gestimmt.

[89] Der Ausdruck geht zurück auf *Feine* (o. Fn. 9), S. 517 u. öfter.

falls soweit er in organisierten Verbänden gefasst wird, eigen; sie hängt nicht weiter von der Rechtsform des Verbandes ab. Die Bindungswirkung des Beschlusses beruht auch nicht erst darauf, dass das spezifische Verbandsrecht das prozessuale Vorgehen gegen den Beschluss regelt und beschränkt. Es entspricht vielmehr dem Sinn der Beschlussfassung, dass der am Ende stehende Willensentschluss für den Verband „gilt" und dass für die spätere Berufung auf diesen Willensentschluss ein Zurückgehen auf die Einzelheiten der Beschlussfassung entbehrlich ist. Die Bindungswirkung ist eine echte *Rechts*wirkung des Beschlusses. Die Beschlussfassung ist ein Akt der Setzung. Die Konstitutivwirkung des Beschlusses ist darin begründet, dass die hierzu autorisierte Versammlung mit dem Beschluss feststellt, sie habe mit der rechtlich erforderlichen Mehrheit einen bestimmten Antrag angenommen und damit zum „Gesamtwillen" des Verbandes erhoben. Von der Bindungswirkung des Beschlusses her, ohne die der Aktstyp „Beschluss" nicht sinnvoll wäre, wird noch einmal deutlich, dass die Beschlussfassung nicht schon mit der Stimmabgabe aller Anwesenden abgeschlossen sein kann. Vom Standpunkt des *von Tuhr'schen* Beschlussbegriffes aus ist ja kaum zu erklären, wie der Beschluss die ihm eigene Bindungswirkung entfalten kann: Ein zu den tragenden Stimmabgaben hinzutretender, überpartikularer Akt wie die Beschlussfeststellung wird ja für entbehrlich gehalten; wo er vorkommt, wird ihm eine zusätzliche Rechtswirkung im Grundsatz abgesprochen. Eine Bindungswirkung, die das Zurückgehen auf die Gesamtheit der Stimmabgaben entbehrlich macht, kann aber überhaupt nur entstehen, wenn der Beschluss überpartikular festgestellt wird. All dies gilt beileibe nicht nur für die Aktiengesellschaft und die Beschlüsse ihrer Hauptversammlung, sondern ebenso für die GmbH und den Verein und die vereinsähnlich agierenden Gemeinschaften.

## IX. Die Abhängigkeit des Beschlusses vom Verbandsrecht

In der Diskussion um den Beschlussbegriff war es ein besonderes Verdienst *Philipp Hecks*, darauf hingewiesen zu haben, dass der Beschluss als Rechtsakt nicht isoliert gedacht werden kann. Vielmehr erfolge jede Beschlussfassung, so *Heck*, aufgrund einer „Grundrelation", die durch den Verband und seine Verfassung gegeben sei.[90] Der Beschluss sei insoweit ein unselbständiges Geschäft, als er nur in der Einbettung in das Verbandsrecht

[90] *P. Heck*, Festschrift Otto v. Gierke, 1911, S. 319 ff.; bei *Heck* werden auch die weiteren zeitgenössischen Ansätze zur Erfassung des Beschlusses besprochen, insb. S. 354 ff. auch die Redeweise vom „Gesamtakt", die zurückgeht auf *J. E. Kuntze*, Festgabe Leipziger Juristenfakultät f. O. Müller, 1892, S. 27 ff. Ablehnend zur Lehre vom Gesamtakt *Flume* (o. Fn. 84), S. 602 f.

vorkomme. Hieran soll nun angeknüpft werden. Beschlussfassung setzt eine rechtlich begründete Beschlussfassungskompetenz voraus, eine Zuständigkeit. Jeder Beschluss wird als „abhängiger“ Rechtsakt auf der Grundlage einer verbandsrechtlichen Organisations- und Zuständigkeitsverfassung gefasst. Anschaulich hat *Ulrich Noack* von der „Ermächtigungsgrundlage“ für den Beschluss gesprochen.[91] Der Beschluss muss entsprechend den Zuständigkeits- und Verfahrensregelungen, die im und für den Verband gelten, zustande gebracht werden.[92] Die Abhängigkeit des Beschlusses von der – wie *Heck* es nannte – „Grundrelation“ wird von *Dröge* jetzt im Anschluss an *Baltzer*[93] als ein „Zurechnungsproblem“ angesprochen: Nur wenn die Beschlussfassung im verbandsverfassungsrechtlich zuständigen und korrekt konstituierten, zudem beschlussfähigen Organ unter Einhaltung der vorgeschriebenen Förmlichkeiten erfolge, werde der Beschluss dem Verband zugerechnet.[94] In unterschiedlichen Wendungen wird hier treffend ein grundlegendes Charakteristikum des Beschlusses – zugleich *das* Unterscheidungsmerkmal zum „unabhängigen“ Rechtsgeschäft – ausgemacht.

## X. Rechtmäßigkeit und Rechtswidrigkeit von Beschlüssen

Die Abhängigkeit des Beschlusses als Rechtsakt, der Umstand, dass ein Beschluss nur im Rahmen einer Verbandsordnung gefasst werden kann, ist die Ursache dafür, dass für den Beschluss eine Frage gestellt werden kann, zu der es bei gewöhnlichen („unabhängigen“) Rechtsgeschäften kein Gegenstück gibt: Wie wirkt es sich rechtlich auf den Beschluss aus, wenn die für die Beschlussfassung bestehenden normativen Vorgaben nicht beachtet wurden? Die Abhängigkeit des Beschlusses als Rechtsakt ist der Ursprung der Lehre von den Beschlussmängeln: Weil der Beschluss in Abhängigkeit von einer Vielzahl verbandsverfassungsrechtlicher Normen gefasst wird – und auch nur so gefasst werden kann –, stellt sich eben die Frage nach den Folgen einer Verletzung derjenigen Normen, welche die Grundlage für die Beschlussfassung – deren „Ermächtigungsgrundlage“ – darstellen. Es kann hier nicht

[91] O. Fn. 23, S. 55.

[92] Die Stimmberechtigten sind einwandfrei einzuberufen – die Stimmberechtigungen müssen geprüft werden – über einen etwaigen Ausschluss vom Stimmrecht ist zu entscheiden – die Stimmen müssen unter korrekter Fragestellung abgerufen werden – die abgegebenen Stimmen sind zu erfassen und gegebenenfalls auszulegen – Fragen der Gültigkeit der Stimmabgabe sind zu klären (Form, Stellvertretung, Geschäftsfähigkeit u. dgl.) – unter Beachtung der Regeln über ein etwaiges Quorum muss das Abstimmungsergebnis mit dem für den Antrag maßgeblichen Mehrheitserfordernis verglichen werden – schließlich können noch Förmlichkeiten hinsichtlich der Beschlussfeststellung zu beachten sein (Protokollierung; Verkündung; Registereintrag).

[93] O. Fn. 7, S. 49 ff.

[94] O. Fn. 13, S. 20 ff.

darum gehen, die ganze Lehre von den Beschlussmängeln – sie gilt als „teilweise noch umstritten und unausgereift“[95] – von neuem aufzurollen. Vom fehlerhaften Beschluss wird hier nur insofern gehandelt, als daraus etwas für das Grundverständnis des Beschlusses als Rechtsakt zu gewinnen ist.

Es erscheint vorab wichtig, die materiell-rechtliche Konformität des konkreten Beschlusses mit den bei der Beschlussfassung bestehenden Rechtsvorschriften von der Frage abzuschichten, welche prozessualen Rechtsbehelfe gegeben sind, um die Bindungswirkung des Beschlusses zu bestreiten oder zu beseitigen. Soweit man die Erfassung des Rechtsstatus des Beschlusses, mit dem etwas rechtlich „nicht in Ordnung“ ist, von den Klagemöglichkeiten her systematisiert, bedient man sich eines für unser Privatrechtsdenken ungewohnten aktionenrechtlichen Ansatzes, da das moderne Privatrechtsdenken eine primär materiell-rechtliche Sicht bevorzugt und an die durch etwaige Rechtsverletzungen begründeten Rechtsbehelfe anschließt.[96]

Es gibt keinen gefestigten, allgemein anerkannten Sprachgebrauch dazu, wie man den Umstand ansprechen soll, dass die Herbeiführung des Beschlusses im Einklang mit den dafür bestehenden Rechtsvorschriften erfolgt ist oder unter deren Verletzung. Man spricht wechselnd von fehlerhaften/fehlerfreien, mangelhaften/mangelfreien, nichtigen und anfechtbaren Beschlüssen. *Noack* hat von einer „internen Nichtigkeit“ gesprochen und damit eben die Fälle der „gestörten“ rechtlichen Abhängigkeit des Beschlusses vom weiteren Verbandsrecht gemeint.[97] Gegen die Redeweise von den Fehlern oder Mängeln des Beschlusses ist an sich nichts einzuwenden. Es geht indes doch darum, ob der Beschluss als abhängiger Rechtsakt rechtmäßig oder rechtswidrig ist: Weil die Herbeiführung des Beschlusses – als eines abhängigen Rechtsakts – durch eine Vielfalt von rechtlichen Bestimmungen normiert ist, kann der Beschluss rechtmäßig oder rechtswidrig sein. Ein Beschluss ist rechtmäßig, wenn alle die Beschlussfassung betreffenden rechtlichen Bestimmungen (normativen Vorgaben) eingehalten worden sind; ein Beschluss ist rechtswidrig, wenn dies nicht der Fall ist.[98] Üblich ist der Hinweis auf das Gesetz und die Satzung (den Gesellschaftsvertrag etc.) als die Rechtsquellen, die auf die Abstimmung bezügliche Rechtsnormen enthalten, deren Verletzung den Beschluss als rechtswidrig qualifiziert. Die Bezeichnung des Beschlusses als rechtmäßig oder rechtswidrig spricht wohl am besten den Umstand an, dass der Beschluss als abhängiger Rechtsakt im Einklang mit „übergeordneten“ Normen des Verbandsrechts (und der Rechtsordnung allgemein) ergehen muss. Die Kennzeichnung eines Beschlusses als rechtswid-

[95] *K. Schmidt* (o. Fn. 11), S. 444.

[96] Ähnl. *K. Schmidt* (o. Fn. 11), S. 446 m.w.Nachw.

[97] O. Fn. 23, S. 49 ff. u. öfter.

[98] Nicht eingegangen wird hier auf die Möglichkeit, dass die Rechtswidrigkeit durch Heilung des Beschlussmangels behoben wird.

rig erfasst auch die Fälle, in denen man sagt, der Beschluss sei nichtig. Denn auch in diesen Fällen handelt es sich darum, dass der Beschluss nicht im Einklang mit den die Beschlussfassung regelnden Normen erfolgt ist, wobei nur die Rechtsverletzung eklatant und evident ist.[99] Es liegt auf der Hand, dass der nichtige Beschluss ein Unterfall des rechtswidrigen Beschlusses ist. Anfechtbarkeit und Nichtigkeit wiederum sind unterschiedliche, vornehmlich vom Prozess her betrachtete *Folgen* des Umstandes, dass ein Beschluss rechtswidrig ist; die Rechtswidrigkeit des Beschlusses ist stets der materiellrechtliche „Primärbefund". Es erscheint also am ungezwungensten, den Beschluss einfach mit den Kategorien der Rechtmäßigkeit oder Rechtswidrigkeit zu erfassen, wobei sich die Nichtigkeit als eine qualifizierte Rechtswidrigkeit darstellt. Mit diesen Kategorien kann man rechtsformübergreifend arbeiten. Nun sind weitere Klassifikationen der Rechtswidrigkeit denkbar, etwa nach der Art der verletzten Rechtsnorm, nach deren Stellung in der Normhierarchie und dergleichen mehr. In diese Richtung soll hier aber nicht weitergedacht werden.

Der Umstand, dass man jeden Beschluss als entweder rechtmäßig oder rechtswidrig qualifizieren kann, stellt in Wirklichkeit eine sehr aufschlussreiche Eigenschaft des Beschlusses als Aktstyp dar. Dadurch, dass der Beschluss als rechtmäßig oder rechtswidrig qualifiziert werden kann, unterscheidet er sich vom gewöhnlichen Rechtsgeschäft. Das Rechtsgeschäft des Privatrechts ist im Allgemeinen entweder gültig oder ungültig, es entfaltet dementsprechend seine Rechtswirkungen oder es bleibt wirkungslos.[100] Die Ungültigkeit des Rechtsgeschäfts ist „self-executing". Hingegen kann man bei dem gewöhnlichen Rechtsgeschäft von Rechtmäßigkeit oder Rechtswidrigkeit eigentlich nicht sprechen. Auch im Fall eines Verstoßes gegen ein gesetzliches Verbot (§ 134 BGB) handelt es sich für das Privatrecht darum, ob das Rechtsgeschäft gültig oder ungültig ist. Es sei wiederholt: „Rechtswidrigkeit" und „Rechtmäßigkeit" sind Attribute des Beschlusses zunächst einmal gerade im Hinblick auf den Umstand, dass der Beschluss einen abhängigen Rechtsakt darstellt, für dessen Rechtsstatus es darauf ankommt, ob er in Übereinstimmung mit den die Beschlussfassung regelnden Rechtsgrundlagen gefasst wurde oder nicht.

Eine erste Ursache für die notorische Komplexität der Beschlussmängellehre liegt in Folgendem: Für den Beschluss ist einerseits die Frage zu stellen, ob die speziellen, für die Beschlussfassung bestehenden Rechtsnormen eingehalten worden sind; insoweit geht es um die Eigenheit des Beschlusses als

[99] Anders verhält es sich allenfalls bei der umstrittenen Kategorie der sogenannten Nicht-Beschlüsse, bei denen schon auf erste Sicht nicht einmal der Schein einer regulären Beschlussfassung vorliegt; dazu etwa *U. Noack* (o. Fn. 23), 11 f.; *K. Schmidt* (o. Fn. 11), S. 441.

[100] Vgl. *Flume* (o. Fn. 84), S. 556.

eines abhängigen Rechtsakts. Andererseits kann der Beschluss auch einen Rechtsverstoß beinhalten, der ebenso bei einem unabhängigen Rechtsgeschäft vorkommen kann, etwa einen Verstoß gegen ein Verbotsgesetz (§ 134 BGB). Man könnte nun daran denken, diejenige „Fehlerhaftigkeit" des Beschlusses, die darin besteht, dass seine Fassung gegen das Verbandsrecht verstößt, von den Ungültigkeitsgründen abzuschichten, die ein abhängiges genauso wie ein unabhängiges Rechtsgeschäft betreffen können.[101] Damit würde sich das eigentliche Beschlussmängelrecht auf die Fälle einer *sub specie* verbandsrechtlicher Normen „inkorrekten" Herbeiführung des Beschlusses beschränken.[102] Oder soll man das Erfordernis einer rechtlich einwandfreien Beschlussfassung über das eigentliche Verbandsrecht hinaus auch auf die von der Rechtsordnung im Übrigen aufgestellten Normen erstrecken, so dass ein inhaltlicher Verstoß des Beschlusses etwa gegen ein Verbotsgesetz ebenso wie eine *sub specie* verbandsrechtlicher Normen „inkorrekte" Herbeiführung des Beschlusses behandelt wird (so wohl die h.L.)? Man kann die Frage auch so stellen: In welchem Umfang sollen hinsichtlich des Beschlusses Rechtsverstöße, die beim gewöhnlichen Rechtsgeschäft „self-executing" sind, indem sie *ipso iure* dessen Gültigkeit verhindern, dem ganz anders gearteten Mechanismus unterstellt werden, mit dem zunächst einmal die Fälle erfasst werden sollen, in denen die Beschlussfassung nicht im Einklang mit den für sie bestehenden verbandsrechtlichen Bestimmungen erfolgt ist? An dieser Stelle soll nicht versucht werden, an der Beantwortung dieser Problemstellung weiterzuarbeiten.

## XI. Rechtswidrigkeit des Beschlusses und Beschlussgeltung

Die inhaltliche Bindungswirkung des rechtswidrigen Beschlusses kann unumwunden als das Zentralproblem der Beschlusslehre bezeichnet werden. Dieses Problem hat in der Rechtsgeschäftslehre ansonsten kein vergleichbares Gegenstück, es ist insofern elementarer Natur. Im Grundsatz kann man es nicht anders halten, als dass man auch dem rechtswidrigen Beschluss Bindungswirkung zuerkennt. Die Zuständigkeitsordnung des Verbandes wäre unterlaufen, wenn andere Organe und jedes einzelne Mitglied oder gar Verbandsfremde das Recht hätten, sich über festgestellte Beschlüsse hinwegzusetzen, indem sie deren Rechtmäßigkeit bestreiten. Dass die Versammlung für sich konstatiert hat, so und so habe man beschlossen, bleibt auch dann eine Respekt verlangende Setzung, wenn der Beschluss rechtswidrig gefasst

[101] Man muss bezweifeln, ob die hier mögliche Differenzierung sich mit der Unterscheidung zwischen „formellen" und „materiellen" Mängeln deckt; hierfür indes *K. Schmidt* (o. Fn. 11), S. 440.

[102] Für eine Abschichtung in diesem Sinne hat sich namentlich *Noack* in dem in Fn. 23 zit. Werk eingesetzt.

worden sein sollte. Der rechtswidrige Beschluss – die nichtigen Beschlüsse seien hier einmal ausgeklammert – ist also kein bloßer Schein-Beschluss, dessen Nicht-Geltung allein schon durch Nachweis des „Beschlussmangels" aufgedeckt werden könnte. Vielmehr ist auch der rechtswidrige Beschluss ein zunächst gültiger, verbindlicher Beschluss.

Es ist mithin nicht erst eine etwaige gesetzliche Regelung über die Anfechtbarkeit der (Hauptversammlungs-)Beschlüsse, die dem Beschluss eine von seiner Rechtmäßigkeit unabhängige Bindungswirkung verleiht, sondern es ist der Sinn des Endaktes, der die Beschlussfassung abschließt, für das Beschlussverfahren ein eindeutiges, abschließendes Ergebnis mit verbindlicher Wirkung für den Verband und seine Mitglieder festzustellen. Die Möglichkeiten des gerichtlichen Angriffs, die von Verband zu Verband unterschiedlich sind, versuchen, dieser Bindungswirkung zu entsprechen, die der Beschluss als solcher rechtsformunabhängig entfaltet. Die bekannten Einschränkungen des gerichtlichen Angriffs gegen den Beschluss sind auf dessen genuine Bindungswirkung hin angelegt; diese Einschränkungen sind aber nicht der Grund für die Bindungswirkung.

Die Eigenschaft des Beschlusses, Bindungswirkung zu entfalten grundsätzlich ohne Rücksicht auf eine etwaige Rechtswidrigkeit, wohnt der einzelnen Stimmabgabe nicht inne; diese ist gültig oder ungültig. Wäre der Beschluss wirklich nicht mehr als die Vereinigung der gleichgerichteten Stimmabgaben, wäre es ein schwer erklärlicher Fall von Emergenz, dass dem Beschluss eine Rechtsqualität zukommt, die die einzelnen Stimmabgaben noch nicht aufweisen sollten.

## XII. Die Beseitigung der Beschlussgeltung durch Richterspruch

Die Bindungswirkung, die der Beschluss für den Verband und auch dem einzelnen Verbandsmitglied gegenüber entfaltet, wäre infrage gestellt, wenn jeder Einzelne die Rechtmäßigkeit des Beschlusses bestreiten und den Verband in eine bilaterale Auseinandersetzung um die Rechtmäßigkeit des Beschlusses verwickeln könnte. Wohl kann die Versammlung ihren Beschluss aufheben oder einen Gegenbeschluss fassen.[103] Es wäre aber mit der Zuständigkeitsordnung des Verbandes unvereinbar, wenn andere Verbandsorgane oder einzelne Mitglieder sich aufgrund ihrer Rechtsansicht von der Bindungswirkung des Beschlusses einseitig freisprechen könnten. Für die Beseitigung der Bindungswirkung des Beschlusses kann nur eine Instanz außerhalb des Verbandes zuständig sein. Die Beseitigung der Bindungswirkung des Beschlusses (von regelrechten Nicht-Beschlüssen sei hier einmal abge-

[103] Zum Unterschied s. *Ernst* (o. Fn. 48), Rn. 276, 279.

sehen) wegen rechtlicher Beanstandung kann nur durch Richterspruch erfolgen. Ein Urteil, das die Rechtswirksamkeit des Beschlusses negiert, sollte insoweit immer auch Gestaltungswirkung *erga omnes* haben, auch dann, wenn es auf eine allgemeine Feststellungsklage hin ergeht.[104] Wenn ein Mitglied auf Zahlung rückständiger Beiträge verklagt ist, die es sich zu zahlen weigert, weil es den Beschluss über die Beitragserhebung nicht für rechtmäßig zustande gekommen hält, setzt die Abweisung der Klage voraus, dass der Richter die Bindung an den Beschluss negiert. Auf das prozessuale Problem, ob es sich um eine Vorfrage handelt oder ob ein Zwischenfeststellungsurteil hinsichtlich der Ungültigkeit des Beschlusses zu beantragen wäre, soll hier nicht weiter eingegangen werden.

Eine oft übersehene Folge der richterlichen Beschlussaufhebung besteht darin, dass die Versammlung über den Antrag, über den die Abstimmung stattgefunden hatte, nicht entschieden hat. Da mit dem Antragsrecht das Recht verbunden ist, dass über den Antrag ordnungsgemäß entschieden wird, muss über den Antrag neu abgestimmt werden. Gerade aus diesem Grund besteht ein Rechtsschutzinteresse an der Ungültigerklärung eines Negativbeschlusses.

Der Umstand, dass die Rechtswidrigkeit des Beschlusses – von Fällen der Nichtigkeit einmal abgesehen – nur mittels gestaltenden Urteils zu einer Aufhebung der Bindungswirkung des Beschlusses führt, stellt eine ganz andere „Mechanik" dar als die der Gültigkeit/Ungültigkeit von Rechtsgeschäften. Das ungültige (unwirksame) Rechtsgeschäft zeitigt einfach nicht die intendierte Rechtswirkung. Wie bereits erwähnt, ist die Ungültigkeit des Rechtsgeschäfts im Allgemeinen „self-executing".[105] Wird das ungültige Rechtsgeschäft irrig für wirksam gehalten, so ist die ihm beigelegte Wirksamkeit nur eine scheinbare. Stellt sich die Unwirksamkeit erst im Zuge eines Rechtsstreits heraus, muss der Richter lediglich erkennen, wie sich die Rechtslage aufgrund des Ausbleibens der intendierten Rechtsfolgen darstellt. Demgegenüber handelt es sich bei der Anfechtung von Beschlüssen um eine richterliche Gestaltung der Rechtslage aufgrund einer repressiven Rechtmäßigkeitskontrolle.[106] Während die Ungültigkeit eines Rechtsgeschäfts, weil „per se" eintretend, ohne weiteres jedermann betrifft, für den es auf Wirkun-

[104] Gestaltungsurteile sind nach *Schlosser* solche Urteile, die eine Rechtsfolge verfügen, „auf die sich ohne Erlass und meist auch ohne formelle Rechtskraft des Urteils, das die Rechtsfolge beinhaltet, niemand berufen kann"; *P. Schlosser*, Gestaltungsklagen und Gestaltungsurteile, 1966, S. 37; ähnl. *M. Sogo*, Gestaltungsklagen und Gestaltungsurteile des materiellen Rechts und ihre Auswirkungen auf das Verfahren, 2007, S. 10.

[105] S. *Flume* (o. Fn. 84), S. 556.

[106] Für diese Kontrolle kann man die Frage des Kontrollgegenstandes, des Kontrollmaßstabs und auch die der Kontrolldichte stellen; s. auch *L. Fastrich*, Funktionales Rechtsdenken am Beispiel des Gesellschaftsrechts, 2001, S. 24 ff.

gen des Rechtsgeschäfts ankommt, stellt sich für die prozessuale Anfechtung des Beschlusses das Problem der Klagebefugnis, auf das hier indes nicht weiter eingegangen werden soll.

Die richterliche Überprüfung des angefochtenen Beschlusses muss dessen objektive Rechtswidrigkeit ergeben, damit dieser aufgehoben werden kann. Der Richter muss zu einem eigenständigen Urteil dazu kommen, ob der Beschluss rechtmäßig oder rechtswidrig ist. Wenn der Richter zu dem Ergebnis kommt, es wäre derselbe Beschlussinhalt festzustellen gewesen, wie er in der Versammlung festgestellt wurde, unterbleibt die Aufhebung des Beschlusses. Manche pflegen dies so auszudrücken, dass die Rechtsverletzung für den angefochtenen Beschluss ursächlich geworden sein muss.[107] Die Einzelheiten sind bekanntlich sehr umstritten; es genügt, die Stichworte potenzielle Kausalität und Relevanztheorie zu nennen.[108] Der kernhafte Sachgrund für diese Handhabung der Beschlusskontrolle liegt darin, dass auch der rechtswidrige Beschluss eine zu beachtende Konstitutivwirkung entfaltet, die ihm nicht genommen werden muss, wenn bei Beachtung aller normativen Bestimmungen ein Beschluss desselben Inhalts gefasst worden wäre.

Wieder sei der Befund benutzt, um an ihm die Vorstellung zu überprüfen, der Beschluss entstehe mit der Vereinigung von Willenserklärungen zu einem mehrseitigen Rechtsgeschäft. Wäre der Beschluss wirklich ein Rechtsgeschäft *stricto sensu*, wäre für ihn die Frage, ob er als nur scheinbarer Beschluss ungültig ist, genauso zu stellen wie für das gewöhnliche Rechtsgeschäft. Für die Rechtsgeschäftslehre ist insbesondere die Vorstellung ungewöhnlich, man könne bei Gültigkeitsproblemen zu einer hypothetischen Betrachtung übergehen und die Geltung eines Rechtsgeschäfts darauf stützen, dass es zu dessen Abschluss hätte kommen müssen. Wie schwer sich die allgemeine Rechtsgeschäftslehre mit solchen Überlegungen tut, zeigt sich an der Diskussion des Falles, dass ein Anfechtungsgegner den Anfechtenden an einer hypothetischen, weil nicht real abgegebenen Erklärung desjenigen Inhalts festhalten will, der dem Irrenden tatsächlich vorgeschwebt hatte.[109]

## XIII. Die gerichtliche Durchsetzung des Anspruchs auf Beschlussfeststellung

Nehmen wir zum Beispiel an, dass die JA- und NEIN-Stimmen nicht korrekt gezählt worden sind. Es wird festgestellt, der Antrag sei abgelehnt; bei richtiger Zählung hätte die Annahme des Antrags festgestellt werden müssen.

[107] *K. Schmidt* (o. Fn. 11), S. 443 bei u. mit Fn. 50.

[108] S. für die GmbH *Zöllner*, in: *Baumbach/Hueck*, GmbHG, 19. Aufl. 2010, § 47 Rn. 60 ff.; für den Verein: *Reuter*, in: MünchKomm-BGB, 6. Aufl. 2012, § 32 Rn. 55.

[109] S. *Leenen* (o. Fn. 16), S. 292 f.; *T. Lobinger*, AcP 195 (1995), 274 ff.

Hier ist der festgestellte Beschlussinhalt (Ablehnung) gleichwohl „der“ gefasste Beschluss, dem im Verband Bindungswirkung zukommt; er ist – handelt es sich um eine Hauptversammlung – anerkanntermaßen der Gegenstand der aktienrechtlichen Anfechtungsklage.[110] Derjenige (gedachte) Beschluss, der bei korrekter Auszählung festzustellen gewesen wäre, ist nach der hier vertretenen Ansicht nicht der „wirkliche“, „eigentliche“ Beschluss der Versammlung. Dieser hypothetische Beschluss, der bei richtigem Vorgehen hätte festgestellt werden müssen, existiert nicht; man kann nur sagen, dass ihm bei rechtmäßigem Vorgehen zur Existenz hätte verholfen werden müssen. Dies bedarf der Hervorhebung, weil nach der Vorstellung, der Beschluss sei einfach die Vereinigung der ihn befürwortenden Stimmabgaben, dieser Beschluss tatsächlich gefasst, aber bloß noch nicht verkündet worden ist. Vom hier vertretenen Standpunkt aus kommt in der Situation, dass die festgehaltenen Umstände und Ergebnisse der Abstimmung die zweifelsfreie Folgerung zulassen, es hätte in der Versammlung ein Beschluss eines bestimmten Inhalts festgestellt werden müssen, eine Leistungsklage auf Beschlussfeststellung in Betracht. Lehrbeispiel ist die Feststellung des Negativbeschlusses aufgrund der irrigen Annahme, der Antrag erfordere zu seiner Annahme eine qualifizierte Mehrheit; die lediglich erforderliche einfache Mehrheit war erreicht worden; als Beschluss wäre die Annahme des Antrags festzustellen gewesen.

Die Klage gründet sich materiell-rechtlich auf den Anspruch des Stimmberechtigten, Beschlussfeststellung verlangen zu können; dieser Anspruch ist Ausfluss des Stimmrechts.[111] Aktivlegitimiert ist jeder, der an der fraglichen Abstimmung teilgenommen hat; nur der Mitstimmende kann ja für seine Stimmabgabe den Anspruch geltend machen, dass diese in einer richtigen Beschlussfeststellung berücksichtigt wird.[112] Passivlegitimiert ist der Verband. Der Klageantrag richtet sich darauf, den Verein (die Aktiengesellschaft usw.) zu verpflichten, den Beschluss so und so festzustellen. Für die Vollstreckung kann § 894 ZPO analog angewendet werden. Die verurteilungsgemäß vorgenommene Beschlussfeststellung wirkt schon als solche *erga omnes*; ebenso muss es sich verhalten, wenn die verurteilungsgemässe Beschlussfeststellung analog § 894 ZPO fingiert wird. Die Klage, mit welcher der Verband verpflichtet werden soll, einen bestimmten Beschlussinhalt festzustellen, kann mit einer Klage, mit welcher dem festgestellten Beschluss die Geltung genommen wird, verbunden werden. Die aktienrechtliche Praxis lässt be-

[110] BGHZ 104, 66; s. auch BGH ZIP 2002, 1684.

[111] Siehe oben VI. a.E.

[112] Da der „fehlerhafte“ Beschluss nicht nur die Mitstimmenden bindet, ist die Aktivlegitimation für die Anfechtungsklage weiter zu fassen, gelten insoweit im Grundsatz alle Verbandsangehörigen als klagebefugt.

kanntlich die Verbindung der bloß kassatorisch wirkenden[113] Anfechtungsklage mit einer sog. positiven Beschlussfeststellungsklage zu.[114] Um eine Feststellungsklage i.S.d. § 256 ZPO handelt es sich m.E. – entgegen der allgemeinen Ansicht in Lehre und Rechtsprechung – indes nicht, weil der „richtige“ Beschluss mangels Beschlussfeststellung nicht gefasst ist. Sofern anhand des Prozessstoffes der Beschlussinhalt, wie er richtig hätte festgestellt werden müssen, zweifelsfrei bestimmt werden kann, spricht das Gericht eine Verpflichtung des Verbandes aus, den Beschluss genau dieses Inhalts festzustellen. Wegen § 894 ZPO ist der Unterschied zu einem Feststellungsurteil geringfügig. Gelegentlich wird für die richtige Beschlussfeststellung ein erneutes Tätigwerden des Verbandes unumgänglich sein (z.B. Neuauszählung); in diesem Fall ist der Verband durch Urteil zu verpflichten, den Beschluss unter Beachtung der Rechtsauffassung des Gerichts von neuem festzustellen. Man könnte von Verpflichtung- und Bescheidungsurteilen sprechen.

## XIV. Gültigkeit und Ungültigkeit der Stimmabgabe im Verhältnis zu Rechtmäßigkeit und Rechtswidrigkeit des Beschlusses

Wir wenden uns noch einem wohlbekannten Problem zu, wieder nur zu dem begrenzten Zweck, das Verhältnis von Stimmabgabe und Beschlussfassung zu erhellen. Es geht um das Zusammenspiel von Gültigkeit/Ungültigkeit der Stimmabgabe und Rechtmäßigkeit/Rechtswidrigkeit des Beschlusses. Für die einzelne Stimmabgabe kann man von Gültigkeit und Ungültigkeit sprechen.[115] Es ist die Frage, wie sich die Ungültigkeit einer für gültig erachteten Stimmabgabe auf den Beschluss auswirkt. Als Beispiel kann der Fall genommen werden, dass ein Stimmrechtsausschluss unbeachtet geblieben ist. Geht man aus von der Sicht des Beschlusses als einem aus den einzelnen Stimmabgaben zusammengesetzten Rechtsakt, müsste die Ungültigkeit der einzelnen Stimmabgabe die Gültigkeit des Beschlusses als des Gesamtakts infrage stellen: Beim mehrseitigen Vertrag führt die Ungültigkeit einer der Vertragserklärungen zur Unwirksamkeit des Vertrags. Beim Beschluss müsste man fragen, ob bei Abzug der zu Unrecht für gültig gehaltenen Stimme die übrigen Stimmen noch für einen Mehrheitsbeschluss ausreichen; ist dies der Fall, so müsste die Ungültigkeit der einzelnen Stimmabgabe folgenlos bleiben – der Beschluss wäre auch gar nicht rechtswidrig –; war der Beschluss dagegen mit einer Mehrheit von nur einer Stimme zustande gekommen, dürfte

[113] Statt aller *Roth*, in: Roth/Altmeppen, GmbHG, 7. Aufl. 2012, § 47 Rn. 155 f.; *K. Schmidt* (o. Fn. 11), S. 438 f., 441 f., jew. m.w.N.

[114] *Roth*, in: Roth/Altmeppen, GmbHG, 7. Aufl. 2012, § 47 Rn. 131.

[115] Siehe oben VII.

der Beschluss, wenn sich die Ungültigkeit einer Stimme herausstellt, *ipso iure* nicht zustande gekommen sein. So verfährt man beim Beschluss indes nicht.[116] Die Ungültigkeit einer für gültig gehaltenen Stimmabgabe nimmt als solche dem Beschluss nicht die Geltung; wohl aber kann der Beschluss – weil gültig, aber rechtswidrig – durch prozessuale Anfechtung zu Fall gebracht werden. Es verhält sich so, dass sich der *Sachverhalt*, aufgrund dessen der Beschluss festgestellt wurde, anders darstellt als (irrig) angenommen, indem eine Stimme als gültig angenommen wurde, die in Wirklichkeit nicht gültig abgegeben war. Bei der prozessualen Anfechtung des Beschlusses wegen der Ungültigkeit einzelner Stimmabgaben stellt sich typischerweise die schon angesprochene Frage, ob von einer Aufhebung des (rechtswidrigen) Beschlusses abgesehen werden kann, weil bei richtiger Beurteilung der Gültigkeit einer konkreten Stimmabgabe der Beschluss gleichen Inhalts zu fassen gewesen wäre.[117] Wenn die Stimme, die von Anfang hätte ausgeschieden werden müssen, nicht entscheidungserheblich war, unterbleibt die gerichtliche Beschlussaufhebung. Dies ändert aber nichts daran, dass ein Rechtsverstoß stattgefunden hat; dieser bietet nur keine hinreichende Grundlage für die Beseitigung des Beschlusses.

Für das Thema dieser Untersuchung liegt der wesentliche Befund hier darin, dass die Ungültigkeit einer Stimmabgabe und der Beschlussmangel – raumbildlich gesprochen – auf zwei verschiedenen Ebenen liegen, so dass die Ungültigkeit der Stimmabgabe, wenn sie den Beschluss zu Fall bringen soll, in einen Beschlussmangel gleichsam transponiert werden muss. Auch in der Frage der „Mängel" spiegelt sich damit der Befund, dass das Verhältnis, wie es zwischen Stimmabgabe und Beschluss besteht, nicht das Verhältnis des Teils zum Ganzen ist.

## XV. Anfechtbare Stimmabgaben

Sehen wir insbesondere auf den Fall, dass eine Stimmabgabe ihre Gültigkeit durch eine Anfechtung verliert. Die Anfechtung der Stimmabgabe entsprechend §§ 119 ff. BGB ist von der zivilprozessualen Beschlussanfechtung zu unterscheiden. Die Anfechtung der Stimmabgabe nach §§ 119 ff. BGB erfolgt durch Anfechtungserklärung gegenüber dem Versammlungsleiter, nach Schluss der Versammlung aber gegenüber dem Verband; die prozessuale Anfechtung des Beschlusses richtet sich stets gegen den Verband. Wesentlich ist dabei, dass für die bürgerlich-rechtliche Anfechtung einer Stimmabgabe

[116] *K. Schmidt* (o. Fn. 11), S. 447 f.; *Baltzer* (o. Fn. 7), S. 181; *J. Wilhelm*, Kapitalgesellschaftsrecht, 3. Aufl. 2008, Rn. 895.

[117] Siehe oben XII.

etwa wegen Täuschung (§ 123 BGB)[118] das Anfechtungsobjekt die Stimmabgabe als solche ist und nicht auch der Beschluss, da die Stimmabgabe nicht einfach ein Teil des Beschlusses ist. Den Beschluss kann der Stimmende schon deswegen nicht nach §§ 119 ff. BGB anfechten, weil er nicht dessen *auctor* ist; *auctor* des Beschlusses ist vielmehr die Versammlung als ganze. Es verhält sich damit wesentlich anders als beim Vertragsschluss, bei dem mit der Anfechtung einer der beiden Vertragserklärungen zugleich der Vertrag zu Fall gebracht wird; man kann daher beim Vertrag sagen, dass sich die Anfechtung, obwohl das Anfechtungsobjekt eine der Vertragserklärungen ist, doch unmittelbar gegen die Vertragsgeltung richtet.[119] Wenn durch die Irrtumsanfechtung der einzelnen Stimmabgabe auch der Beschluss zu Fall gebracht werden soll, muss zusätzlich zur Abgabe der bürgerlich-rechtlichen Anfechtungserklärung hinsichtlich der Stimmabgabe noch prozessual um die richterliche Beseitigung des Beschlusses nachgesucht werden. Die Anfechtung der Stimmabgabe entsprechend § 143 BGB beinhaltet – selbstverständlich – nicht die prozessuale Beschlussanfechtung, zu der es einer Klageerhebung bedarf. Wenn jemand zivilprozessual gegen die Beschlussgeltung mit der Berufung auf die Ungültigkeit seiner Stimmabgabe vorgeht und diese Ungültigkeit sich erst infolge einer Anfechtung der Stimmabgabe entsprechend §§ 142 ff. BGB ergibt, wird man in dem prozessualen Vorgehen gegen den Beschluss auch die konkludente Anfechtung der Stimmabgabe entsprechend §§ 142 ff. BGB sehen können. Zur prozessualen Anfechtung des Beschlusses, bei dessen Fassung eine Stimme abgegeben wurde, die wirksam angefochten worden ist, ist übrigens nicht nur derjenige aktivlegitimiert, der seine Stimmabgabe angefochten hat. Dagegen ist die bürgerlich-rechtliche „Vernichtung" der Stimmabgabe, die von einem Willensmangel begleitet war, als Individualbefugnis dem betroffenen Stimmberechtigten vorbehalten.[120]

Wer seine Stimmabgabe wegen eines Erklärungs- oder Inhaltsirrtums nach § 119 BGB anficht, begründet für den Verband einen Anspruch auf den Ersatz des Vertrauensschadens nach § 122 BGB. Kommt es in der Folge der bürgerlich-rechtlichen Anfechtung zu einer richterlichen Beseitigung des Beschlusses und wird damit eine erneute Abstimmung erforderlich,[121] muss der Anfechtende für die Kosten aufkommen.

[118] Bei der Anfechtung wegen arglistiger Täuschung, die von einem Dritten ausgeht, wird wegen § 123 II BGB verlangt, dass der Versammlungsleiter die Täuschung kannte oder kennen musste; ausreichend muss auch sein, dass ein Organ, das den Verband vertritt, die Dritttäuschung kannte oder kennen musste, vgl. *Flume* (o. Fn. 14), S. 250; s. aber auch noch die folgende Fn.

[119] Vgl. zu dieser Frage auch *Leenen* (o. Fn. 16), S. 102; *ders.*, Jura 1991, 393.

[120] Sofern Stimmberechtigte getäuscht worden sind, ist zu erwägen, die arglistige Verfälschung der Abstimmung als Nichtigkeitsgrund anzusehen.

[121] Oben XII.

Interessant ist noch, ob die – nur kassatorisch wirkende – bürgerlich-rechtliche Anfechtung einer Stimmabgabe entsprechend §§ 119 ff. BGB nicht bloß die prozessuale Anfechtung und Beseitigung des Beschlusses eröffnet, sondern auch zur Grundlage einer Klage auf positive Beschlussfeststellung gemacht werden kann.[122] Anstelle der durch Anfechtung entsprechend §§ 119 ff. BGB weggefallenen Stimme kann eine Stimmabgabe anderen Inhalts nicht fingiert werden; auch der Anfechtende kann nicht eine neue Stimmabgabe „nachschieben", selbst wenn er geltend macht, diese hätte er ohne den Willensmangel so abgegeben. Allerdings kann der bloße Fortfall der ungültig gewordenen Stimme ein anderes Beschlussergebnis bedingen, wenn es für den Beschlussinhalt auf jede JA- bzw. NEIN-Stimme angekommen war. Beispiel: Ein Antrag war bei Stimmengleichheit als abgelehnt festgestellt worden. Einer der Mitstimmenden, der eine NEIN-Stimme abgegeben hatte, ficht seine Stimmabgabe nach § 123 BGB wegen Täuschung an. Er kann dem ablehnenden Beschluss mit einer Feststellungsklage nach § 256 ZPO oder – soweit es um Aktiengesellschaft oder GmbH geht – mit einer Anfechtungsklage nach § 246 AktG die Geltung nehmen lassen. Kann damit die Leistungsklage darauf verbunden werden, dass der Verband den Antrag als angenommen festzustellen hat oder muss es dabei bleiben, dass die Abstimmung über den – nicht beschiedenen – Antrag wiederholt werden muss?[123] Die Neuabstimmung erscheint als die richtige Lösung.

## XVI. Zur Rechtsnatur des Beschlusses

Von dem hier vertretenen Standpunkt aus, demzufolge sich der Beschluss gerade nicht aus den einzelnen Stimmabgaben zusammensetzt, müssen die Fragen nach der Rechtsnatur der Stimmabgabe und nach der Rechtsnatur des Beschlusses getrennt beantwortet werden.[124] Zur Rechtsnatur der Stimmabgabe wurde bereits Stellung genommen.[125]

Fassen wir zunächst zusammen, was über den Beschluss rechtlich ausgesagt werden kann. Der Beschluss ist ein einseitiger Rechtsakt, der von der Versammlung als ganzer herrührt, für die er (typischerweise) vom Versammlungsleiter festgestellt wird. Diese Inhaltsfeststellung ist für den Beschluss konstitutiv. Die Versammlung als ganze ist der Urheber des Beschlusses. Der Beschluss ist nicht ein mehrseitiges Rechtsgeschäft zwischen den Zustimmenden, an welches die Nichtzustimmenden als *extranei* wegen des Mehrheitsprinzips gebunden wären. Der Beschluss ist vielmehr ein einziger und

[122] Oben XIII.
[123] Vgl. oben XII.
[124] Ebenso *K. Schmidt* (o. Fn. 11), S. 437.
[125] Oben VII.

einheitlicher Akt der Setzung, der den Verband, seine Organe und seine Mitglieder gleichermaßen bindet, die Mitglieder ohne Rücksicht darauf, ob und wie sie in der zugrunde liegenden Abstimmung gestimmt haben. Dieses Konzept schließt bruchlos den einstimmigen Beschluss und den Beschluss durch den Alleingesellschafter ein, ebenso den Negativbeschluss.

Der Beschluss ist ein abhängiger Rechtsakt, der nur auf der Grundlage einer verbandsrechtlichen Zuständigkeits- und Verfahrensordnung getätigt werden kann. Insbesondere bedarf es für die Setzung des Beschlusses einer Zuständigkeit, die bei dem Verbandsorgan als ganzer liegt. Es ist eine Besonderheit des Beschlusses als Konstitutivakt, dass er, weil er auf die verbandsrechtliche Zuständigkeits- und Verfahrensordnung bezogen, also abhängiger Natur ist, rechtmäßig oder rechtswidrig sein kann. Eine etwaige Rechtswidrigkeit steht aber der Geltung des Beschlusses nicht ohne weiteres entgegen; hierin liegt ein wesentlicher Unterschied zum Rechtsgeschäft *stricto sensu*.

Der Beschluss erlangt erst und nur durch seine Feststellung Geltung. Diese ist konstitutiver Bestandteil der Beschlussfassung, stellt deren Endakt dar. Die Beschlussfeststellung schließt einen Rechtsanwendungsakt ein. Eine regelrechte Empfangszuständigkeit gibt es für die Beschlussfeststellung im Allgemeinen nicht. Eine bestimmte Form (z.B. Protokollierung, Registereintrag) ist nur einzuhalten, wo sie durch Gesetz oder Satzung vorgeschrieben ist; auch ohne Formerfordernis muss man für die Beschlussfeststellung aus der Natur der Sache heraus eine ausdrückliche Erklärung verlangen.

Man spricht von dem Beschluss auch als der Bekundung eines sogenannten „Gesamtwillens". Diesem „Gesamtwillen" entspricht jedoch keine psychische Tatsache. Es fehlt schon an einem menschlichen Subjekt, bei dem dieser „*Gesamt*wille" als echte innere Tatsache existieren könnte.[126] Nur die Stimmenden als Organwalter haben einen psychischen Willen, nicht aber die Versammlung als Verbandsorgan. Das, was durch den Beschluss der Versammlung als Wille des Verbandes gilt, gilt aber auch gar nicht aufgrund dessen, dass es von irgendeiner natürlichen Person oder von einer Mehrheit von Personen im Sinne einer psychologischen Tatsache „gewollt" wird.[127] Freilich: in der einzelnen Stimmabgabe drückt sich ein „Wollen" aus, das als psychologische Tatsache beim Stimmenden gegeben ist. Der Beschluss als Rechtsakt ist dagegen das rechtlich konstituierte Ergebnis eines Verfahrens, nach dessen gelungenem Abschluss ein bestimmter Beschlussinhalt der Versammlung (und über diese

[126] Mit Recht kritisch gegenüber der Redeweise vom „Gemeinschaftswillen", „kollektivem Willen" u. dergl. bereits *Baltzer* (o. Fn. 7), S. 174 f.

[127] Es gibt Abstimmungsverfahren, bei welchen das Beschlussergebnis nur von einer Minderheit der Beteiligten im Sinne einer psychologischen Tatsache „gewollt" worden ist; s. z.B. das Abstimmungsverfahren nach § 196 II GVG zur Ermittlung des vom richterlichen Spruchkörper mehrheitlich bevorzugten Betrages; s. dazu *W. Ernst*, JZ 2012, Heft 13.

dem Verband) zugerechnet wird. Auch bei der Beschlussfassung durch eine einzelne Person wird deren „Wollen“, wie es sich in ihrer Stimmerklärung ausdrückt, in den – hier inhaltsgleichen – Beschluss als eine der Versammlung (und über diese dem Verband) zugerechnete Entscheidung transponiert.

Weil der Beschluss nicht irgendeinem realen psychischen Willen Ausdruck gibt, handelt es sich nicht um eine Willenserklärung.[128] Die Vorschriften, die das BGB für die Willenserklärung aufstellt, beziehen sich auf die Erklärung eines psychischen Wollens, das als psychologische, innere Tatsache der Wirklichkeitswelt angehört; hieran fehlt es beim Beschluss. Die Vorschriften, die das BGB für die Willenserklärung aufstellt, sind daher auf den Beschluss weder direkt noch analog anwendbar. So wäre es ganz unpassend, entsprechend §§ 119 ff. BGB eine Anfechtung der Beschlussfeststellung zuzulassen (im Unterschied zur Anfechtung einer einzelnen Stimmabgabe durch den Stimmenden). Man könnte schon nicht angeben, wer die Person ist, der ein Irrtum unterlaufen ist. Auch die §§ 116–118 BGB sind nicht anwendbar. Gegenüber der Beschlussfeststellung als einem Akt der Setzung ist jedoch die Möglichkeit der Berichtigung gegeben,[129] die man entsprechend §§ 319 f. ZPO oder § 42 VwVfG handhaben kann. Fragen der Geschäftsfähigkeit stellen sich im Allgemeinen nicht.[130] Soweit für den Beschluss ein Formerfordernis besteht, wie z.B. nach § 130 I 1 AktG, kann § 125 BGB angewendet werden;[131] hier bezieht sich die Form, wie bereits angesprochen, nur auf die Beschlussfeststellung und nicht auf die einzelnen Stimmabgaben.

Vergleichen wir nun die Stimmabgaben als einseitige Erklärungen, die man in gewissem Umfang wie Willenserklärungen behandeln kann und die man auch als solche bezeichnen mag, mit dem Konstitutivakt der Beschlussfeststellung, so sind die Stimmabgaben und die Beschlussfeststellung von wesentlich verschiedener Rechtsnatur. Es ist hier nicht so sehr die Frage, ob Stimmabgabe und Beschluss als Willenserklärung bzw. als Rechtsgeschäft zu bezeichnen sind: Vielmehr ist es der entscheidende Befund, dass die Stimmabgaben und der festgestellte Beschluss rechtlich von wesentlich unterschiedlichen Qualitäten sind, und dass deshalb die Vorstellung kaum zutreffen kann, die Stimmabgaben seien bereits die Teilakte des Beschlusses, zu dem sie sich ohne weiteres Zutun vereinigen würden.

Mit den vorstehenden Einzelheiten ist der Beschluss als Rechtsakt im Wesentlichen beschrieben. Ob man einen Rechtsakt, der sich durch die geschilderten Einzelheiten auszeichnet, als Rechtsgeschäft bezeichnet, hängt

[128] Zutr. *K. Schmidt* (o. Fn. 11), S. 436: „Der Beschluss ist […] nicht […] Willenserklärung i.S. der §§ 116 ff. BGB.“

[129] Siehe *K. Schmidt/Seibt*, in: Scholz, GmbHG, 10. Aufl. 2007, § 48 Rn. 53 m.w.N.

[130] Ob man eine Beschlussfeststellung, die durch einen volltrunkenen Versammlungsleiter erfolgt, entsprechend §§ 105, 104 Ziff. 2 BGB für unwirksam zu halten hätte, erscheint zweifelhaft.

[131] Einzelheiten etwa bei *Noack* (o. Fn. 23), S. 28 ff.

von der Definition des Rechtsgeschäfts ab. Die Erfassung des Beschlusses als Rechtsakt kann durch die kategoriale Einordnung, ob man den Beschluss nun als Rechtsgeschäft bezeichnet, wohl nicht weiter gefördert werden: Der Begriff des Rechtsgeschäfts ist als Begriff der systematischen Schuljurisprudenz nicht gesetzlich festgeschrieben; er kann daher wechselnd umschrieben werden und wird je nachdem den Beschluss mitumfassen oder auch nicht.[132]

## XVII. Rück- und Ausblick

Es sind rund 100 Jahre vergangen, seitdem *von Tuhr* den Beschluss, in einer gewissen Differenz zu *Otto von Gierke*, scheinbar bruchlos in die Lehre vom Rechtsgeschäft integriert hat, indem er ihn als mehrseitiges Rechtsgeschäft definierte, das aus den einzelnen, gleichgerichteten Stimmabgaben zusammengesetzt sei. Diese Vorstellung hat sich als ausgesprochen erfolgreich erwiesen. Die vorstehenden Überlegungen wollen hingegen gezeigt haben, dass die Definition des Beschlusses als das Zusammentreffen gleichgerichteter Stimmerklärungen in einem mehrseitigen Rechtsgeschäft trotz der suggestiven Systematisierungsleistung, die mit dieser Vorstellung einhergeht, auf Schritt und Tritt nicht überzeugen kann.[133] Wenn man diese Vorstellung preisgibt, wie es unausweichlich erscheint, kann der Rechtsakt, der die Beschlussfassung bewirkt, nur in der Beschlussfeststellung gesehen werden, an deren konstitutiver Bedeutung für die Beschlussfassung damit – rechtsformunabhängig – kein Weg vorbeigeht.

P.S.: Nach Drucklegung habe ich Kenntnis erhalten von *J. Busche*, Zur Rechtsnatur und Auslegung von Beschlüssen, Festschrift Säcker, 2011, S. 45 ff. Die Überlegungen *Busches* treffen sich in Vielem mit den Thesen dieser Untersuchung und beide Beiträge dürften sich wechselseitig in dem Grundanliegen unterstützen, den Beschluss als einen eigenständigen Rechtsakt zu erfassen, der nicht mit der Gesamtheit der Stimmabgaben gleichzusetzen ist.

[132] Man wird dem Beschluss den Rechtsgeschäftscharakter heute jedenfalls nicht mehr deshalb absprechen, weil er keine Rechtswirkung (nach außen) hervorbringe; nach der überholten Lehre von u.a. *P. Eltzbacher* (Die Handlungsfähigkeit nach dt. bürgerl. Recht, 1. Bd., 1903, S. 168, 171) sollte der Beschluss nur eine juristische Tatsache sein, an die Organe oder Vertreter des Verbandes anzuknüpfen haben, wenn sie rechtsgeschäftlich für den Verband handeln. Zum Verhältnis von Beschluss und Ausführungsakt aus heutiger Sicht s. *Jacoby* (o. Fn. 11), S. 421 ff.

[133] Es sei daran erinnert, dass die *von Tuhr'sche* Vorstellung vom mehrseitigen, kraft Mehrheitsprinzip verbindlichen Rechtsgeschäft für einfache Mehrheitsentscheidungen, z.B. von Bruchteilseigentümern, brauchbar bleibt; oben II.

# Schenkung und rechtlicher Nachteil

Johannes Hager

## I. Einleitung

*1.* Lange Jahre war das Recht des beschränkt Geschäftsfähigen nur in der Lehre ein zentraler Punkt des Allgemeinen Teils des BGB, doch schien es kaum inhaltliche Probleme – gar neuer Art – aufzuwerfen. Auch in der Praxis spielte es eher eine untergeordnete Rolle, abgesehen von zwei spektakulären Entscheidungen des Bundesgerichtshofs, die im Ergebnis konträr lagen.[1] Beide Entscheidungen waren zwar nicht ohne Kritik geblieben,[2] doch schien das Thema eher von theoretischem Interesse zu sein. Das hat sich geändert; nunmehr liegen mehrere neue Entscheidungen vor.[3] Diese werfen indes – wie sich zeigen wird – eine Reihe von Fragen auf, deren Beantwortung alles andere als geklärt ist.

*2.* Das Problem des fehlenden rechtlichen Nachteils stellt sich zunächst in § 107 BGB. Danach kann der beschränkt Geschäftsfähige alleine handeln, ohne der Zustimmung seiner Eltern zu bedürfen. Die relevantere und spannendere Konstellation findet sich jedoch in § 181 BGB und den §§ 1629 Abs. 2 S. 1, 1795 Abs. 1 Nr. 1 BGB. Dort geht es um die Frage, ob diese Normen, deren teleologische Reduktion bei fehlendem rechtlichem Nachteil allgemein anerkannt ist,[4] anwendbar sind oder eben nicht.

a) Im ersten Fall hatte die Mutter ihren Kindern ein mit einem Nießbrauch belastetes Grundstück geschenkt und sich das Recht vorbehalten, unter gewissen Umständen vom obligatorischen Vertrag zurückzutreten. Die schuldrechtliche Vereinbarung war zwar unwirksam; dies führte nach Auf-

[1] BGHZ 15, 168, 170; 78, 28, 35.

[2] Kritisch zu BGHZ 15, 168 z.B. *Flume*, Allg. Teil des Bürgerlichen Rechts, Band II, 4. Aufl. 1992, S. 192 Fn. 15; kritisch zu BGHZ 78, 28 z.B. *Jauernig*, JuS 1982, 576 f.; *Feller*, DNotZ 1989, 75; *Ultsch*, Jura 1998, 528.

[3] BGHZ 161, 170 ff.; 162, 137 ff.; 187, 119 ff.

[4] Vgl. z.B. BGHZ 59, 236, 240; 94, 232, 235; BGH NJW 1982, 1983, 1984; 1989, 2542, 2543; *Ellenberger*, in: Palandt, BGB, 71. Aufl. 2012, § 181 Rn. 9; *Schramm*, in: MünchKomm-BGB, 6. Aufl. 2012, § 181 Rn. 15; *Wagenitz*, in: MünchKomm-BGB, 6. Aufl. 2012, § 1795 Rn. 30.

fassung des Bundesgerichtshofs jedoch nicht zur Nichtigkeit auch des dinglichen Vertrages.[5]

b) Im zweiten Fall schenkte und übertrug der Großvater seinen Enkelkindern Grundstücke und behielt sich den Nießbrauch vor. Die Grundstücke waren zudem vermietet, weswegen der Erwerber mit dem Eigentumserwerb in die Mietverträge nach § 566 BGB eintrat. Die damit verbundenen Pflichten – etwa auch aufgrund eines zusätzlichen Schadens- und Aufwendungsersatzanspruchs – sowie die Pflicht zur Rückgabe einer vom Vermieter gestellten Sicherheit begründeten nach Auffassung des Bundesgerichtshofs einen rechtlichen Nachteil.[6] Ihre Kinder zu vertreten war die Mutter als Tochter des Großvaters nach den §§ 1629 Abs. 2 S. 1, 1795 Abs. 1 Nr. 1 Hs. 1 BGB gehindert. Das gilt auch für den Vater, obgleich er mit dem Großvater nicht verwandt ist.[7] Diese Regeln hat das Gericht in einem Fall bestätigt, in dem die Großmutter ihrer Enkelin eine vermietete Eigentumswohnung geschenkt hatte.[8]

*3.* Die Frage ist allerdings, ob mit diesen Entscheidungen die aufgeworfenen Probleme wirklich gelöst sind. Das wirkt allenfalls auf den ersten Blick so. Doch schon das Problem der Konstruktion bleibt schwierig (dazu II.). Zu kurz kommt die Frage, ob der rechtliche Nachteil erst im dinglichen und nicht schon im schuldrechtlichen Geschäft wurzelt (dazu III.). Insbesondere aber sind die Maßstäbe völlig unklar, nach denen gesetzliche Vertreter, vor allem aber Ergänzungspfleger, ihre Entscheidungen treffen können und sollen. Hier fehlt es an Kriterien, zumal da die Rolle des § 1629a BGB selten thematisiert wird (dazu IV.).

## II. Die Konstruktion

*1.* Auf den ersten Blick scheint die Lösung des Problems der Schenkung einer Eigentumswohnung von den Eltern an ihr Kind relativ einfach zu sein. Der schuldrechtliche Vertrag bringt dem beschränkt Geschäftsfähigen offensichtlich keinen rechtlichen Nachteil; er wird ausschließlich Inhaber einer Forderung auf Übertragung des Eigentums, ohne seinerseits verpflichtet zu sein. Bei der Übertragung greift dann seinem Wortlaut nach die Ausnahmevorschrift des § 181 Hs. 2 BGB ein. Die Eltern handeln ausschließlich in

[5] BGHZ 161, 170, 175.

[6] BGHZ 162, 137, 140 m.w.N.; so auch schon *Köhler*, JZ 1983, 230.

[7] BGHZ 162, 137, 142; BGH NJW 1972, 1708; zust. z.B. *Knothe*, in: Staudinger, BGB, Bearb. 2011, § 107 Rn. 31.

[8] BGHZ 187, 119, 123 ff. Rn. 11 ff.; zust. *Medicus*, JZ 2011, 160; *Schaub* ZEV 2011, 42 ff.; *Elzer* ZfIR 2011, 24 f.

Erfüllung einer Verbindlichkeit. Zu der Frage, ob sich an die Eigentümerstellung rechtliche Nachteile, etwa wegen des Eintritts in einen Mietvertrag oder sonstige vertragliche Primär- oder Sekundärpflichten, knüpfen, kommt diese Lösung also nicht. So hat es der Bundesgerichtshof denn auch zunächst gesehen.[9] Die Entscheidung wurde heftig kritisiert, weil sie nicht berücksichtige, ob sich das Rechtsgeschäft im Ergebnis belastend auswirke.[10]

*2.* Dem hat der Bundesgerichtshof später Rechnung getragen in einem Fall, in dem die Gemeinschaftsordnung die den einzelnen Wohnungseigentümer kraft Gesetzes treffenden Verpflichtungen nicht unerheblich verschärfte.[11] Dass § 107 BGB es dem beschränkt Geschäftsfähigen nicht ermöglicht hätte, die Auflassung entgegenzunehmen, strahle auch auf § 181 BGB aus. Angezeigt sei bei einer Schenkung die Gesamtbetrachtung des schuldrechtlichen und des dinglichen Geschäfts; sie ermögliche es auch, in gleicher Weise der Schenkung durch den gesetzlichen Vertreter und durch einen Dritten Rechnung zu tragen.[12] Auch dagegen wurde Kritik laut, sei es, dass man generell einen rechtlichen Nachteil annahm,[13] sei es, dass man § 181 Hs. 2 BGB in diesem Fall teleologisch reduzierte.[14]

*3.* Erneut hat nunmehr der Bundesgerichtshof eine Änderung seiner Rechtsprechung vollzogen.

a) Im ersten eingangs erwähnten Urteil, also der Schenkung, die wegen des vorbehaltenen Rücktritts auf der schuldrechtlichen Ebene nicht wirksam war, hat das Gericht ohne Not Zweifel an der Gesamtbetrachtungslehre angedeutet.[15] Die Entscheidung wurde dann auch – vielleicht zunächst etwas voreilig – als Distanzierung zur Gesamtbetrachtung interpretiert.[16] Im zweiten Fall, in dem der Großvater seine Enkel beschenkt hatte, reduziert der Bundesgerichtshof im Ergebnis, wenn auch in der Argumentation wenig klar, § 181 Hs. 2 BGB im Hinblick auf seinen Zweck und wendet ihn nicht an,

[9] BGHZ 15, 168, 170. Das Gericht argumentiert zudem mit der Einwilligung nach § 107 BGB; vgl. BGH, a.a.O.

[10] So z.B. die Nachweise in Fn. 2; vgl. ferner die Darstellung bei BGHZ 78, 28, 35.

[11] BGHZ 78, 28, 32.

[12] BGHZ 78, 28, 31 ff., 35; BayObLG DNotZ 1998, 506, 507; zust. z.B. *Ellenberger*, in: Palandt (o. Fn. 4), § 107 Rn. 6; § 181 Rn. 22.

[13] *Müller*, in: Erman, BGB, 13. Aufl. 2011, § 107 Rn. 6; *Bork*, Allgemeiner Teil des BGB, 3. Aufl. 2011, Rn. 1003.

[14] *Jauernig*, BGB, 14. Aufl. 2012, § 181 Rn. 10; *Maier-Reimer*, in: Erman (o. Fn. 13), § 181 Rn. 31.

[15] BGHZ 161, 170, 173.

[16] *Knothe*, in: Staudinger (o. Fn. 7), § 107 Rn. 31; *Schmitt*, NJW 2005, 1090 f.; *Emmerich*, JuS 2005, 459; zurückhaltend *Staudinger*, Jura 2005, 522; *Wojcik*, DNotZ 2005, 659.

wenn aus dem dinglichen Rechtsgeschäft rechtliche Nachteile folgen.[17] Ausdrücklich wendet sich dann das Gericht im Jahre 2010 von der Gesamtbetrachtung ab.[18]

b) Doch bleibt die Frage, ob die Rechtsprechung mit diesem erneuten Umschwenken die Probleme in den Griff bekommen kann.

## III. Die Zustimmungsbedürftigkeit des schuldrechtlichen Geschäfts

*1.* Natürlich kann man die Lösung des Bundesgerichtshofs, nach dem Nachteil erst auf der dinglichen Ebene zu fragen, zunächst gegen naheliegende Einwände verteidigen. So lässt es sich durchaus dartun, dass das schuldrechtliche Geschäft nach den allgemeinen Regeln unmöglich wird, wenn die Zustimmung zum dinglichen Geschäft versagt wird.[19] Stärker ins Gewicht fällt, dass man alle – auch die unentgeltlichen – Geschäfte, die nach der Erfüllung privatrechtliche Pflichten mit sich bringen, auf der schuldrechtlichen Ebene dem Zustimmungserfordernis unterwerfen und damit zum Beispiel mit Kaufverträgen zwischen dem gesetzlichen Vertreter und dem beschränkt Geschäftsfähigen gleichstellen kann.

*2.* Der entscheidende Gesichtspunkt ist aber die Konstruktion der gesetzlichen Schuldübernahme. Dies sei am Beispiel des § 566 BGB demonstriert, der anordnet, dass mit dem Übergang des Eigentums an dem vermieteten Grundstück der Erwerber in die Stellung des Vermieters mit allen während der Dauer seines Eigentums sich ergebenden Rechten und Pflichten eintritt. Gleiches gilt gemäß § 16 Abs. 6 WEG für den Eintritt in die Gemeinschaft der Wohnungseigentümer.

a) Die Lösung auf der schuldrechtlichen Ebene folgt schon aus der typischen Interessenlage. Gäbe es § 566 BGB nicht, würden redliche Parteien sinnvollerweise eine Vertragsübernahme vereinbaren. Nur sie entspricht den Interessen der Beteiligten. Denn sobald er sein Eigentum verloren hat, kann der ursprüngliche Vermieter seine Verpflichtung, den Gegenstand zu belassen, nicht mehr erfüllen. Er ist nicht mehr in der Lage, den von § 535 Abs. 1 S. 1 BGB verlangten Gebrauch weiterzugewähren. Das kann nur der Erwerber als neuer Eigentümer. Und dieser hat vielfach durchaus ein Interesse daran, dass das Grundstück weiterhin vermietet bleibt – mag er es doch beispielsweise als Kapitalanlage erworben haben. Das bedeutet, dass er Inhaber der Mietforderungen werden will. Der Mieter seinerseits hat ein Inte-

[17] BGHZ 162, 137, 142 f.

[18] BGHZ 187, 119, 121 Rn. 6; entgegen *Kölmel*, FamRZ 2011, 206 spricht der BGH (a.a.O.) von der „früheren, aufgegebenen Rechtsprechung des Senats".

[19] Vgl. z.B. *Grüneberg*, in: Palandt (o. Fn. 4), § 275 Rn. 42 m.w.N.

resse daran, durch den Wechsel des Eigentümers keine Nachteile zu erleiden und das Grundstück weiterbenutzen zu können; dies ist jedenfalls der Regelfall. Seinen Interessen ist durch die Kündigungsmöglichkeit genügt.

b) Wenn man – zunächst – von diesen Bedürfnissen ausgeht, so kann dieser Interessenlage durch eine rechtsgeschäftliche Vertragsübernahme, die in der Praxis häufig ausdrücklich oder konkludent vereinbart wird,[20] Rechnung getragen werden. Dies ist im Wege zumindest der Rechtsfortbildung anerkannt.[21] Als Konstruktion kommen hierbei ein dreiseitiger Vertrag[22] oder ein Vertrag zweier Parteien unter Zustimmung des Dritten in Betracht.[23]

c) Der rechtsgeschäftlichen Schuldübernahme liegt in der Regel ein schuldrechtliches Geschäft zugrunde.[24] Das ergibt sich aus den allgemeinen Regeln.

(1) Es wäre eine seltsame Vorstellung, dass unter Geltung des Trennungs- und Abstraktionsprinzips die Übernahme eines Vertrages ohne Rechtsgrund erfolgen würde oder auch nur im Regelfall könnte. So kann der Gastwirt, der sich an eine Brauerei durch einen Bierbezugsvertrag für eine gewisse Zeitspanne gebunden hat, gehalten sein, diese Bindung weiterzugeben.[25] Kommt er dem nach, wird die schuldrechtliche Pflicht des neuen Pächters begründet; eine dingliche Vertragsübernahme hat gerade noch nicht stattgefunden. Hierzu fehlt jedenfalls noch die Zustimmung der Brauerei.

[20] RG HRR 1931, 495; BGHZ 154, 171, 175; BGH NJW 2010, 3708, 3709 Rn. 22 ff. (mit Überprüfung anhand von § 307 Abs. 1, 2 BGB); NJW-RR 2010, 1095, 1096 Rn. 19; *Streyl*, in: Schmidt-Futterer, Mietrecht, 10. Aufl. 2011, § 566 Rn. 42; *Emmerich*, in: Staudinger, BGB, Bearb. 2011, § 566 Rn. 31.

[21] BGH NJW-RR 2010, 1095 Rn. 17 f.; *Rohe*, in: Bamberger/Roth, BGB, Stand 1.1.2011, § 415 Rn. 26.

[22] BGHZ 65, 49, 52 f.; 95, 88, 95; 96, 302, 307 f.; 142, 23, 30; BGH NJW-RR 2005, 958, 959; 2007, 529, 530 Rn. 20; 2010, 1095 Rn. 18; *Rohe*, in: Bamberger/Roth (o. Fn. 21), § 415 Rn. 27.

[23] BGHZ 72, 394, 396; 95, 88, 95; 96, 302, 308; 137, 255, 259; 142, 23, 30; 154, 171, 175; BGH NJW 1978, 2504; NJW-RR 2005, 958, 959; 2007, 529, 530 Rn. 20; 2010, 1095 Rn. 18; *Rohe*, in: Bamberger/Roth (o. Fn. 21), § 415 Rn. 27.

[24] *Kreße/B. Eckardt*, in: NK-BGB, 2. Aufl. 2012, § 398 Rn. 42; § 414 Rn. 3; *Busche*, in: Staudinger, BGB, Bearb. 2005, Einl. zu §§ 398 ff. Rn. 205; *Rieble*, in: Staudinger, BGB, Bearb. 2005, § 414 Rn. 108, 136; *Larenz*, Lehrbuch des Schuldrechts, Bd. I, Allg. Teil, 14. Aufl. 1987, § 35 III = S. 618; *Nörr*, in: Nörr/Scheyhing/Pöggeler, Sukzessionen, 2. Aufl. 1999, § 19 I 4 = S. 195 f.; *Ulmer/Masuch* JZ 1987, 655; *Martinek* JZ 2000, 557; *Klimke*, Die Vertragsübernahme, 2010, S. 82 ff.; Andeutungen ferner bei *Grüneberg*, in: Palandt (o. Fn. 4), § 398 Rn. 44; *Röthel*, in: Erman (o. Fn. 13), Vor § 414 Rn. 5. – *Klimke* S. 84 ff. verficht die These, die Vertragsübernahme könne ohne Verpflichtungsgeschäft erfolgen und den Rechtsgrund in sich selbst tragen. Das überzeugt nicht. Selbst wenn die Vertragspartner mit der Übernahme einen Selbstzweck verfolgen wollen (S. 85), heißt das nicht, dass kein Verpflichtungsgeschäft intendiert wird. Der Ausschluss der Nichtleistungskondiktion (S. 86) wird nicht näher untermauert.

[25] Vgl. z.B. BGH NJW-RR 2001, 987, 988; dort hat der BGH das Recht der Brauerei bestätigt, den Vertrag mit dem Darlehensnehmer wegen nicht ordnungsgemäßer Weitergabe zu kündigen.

(2) Eine Schuldübernahme, die des Rechtsgrundes entbehrt, muss nach allgemeinen Regeln im Weg der Kondiktion rückabgewickelt werden. Vorstellbar sind etwa die allgemeinen Nichtigkeitsgründe. Man nehme als Beispiel den Fall, in dem es um eine entgeltliche Übernahme eines Bierbezugsvertrages durch eine Brauerei geht, die abgebende Brauerei sich im Kaufvertrag jedoch zu ihren Ungunsten verschrieben hat und nunmehr nach § 119 Abs. 1 Fall 2 BGB anficht.[26]

(3) Mag sich auch die vertragliche Vertragsübernahme als eigenständiges Institut ausgebildet haben, so bleiben doch die §§ 398 ff. BGB und §§ 414 ff. BGB Maßstäbe,[27] wenngleich in Sonderfällen die Regeln der gesetzlichen Schuldübernahme weitergehen – etwa bei nicht abtretbaren Gestaltungsrechten.[28] Darum geht es hier aber nicht. Namentlich aus § 417 Abs. 2 BGB ergibt sich, dass der Schuldübernahme ein von dieser selbst zu trennendes und auch von dieser abstrakt zu beurteilendes Rechtsgeschäft, eben das Verpflichtungsgeschäft, zugrunde liegt.

d) Bei einer gesetzlich vorgesehenen Vertragsübernahme kann das nicht anders sein. Das Gesetz ordnet gewisse Regeln zwingend an, soweit nicht der begünstigte Mieter selbst verzichtet. Das bedeutet aber natürlich nicht, dass die Übernehmer auf der schuldrechtlichen Ebene keine Pflichten übernehmen.

(1) Das wird an dem Schulbeispiel deutlich, dass der Schenker der Eigentumswohnung und der beschränkt geschäftsfähige Erwerber eine zusätzliche vertragliche Vereinbarung schließen, die die Rechtsfolgen des § 566 BGB abzudingen versucht. Eine solche Klausel, die etwa lauten würde, der Beschenkte sei nicht verpflichtet, in die Rechte und Pflichten aus dem Mietvertrag einzutreten, wäre nichtig.[29]

(2) Nach § 435 S. 1 BGB trifft die Rechtsmängelhaftung den Verkäufer, soweit der Käufer nicht die Rechte im Kaufvertrag übernommen hat. Der Umstand, dass die Wohnung vermietet ist, begründet zunächst einen Rechtsmangel.[30] Streng genommen werden die Rechte vom Käufer nicht übernommen, sondern akzeptiert. Es geht also um eine Schuldübernahme nach den §§ 414 bis 416 BGB.[31] Diese Schuldübernahme stellt einen rechtlichen Nach-

[26] Eine Entscheidung ist dazu soweit ersichtlich noch nicht ergangen.

[27] *Grüneberg*, in: Palandt (o. Fn. 4), § 398 Rn. 64; *Röthel*, in: Erman (o. Fn. 13), Vor § 414 Rn. 9.

[28] *Röthel*, in: Erman (o. Fn. 13), Vor § 414 Rn. 9.

[29] *Blank*, in: Blank/Börstinghaus, Miete, 3. Aufl. 2008, § 566 Rn. 85; *Emmerich*, in: Staudinger (o. Fn. 20), § 566 Rn. 31, 58.

[30] BGH NJW 1991, 2700; 2000, 1405, 1406; NJW-RR 1988, 79; WM 1972, 556.

[31] *Weidenkaff*, in: Palandt (o. Fn. 4), § 435 Rn. 6; *Faust*, in: Bamberger/Roth (o. Fn. 21), § 435 Rn. 21; *Westermann*, in: MünchKomm-BGB (o. Fn. 4), § 435 Rn. 5.

teil dar.[32] Der Begriff des Rechtsmangels ist bei der Schenkung mit dem des Kaufes identisch.[33] Die Haftung ist allerdings nach § 523 Abs. 1 BGB angesichts des altruistischen Charakters der Schenkung auf die Fälle der Arglist des Schenkers beschränkt. Sie entfällt ferner, wenn der Beschenkte den Rechtsmangel kennt, also den Umstand, dass das geschenkte Grundstück bzw. die geschenkte Eigentumswohnung vermietet ist. Dazu genügt die Kenntnis des beschränkt Geschäftsfähigen nicht. Gleiches gilt, wenn der beschränkt Geschäftsfähige – in Anlehnung an § 435 S. 1 Fall 2 BGB – die Schuld übernimmt. Das bedeutet natürlich einen rechtlichen Nachteil.

(3) Modellcharakter hat zudem § 567a BGB, der die Übernahme des Mietvertrags regelt, wenn der Wohnraum noch nicht überlassen ist. Die Norm dient dem Veräußerer, der davor bewahrt werden soll, gegenüber dem Mieter zu haften, wenn dieser die Schuldübernahme nicht genehmigt.[34] Wieder geht es um eine vom Gesetz vorgesehene Schuldübernahme, die aus Gründen des Vermieterschutzes typisiert ist, aber schuldrechtlich eines Rechtsgrunds bedarf.

(4) Dass auch bei der Entstehung von Rechten und Pflichten kraft Gesetzes eine schuldrechtliche Pflicht zugrunde liegt, zeigt sich aus einer Gegenüberstellung von § 647 BGB und § 648 BGB. Die letztgenannte Norm räumt dem Werkunternehmer das Recht ein, eine Sicherungshypothek zu verlangen, bildet also den Rechtsgrund, falls die Hypothek bestellt wird. Dass nach § 647 BGB das Werkunternehmerpfandrecht direkt entsteht, bedeutet nur eine weitere Sicherung des Unternehmers, nicht jedoch, dass der Besteller zur Einräumung eines Werkunternehmerpfandrechts nicht verpflichtet sei. Allein die Nagelprobe mit der Möglichkeit der Kondiktion, die natürlich ausgeschlossen sein muss, beweist das Gegenteil. Ein weiteres Beispiel ist § 401 BGB. Wo die Norm nicht, auch nicht entsprechend, anwendbar ist, ist der Zedent im Zweifel schuldrechtlich verpflichtet, das bestehende Sicherungsrecht auf den Zessionar zu übertragen.[35] Der Unterschied zu den akzessorischen Rechten liegt allein darin, dass diese automatisch übergehen. Es bedeutet aber nicht, dass kein schuldrechtlicher Rechtsgrund benötigt wird.

e) Das ist nur auf den ersten Blick beim Erwerb einer Erbschaft oder bei der Geltendmachung eines Vermächtnisses anders. Bei der Erbschaft tritt der

[32] Die Kenntnis bzw. grob fahrlässige Unkenntnis des beschränkt Geschäftsfähigen nach § 442 Abs. 1 BGB kann ihm nicht zugerechnet werden; insoweit geben die Eltern den Ausschlag; vgl. z.B. BGH NJW 2000, 1405, 1406; *Ellenberger*, in: Palandt (o. Fn. 4), § 166 Rn. 4.

[33] *Weidenkaff*, in: Palandt (o. Fn. 4), § 523 Rn. 1; *Herrmann*, in: Erman (o. Fn. 13), § 523 Rn. 1; *Koch*, in: MünchKomm-BGB (o. Fn. 4), § 523 Rn. 2; *Wimmer-Leonhardt*, in: Staudinger, BGB, Bearb. 2005, § 523 Rn. 2.

[34] *Häublein*, in: MünchKomm-BGB (o. Fn. 4), § 567a Rn. 1.

[35] BGHZ 42, 53, 56 f.; 92, 374, 378; 110, 41, 43; *Grüneberg*, in: Palandt (o. Fn. 4), § 401 Rn. 5.

Erwerb von selbst ein. Hier kann der gesetzliche Vertreter über die Annahme entscheiden, ohne durch § 181 BGB gehindert zu sein.[36] Beim Vermächtnis entsteht der Anspruch zwar durch die Anordnung des Erblassers bei dessen Tod. Doch muss der Bedachte, soweit nicht ohnehin die §§ 2181 f. BGB greifen, die Lasten übernehmen und sich schuldrechtlich dazu verpflichten. Das wird für den Parallelfall des § 2166 Abs. 1 S. 1 BGB ausdrücklich geregelt. Der Vermächtnisnehmer ist dem Erben gegenüber verpflichtet, dessen Gläubiger zu befriedigen.[37] Diese Pflicht bedeutet – auf der schuldrechtlichen Ebene – ebenso einen rechtlichen Nachteil wie umgekehrt die Pflicht zur Übernahme des Mietvertrags einen solchen rechtlichen Nachteil mit sich bringt.[38] Noch deutlicher wird das, wenn der Vermächtnisnehmer durch eine Anordnung des Erblassers verpflichtet ist, die Schuld auch im Außenverhältnis zum Gläubiger zu tragen; diese Übernahme kann zum Beispiel durch Vertrag erfolgen.[39] Die Problematik mündet damit in diejenige der vertraglichen Schuldübernahme.

f) Damit werden die Dinge zurechtgerückt. Mit der Schenkung bzw. der Annahme der Erbschaft sowie mit dem Vermächtnis ist die Verpflichtung verbunden, in den Mietvertrag einzutreten. Da deren Vollzug allerdings von Gesetzes wegen eintritt, sind diese Rechtsgeschäfte rechtlich nachteilig.

## IV. Die Kriterien

*1.* Die Feststellung des rechtlichen Nachteils ist von einer Reihe von Randfragen begleitet, bei denen sich aber eine Einigung inzwischen weitgehend abzeichnet.

a) Eine eventuelle deliktische Haftung des beschränkt Geschäftsfähigen spielt für die Frage des rechtlichen Nachteils keine Rolle[40] – vor allem weil das Erfordernis der Genehmigung nicht den Sinn hat, den Minderjährigen vor seinem eigenen deliktischen Verhalten zu schützen.[41] Eine Grenze folgt hier aus dem Recht der elterlichen Sorge.[42] Die Schenkung gefährlicher

[36] *Schmitt*, in: MünchKomm-BGB (o. Fn. 4), § 107 Rn. 48.

[37] *Müller-Christmann*, in: Bamberger/Roth, BGB, Stand: 1.3.2011, § 2166 Rn. 1; *Otte*, in: Staudinger, BGB, Bearb. 2003, § 2166 Rn. 2.

[38] A.A. – für lediglich rechtlichen Vorteil – OLG München MittBayNot 2011, 239, 240.

[39] BGH NJW 1963, 1612 unter 1 a.

[40] BGHZ 161, 170, 177.

[41] BGHZ 161, 170, 177; zust., soweit keine konkrete Gefährdung vorliegt, *Kölmel*, RNotZ 2010, 635; ähnl. *Schmitt*, in: MünchKomm-BGB (o. Fn. 4), § 107 Rn. 32, 35.

[42] *Köhler*, JZ 1983, 226 vertritt die These, dass jede Erweiterung des Kreises der zustimmungsfreien Geschäfte gleichzeitig eine Einschränkung des elterlichen Sorgerechts bedeute. Das überzeugt nicht. Denn die Eltern können kraft der elterlichen Sorge den Gebrauch der

Gegenstände können die Eltern unterbinden. Keinen rechtlichen Nachteil bedeutet auch die bereicherungsrechtliche Haftung, zumal hier § 818 Abs. 3 BGB den beschränkt Geschäftsfähigen zusätzlich schützt.[43]

b) Öffentliche Lasten ruhen praktisch auf jedem Gegenstand. Wären sie ein rechtlicher Nachteil, gäbe es im Ergebnis kaum zustimmungsfreie Geschäfte. Es kommt hinzu, dass die öffentlichen Lasten in der Regel vom Umfang her so unbedeutend sind, dass sie zum einen kaum eine Rolle spielen,[44] zum anderen eine Verweigerung der Zustimmung durch die gesetzlichen Vertreter kaum rechtfertigen können.[45] Das soll nach der Rechtsprechung auch gelten, wenn es um außerordentliche Grundstückslasten wie die Kosten der Erschließung geht, jedenfalls soweit es sich nur um eine theoretische Möglichkeit handelt.[46] Dies passt allerdings auf den ersten Blick nicht mit der Entscheidung des Bundesgerichtshofs zusammen, in der er trotz der Übernahme sämtlicher Belastungen durch einen Nießbrauch des Schenkers wegen des möglichen Erlöschens des Nießbrauchs und Übergangs der Lasten auf den beschränkt Geschäftsfähigen einen rechtlichen Nachteil annahm.[47] Die beiden Entscheidungen lassen sich am besten mit Blick auf die schuldrechtliche Pflicht auf einen Nenner bringen – auch wenn das der Auffassung des Bundesgerichtshofs widerspricht.[48] Die Pflicht, nach Ende des Nießbrauchs gegebenenfalls den Mietvertrag zu übernehmen, ist notwendiger Bestandteil des mit der Schenkung nur unzureichend beschriebenen schuldrechtlichen Geschäfts. Die öffentlich-rechtlichen Lasten entstehen dagegen nur als Folge der Eigentümerstellung; eine irgendwie geartete schuldrechtliche Pflicht gibt es schon deswegen nicht, weil kein Gläubiger eines Anspruchs auf Übernahme existiert. Die Parallele zur Haftung aufgrund deliktischer Vorschriften als prinzipielle Sonderregelung stützt diese These; wie dort kann die elterliche Sorge Ausnahmen rechtfertigen. Weitere Grenzen, insbesondere bei Altlasten werden durch den Verkehrswert gezogen.[49] Eine

Sache beschränken oder ganz verbieten (vgl. dazu statt aller *Salgo*, in: Staudinger, BGB, Bearb. 2007, § 1631 Rn. 44.

[43] BGHZ 161, 170, 176; *Schmitt*, in: MünchKomm-BGB (o. Fn. 4), § 107 Rn. 32.

[44] BGHZ 161, 170, 176; *Leenen*, BGB Allgemeiner Teil: Rechtsgeschäftslehre, 2011, § 9 Rn. 31; *Köhler*, BGB, Allgemeiner Teil, 35. Aufl. 2011, § 10 Rn. 16; *Ellenberger*, in: Palandt (o. Fn. 4), § 107 Rn. 3.

[45] BGHZ 161, 170, 179; *Leenen* (o. Fn. 44), § 9 Rn. 31; *Kölmel*, RNotZ 2010, 628; der Sache nach auch *Köhler*, JZ 1983, 228.

[46] BGHZ 161, 170, 180; *Staudinger*, Jura 2006, 531; *Ellenberger*, in: Palandt (o. Fn. 4), § 107 Rn. 3; *Kölmel*, FamRZ 2011, 206; skeptisch *Wilhelm*, NJW 2006, 2354 f.; *Müßig*, JZ 2006, 152.

[47] BGHZ 162, 137, 142.

[48] BGHZ 161, 170, 176.

[49] BVerfGE 102, 1, 20 f.

freiwillige Übernahme von Risiken, die diese Grenze hinfällig machen würde – also Kenntnis oder bewusst riskante Nutzung[50] –, ist dem beschränkt Geschäftsfähigen allein nicht möglich.

c) Geteilter Meinung ist man bekanntlich bei den Fütterungskosten eines geschenkten Tieres.[51] Die wohl h.M. lehnt das ab, da es nur um rein wirtschaftliche Nachteile gehe.[52] Dem ist zuzustimmen. Auch ein Moped verursacht Folgekosten, weil es Benzin braucht. Ein Fahrrad benötigt unter Umständen neue Reifen. Beim Tier entstehen diese Kosten zwar notwendig, während man das Fahrrad im Keller lassen könnte. Doch sind damit grundlegende Differenzen kaum zu begründen, weil und soweit unterschieden werden müsste, ob sich Tiere ihre Nahrung selbst besorgen können oder Futter gekauft werden muss. Das wäre ein wenig griffiger Ansatz.

2. Schwieriger ist das Problem, welche Kriterien der Entscheidung, dem Geschäft zuzustimmen oder die Zustimmung zu verweigern, zugrunde zu legen sind.

a) Bei den Eltern fällt die Antwort relativ leicht. Einen Anspruch des beschränkt Geschäftsfähigen auf Erteilung der Zustimmung gibt es nach allgemeiner Auffassung nicht; die elterliche Sorge auf diese Weise einzuschränken sei zum Wohl des Minderjährigen nicht notwendig.[53] So können die Eltern eine Schenkung aus ideellen Gründen ablehnen.[54] Daher hat bislang die umgekehrte Frage eine Rolle gespielt, ob nämlich durch die Vertretung des Kindes bzw. durch die Zustimmung zu dessen Rechtsgeschäften eine unbeschränkte Haftung des Minderjährigen begründet werden darf. Das hat das Bundesverfassungsgericht bekanntlich abgelehnt.[55]

b) Komplizierter sind die Kriterien für den Ergänzungspfleger. Er kann sich ja – im Gegensatz zu den Eltern – nicht auf das elterliche Sorgerecht und die Verfassung stützen.

[50] BVerfGE 102, 1, 21 f.

[51] Für einen rechtlichen Nachteil OGH SZ 54/20 – S. 104, 105 f.; *Brox/Walker*, Allgemeiner Teil des BGB, 35. Aufl. 2011, Rn. 276; *Dullinger* ÖJZ 1987, 35 ff., 37; a.A. *Scholl/Claeßens*, JA 2010, 768; man kann das Problem allgemein auf die Kosten des Unterhalts erweitern.

[52] *Leenen* (o. Fn. 44), § 9 Rn. 31.

[53] *Ellenberger*, in: Palandt (o. Fn. 4), § 107 Rn. 11; *Wendtland*, in: Bamberger/Roth, BGB, Stand: 1.11.2011, § 107 Rn. 17; *Schmitt*, in: MünchKomm-BGB (o. Fn. 4), § 107 Rn. 22.

[54] *Köhler*, JZ 1983, 227.

[55] BVerfGE 72, 155, 173.

(1) Als Kriterium wird primär das Mündelinteresse genannt.[56] Doch ist das recht blass. Denn es ist schwer abzusehen, wie sich die Dinge etwa bei einer geschenkten Eigentumswohnung über die Jahre entwickeln werden. Vor allem steht damit die Begründung des § 1629a BGB in Widerspruch. In dieser Begründung wird nämlich die Gefahr einer nachträglichen erheblichen Verschlechterung der wirtschaftlichen Situation des Unternehmens im Verhältnis zur Ausgangslage beschworen, die durch die Genehmigung bei der Übernahme nicht sicher gebannt sei.[57] Eine fortdauernde Genehmigungspflicht sei aber schlechterdings undenkbar, weil sie sich hemmend auf die Entscheidungsfreiheit der Mitgesellschafter auswirken könnte, aber auch die Vertragspartner im Unklaren lasse, ob das beabsichtigte Geschäft wirksam zustande gekommen sei. Die einmalige Entscheidung – sei es des Familiengerichts, sei es des Ergänzungspflegers – kann die Gefahr für den beschränkt Geschäftsfähigen also nicht in verlässlicher Weise vermeiden.[58]

(2) Die Lösung läge auf der Hand, wenn die Haftung auf den geschenkten Gegenstand beschränkt wäre; dann läge nämlich kein rechtlicher Nachteil vor.[59] So lautete einer der beiden vom Bundesverfassungsgericht vorgeschlagenen Wege zum Schutz des beschränkt Geschäftsfähigen. Der Minderjährige dürfe als Miterbe eines Handelsgeschäfts jedenfalls nicht über den Umfang des ererbten Vermögens hinaus zum Schuldner werden.[60]

(3) Der Gesetzgeber des § 1629a BGB ist diesem Vorschlag nicht gefolgt. Er hat vielmehr die Haftung des soeben volljährig Gewordenen auf das gesamte bei Eintritt der Volljährigkeit vorhandene Vermögen erstreckt.[61] Dies wurde im Wesentlichen mit zwei Überlegungen gerechtfertigt. Die Beschränkung auf das ererbte Vermögen und die Möglichkeit, sämtliches sonstiges Vermögen dem Zugriff der Gläubiger zu entziehen, würde weiter als die Gesetz gewordene Lösung in die Rechte der Gläubiger eingreifen. Die Haftungsbeschränkung auf das ererbte Vermögen passe auch in all den Fällen nicht, in denen die von den Eltern mit Wirkung für das Kind begründeten Verbindlichkeiten nicht im Zusammenhang mit einer Erbschaft stünden.[62]

[56] BayObLGZ 1988, 385, 387; BayObLG FamRZ 2003, 631, 632; DNotZ 2002, 547, 548; OLG Celle NJW-RR 2012, 73, 74; OLG München NJW-RR 2008, 672, 673; OLG Hamm FamRZ 2001, 53; OLG Braunschweig ZEV 2001, 75, 76; OLG Bremen NJW-RR 1999, 876, 877; *Diederichsen*, in: Palandt (o. Fn. 4), § 1828 Rn. 9; *Bettin*, in: Bamberger/Roth (o. Fn. 53), § 1828 Rn. 3; *Wagenitz*, in: MünchKomm-BGB (o. Fn. 4), § 1828 Rn. 17; *Zimmermann*, in: Soergel, BGB, 13. Aufl. 2000, § 1828 Rn. 8; *Engler*, in: Staudinger, BGB, Bearb. 2004, § 1828 Rn. 15.

[57] BT-Drucks. 13/5624 S. 7.

[58] BT-Drucks. 13/5624 S. 7.

[59] BGHZ 161, 170, 175; 187, 119, 121.

[60] BVerfGE 72, 155, 174.

[61] BT-Drucks. 13/5624 S. 8.

[62] BT-Drucks. 13/5624 S. 8.

(4) Auch scheint sich auf diesem Wege am elegantesten verhindern zu lassen, dass die gesetzlichen Vertreter mit dem Vermögen des Minderjährigen spekulieren und dies zu Lasten der Gläubiger geht. Allerdings ist das nicht stets zu verhindern. Macht nämlich das entgeltlich erworbene Unternehmen das gesamte Vermögen des beschränkt Geschäftsfähigen aus, ist die Spekulation wegen § 1629a BGB relativ unproblematisch möglich. Mehr als dieses Vermögen riskiert der beschränkt Geschäftsfähige also nicht.

(5) Doch ist fraglich, ob die Argumentation des Gesetzgebers wirklich stichhaltig ist. Bei entgeltlichen Geschäften zwischen den Kindern und den Eltern, bei denen diese durch § 181 BGB an einer Vertretung gehindert sind, mag sie zutreffen. Hier lässt sich eine Beschränkung auf das übernommene Vermögen schwer vorstellen, zumal da das Kind zum Erwerb beispielsweise Schulden gemacht hat, wenngleich diese auch noch nach § 1822 Nr. 8 BGB vom Familiengericht genehmigt werden müssen. Dabei wird der Ergänzungspfleger sich nur mit Hilfe von Sachverständigen von einem zumindest ausgewogenen Verhältnis zwischen Leistung und Gegenleistung ein Bild machen können.

*3.* Doch ist die Frage, ob man nicht im Fall einer Schenkung andere Kriterien anwenden soll.

a) Bei einem entgeltlichen Erwerb ist es in der Tat fraglich, ob der Ergänzungspfleger ihn nicht soll verhindern können. Um Geld anzulegen hat der Gesetzgeber im Wesentlichen den Weg des § 1807 BGB – also die mündelsicheren Gelder – vorgesehen. Die Norm gilt nach § 1915 Abs. 1 BGB auch für den Ergänzungspfleger. Daher ist die Einschaltung eines Ergänzungspflegers durchaus sinnvoll. Im Regelfall wird er sogar darauf zu achten haben, dass die Gelder nicht in weniger sichere Anlagen fließen. Ohnehin bedarf es noch der Erlaubnis des Familiengerichts nach § 1811 BGB. Sie setzt voraus, dass die Anlage anderer Art bei gleicher Sicherheit Vorteile bietet, die durch die Anlage nach § 1807 BGB nicht erreichbar wären.[63] Zumindest muss sie bezüglich der wirtschaftlichen Bedingungen und der Sicherheit gleichwertig sein.[64] Davon unterscheidet sich die Interessenlage bei der Schenkung schon im Ansatz. Es geht um Ablehnung oder Annahme, nicht um eine Alternative bei der Anlage. In aller Regel wird das Vermögen des Minderjährigen vermehrt. Wertungsmäßig kommt hinzu, dass der gesetzliche Vertreter diesen Vermögenszuwachs auch auf anderem Wege bewerkstelligen könnte, ohne dass es der Einschaltung eines Ergänzungspflegers bedürfte. Der gesetzliche

[63] RGZ 128, 309, 315; KG NJW 1968, 55; *Zimmermann*, in: Soergel (o. Fn. 54), § 1811 Rn. 4 m.w.N.

[64] *Diederichsen*, in: Palandt (o. Fn. 4), § 1811 Rn. 2; i.E. auch *Saar*, in: Erman (o. Fn. 13), § 1811 Rn. 5; *Wagenitz*, in: MünchKomm-BGB (o. Fn. 4), § 1811 Rn. 14.

Vertreter schenkt dazu dem beschränkt Geschäftsfähigen den Kaufpreis, kauft davon als sein gesetzlicher Vertreter die Wohnung und schließt die entsprechenden Mietverträge ab. In all diesen Fällen bedarf es der Zuziehung eines Ergänzungspflegers nicht.

b) In der Praxis scheinen die Ergänzungspfleger namentlich darauf zu achten, dass der beschränkt Geschäftsfähige nicht doch mit persönlichen Schulden belastet wird. Das können und müssen aber auch die Notare tun. Eine zusätzliche Kontrolle ist daneben also zumindest überflüssig.

c) Dem Ergänzungspfleger steht es im Gegensatz zu den Eltern nicht zu, erzieherische Ziele zu verfolgen. Die Eltern mögen Geschenke Dritter an den beschränkt Geschäftsfähigen ablehnen können, wenn sie die damit verbundenen Lasten scheuen oder aber das Geschenk wegen seiner Art oder wegen der Person des Schenkers für das Kind für nicht förderlich halten. Derartige Überlegungen sind dem Ergänzungspfleger verschlossen. Ihm darf es nur um den wirtschaftlichen Vorteil bzw. um das wirtschaftliche Risiko gehen.

d) Es bietet sich an, § 1629a BGB bei einer Schenkung oder einer Erbschaft unter teleologischen Gesichtspunkten zu reduzieren. Das ist jedenfalls de lege ferenda zu befürworten, doch gilt es auch schon de lege lata. Der beschränkt Geschäftsfähige haftet nur mit dem übernommenen Gegenstand.

(1) Die Norm ist ohnehin missglückt. Sie gestattet nämlich den Zugriff auf das Vermögen des beschränkt Geschäftsfähigen vor Eintritt seiner Volljährigkeit. Im Extremfall kann er also kahlgepfändet werden; mit seinem Schutz ist das allerdings schwer zu vereinbaren.[65]

(2) Inhaltlich entspricht der hier gemachte Vorschlag genau einer der beiden vom Bundesverfassungsgericht vorgesehenen Alternativen zur Vermeidung der Verfassungswidrigkeit der früheren unbeschränkten Haftung.[66] In der Entscheidungsformel betont das Bundesverfassungsgericht, dass die Eltern ohne vormundschaftsgerichtliche Genehmigung keine Verbindlichkeiten zu Lasten der minderjährigen Kinder eingehen können, die über die Haftung mit dem ererbten Vermögen hinausgehen.[67] Es ist nicht überzeugend, dass der Gesetzgeber glaubt, er sei diesen Vorgaben des Bundesverfassungsgerichts gerecht geworden.[68] Er dürfte ohnedies gegen die Bindungs-

[65] OLG Hamm BeckRS 2011, 23819 unter II.5; *Coester*, in: Staudinger, BGB, Bearb. 2007, § 1629 Rn. 73; *K. Schmidt*, FS für Derleder, 2005, S. 606 f.

[66] BVerfGE 72, 155, 174.

[67] BVerfGE 72, 155, 156 Entscheidungsformel 1.

[68] BT-Drucks. 13/5624 S. 8.

wirkung des § 31 Abs. 1 BVerfGG verstoßen haben.[69] Obendrein mag das Motiv, das den Gesetzgeber dazu bewogen hat, diese Regelung nicht zu übernehmen, bei entgeltlichem Erwerb passen, nicht dagegen bei unentgeltlichem. Sich im letztgenannten Fall gegen das Bundesverfassungsgericht zu entscheiden, besteht umso weniger Anlass, als § 1629a BGB gerade nicht auf den Fall der Schenkung zugeschnitten ist, so dass sich eine teleologische Reduktion anbietet.[70] Der Wortlaut der Norm steht dem nicht entgegen.[71] Die dafür erforderliche Regelungslücke im Sinne einer planwidrigen Unvollständigkeit des Gesetzes[72] ergibt sich daraus, dass der Fall der Schenkung bzw. der Erbschaft als besondere Konstellation vom Gesetzgeber ganz offensichtlich nicht hinreichend berücksichtigt wurde.

(a) Hier kommt die Überlegung zum Tragen, die den Gesetzgeber veranlasst hat, die vom Bundesverfassungsgericht ebenfalls vorgeschlagene Lösung einer gerichtlichen Genehmigung nicht aufzugreifen. Eine derartige Entscheidung erfordere es, ein betriebswirtschaftliches Gutachten einzuholen; das könne längere Zeit dauern.[73] Man kann das Argument auch präzisieren und zuspitzen. Ein betriebswirtschaftliches Gutachten könnte allenfalls Auskunft über den aktuellen Wert der Wohnung im Hinblick auf den Investitionsbedarf für die nächsten Jahre bis zur Volljährigkeit des Beschenkten geben. Kaum prognostizierbar dürfte – jedenfalls in vielen Teilen der Bundesrepublik – die Vermietbarkeit der Wohnung sein, obwohl es gerade von ihr abhängt, wie hoch der Wert letztendlich anzusetzen ist. Nichts anderes prüft auch der Bundesgerichtshof, wenn er das mögliche Ende des Nießbrauchs und den dann vorgesehenen Übergang des Mietvertrages auf den Eigentümer nach den §§ 1056 Abs. 1, 566 BGB für ausreichend hält, den rechtlichen Nachteil zu bejahen.[74]

[69] *Bethge*, in: Maunz/Schmidt-Bleibtreu/Klein/Bethge, Bundesverfassungsgericht, Stand 2011, § 31 Rn. 10. Auf die schwierige Frage des Normwiederholungsverbots ist hier nicht einzugehen. Eine Normwiederholung würde jedenfalls besondere Gründe verlangen, die sich vor allem aus einer wesentlichen Änderung der für die verfassungsrechtliche Beurteilung maßgeblichen tatsächlichen oder rechtlichen Verhältnisse oder der ihr zugrunde liegenden Anschauungen ergeben könnten; BVerfGE 96, 260, 263; *Lechner/Zuck*, Bundesverfassungsgerichtsgesetz, 6. Aufl. 2011, § 31 Rn. 35; *Heusch*, in: Umbach/Clemens/Dollinger, Bundesverfassungsgerichtsgesetz, 2. Aufl. 2005, § 31 Rn. 64; *Benda/Klein*, Verfassungsprozessrecht, 3. Aufl. 2012, Rn. 1473; vgl. auch BVerfGE 102, 122, 141 f.

[70] BVerfGE 88, 145, 167; *Sprau*, in: Palandt (o. Fn. 4), Einl. Rn. 49; *Röhl/Röhl*, Allgemeine Rechtslehre, 3. Aufl. 2008, S. 621.

[71] BGH NJW 2012, 376, 377 Rn. 16.

[72] BGHZ 149, 165, 174; 179, 27, 35 Rn. 20; BGH NJW 2012, 376, 377 Rn. 16.

[73] BT-Drucks. 13/5624 S. 6.

[74] BGHZ 162, 137, 141. – Das OLG Köln Rpfleger 1996, 446, 447 stellt darauf ab, ob die Verpflichtung durch den Wert des Nachlasses abgedeckt wird. Diese rein wirtschaftliche Überlegung vermag indes nicht zu überzeugen.

(b) Für die künftigen Vertragspartner des beschränkt Geschäftsfähigen gibt es keinen irgendwie gearteten Vertrauensschutz. Für sie ist der Umstand, dass der Beschenkte weiteres Vermögen hat oder nachträglich erwirbt, ein Vorteil, mit dem sie jedenfalls nicht rechnen dürfen oder auch nur können. Es ist allenfalls ein unerwartetes und unverdientes Geschenk. Es gilt abzuwägen zwischen dem Schutz des beschränkt Geschäftsfähigen und dem Gläubigerinteresse. Es ist allgemein anerkannt, dass der Verkehrsschutz zurückzutreten hat hinter den Belangen des noch nicht Geschäftsfähigen.[75] Damit ist aber auch das Ergebnis vorgezeichnet: Der beschränkt Geschäftsfähige verdient den umfassenderen Schutz.

(c) Man mache die Gegenprobe: Das 8-jährige Kind hat die Wohnung von den Eltern geschenkt erhalten bzw. nach deren frühem Tod geerbt. Der Ergänzungspfleger hat nach intensiver Prüfung das Geschäft genehmigt. Die Sache geht schief. Die Mieter werden insolvent; das Haus bedarf einer umfangreichen Renovierung. Am Schluss stellt sich eine Belastung des Grundstücks mit Altlasten heraus. Die Frage ist, ob die Gläubiger auf zusätzliches Vermögen des beschränkt Geschäftsfähigen sollen zugreifen können – was für sie ein zufälliger Vorteil wäre, den beschränkt Geschäftsfähigen aber hart träfe. Dazu besteht indes kein Anlass.

e) Damit lösen sich die Probleme bei der Schenkung weitestgehend auf. Weil und soweit die Haftung des Minderjährigen nach § 1629a BGB in seiner teleologisch reduzierten Fassung auf den Bestand des übernommenen Vermögens beschränkt ist, riskiert er nicht mehr, als dieses zu verlieren. Das ist übrigens auch der Fall, wenn ihm später bei der Zwangsversteigerung bzw. Zwangsverwaltung persönliche Verbindlichkeiten entstehen sollten. Auch dafür haftet nur das übernommene Vermögen. Auf der anderen Seite bedeutet das allerdings, dass es der Einschaltung eines Ergänzungspflegers gar nicht bedarf. Die Schenkung wird nicht dadurch rechtlich nachteilig, dass der beschränkt Geschäftsfähige Pflichten übernimmt, weil und soweit er ja für diese schuldrechtlichen Pflichten nur mit dem übernommenen Gegenstand haftet. Die Zuziehung eines Ergänzungspflegers ist daher nicht nötig.

[75] BGHZ 17, 160, 168; 158, 1, 7 f.; BGH NJW 1977, 622, 623; 1992, 1503, 1504; *Ellenberger*, in: Palandt (o. Fn. 4), Einf. vor § 104 Rn. 3; *Wendtland*, in: Bamberger/Roth (o. Fn. 53), § 105 Rn. 1; *Baldus*, in: NK-BGB (o. Fn. 24), § 104 Rn. 39; *Schmitt*, in: Münch-Komm-BGB (o. Fn. 4), vor § 104 Rn. 6.

## V. Zusammenfassung

*1.* Bei der Schenkung einer vermieteten Eigentumswohnung gibt es bereits auf der schuldrechtlichen Ebene einen rechtlichen Nachteil für den Minderjährigen. Er verpflichtet sich nämlich, in die Mietverhältnisse ein- bzw. der Gemeinschaft der Wohnungseigentümer beizutreten.

*2.* Weil und soweit jedoch die Haftung des Minderjährigen auf das übernommene Vermögen beschränkt bleibt, gefährdet dieser rechtliche Nachteil den sonstigen Bestand des Vermögens des beschränkt Geschäftsfähigen nicht. Es hat damit mit dem allgemeinen Grundsatz sein Bewenden, dass eine Haftung, die auf das Geschenk beschränkt ist, keinen rechtlichen Nachteil begründet.

# Der „Taschengeldparagraph“ in Österreich – zivilrechtsdogmatische und rechtsvergleichende Überlegungen zu § 151 III ABGB

Martin Häublein

## I. Einleitung

*Detlef Leenen*, der sich mit dem deutschen sog. „Taschengeldparagraphen“[1] in einem für das dogmatische Verständnis dieser Norm ungemein erhellenden Beitrag beschäftigt hat, stellte seinen Überlegungen im Jahr 2000[2] den Hinweis voran, die Bezeichnung verniedliche angesichts der Kaufkraft Minderjähriger den Anwendungsbereich der Vorschrift.[3] Auch in Österreich handelt es sich um einen Markt beträchtlichen Umfangs, wird doch davon ausgegangen, dass Kinder und Jugendliche jährlich rund 400 Millionen Euro an Taschengeld erhalten.[4] Indes liegt in dieser diminutiven Wirkung keineswegs der Grund, warum das gebräuchliche Schlagwort hier in Anführungszeichen gesetzt wird. Vielmehr weckt der Begriff „Taschengeldparagraph“ falsche Assoziationen und verschleiert den Anwendungsbereich von § 151 III ABGB geradezu.[5] Die folgende Untersuchung wird diese Behauptung belegen. Zugleich legt sie die dogmatische Struktur der Norm offen und würdigt deren herrschende Interpretation kritisch. Ferner soll gezeigt werden, dass die Vorschrift im deutschen Recht kein Pendant findet, was schwerlich mit

[1] Er ist in § 110 BGB geregelt und lautet: „Ein von dem Minderjährigen ohne Zustimmung des gesetzlichen Vertreters geschlossener Vertrag gilt als von Anfang an wirksam, wenn der Minderjährige die vertragsmäßige Leistung mit Mitteln bewirkt, die ihm zu diesem Zweck oder zu freier Verfügung von dem Vertreter oder mit dessen Zustimmung von einem Dritten überlassen worden sind.“

[2] *Leenen*, FamRZ 2000, 863 ff.; ebenso *Knothe*, in: Staudinger, BGB (2012), § 110 Rn. 5 f. (m. umfangr. Überblick zum Meinungsstand); *Kalscheuer*, JURA 2011, 44, 46. In der Sache partiell ebenso zuvor bereits *Nierwetberg*, JURA 1984, 127. Weitere Nachw. bei *Leenen*, BGB Allg. Teil: Rechtsgeschäftslehre, 2011, § 9 Rn. 51.

[3] A.a.O. in Fn. 2. Man wird mehr als 10 Jahre später ohne weiteres davon ausgehen können, dass inzwischen in Deutschland ein zweistelliger Milliardenbetrag in Rede steht.

[4] So etwa das Institut für Sozialdienste Vorarlberg unter http://www.ifs.at/142.html (abgerufen am 4.1.2012).

[5] Zur Bezeichnung des § 110 BGB s. *Petersen*, JURA 2003, 97, 99: „missverständlich und verkürzend“.

einem fehlenden Regelungsbedürfnis erklärt werden kann. In seinem Lehrbuch bemerkt der *Jubilar* zu §§ 105 I, 104 Nr. 1 BGB, die Willenserklärungen von Kindern unter sieben Jahren pauschal für nichtig erklären, dies vermöge „praktischen Bedürfnissen vielfach nicht zu genügen. Es sollte zumindest möglich sein, dass ein Kind mit Zustimmung der Eltern Kleinigkeiten des täglichen Lebens erwirbt. Dies ist aber nur auf recht lebensfernen und konstruktiv aufwendigen Umwegen zu erreichen."[6] Die gewählte Materie lädt vor dem Hintergrund dieses Befundes also geradezu zu einem Rechtsvergleich ein. Auch *Detlef Leenen* hat immer wieder über die Grenzen der deutschen Rechtsordnung hinaus, insbesondere in die USA geblickt und mit Hilfe dieser Perspektive vor allem seine Vorlesungen bereichert. Aber nicht nur deswegen, sondern weil die Materie dem Hauptforschungsfeld des *Jubilars*, nämlich der Dogmatik der Rechtsgeschäftslehre, entnommen ist, eignen sich die folgenden Überlegungen in besonderer Weise für diesen Band.

Dabei wird – obwohl dies in den Augen mancher verpönt ist – bewusst eine fallbezogene Darstellung gewählt; denn das Denken im Anspruchsaufbau lag und liegt *Detlef Leenen* stets in besonderer Weise am Herzen. Rund drei Jahrzehnte haben Studierende der Freien Universität Berlin, darunter der *Verf.*, von akribisch ausgearbeiteten, bis in feinste Verästelungen des Fallaufbaus durchdachten Vorlesungsunterlagen profitiert. Folgerichtig beginnt das bereits erwähnte Lehrbuch zur Rechtsgeschäftslehre im Vorwort mit dem Hinweis, der Darstellung liege „als systematisches wie als didaktisches Konzept die gedankliche Ordnung des Gutachtens zugrunde."[7] Als Schüler bekenne ich offen, dass mich diese Herangehensweise nachhaltig geprägt hat. Wie *Petersen* gehöre ich zu denjenigen, die „Rechtsansichten und vermeintliche dogmatische Einsichten, die sich im Anspruchsaufbau und in der Gutachtenmethode nicht sinnvoll abbilden lassen, auch inhaltlich zumindest für zweifelhaft" oder für „wenigstens verdächtig" halten.[8] Das Denken im Anspruchsaufbau liefert einen validen Kontrollmaßstab für die innere Folgerichtigkeit juristischen Systemdenkens.[9]

Die beiden kurzen Fälle, die den Überlegungen in der Sache sogleich vorangestellt werden, sollen nun keineswegs einer gutachterlichen Lösung unterzogen werden. Sie verdeutlichen vielmehr in besonderer Weise unterschiedliche materiell-rechtliche Wertungen der benachbarten Rechtsordnungen und dienen damit in erster Linie der Veranschaulichung. An ihnen lässt sich aber auch exemplifizieren, dass es sich zur Vermeidung von Fehlern bei der

[6] *Leenen*, BGB Allg. Teil: Rechtsgeschäftslehre, 2011, § 6 Rn. 79.

[7] *Leenen*, BGB Allg. Teil: Rechtsgeschäftslehre, 2011, S. V.

[8] S. *Petersen*, Festschrift Medicus, 2009, S. 295, 297; hierzu auch *Leenen*, Jura 1991, 393, 395.

[9] Vgl. *Petersen*, ebenda. Zum Nutzen einer falllösungsbezogenen Juristenausbildung äußerst pointiert und überzeugend *Canaris*, Festschrift Medicus, 1999, S. 25, 26 ff. m.w.N.

Rechtsanwendung empfiehlt, ganz im Sinne des *Jubilars* zwischen den Kategorien von Tatbestand und Wirksamkeit sowie zwischen Willenserklärung und Rechtsgeschäft zu unterscheiden.[10]

*Im* ersten Fall *bekommt ein Sechsjähriger ein Sammelalbum für Klebebilder geschenkt. Da ihm die Familie immer wieder Päckchen mit Bildern schenkt, besitzt er etliche doppelt. Er geht deswegen mit Einwilligung seiner Eltern zu einer Tauschbörse und tauscht dort Duplikate ein. Manche verkauft er auch zum Ladenpreis von 0,15 €. Wie steht es um die Wirksamkeit der Geschäfte?*
*Im* zweiten Fall *möchte eine 16-Jährige ein bestimmtes Kleidungsstück erwerben. Da die Eltern ihr das erforderliche Geld verweigern, nimmt sie heimlich 50 € aus der Geldbörse der Mutter. Als sie mit dem neuen „Fummel" nach Hause kommt, fliegt das Ganze auf. Können die Eltern gegen Rückgabe der Sache namens ihres Kindes das Geld zurückverlangen?*

Auf den ersten Blick wird deutlich, dass beide Sachverhalte mit Taschengeld i.e.S. ebenso wenig zu tun haben wie mit § 110 BGB; denn im ersten Fall sind die Erklärungen des Jungen nichtig, weshalb bereits der Vertragsschluss scheitert, und im zweiten wird nicht mit überlassenen Mitteln i.S.v. § 110 BGB erfüllt. Wie aber sieht es mit § 151 III ABGB aus?

## II. Wortlaut und systematische Einbettung des § 151 III ABGB

Obwohl sich die meisten modernen Darstellungen und der universitäre Unterricht in Österreich – wie das BGB – am Pandektensystem orientieren, folgt das in diesem Punkt seit 1812 unveränderte ABGB dem Institutionensystem des römischen Juristen *Gaius* und gliedert die Materie in „Personenrechte" (Ersterer Teil; §§ 15–284h ABGB), „Sachenrechte" (Zweiter Teil; §§ 285–1341 ABGB) und „gemeinschaftliche Bestimmungen der Personen- und Sachenrechte" (Dritter Teil; §§ 1342–1502 ABGB). Die Vorschrift, die den Gegenstand dieser Untersuchung bildet, steht demnach im Teil über Personenrechte, und dort im Dritten Hauptstück, das sich mit „den Rechten zwischen Eltern und Kindern" befasst. § 151 ABGB lautet:

*„(1) Ein minderjähriges Kind kann ohne ausdrückliche oder stillschweigende Einwilligung seines gesetzlichen Vertreters rechtsgeschäftlich weder verfügen noch sich verpflichten.*
*(2) Nach erreichter Mündigkeit kann es jedoch über Sachen, die ihm zur freien Verfügung überlassen worden sind, und über sein Einkommen aus*

[10] Hierzu *Leenen* (o. Fn. 6), § 4 Rn. 101 ff. (S. 52 ff.) und passim; *ders.*, Festschrift Canaris, 2007, Bd. I, S. 699.

*eigenem Erwerb so weit verfügen und sich verpflichten, als dadurch nicht die Befriedigung seiner Lebensbedürfnisse gefährdet wird.*
*(3) Schließt ein minderjähriges Kind ein Rechtsgeschäft, das von Minderjährigen seines Alters üblicherweise geschlossen wird und eine geringfügige Angelegenheit des täglichen Lebens betrifft, so wird dieses Rechtsgeschäft, auch wenn die Voraussetzungen des Abs. 2 nicht vorliegen, mit der Erfüllung der das Kind treffenden Pflichten rückwirkend rechtswirksam.*"

§ 21 ABGB ergänzt die Norm: Im zweiten Absatz werden Minderjährige als Personen definiert, die das achtzehnte Lebensjahr noch nicht vollendet haben; haben sie das vierzehnte Lebensjahr noch nicht vollendet, nennt sie das Gesetz unmündig. Der erste Absatz hingegen prägt zumindest das teleologische „Umfeld" des § 151 III ABGB wesentlich dadurch, dass er ausdrücklich den besonderen Schutz Minderjähriger anordnet. Personen, die noch nicht volljährig sind, sind nicht voll geschäftsfähig und bleiben von negativen Folgen rechtsgeschäftlichen Handelns weitestgehend verschont. Da man Minderjährigen ihr genaues Alter oft nicht ansieht, kann sich der Rechtsverkehr nur beschränkt auf die mit diesem Schutz verbundenen Risiken (Unwirksamkeit von Geschäften, Rückabwicklung) einstellen. Alterskontrollen wären oft zu aufwendig und behinderten den Verkehr mehr als die gelegentliche Rückabwicklung voraussichtlich kostet. In beiden Rechtsordnungen werden die damit verbundenen Risiken im Ausgangspunkt dem Vertragspartner des Minderjährigen zugewiesen. Es wird sich aber zeigen, dass der Schutz des Rechtsverkehrs in Österreich ebenfalls Niederschlag im Gesetz gefunden hat, und zwar in Form des „Taschengeldparagraphen" (s.u. III.).

Ungeachtet der systematischen Zuordnung der Regelung zum „Personenrecht" gehört der „Taschengeldparagraph" unbestritten in den Bereich der Rechtsgeschäftslehre, deren Grundsätze überwiegend in den §§ 859 ff. ABGB niedergelegt sind. Erst wenn man diese Vorschriften, genauer gesagt § 865 S. 1 ABGB,[11] hinzunimmt, erschließt sich die in § 151 I ABGB getroffene Anordnung. § 865 ABGB lautet (Hervorhebungen v. *Verf.*):

„Kinder unter sieben Jahren *und Personen über sieben Jahre, die den Gebrauch der Vernunft nicht haben,* sind – *außer in den Fällen des § 151 III* – unfähig, ein Versprechen zu machen oder es anzunehmen. *Andere*

[11] Gesetzessystematisch gehört diese Norm zum Bereich der „persönlichen Sachenrechte" (Zweite Abteilung des Zweiten Teils des ABGB). Hier findet man im Siebzehnten Hauptstück, das „Von Verträgen und Rechtsgeschäften überhaupt" handelt, wesentliche Bestimmungen zur Rechtsgeschäftslehre, der auch die in § 151 ABGB enthaltenen Regelungen zuzuordnen sind. Das ist nicht nur für Studierende einigermaßen verwirrend, zumal die §§ 859 ff. ABGB jedenfalls teilweise der Sache nach ebenso Gültigkeit für dingliche Geschäfte beanspruchen und § 865 ABGB nicht nur die „Erfordernisse eines gültigen Vertrages" regelt, sondern für Rechtsgeschäfte schlechthin.

*Minderjährige oder Personen, denen ein Sachwalter bestellt ist, können zwar ein bloß zu ihrem Vorteil gemachtes Versprechen annehmen; wenn sie aber eine damit verknüpfte Last übernehmen oder selbst etwas versprechen, hängt – außer in den Fällen des § 151 III und des § 280 II – die Gültigkeit des Vertrages nach den in dem dritten und vierten Hauptstück des ersten Teiles gegebenen Vorschriften in der Regel von der Einwilligung des Vertreters oder zugleich des Gerichtes ab. Bis diese Einwilligung erfolgt, kann der andere Teil nicht zurücktreten, aber eine angemessene Frist zur Erklärung verlangen.“*

§ 865 S. 1 ABGB schränkt die *e contrario* aus § 151 I ABGB folgende Handlungsmöglichkeit mit Zustimmung gesetzlicher Vertreter ein, indem er den *Grundsatz der Geschäftsunfähigkeit von Kindern unter sieben Jahren* postuliert (s. auch § 102 I EheG). Deren Willenserklärungen sind grundsätzlich nichtig.[12] Selbst eine Einwilligung des gesetzlichen Vertreters gem. § 151 I ABGB vermag an der fehlenden rechtsgeschäftlichen Handlungsfähigkeit des Kindes nichts zu ändern,[13] weshalb etwa die Zustimmung der Eltern im ersten Beispielsfall keinen Einfluss auf die Wirksamkeit der im eigenen Namen abgegebenen Willenserklärungen des Kindes hat. Diesen im ABGB angelegten Unterschied bildet die vom *Jubilar* vertretene Differenzierung zwischen Rechtsfolgen, die auf der Ebene der Willenserklärung ansetzen, und solchen, die das Rechtsgeschäft betreffen, mustergültig ab.[14] Da geschäftsunfähige Minderjährige grundsätzlich, d.h. vorbehaltlich des § 151 III ABGB, keine wirksame Willenserklärung abgeben können, gibt es auch keinen Rechtsgeschäftstatbestand, dem die Eltern des Kindes zustimmen könnten.[15] Dieses Denken wird, so jedenfalls die Erfahrung des *Verf.*, von Studierenden (und nicht nur von diesen) in aller Regel leichter verstanden als das Argumentieren mit unterschiedlichen, das Rechtsgeschäft betreffenden Rechtsfolgen, wie absoluter Nichtigkeit u. dgl.

[12] S. vorerst nur *P. Bydlinski*, Bürgerliches Recht – Allg. Teil, 5. Aufl. 2010, Rn. 2/20; näher Fn. 15.

[13] OGH RdA 1996, 224, 225; *Stabentheiner*, in: Rummel, ABGB, 3. Aufl. 2000, § 151 Rn. 1; *Gitschthaler*, ÖJZ 2004, 81.

[14] Hierzu *Leenen* (o. Fn. 6), § 6 Rn. 76 ff. (zur Nichtigkeit von Willenserklärungen Geschäftsunfähiger), Rn. 123 ff. (zur Wirksamkeit von Willenserklärungen beschränkt Geschäftsfähiger) und § 8 Rn. 17 ff. (zur Wirksamkeit von Rechtsgeschäften beschränkt Geschäftsfähiger).

[15] Zutr. spricht *P. Bydlinski* (o. Fn. 12) von der Nichtigkeit der Willenserklärung. Anders *Barta*, Zivilrecht I, 2. Aufl. 2004, S. 202; *Nademleinsky*, in: Schwimann/Kodek, ABGB, 4. Aufl. 2011, § 151 Rn. 4: Nichtigkeit des Rechtsgeschäfts; ebenso *Welser*, VersRdSch 1973, 146, 148 f., der von einem „absolut nichtigen“ Geschäft spricht.

## III. Historischer Gesetzeszweck

### *1. Von der Regierungsvorlage über den Justizausschuss zur endgültigen Gesetzesfassung*

§ 151 III ABGB trat mit anderen die Geschäftsfähigkeit betreffenden Änderungen im Rahmen des Volljährigkeitsgesetzes zum 1. Juli 1973 in Kraft.[16] Die Entstehungsgeschichte ist nicht nur für das Verständnis der Vorschrift aufschlussreich, sondern erhellt zugleich deren Bezeichnung als „Taschengeldparagraph".

Ihre endgültige Fassung erlangte die Norm erst im Justizausschuss, während sie in der Regierungsvorlage noch folgendermaßen lautete: „Auch wenn die Voraussetzungen des Abs. 2 nicht vorliegen, werden die von minderjährigen ehelichen Kindern bestimmter Altersgruppen üblicherweise geschlossenen Rechtsgeschäfte, die entweder geringfügige Angelegenheiten des täglichen Lebens betreffen *oder deren Erfüllung mit Geld bewirkt wird, das dem Kind zu diesem Zweck oder zur freien Verfügung überlassen worden ist,* mit der Erfüllung der das Kind treffenden Pflichten rückwirkend wirksam."[17] Die hervorgehobene, letztlich nicht Gesetz gewordene Modalität ist mit dem in den Erwägungen angeführten § 110 BGB nahezu wortgleich und nimmt der Sache nach Bezug auf das Bewirken der Leistung mit dem zur freien Verfügung überlassenen Taschengeld.

Der Justizausschuss strich diese Variante dann, was er mit verbessertem Verkehrsschutz begründete. Wörtlich heißt es:[18] „Schließt jemand mit einem Minderjährigen einen Vertrag, so soll er nur prüfen müssen, ob der Vertrag für seinen Kontrahenten alterstypisch ist und eine geringfügige Angelegenheit des täglichen Lebens betrifft. Eine darüber hinausgehende Prüfung der Herkunft der Mittel, über die das Kind verfügt, ist dem Vertragspartner nicht zumutbar." Mit dem bereits in der Regierungsvorlage hervorgehobenen Ziel deckt sich das insoweit, als die Erläuternden Bemerkungen[19] zu § 151 III ABGB mit dem Satz beginnen: „Im Dienst eines verbesserten Verkehrsschutzes soll die beschränkte Geschäftsfähigkeit der Minderjährigen bestimmter Altersgruppen beweglicher gestaltet und dabei gleichzeitig der tatsächlichen Rechtsübung eine sichere Grundlage gegeben werden". Es folgt der Hinweis, die für die Wirksamkeit eines Geschäfts beschränkt geschäftsfähiger Minderjähriger relevanten Umstände seien für den Vertragspartner kaum feststellbar. Dieser solle daher künftig nicht mehr mit dem Wagnis

[16] S. hierzu etwa *F. Bydlinski*, Der Wirtschaftstreuhänder 1973, 10.

[17] S. die Erläuternden Bemerkungen (EB) zur Regierungsvorlage (RV), 93 BlgNR 13. GP, S. 1 (Herv. v. *Verf.*).

[18] Ausschussbericht (AB), 645 BlgNR 13. GP, S. 3.

[19] S. EBzRV 93 BlgNR 13. GP, S. 15.

eines unwirksamen Geschäfts belastet sein, was durch das verstärkte Anknüpfen an Merkmale erreicht werde, die „für den Vertragspartner bekannt und klar beurteilbar sind.“[20] Den Schutz der Minderjährigen vor ungebührlichen Belastungen sieht der Gesetzgeber durch die weiteren Tatbestandsvoraussetzungen gewährleistet, die einerseits für eine Beschränkung auf Angelegenheiten mit einem wirtschaftlich geringfügigen Umfang sorgen und andererseits verhindern, dass der Minderjährige eine Verbindlichkeit eingeht.

Allerdings bildete der Verkehrsschutz nur einen Begründungsstrang des ursprünglichen Entwurfes. Dieser wollte außerdem, was bereits das vorstehende[21] Zitat belegt, die Geschäftsfähigkeit Minderjähriger beweglicher gestalten und ausdrücklich auch Unmündigen, einschließlich Kindern unter 7 Jahren, die Möglichkeit einräumen, mit ihrem Taschengeld Geschäfte zu schließen. Dabei wurde der Konflikt mit dem Verkehrsschutzziel erkannt, aber für hinnehmbar erachtet, weil Geschäftspartner jenseits altersüblicher Geschäfte geringfügigen Umfangs „vorsichtig sein und sich bewusst sein müssen, bezüglich der Geschäftsfähigkeit ein Wagnis einzugehen.“[22] Diese Einschätzung teilte der Justizausschuss, wie bereits dargelegt wurde,[23] nicht und strich die eigentliche Taschengeld-Modalität (Erfüllung mit Mitteln, die zur freien Verfügung überlassen wurden) aus dem Gesetzeswortlaut. Gleichwohl wird § 151 III ABGB bis heute als „Taschengeldparagraph“ bezeichnet,[24] was zum einen daran liegen dürfte, dass es sich bei den Mitteln, mit denen die vertragsgemäße Leistung bewirkt wird, in der Praxis oft tatsächlich um das Taschengeld der Minderjährigen handelt,[25] und zum anderen an dem für Taschengeld typischen geringfügigen Umfang der erfassten Geschäfte.[26]

### 2. *Fazit zum historischen Normzweck und Schlussfolgerungen*

Die für das Weitere relevanten Überlegungen zum historischen Zweck des § 151 III ABGB lassen sich wie folgt zusammenfassen: Die Vorschrift soll in erster Linie dem Schutz der Geschäftspartner Minderjähriger dienen. Hinge-

[20] Ebenda.

[21] S. das Zitat bei Fn. 19.

[22] EBzRV 93 BlgNR 13. GP, S. 16.

[23] S.o. bei Fn. 18.

[24] S. etwa *Hopf*, in: Koziol/Bydlinski/Bollenberger, ABGB, 3. Aufl. 2010, § 151 Rn. 5; *Nademleinsky* (o. Fn. 15), § 151 Rn. 15 (in der Überschrift).

[25] Zwar erhalten Kinder, die das siebte Lebensjahr nicht vollendet haben, meist kein oder nur ein sehr geringes Taschengeld (einschlägigen Empfehlungen nach bei Sechsjährigen max. 0,50–1 €/Woche). Jedoch ist der Anwendungsbereich des § 151 III ABGB keineswegs auf Geschäftsunfähige beschränkt; näher hierzu sub IV.1.

[26] Infolge dessen wird in Bezug auf § 280 II ABGB und § 105a BGB, die – verallgemeinernd gesprochen – ebenfalls geringwertige Geschäfte des täglichen Lebens zum Gegenstand haben, vom „Taschengeldparagraphen für Erwachsene“ gesprochen; s. *Spickhoff*, ZfRB 2008, 33, 36; ähnlich *Stabentheiner* (o. Fn. 13), § 273a Rn. 3.

gen rückt die in der Literatur[27] vertretene These, § 151 III ABGB verfolge den Zweck, Minderjährigen eine eingeschränkte Teilnahme am Rechtsverkehr zu ermöglichen, um ihre vorhandenen Fähigkeiten zu stärken, jedenfalls historisch betrachtet zu Unrecht das Interesse der Minderjährigen in den Mittelpunkt. Aus der Warte des Minderjährigenschutzes (s. § 21 I ABGB und dazu oben II.) handelt es sich um eine bemerkenswerte Vorschrift mit Ausnahmecharakter, die den Rechtsverkehr vor (schwebend) unwirksamen Geschäften bzw. unwirksamen Willenserklärungen schützt. Der durch die gleichlautende Bezeichnung als „Taschengeldparagraph" naheliegende Schluss, § 151 III ABGB entspreche § 110 BGB,[28] erweist sich damit als unhaltbare Vereinfachung. Gleiches gilt für eine Gleichsetzung des Normzwecks von § 151 III ABGB mit dem des § 105a BGB,[29] der primär die Rechtsstellung der volljährigen Geschäftsunfähigen verbessern, deren soziale Emanzipation fördern und ihre Fähigkeit zu rechtsgeschäftlichem Handeln stärken soll.[30]

Obwohl der Gesetzgeber also im Ergebnis die mit § 151 III ABGB notwendig verbundene Erweiterung der Befugnisse Minderjähriger letztlich den Belangen des Verkehrsschutzes unterordnete, zeigen die Erläuternden Bemerkungen der Regierungsvorlage aber doch, dass es sich bei dieser Erweiterung der Geschäftsfähigkeit um mehr als einen bloßen Reflex des primären Normzwecks handelt. Da eine Vorschrift durchaus mehrere Zwecke verfolgen kann,[31] spricht nichts dagegen, hierin einen weiteren Zweck des § 151 III ABGB zu sehen. Kommt es allerdings zu einem Konflikt der verschiedenen Normzwecke, muss der Nebenzweck – zumindest im Rahmen der historisch-teleologischen Auslegung – hinter den Hauptzweck zurücktreten. Dem entspricht es, wenn die h.M. die Tatbestandsmerkmale der Altersüblichkeit und Geringfügigkeit objektiv, nach einem auch für den Geschäftspartner erkennbaren Maßstab auslegt.[32] Stünde hingegen die Erweiterung der Befugnisse der Minderjährigen bei gleichzeitiger Wahrung ihrer schutzwürdigen Belange im Mittelpunkt, läge es näher, auf die konkreten Lebensverhältnisse des Minderjährigen abzustellen.

[27] S. *Adena*, Rechtsgeschäfte des täglichen Lebens in Deutschland und Österreich, 2009, S. 99.

[28] So etwa – ohne nähere Begründung – *Stefula*, ÖJZ 2002, 826, 839.

[29] So aber – ohne sorgfältige Analyse der Entstehungsgeschichte – explizit *Adena* (o. Fn. 27), S. 138.

[30] Vgl. *Schmitt*, in: MünchKomm-BGB, 6. Aufl. 2012, § 105a Rn. 1; ausf. *Knothe* (o. Fn. 2), § 105a Rn. 1 mit Hinweis auf ZAG-DiskEntw.

[31] *Leenen* (o. Fn. 6), § 23 Rn. 49 ff.

[32] Vgl. *Hopf* (o. Fn. 24), § 151 Rn. 5; *Thunhart*, in: Klang, ABGB, 3. Aufl. 2008, § 151 Rn. 36.

## IV. Anwendungsbereich und dogmatische Einordnung des § 151 III ABGB

### 1. *Die unterschiedlichen Funktionen der Norm im Rahmen des Minderjährigenrechts*

Es ist unbestritten[33] und entspricht der Regelungsintention,[34] § 151 III ABGB nicht nur auf geschäftsunfähige Kinder, sondern auf Rechtsgeschäfte Minderjähriger schlechthin anzuwenden. Daher erlangt die Norm in beiden eingangs gebildeten Fällen Relevanz. *Rechtsdogmatisch* betrachtet geht es aber um *unterschiedliche Probleme*, was besonders deutlich wird, wenn man sich den Prüfungsstandort der Norm im Rahmen der Falllösung vergegenwärtigt. Im zweiten Sachverhalt (s.o. I.) stammt die Vertragserklärung von einer mündigen Minderjährigen, d.h. von einer beschränkt geschäftsfähigen Person. Nach den Wertungen der §§ 151, 865 ABGB können solche – anders als Geschäftsunfähige – wirksame Willenserklärungen abgeben; allein die Wirksamkeit des geschlossenen Geschäfts hängt von weiteren Umständen ab. Dieses Konzept ist vor dem Hintergrund des Minderjährigenschutzes durchaus überzeugend, was der *Jubilar* für das insoweit gleichgelagerte deutsche Recht herausgearbeitet hat.[35] Minderjährige müssen nicht davor geschützt werden, dass ihr rechtsgeschäftliches Handeln Verträge zustande bringt, sofern deren Wirksamkeit und damit die rechtliche Bindung in der Schwebe bleibt bzw. von weiteren Faktoren abhängt, die auf die schutzwürdigen Belange Heranwachsender Rücksicht nehmen. Rechtsdogmatisch tritt § 151 III ABGB damit als alternative Wirksamkeitsvoraussetzung für das Rechtsgeschäft neben andere Tatbestände, wie die Einwilligung des gesetzlichen Vertreters (§ 151 I ABGB), die bloße Vorteilhaftigkeit des Geschäfts (§ 865 S. 2 ABGB) oder die Beschränkung der Verpflichtung auf zur freien Verfügung überlassene Sachen bzw. eigenes Erwerbseinkommen (§ 151 II ABGB).

Gänzlich anders stellt sich die Situation bei geschäftsunfähigen Kindern dar. Deren Willenserklärungen sind gem. § 865 S. 1 ABGB nichtig (s. II.). Im eingangs gebildeten ersten Beispielsfall bedarf es des Rekurses auf § 151 III ABGB daher bereits *für das Zustandekommen des Vertrags*, weil ohne wirksame Willenserklärung kein Vertragstatbestand entsteht.[36] Zivilrechtsdogma-

[33] S. *P. Bydlinski* (o. Fn. 12), Rn. 2/22; *Hopf* (o. Fn. 24), § 151 Rn. 5; *Nademleinsky* (o. Fn. 15), § 151 Rn. 15; *Stabentheiner* (o. Fn. 13), § 151 Rn. 9.

[34] S. EBzRV 93 BlgNR 13. GP, S. 16 (re. Spalte), wo es ausdrücklich heißt, § 151 III ABGB habe vor allem für Unmündige Bedeutung, könne aber ebenso für mündige Minderjährige relevant werden.

[35] *Leenen* (o. Fn. 6), § 6 Rn. 126. Zuvor bereits *ders.*, AcP 188 (1988), S. 381, 388.

[36] Dies übergeht im Rahmen der Falllösung *P. Bydlinski*, in: Apathy u.a., Bürgerl. R. – Prüfungstraining, 3. Aufl. 2010, Fall 3 (S. 4), mit der Feststellung, Willenseinigung sei in derartigen Fällen erzielt. Die Einigung setzt einen Bezugspunkt voraus. Fehlt die wirksame Willenserklärung, erübrigt sich die Suche nach dem Konsens.

tisch handelt es sich insoweit keineswegs bloß um eine Ergänzung der §§ 151 I, II, 865 S. 2 ABGB, sondern um eine Durchbrechung der Regel des § 865 S. 1 ABGB, was § 151 III ABGB auch deutlich macht. Neben der Wirksamkeit der Willenserklärung folgt aus der Norm aber (wie bei Minderjährigen, die älter als 6 Jahre sind) zugleich die des Vertrags, sofern die vom Minderjährigen versprochene Leistung erbracht wurde. Allerdings wäre es nicht überzeugend, die Wirksamkeit der Erklärung und damit das Zustandekommen des Geschäfts von der Erfüllung abhängig zu machen. Vorzugswürdig ist es vielmehr, eine wirksame Willenserklärung des Geschäftsunfähigen und damit einen bis zur Erfüllung schwebend unwirksamen Vertrag anzunehmen, wenn die Erklärung auf den Abschluss eines altersüblichen Geschäfts, das eine geringfügige Angelegenheit des täglichen Lebens betrifft, gerichtet ist. Allein der durch die korrespondierende Erklärung des Vertragspartners zustande gekommene Vertrag hängt in seiner Wirksamkeit von der Erfüllung ab. Im Ergebnis können die verschiedenen Tatbestandsmerkmale des § 151 III ABGB also – je nach Alter des Minderjährigen – zivilrechtsdogmatisch unterschiedliche Bedeutung haben.

### 2. *Anwendbarkeit des § 151 III ABGB auf sonstige geschäftsunfähige Personen*

§ 865 S. 1 ABGB wird teilweise dahin verstanden, der dort in Parenthese niedergelegte Vorbehalt zugunsten der Fälle des § 151 III ABGB erstrecke die Norm auf Personen, die den Gebrauch der Vernunft nicht haben.[37] Auf diese durchaus verbreitete Ansicht ist hier nur am Rande einzugehen. § 151 III ABGB erfasst unmittelbar eindeutig nur Rechtsgeschäfte Minderjähriger und dem Einschub in § 865 S. 1 ABGB kann seinem Wortlaut nach schwerlich mehr entnommen werden als eine Klarstellung ohne eigenen Regelungsgehalt. Letzteren aus der systematischen Stellung des Vorbehalts innerhalb des § 865 S. 1 ABGB herzuleiten erscheint ebenfalls gewagt. Außerdem lässt sich das Tatbestandsmerkmal der Altersüblichkeit in § 151 III ABGB kaum sinnvoll auf geschäftsunfähige Erwachsene anwenden.[38]

Der Grund für die Erstreckung des § 151 III ABGB dürfte in dem Regelungsbedürfnis zu suchen sein, das § 105a BGB in Deutschland seit dem Jahre 2002 befriedigt. Das ABGB enthielt bis 1984 keine vergleichbare Regelung für geschäftsunfähige Erwachsene und begnügt sich seit dem mit einer

[37] S. *Adena* (o. Fn. 27), S. 95 f.; *F. Bydlinski* (o. Fn. 16); *Kletečka*, in: Koziol/Welser, Grundriss des Bürgerlichen Rechts, Bd. I, 13. Aufl. 2006, S. 59; *Welser*, VersRdSch 1973, 146, 155.

[38] Das konzediert etwa auch *Adena* (o. Fn. 27), S. 111 f., sieht darin aber kein Argument gegen die unmittelbare (!) Anwendung des § 151 III ABGB auf Personen, die den Gebrauch der Vernunft nicht haben.

Norm, die ihrem Wortlaut nach nur Personen betrifft, für die ein Sachwalter bestellt wurde (s. § 280 II ABGB, der 2006 den insoweit inhaltlich übereinstimmenden § 273a II ABGB a.F. ablöste). Ausgehend von der *lex scripta* können also nur geschäftsunfähige Kinder und behinderte Personen, für die ein Sachwalter bestellt worden ist, geringfügige Angelegenheiten des täglichen Lebens eigenverantwortlich rechtsgeschäftlich regeln, nicht aber sonstige Personen, denen i.S.v. § 865 S. 1 ABGB der Gebrauch der Vernunft fehlt. Das ist rechtspolitisch nicht überzeugend und widerspricht dem gesetzesimmanenten Regelungsplan. Weder das Selbstbestimmungsrecht Behinderter noch die Rechtssicherheitsinteressen potentieller Geschäftspartner lassen es gerechtfertigt erscheinen, die Wirksamkeit der Erklärung davon abhängig zu machen, ob ein Sachwalter bestellt wurde. Diese planwidrige Unvollständigkeit ist durch entsprechende Anwendung des § 280 II ABGB zu schließen. Die Vorschrift erfasst in ihrem unmittelbaren Anwendungsbereich sowohl Personen, deren Geschäftsfähigkeit erst durch die Sachwalterbestellung beschränkt wird (§ 280 I ABGB), als auch Personen, deren geistige Behinderung per se zur Geschäftsunfähigkeit führt, sofern ihnen ein Sachwalter zur Seite gestellt worden ist. Über den Wortlaut der Vorschrift hinaus ist die Willenserklärung eines Geschäftsunfähigen, die auf Abschluss eines Geschäfts gerichtet ist, das eine geringfügige Angelegenheit des täglichen Lebens betrifft, selbst dann als wirksam anzusehen, wenn es an einem Sachwalter fehlt. Ob früher, d.h. vor Inkrafttreten des § 273a II ABGB a.F., ein ähnliches Ergebnis durch entsprechende Anwendung des § 151 III ABGB erreicht werden konnte,[39] braucht ebenso wenig vertieft zu werden wie die Möglichkeit einer Gesamtanalogie zu den §§ 151 III, 280 II ABGB.[40] Der unmittelbare Anwendungsbereich von § 151 III ABGB beschränkt sich richtiger Ansicht nach jedenfalls auf Minderjährige.[41]

### 3. *Analoge Anwendung der Vorschrift auf Schenkungen an Minderjährige*

Vom Wortlaut des § 151 III ABGB werden Verträge nicht erfasst, die keine Gegenleistung des Minderjährigen vorsehen. Während etwa Schenkungen an beschränkt Geschäftsfähige über § 865 S. 2 ABGB Wirksamkeit erlangen

[39] S. etwa den Hinw. bei *F. Bydlinski* (o. Fn. 16) auf die Verweisung in der Entmündigungsordnung. Zur Ablösung der Entmündigung durch die Sachwalterschaft s. *Faistenberger/Barta/Oberhofer*, in: Gschnitzer, Allg. Teil, 2. Aufl. 1992, S. 244 f.

[40] Zur Gesamtanalogie (auch als Rechtsanalogie bezeichnet; so *Leenen* [o. Fn. 6] § 23 Rn. 87) s. *Kramer*, Jur. Methodenlehre, 3. Aufl. 2010, S. 197 f.; *Larenz*, Methodenlehre der Rechtswissenschaft, 6. Aufl. 1991, S. 383 ff.

[41] Ebenso *Rummel*, in: Rummel, ABGB, 3. Aufl. 2000, § 865 Rn. 2 f.; *Kremzow*, Österreichisches Sachwalterrecht, 1984, S. 151.

können, sofern mit ihnen keine Nachteile verbunden sind,[42] ist dieser Weg für geschäftsunfähige Kinder versperrt. Um bei der Übergabe eines Geburtstagsgeschenks an ein solches Kind nicht die deutschen Juristen bestens bekannten, äußerst gekünstelten Boten-Lösungen bemühen zu müssen,[43] zieht man in Österreich aus § 151 III ABGB teils einen Größenschluss und wendet ihn analog an: Wenn der Minderjährige bereits altersübliche Geschäfte geringfügigen Umfangs gegen Entgelt vornehmen kann, dann müsse dies erst recht für unentgeltliche Geschäfte gelten.[44] Diese auf den ersten Blick einleuchtende Argumentation ist bei genauerem Hinschauen nicht unproblematisch.[45]

Die Überzeugungskraft eines Größenschlusses steht und fällt mit den Prämissen, auf denen er aufbaut, worauf *Detlef Leenen* in seinem Lehrbuch eindringlich hinweist.[46] Eine solche – von den Vertretern der h.M. meist unausgesprochene – Prämisse betrifft den Zweck des § 151 III ABGB, der für die analoge Anwendung den Dreh- und Angelpunkt bildet. Wie oben dargelegt stand bei der Schaffung der Norm der Verkehrsschutz im Mittelpunkt der gesetzgeberischen Intentionen. Sieht man hierin den alleinigen Zweck, spricht auf einmal nichts mehr für einen Erst-Recht-Schluss; denn anders als der Partner eines entgeltlichen Geschäfts bedarf der Schenker regelmäßig keines Schutzes vor der ihm verborgen gebliebenen Geschäftsunfähigkeit des Minderjährigen. Ausgehend von diesem historischen Primärzweck der Vorschrift handelt es sich keineswegs um wertungsmäßig gleichgelagerte Sachverhalte.

Ganz anders liegen die Dinge, wenn man einen weiteren Zweck des § 151 III ABGB in der Erweiterung der rechtsgeschäftlichen Handlungsbefugnisse Minderjähriger sieht. Das tut die h.M. der Sache nach, widmet sich dem hier aufgezeigten Problem der teleologischen Rechtfertigung dabei aber

[42] Einem vorteilhaften Geschäft i.S.d. § 865 S. 2 ABGB können nach verbreiteter Ansicht bereits damit verbundene wirtschaftliche Belastungen entgegenstehen; ausf. *Dullinger*, ÖJZ 1987, 33, 35 ff. m. Hinw. auf OGH SZ 54/20 (S. 104 ff.; zur Schenkung von Reitpferden). In Deutschland stellt die h.M. demgegenüber allein auf Rechtsnachteile ab; s. etwa den Beitrag von *Hager* in diesem Band S. 52 unter IV. 1. C). Nach BGHZ 161, 170 (Rn. 18 ff.) sind etwa öff. Lasten eines Grundstücks kein relevanter Rechtsnachteil i.S.v. § 107 BGB.

[43] *Welser*, VersRdSch 1973, 146, 153 Fn. 15a spricht zu Recht von einer „Hilfslösung", die bei einer vernünftigen gesetzlichen Regelung unnötig wäre.

[44] So etwa *Adena* (o. Fn. 27), S. 107 f.; *P. Bydlinski* (o. Fn. 12), Rn. 2/21; *Gitschthaler*, ÖJZ 2004, 81, 82; *Rummel* (o. Fn. 41), § 865 Rn. 2; *Welser* (o. Fn. 43), S. 153. Ebenso *Barta* (o. Fn. 15), der darauf hinweist, die Gegenansicht könne für ihre Position keine ernsthaften Gründe anführen. Das trifft so nicht zu, wie die Ausführungen zum Normzweck (dazu sogleich im Text) verdeutlichen.

[45] Vorsichtig formuliert daher etwa *Kletečka* (o. Fn. 37), S. 55: eine analoge Anwendung sei *wohl* zulässig.

[46] S.o. Fn. 6 § 23 Rn. 131.

nicht. Oben (sub III. 2.) ist nachgewiesen worden, dass bereits subjektiv-teleologische Argumente die Annahme der h.M. stützen können. Ferner streiten objektiv-teleologische[47] Überlegungen für die Sicht der h.M. Bevor § 151 III ABGB in Kraft trat, bot das ABGB nur bedingt die Möglichkeit, unmündige Minderjährige an den Umgang mit dem eigenen Geld zu gewöhnen. Anders als § 110 BGB gewährt § 151 II ABGB nämlich die Fähigkeit, durch die zur freien Verfügung überlassenen Mittel wirksame Verträge einzugehen, erst nach Vollendung des 14. Lebensjahres. Das wurde im Schrifttum[48] kritisiert und um diesen Zustand zu beseitigen, war in der Regierungsvorlage die sub II. erwähnte, an § 110 BGB orientierte Variante enthalten.[49] Zwar ließe sich die Überlassung der Mittel als konkludente Einwilligung in den Abschluss von Verpflichtungsgeschäften deuten, wie es die (noch) h.M. zu § 110 BGB tut, weshalb man meinen könnte, die Rechtsfolgen des § 110 BGB ließen sich auch mit Hilfe des § 151 I ABGB erzielen. Jedoch hat *Detlef Leenen* in seinem eingangs zitierten Beitrag überzeugend die Unterschiede zwischen der Zustimmungslösung und der Technik des § 110 BGB, die § 151 III ABGB aufgreift, herausgearbeitet. Den Erfüllungsvorbehalt, der einen Anspruch gegen den Minderjährigen ausschließt, kann die Zustimmungslösung konstruktiv nicht recht abbilden, weil dies auf die Einwilligung in ein „entpflichtetes Verpflichtungsgeschäft“ hinaus liefe.[50] Hinzu kommt, dass der tatsächliche Umfang einer in der Mittelüberlassung liegenden Genehmigung jeweils im Einzelfall ermittelt werden müsste, was ganz und gar unbefriedigend wäre und darüber hinaus eine Verpflichtung des Kindes besorgen ließe. Demgegenüber ermöglicht es § 151 III ABGB, den Minderjährigen durch den wirksamen Abschluss altersüblicher Geschäfte geringfügigen Umfangs[51] gefahrlos, d.h. ohne Verpflichtungen zu begründen, an den rechtsgeschäftlichen Verkehr heranzuführen. Die in der Überlassung des Geldes an

[47] Zur objektiv-teleologischen Gesetzesinterpretation s. *Kramer* (o. Fn. 40), S. 133 ff.; *Larenz/Canaris*, Methodenlehre der Rechtswissenschaft, 3. Aufl. 1995, S. 137 ff. Entgegen einer im Schrifttum vertretenen Ansicht (jüngst etwa wieder *Rüthers*, JZ 2011, 593, 600 f.; *ders./Fischer*, Rechtstheorie, 5. Aufl. 2010, Rn. 796 ff.; dagegen mit Recht *Canaris*, JZ 2011, 879, 886 f.) sind objektiv-teleologische Argumente mindestens dann zu berücksichtigen, wenn andere Methoden zu keinem eindeutigen Ergebnis führen; s. *F. Bydlinski*, Jur. Methodenlehre und Rechtsbegriff, 2. Aufl., Nachdruck 2011, S. 453 ff.; *Larenz* (o. Fn. 40), S. 333 m. Fn. 41. Zu den Gründen, die für diese Sichtweise sprechen, auch *Häublein*, WuM 2010, 391, 393.

[48] S. *F. Bydlinski* (o. Fn. 16), S. 11, mit dem Bemerken, es entstehe der Eindruck, man könne „Kindern unter 14 Jahren nicht wirksam ein Taschengeld“ geben.

[49] EBzRV 93 BlgNR 13. GP, S. 16.

[50] *Leenen* (o. Fn. 2), S. 865 f., der anmerkt, es sei gerade die aus dem obligatorischen Vertrag entspringende Pflicht, die den Nachteil und damit das Zustimmungserfordernis begründe, weshalb unklar sei, worauf sich die Einwilligung beziehen soll, wenn die Verpflichtung zur Kaufpreiszahlung von ihr nicht erfasst sei.

[51] Krit. zu dieser Beschränkung, die § 110 BGB nicht kennt, *F. Bydlinski* (o. Fn. 48).

das Kind liegende Einwilligung beschränkt sich im Zweifel auf die dingliche Ebene. Objektiv betrachtet hat der „Taschengeldparagraph" damit eine Erweiterung der rechtgeschäftlichen Befugnisse Minderjähriger bewirkt und dient also ebenfalls dazu, Minderjährigen in erweitertem Umfang die Teilnahme am Rechtsverkehr zu ermöglichen, wodurch eine Lücke des Minderjährigenrechts (partiell) geschlossen wurde.

Schließlich vermeidet allein die entsprechende Anwendung des § 151 III ABGB auf Schenkungen an Minderjährige, dass der Sechsjährige im Eingangsfall zwar einzelne geringwertige Klebebilder wirksam an seine Freunde verschenken, nicht aber seinerseits beschenkt werden kann.[52] Ein solches Ergebnis könnte schwerlich überzeugen, womit freilich nicht gesagt werden soll, beide Fälle müssten stets gleich behandelt werden. Vielmehr gewähren die unbestimmten Tatbestandsmerkmale des § 151 III ABGB insofern hinreichenden Spielraum für eine Auslegung, die sowohl den Schutz des Minderjährigen als auch den des Vertragspartners sichert. Dass es altersüblich sein kann, wenn Kinder Kleidungsstücke und Spielsachen geschenkt bekommen, besagt nämlich nichts darüber, ob das Verschenken dieser Gegenstände durch das Kind seinerseits altersüblich wäre. Nicht nur der Minderjährigenschutz gebietet diese differenzierende Sichtweise. Für sie spricht ebenso die geringere Schutzbedürftigkeit auf der Seite des Beschenkten. Letztere wiederum rechtfertigte wohl sogar eine teleologische Reduktion des § 151 III ABGB, hielte man die gesetzlichen Tatbestandsmerkmale für weniger flexibel, als das hier angenommen wird; denn demjenigen, der keine Gegenleistung an den Minderjährigen erbracht hat, ist die Unsicherheit über die Wirksamkeit des Geschäfts viel eher zuzumuten als dem Partner eines synallagmatischen Geschäfts.

## V. Rückwirkungen des § 151 III ABGB auf die Tatbestandsvoraussetzungen der Willenserklärung des Minderjährigen

§ 151 III ABGB setzt den Abschluss eines Rechtsgeschäfts durch ein minderjähriges Kind voraus, nicht aber die Vollendung des siebten Lebensjahres. Das Gesetz unterstellt also die Fähigkeit des Kindes, die etwa für einen Vertragsschluss erforderliche Erklärung abzugeben.[53] Hierfür ist die Äußerung eines Rechtsfolgewillens erforderlich und nach ganz überwiegender Ansicht auch das Bewusstsein, Rechtsfolgen auszulösen.[54] Die Terminologie ist in diesem Punkt nicht einheitlich; man spricht von Erklärungsbewusstsein oder

[52] Vgl. *Adena* (o. Fn. 27), S. 108.

[53] Zum Tatbestand der Willenserklärung, der im ABGB ebenso wenig eine Regelung erfahren hat wie im BGB, ausf. *Leenen* (o. Fn. 6), § 5.

[54] Statt vieler s. *P. Bydlinski* (o. Fn. 12), Rn. 4/4.

Rechtsbindungswillen. In Österreich wird synonym teilweise auch der Begriff Geschäftswille verwendet.[55] Der Jubilar ist ein dezidierter Gegner dieser h.M., die einen subjektiven Erklärungstatbestand fordert, und hat dafür gute Gründe auf seiner Seite.[56] Diese können und sollen hier ebenso wenig vertieft werden wie die altbekannte Kontroverse, für die die Stichworte Willens- und Erklärungstheorie stehen.[57] Allerdings passt sich § 151 III ABGB deutlich besser in das System der Rechtsgeschäftslehre ein, wenn man auf einen subjektiven Erklärungstatbestand verzichtet, was näher auszuführen ist.

Der h.M. zufolge muss sich der Erklärende des Umstandes, gerade im Rechtsverkehr zu handeln, grundsätzlich[58] bewusst sein. In Österreich und in Deutschland wird aber eine in der Praxis die Regel bildende Ausnahme zugelassen, die der BGH in einer grundlegenden Entscheidung zu dieser Frage aus dem Jahr 1984 wie folgt formuliert hat: „Eine Willenserklärung liegt bei fehlendem Erklärungsbewusstsein allerdings nur dann vor, wenn sie als solche dem Erklärenden zugerechnet werden kann. Das setzt voraus, dass dieser bei Anwendung der im Verkehr erforderlichen Sorgfalt hätte erkennen und vermeiden können, dass seine Erklärung oder sein Verhalten vom Empfänger nach Treu und Glauben und mit Rücksicht auf die Verkehrssitte als Willenserklärung aufgefasst werden durfte."[59] Da sich der BGH hierbei auf die Beiträge zweier namhafter österreichischer Autoren stützte, kann es nicht verwundern, dass diese Meinung auch in Österreich vorherrscht.[60] In beiden Ländern setzt die nach h.M. zum Tatbestand der Willenserklärung gehörende Zurechnung des Erklärungsverhaltens damit ein Mindestmaß an Reflektionsvermögen des Handelnden voraus.[61] Neben dem Willen zum Handeln muss

[55] Vgl. *P. Bydlinski* (o. Fn. 12), Rn. 4/4; in Rn. 6/42 ist von „(Willens-)Erklärungsbewusstsein" die Rede.

[56] *Leenen* (o. Fn. 6), § 5 Rn. 21 ff.; *ders.*, JuS 2008, 577, 579 ff.

[57] *Singer*, in: Staudinger, BGB (2012), Vor §§ 116 ff., Rn. 15 ff.

[58] D.h., sofern nicht das sogleich wiedergegebene Zurechnungskriterium Platz greift. Obwohl eine solche Zurechnung in der Praxis meistens vorgenommen und nach h.M. auf Erklärungsbewusstsein daher verzichtet werden kann, bedeutet die mitunter anzutreffende Behauptung, der BGH bzw. die h.M. verzichteten auf das Erklärungsbewusstsein, eine unzulässige Verkürzung. – Dass die Argumentation des BGH in sich nicht konsequent ist, worauf der *Jubilar* in seinem Lehrbuch (o. Fn. 6, § 5 Rn. 34) hingewiesen hat, steht auf einem anderen Blatt.

[59] BGHZ 91, 324 (Rn. 22 bei juris) unter Hinweis u.a. auf *F. Bydlinski* und *E. A. Kramer*; bestätigend: BGHZ 109, 171, 177; 149, 129, 136.

[60] Grundlegend: *F. Bydlinski*, Privatautonomie und objektive Grundlagen des verpflichtenden Rechtsgeschäfts, 1967, S. 155 ff.; ihm folgend etwa *Bollenberger*, in: Koziol/Bydlinski/Bollenberger (o. Fn. 24) § 863 Rn. 5; *P. Bydlinski* (o. Fn. 12), Rn. 6/42; *Kletečka* (o. Fn. 37), S. 110 f.

[61] Das gilt übrigens auch, wenn man mit *Leenen* (o. Fn. 56, § 5 Rn. 31 ff.) die Relevanz des Erklärungsbewusstseins für den Erklärungstatbestand verneint und nicht zurechenbare Erklärungen entsprechend § 118 BGB für nichtig hält.

der Person zuzutrauen sein, sich bewusst zu machen, was es bedeutet, im Rechtsverkehr tätig zu werden. Andernfalls wäre das Kriterium des Erkennen- und Vermeidenkönnens nicht sinnvoll anwendbar.

Sowohl bei Personen, die den Gebrauch der Vernunft nicht haben, als auch bei Minderjährigen unter sieben Jahren können erhebliche Zweifel an diesem individuellen Vermögen bestehen; gem. § 153 ABGB beginnt die Verschuldensfähigkeit erst mit der Mündigkeit und der 2001 außer Kraft getretene § 866 ABGB a.F. begründete eine Einstandspflicht für das Vortäuschen von Geschäftsfähigkeit noch deutlich später. Obwohl es an sich in der Konsequenz subjektiver Tatbestandsvoraussetzungen läge, dass bei Zweifelsfällen die individuellen Fähigkeiten des Erklärenden ermittelt werden müssen, verbietet sich dies aus Gründen der Praktikabilität und Rechtssicherheit. Das bestätigt insbesondere § 151 III ABGB. Der Gesetzgeber schützt durch die Vorschrift den Rechtsverkehr (s.o. III. 1.). Dabei bedient er sich, im Unterschied zu § 105a BGB („gilt"), gerade keiner Fiktion. Das bedeutet, unter den Voraussetzungen der §§ 151 III, 280 II ABGB geben Geschäftsunfähige tatsächlich Willenserklärungen ab. Der auf der Basis der Lehre von den subjektiven Tatbestandsmerkmalen an sich mögliche Einwand, der Handelnde habe mangels geistiger Fähigkeiten nicht erkennen und vermeiden können, dass sein Verhalten als Willenserklärung verstanden wird, verträgt sich damit nicht.

Mutatis mutandis gilt dies ebenso für Minderjährige, die das siebte Lebensjahr vollendet haben. Durch die unterschiedliche Behandlung von Geschäftsunfähigen und beschränkt Geschäftsfähigen ist für Österreich und Deutschland entschieden, dass der Abschluss eines Rechtsgeschäfts und damit das Vorliegen von Willenserklärungen bei einem beschränkt Geschäftsfähigen niemals an der fehlenden Fähigkeit scheitert, die Folgen rechtsgeschäftlichen Handelns einzusehen. Es erscheint daher konsequent und überzeugender, ganz auf subjektive Merkmale zu verzichten, statt sich – wie es die h.M. de facto tut – insoweit in Fiktionen der Erkenntnis- und Einsichtsfähigkeit beschränkt Geschäftsfähiger zu flüchten.

Gegen diese Argumentation lässt sich nicht einwenden, der Gesetzgeber habe in § 151 III ABGB mit der Altersüblichkeit gerade ein Merkmal geschaffen, welches es erlaubt, der Einsichtsfähigkeit Rechnung zu tragen.[62] Dies deswegen, weil das Gesetz die geistigen Voraussetzungen unwiderleglich vermutet, sofern eine signifikante Zahl von Altersgenossen bereits eigenständig am Rechtsverkehr teilnimmt und dementsprechend von einem für das Alter üblichen Geschäft gesprochen werden kann. Mit dem Erklärungsbewusstsein eines konkreten Minderjährigen hat dies nichts zu tun. Aus

[62] Von einem dynamischen Kriterium spricht daher *Nademleinsky* (o. Fn. 15), § 151 Rn. 15.

Gründen des Verkehrsschutzes ist vielmehr ein objektiver Maßstab anzulegen, wobei die h.M. auf die Erkennbarkeit für den Vertragspartner abhebt.[63] Das Abstellen auf die Interessen der Gegenseite lässt es nicht zu, mangelnde Einsichtsfähigkeit einzuwenden, was gegen das Erfordernis einer subjektiven Zurechnung und damit gegen ein Tatbestandsmerkmal „Erklärungsbewusstsein“ spricht.

Konsequenter Weise dürfte die h.M. übrigens nicht auf das tatsächliche Alter sondern nur darauf schauen, ob der Minderjährige für einen redlichen Erklärungsempfänger *den Eindruck machte*, er gehöre einer Altersgruppe an, in der der Abschluss des Geschäfts üblich sei. Die dadurch verursachte Rechtsunsicherheit lässt sich wohl nur in Kauf nehmen, weil es angesichts der Geringwertigkeit der Geschäfte selten zu Auseinandersetzungen kommt. Gleiches gilt für die damit verbundene Einschränkung des Minderjährigenschutzes.

## VI. Die Tatbestandsvoraussetzung „Erfüllung der das Kind treffenden Pflichten“

Zu den rechtsdogmatisch neuralgischen Punkten des § 151 III ABGB gehört die Abhängigkeit des wirksamen Geschäfts von der Erfüllung durch den Minderjährigen. Bereits kurz nach Inkrafttreten des § 151 III ABGB stellte *Strasser* treffend fest: „Die besonderen, mit § 151 III ABGB verbundenen dogmatischen Schwierigkeiten liegen aber nicht so sehr in der Interpretation dieser drei Merkmale (scil. Altersüblichkeit, Geringfügigkeit und Alltagscharakter des Geschäfts; M.H.) als vielmehr in der Art und Weise, wie diese Geschäfte von Kindern nach den Vorstellungen des Gesetzgebers wirksam werden sollen.“[64] Nicht nur für Studenten sondern auch für die Darstellungen im Schrifttum gilt, dass meist nur derjenige die notwendige Problemsensibilität entfaltet, der die unterschiedlichen Sachfragen – nach Art des Gutachtens – abschichtet. Am Anfang steht aber ein eher terminologisches Problem.

### 1. *Das Fehlen einer Leistungspflicht des Minderjährigen*

Wie bereits erwähnt, normiert § 21 I ABGB eine Schutzverpflichtung zugunsten Minderjähriger. Um dieses Regelungsziel und die vom Gesetzgeber ebenfalls als schutzwürdig erachteten Verkehrsschutzinteressen (s.o.

[63] S. nur *Stabentheiner* (o. Fn. 13), § 151 Rn. 10; *Thunhart* (o. Fn. 32), § 151 Rn. 36.

[64] S. *Strasser*, Rechtsprobleme des Spargeschäftes der Kreditinstitute mit Minderjährigen, 1974, S. 16. Schwierigkeiten bei der dogmatischen Einordnung der Norm konstatiert ferner *Kletečka* (o. Fn. 37), S. 55.

III. 1.) auszugleichen, hat der Gesetzgeber eine Technik gewählt, die der *Jubilar* in seinem Lehrbuch[65] nicht zu Unrecht als raffiniert bezeichnet hat. Die Anerkennung des Geschäfts durch die Rechtsordnung hängt von der Erfüllung (s. § 1412 ABGB) durch den Minderjährigen ab, was ein vollständiges Bewirken der Leistung erfordert, die geschuldet würde, wenn das Geschäft wirksam wäre. Zum Schutze des Minderjährigen ist damit ein Anspruch des Vertragspartners auf Erfüllung der versprochenen Leistung ausgeschlossen.[66] Daraus folgt zum einen, dass es nicht sonderlich glücklich ist, im Kontext des § 151 III ABGB von der Verpflichtungsfähigkeit des Minderjährigen zu sprechen, obwohl sich dieser Terminus in den Erläuternden Bemerkungen zur Regierungsvorlage[67] ebenso wiederfindet wie in der Kommentarliteratur.[68] Zum anderen ist der Gesetzeswortlaut unpräzise, wenn dort von der Erfüllung einer das Kind *treffenden Pflicht* gesprochen wird.[69] Das Kind trifft zu keinem Zeitpunkt eine Pflicht. Deutlich stimmiger ist die in § 110 BGB gewählte Formulierung, wo es heißt, die *vertragsmäßige Leistung* müsse bewirkt werden.[70]

### 2. *Die Wirksamkeit des Erfüllungsgeschäfts*

a) Um die vertragsmäßige Leistung zu bewirken, muss der Minderjährige die verkaufte Sache (im ersten Beispielsfall die Klebebilder) oder, sofern er Geld schuldet (wie im zweiten Beispielsfall), die betreffenden Zahlungsmittel übereignen. Fordert man mit der ganz h.M.[71] auch für Österreich eine ding-

[65] S.o. Fn. 6, § 9 Rn. 54.

[66] Vgl. *Hopf* (o. Fn. 24), § 151 Rn. 5 a.E.; *Nademleinsky* (o. Fn. 15), § 151 Rn. 16; *Stabentheiner* (o. Fn. 13), § 151 Rn. 9. In den Erwägungen des Gesetzgebers findet sich ausdrücklich der Hinweis, dass dadurch „ein ausreichender Schutz im Fall von Ratenverpflichtungen gegeben" ist; EBzRV 93 BlgNR 13. GP, S. 17.

[67] EBzRV 93 BlgNR 13. GP, S. 17.

[68] S. etwa *Thunhart* (o. Fn. 32), § 151 Rn. 35.

[69] Vgl. *F. Bydlinski* (o. Fn. 16), S. 12; *Adena* (o. Fn. 27), S. 117. Ebenso in der Neuauflage seines Buches *P. Bydlinski* (o. Fn. 12), Rn. 2/20 in Fn. 18, wo erwogen wird, vor Leistungserbringung durch den Minderjährigen „schwebend unwirksame Pflichten" anzunehmen. Derartiges ist aber abzulehnen, weil das Kriterium der Wirksamkeit sich nicht sinnvoll auf Pflichten anwenden lässt. Pflichten bestehen oder eben nicht, während es bei der Frage der Wirksamkeit um die Anerkennung rechtsgeschäftlichen Handelns durch die Rechtsordnung geht; s. *Leenen* (o. Fn. 6), § 9 Rn. 1 ff. (zum Rechtsgeschäft) und § 6 Rn. 1 (zur Willenserklärung).

[70] Der vollständige Wortlaut der Norm ist in Fn. 1 wiedergegeben.

[71] S. etwa OGH SZ 67/213; NZ 1998, 136; *Eccher*, in: Koziol u.a. (o. Fn. 24), § 245 Rn. 1; *Iro*, Bürgerliches Recht – Sachenrecht, 4. Aufl. 2010, Rn. 6/40; *Kletečka* (o. Fn. 37), S. 239 (aber auch S. 325); s. ferner die Darstellungen bei *Riss*, ÖBA 2010, 215, 216 ff. und *Schoditsch*, Eigentumsvorbehalt und Insolvenz, 2009, S. 121 ff. Die Besonderheit im Vergleich zur deutschen Rechtsordnung besteht darin, dass die h.M. davon ausgeht, die dingliche Einigung komme im Zweifel bereits mit Abschluss des obligatorischen Vertrags

liche Einigung, fragt sich, wie der Minderjährige diese wirksam herbeiführen kann. Die für § 110 BGB vom *Jubilar* herausgearbeitete Einwilligung des gesetzlichen Vertreters in das Erfüllungsgeschäft, die in der Überlassung der Mittel zu sehen ist,[72] löst das Problem aus mehreren Gründen nicht: Ein infolge Zustimmung wirksames Geschäft kommt nach Maßgabe der §§ 151, 865 ABGB nur bei Personen in Betracht, die beschränkt geschäftsfähig, mithin wenigstens sieben Jahre alt sind; der Anwendungsbereich des § 151 III ABGB reicht aber weiter.[73] Außerdem führt das Erfordernis einer Mittelüberlassung durch den gesetzlichen Vertreter zu einem Konflikt mit dem Verkehrsschutzziel des § 151 III ABGB, weil der Vertragspartner nicht wissen kann, wie der Minderjährige an die Mittel gelangt ist. Die Wirksamkeit der dinglichen Einigung bzw. der auf deren Herbeiführung gerichteten Willenserklärung des Geschäftsunfähigen muss also *unmittelbar § 151 III ABGB entnommen* werden. Der Wortlaut offenbart derartiges zwar nicht, alles andere widerspräche aber der Regelungsintention des Gesetzgebers,[74] der immerhin das weitere Problem des ebenfalls erforderlichen Besitzerwerbs in § 310 ABGB durch einen entsprechenden Vorbehalt ausdrücklich gelöst hat.[75]

Die somit zu bejahende Frage, ob § 151 III ABGB das Verfügungsgeschäft ebenfalls abdeckt, kann dann auf sich beruhen, wenn der Minderjährige beschränkt geschäftsfähig ist und die Eltern durch Überlassung von Taschengeld in die Verfügung eingewilligt haben (s. § 151 I ABGB, der Verfügungen ausdrücklich erwähnt). In unseren Ausgangssachverhalten ist das zwar nicht der Fall. Jedoch sei darauf hingewiesen, dass § 151 III ABGB[76] den Rechtsanwender in bestimmten, anders gelagerten Sachverhalten immerhin der Mutmaßung darüber enthebt, ob in der Überlassung der Mittel zugleich eine konkludente Einwilligung in den Abschluss von Verpflichtungsgeschäften liegt und – bejahendenfalls – ob diese die vollständige Erfüllung der Vertragspflichten durch den Minderjährigen voraussetzt (vgl. oben, IV. 3.).

zustande. Darin liegt der Versuch, das Erfordernis der dinglichen Einigung mit der Sicht des historischen Gesetzgebers in Einklang zu bringen; vgl. etwa *F. Bydlinski*, Festschrift Larenz, 1973, S. 1027, 1034 ff.; *Spielbüchler*, JBl 1971, 589, 592 ff.

[72] *Leenen* (o. Fn. 6), § 9 Rn. 55; *ders.*, FamRZ 2000, 863.

[73] Die geschäftsunfähigen Kinder lässt etwa *Thunhart* (o. Fn. 32), § 151 Rn. 38, unberücksichtigt, wenn er meint, bei Nichtvorliegen der Voraussetzungen des § 151 III ABGB hänge die Wirksamkeit des Geschäfts von der Genehmigung des gesetzlichen Vertreters oder dem Vorhandensein frei verfügbarer Mittel ab; ähnlich verkürzend *Nademleinsky* (o. Fn. 15), § 151 Rn. 17.

[74] Zutr. *F. Bydlinski* (o. Fn. 16), S. 12 und *Strasser* (o. Fn. 64), S. 18, der zuvor mit Recht konstatiert, vom Verfügungsgeschäft sei insoweit „weder in § 151 III ABGB noch sonstwo die Rede" (a.a.O. S. 17). Ebenso *Adena* (o. Fn. 27), S. 119.

[75] Krit. zu dieser Beschränkung auf den Besitzerwerb *Strasser* (o. Fn. 64), S. 19, im Anschluss an *Welser*, VersRdSch 1973, 146, 154.

[76] Ebenso wie § 151 II ABGB, was hier aber nicht zu vertiefen ist.

b) Ein weiteres Problem im Rahmen der Erfüllung ergibt sich aus dem Kausalitätsprinzip, das das österreichische Privatrecht beherrscht. Ohne wirksamen Titel, der hier in einem obligatorischen Vertrag besteht, kann kein Eigentum erlangt werden (§ 380 ABGB). Damit steht man vor einem echten Dilemma: Das dingliche Geschäft ist von der Wirksamkeit des obligatorischen abhängig, die wiederum die Erfüllung, mithin ein wirksames Verfügungsgeschäft voraussetzt. Hier zeigt sich, dass die „raffinierte"[77] Technik des Gesetzes, bei der § 110 BGB Pate stand, dogmatisch nicht einfach in das österreichische Privatrecht einzupassen ist. Das Denken im Anspruchsaufbau legt diesen Befund sofort mit aller Deutlichkeit offen. Hat man im obigen ersten Beispielsfall festgestellt, dass der Sechsjährige trotz § 865 S. 1 ABGB durch seine Erklärungen altersübliche Tausch- bzw. Kaufverträge zustande gebracht hat, da diese geringfügige Angelegenheiten des täglichen Lebens betreffen, steht man auf der Stufe der Wirksamkeit der Verträge vor der Frage, ob das Kind erfüllt hat. Das setzt die Übereignung der Bilder voraus. Diese erfordert neben dem Modus (dingliche Einigung und Übergabe) einen wirksamen Titel, der zu diesem Zeitpunkt der Prüfung aber gerade in der Schwebe ist.

Um zu einem wirksamen Verfügungsgeschäft zu gelangen, wird vertreten, das Zugrundeliegen eines gültigen Titels sei zu fingieren.[78] Weniger weitgehend und präziser ist es, davon zu sprechen, man lasse ein mangels Erfüllung *schwebend unwirksames Titelgeschäft* genügen. Dies kommt der Sache nach bei *Strasser* zum Ausdruck, wo es heißt: „Anders ausgedrückt ..., gegen das Verfügungsgeschäft kann alles mögliche eingewendet werden, nur nicht die wegen fehlender Geschäftsfähigkeit mangelnde Gültigkeit des Verpflichtungsgeschäfts."[79]

### 3. *Erfüllung der vertragsmäßigen Leistung mit fremden Sachen*

Schließlich wird im Schrifttum diskutiert, ob der Minderjährige den Vertrag mit fremden Sachen erfüllen kann, sofern der Vertragspartner daran (gutgläubig) das Eigentum erwirbt. Hierzu werden unterschiedliche Ansichten vertreten, die Frage von der h.M. im Ergebnis aber bejaht.[80] Allerdings stellt man dabei an die Gutgläubigkeit des Vertragspartners im Hinblick auf die „persönlichen Eigenschaften seines Vormanns" (§ 368 II ABGB) beson-

[77] S.o. im Text bei Fn. 65.

[78] *Adena* (o. Fn. 27), S. 120; *Nademleinsky* (o. Fn. 15), § 151 Rn. 16 a.E.

[79] O. Fn. 64, S. 18.

[80] S. hierzu etwa *F. Bydlinski* (o. Fn. 16), S. 12; *Nademleinsky* (o. Fn. 15), § 151 Rn. 17; *Thunhart* (o. Fn. 32), § 151 Rn. 39; *Stabentheiner* (o. Fn. 13), § 151 Rn. 9 schließt die Erfüllung mit fremden Sachen aus, fügt aber hinzu, „unbeschadet des Gutglaubensschutzes des Geschäftspartners (§ 371)."

dere Anforderungen, weil es sich bei seinem Vertragspartner um ein Kind handelt.[81]

Mit Blick auf die Entstehungsgeschichte und den Zweck des § 151 III ABGB (dazu oben III.) kann es im Rahmen der Erfüllung ebenso wenig auf die Eigentümerstellung des Minderjährigen ankommen wie darauf, ob ihm die zur Erfüllung verwendeten Mittel überlassen wurden. Der Vertragspartner kann diese Umstände nämlich nicht ermitteln. Verkennt er das fremde Eigentum allerdings (wenigstens) fahrlässig, scheitert ein gutgläubiger Erwerb an den allgemeinen Vorschriften (s. §§ 368 I, 326 ABGB) und damit auch die Konvaleszenz des Schuldvertrags qua Erfüllung. Das hat freilich mit dem Minderjährigenrecht nichts zu tun, welches seinerseits keine Rechtfertigung dafür bietet, den Vertragspartner eines Minderjährigen in diesem Punkt besser zu behandeln als bei Vertragsschluss mit einem unbeschränkt Geschäftsfähigen. Allerdings folgt aus der § 151 III ABGB zugrunde liegenden Ratio, dass auf dem Vertragspartner nicht allein infolge des erkennbar geringen Alters seines Vertragspartners Nachforschungsobliegenheiten lasten. Bei einem altersüblichen Geschäft darf der Rechtsverkehr grundsätzlich annehmen, die hierfür notwendigen Mittel seien auf legalem Weg erlangt. Die Annahme, das zu den persönlichen Eigenschaften i.S.v. § 368 II ABGB zählende Alter führe zu erhöhten Anforderungen an die Gutgläubigkeit des Vertragspartners des Minderjährigen, erweist sich damit als nicht überzeugend.

Für den eingangs gebildeten zweiten Beispielsfall folgt daraus die Wirksamkeit des Kaufvertrags, da die Minderjährige erfüllt hat. Dieses Resultat widerspricht nicht nur der Rechtslage in Deutschland, sondern verdeutlicht zugleich, dass § 151 III ABGB allenfalls einen sehr entfernten Bezug zum Taschengeld aufweist. Mit der gleichen Berechtigung könnte man § 151 II ABGB als „Taschengeldparagraphen“ bezeichnen, da die Norm – wie § 110 BGB – auf die dem (mündigen) Minderjährigen zur freien Verfügung überlassenen Mittel abstellt.[82]

## VII. Zusammenfassung wesentlicher Ergebnisse

1. § 151 III ABGB dient – historisch betrachtet – in erster Linie dem Schutz der Geschäftspartner Minderjähriger. Gemessen an § 21 I ABGB handelt es sich um eine Norm mit Ausnahmecharakter. Nicht nur hierdurch unterscheidet sich § 151 III ABGB wesentlich von § 110 BGB, dem deut-

[81] S. etwa *Strasser* (o. Fn. 64), S. 19 f. und *Nademleinsky* (o. Fn. 15), § 151 Rn. 17.

[82] Freilich besteht ein wichtiger Unterschied zwischen § 151 II ABGB und § 110 BGB darin, dass nach Ersterem das wirksame Geschäft nicht von einer Erfüllung abhängt, was Verpflichtungen des Minderjährigen zulässt und im Ergebnis wohl die Beschränkung der Norm auf Mündige rechtfertigt.

schen „Taschengeldparagraphen". Wegen dieses Zwecks kommt es für das Merkmal „geringfügige Angelegenheit des täglichen Lebens" und die Altersüblichkeit nicht auf individuelle Verhältnisse des Kindes an, sondern es ist ein objektiver Maßstab anzulegen. Der Zweck spricht sogar dafür, im Rahmen der Altersüblichkeit nicht auf das tatsächliche, sondern auf das aus Sicht eines redlichen Vertragspartners vermeintliche Alter abzustellen.

2. Ein weiterer Zweck des § 151 III ABGB besteht allerdings in der Erweiterung der rechtsgeschäftlichen Handlungsfähigkeit Minderjähriger, insbesondere unmündiger Personen. Aus diesem Grund kommt eine analoge Anwendung der Regelung auf geringwertige, altersübliche Schenkungen an Kinder, zu deren Gunsten der Anwendungsbereich des § 865 S. 2 ABGB infolge zu geringen Alters nicht eröffnet ist, in Betracht.

3. Anders als § 151 I zielt § 865 S. 1 ABGB nicht auf die Wirksamkeit des von einem Kind abgeschlossenen Rechtsgeschäfts, sondern ordnet grundsätzlich die Unwirksamkeit der Willenserklärung („Versprechen") an, weshalb es unzutreffend erscheint, wenn die Rechtsfolge des § 865 S. 1 ABGB in der „absoluten Nichtigkeit" des vom Geschäftsunfähigen geschlossenen Geschäfts gesehen wird. Die von *Detlef Leenen* für das deutsche Recht vertretene Differenzierung zwischen Rechtsfolgen, die auf der Ebene der Willenserklärung ansetzen, und solchen, die das Rechtsgeschäft betreffen, ist insofern auch in den §§ 151, 865 ABGB angelegt.

4. Zivilrechtsdogmatisch betrifft § 151 III ABGB in Abhängigkeit vom Alter des Minderjährigen unterschiedliche Problemkreise: In Bezug auf beschränkt Geschäftsfähige geht es um eine Wirksamkeitsvoraussetzung für das vom Minderjährigen geschlossene *Rechtgeschäft*, weshalb die Norm auf einer Stufe steht wie etwa § 151 II und § 865 S. 2 ABGB. Demgegenüber betrifft die Regelung bereits die vorgelagerte Stufe der Wirksamkeit der *Willenserklärung*, sofern Geschäfts*un*fähige ein Geschäft eingehen; nur die Erbringung der vertragsmäßigen Leistung ist in derartigen Fällen eine Frage der Wirksamkeit des Geschäfts.

5. § 151 III ABGB erlaubt es seinem Zweck nach nicht, gegen den Abschluss eines Geschäfts und damit das Vorliegen einer Willenserklärung des Geschäftsunfähigen dessen fehlende Einsichtsfähigkeit in die Folgen rechtsgeschäftlichen Handelns einzuwenden; die Norm spricht daher gegen entsprechende subjektive Merkmale einer Willenserklärung.

6. Der unmittelbare Anwendungsbereich des § 151 III ABGB ist auf Minderjährige beschränkt. Rechtsgeschäfte von Personen, die den Gebrauch der Vernunft nicht haben, werden aber entsprechend § 280 II ABGB auch dann mit Erfüllung wirksam, wenn kein Sachwalter bestellt ist, sofern sie geringfügige Angelegenheiten des täglichen Lebens betreffen.

7. Obwohl der Wortlaut des Gesetzes dies nicht erkennen lässt, folgt aus § 151 III ABGB, dass die für die Erfüllung erforderliche dingliche Einigung vom Minderjährigen (wirksam) vorgenommen werden kann. Als Titel genügt

das bis zur Erfüllung schwebend unwirksame Verpflichtungsgeschäft des Minderjährigen.

8. Der Minderjährige kann mit fremden Sachen erfüllen, sofern die Voraussetzungen eines gutgläubigen Erwerbs vorliegen (§§ 367 ff. ABGB). Dabei bietet allein das Alter des Leistenden keinen Anlass für Nachforschungen des Vertragspartners, der bei einem altersüblichen Geschäft nicht per se daran zweifeln muss, dass die Mittel dem Minderjährigen gehören.

## VIII. Schluss: Übernahme des § 151 III ABGB in das BGB?

Kommen wir noch einmal auf den Anfang und die Einschätzung des *Jubilars* zurück, §§ 104 f. BGB genügten praktischen Bedürfnissen nicht.[83] Nach dem geltenden deutschen Recht kann der Sechsjährige weder die für die im ersten Ausgangsfall beschriebenen Geschäfte erforderlichen wirksamen Willenserklärungen abgeben, noch im eigenen Namen ein Eis kaufen oder Geburtstagsgeschenke empfangen. Diesem Mangel ließe sich – wie gesehen – durch Einführung einer § 151 III ABGB entsprechenden Norm abhelfen. § 105a BGB zeigt, dass jedenfalls die hinter der Kategorie der Geschäftsunfähigkeit stehenden grundsätzlichen Wertungen keine durchgreifenden Bedenken gegen eine derartige Ergänzung begründen. Zweckmäßig wäre es dabei sicherlich, statt von der „Erfüllung der das Kind treffenden Pflichten" vom Bewirken der „vertragsmäßigen Leistung" zu sprechen. Außerdem liegt es nahe, den Anwendungsbereich explizit auf normadäquate unentgeltliche Geschäfte zu erstrecken.

Rechtspolitisch wäre in erster Linie zu klären, ob eine solche Vorschrift – wie in Österreich – ebenfalls den Verkehrsschutz verbessern, also Sachverhalte erfassen soll, die dem zweiten eingangs gebildeten entsprechen. Derartige Forderungen gab es in der Vergangenheit durchaus.[84] Will man dies, muss man berücksichtigen, dass der Anwendungsbereich der Norm nicht auf geschäftsunfähige Minderjährige beschränkt bleiben dürfte; denn es wäre nicht zu begründen, warum der Vertragspartner eines Sechsjährigen geschützt wird, nicht aber der eines Siebenjährigen, zumal das Alter regelmäßig nicht zu erkennen ist.

Will man einen derartigen Verkehrsschutz hingegen nicht, sondern ausschließlich den rechtsgeschäftlichen Gestaltungsspielraum vor Vollendung des siebten Lebensjahres erweitern, liegt es näher, auf eine Vorschrift nach Art der §§ 151 III ABGB, 105a BGB zu verzichten und die Regelungen über die beschränkte Geschäftsfähigkeit (§§ 106 ff. BGB) auf Kinder unter sieben

[83] S. das bei Fn. 6 wiedergegebene Zitat.

[84] Dazu etwa *Knothe* (o. Fn. 2), § 105a Rn. 1.

Jahre zu erstrecken.[85] Die These, infolge einer Verfassungswidrigkeit der §§ 104 f. BGB entspreche dies bereits der *lex lata*,[86] überzeugt freilich nicht. Denn die genannten Vorschriften sorgen dafür, dass sich der Rechtsanwender bei Erklärungen eines bis zu sechs Jahre alten Kindes nicht darum kümmern muss, ob dieses einen Erklärungstatbestand erzeugt hat, weil die Erklärung jedenfalls unwirksam ist.[87] Jenseits dieser Altersgrenze wiederum schließen die Vorschriften der §§ 106 ff. BGB den Einwand aus, es fehle beim beschränkt Geschäftsfähigen subjektiv an der Einsichtsfähigkeit in die Folgen rechtsgeschäftlichen Handelns und aus diesem Grund an einer Willenserklärung (s.o. V.). Es handelt sich also um eine der Praktikabilität und Rechtssicherheit dienende Typisierung, für die gesetzgeberisches Ermessen grundsätzlich besteht.

Gäbe es § 104 Nr. 1 i.V.m. § 105 Abs. 1 BGB nicht (mehr) und erstreckte man die Vorschriften über die beschränkte Geschäftsfähigkeit auf alle Minderjährigen, bedeutete dies nicht automatisch, dass deren Äußerungen stets als Willenserklärungen aufzufassen wären. Vielmehr wäre im Einzelfall das Vorliegen des Tatbestandes einer Willenserklärung zu klären, was nach h.M. auf der subjektiven Seite mehr als nur Handlungswillen erfordert, nämlich, dass dem Handelnden mindestens der Vorwurf gemacht werden kann, er habe erkennen und vermeiden können, dass sein Verhalten vom Verkehr als ein Rechtsverbindliches angesehen werde.[88] Sechsjährige können vielleicht erkennen, was es bedeutet, am Rechtsverkehr teilzunehmen; sie mögen daher die Fähigkeit besitzen, den Anschein einer Willenserklärung dort zu vermeiden, wo diese nicht gewollt ist. Aber gilt das wirklich für jedes sechsjährige Kind und darüber hinaus auch für fünf-, vier- oder dreijährige Kinder? Ein Mindestmaß an Einsicht in die Folgen dessen, was ein Rechtsgeschäft bedeutet, wird man fordern müssen, zumindest wenn man – wie die h.M. – auf die „im Verkehr erforderliche Sorgfalt" abstellt. Zieht man die Grenze nicht mehr typisierend, will zugleich aber verhindern, dass es im Einzelfall auf die intellektuellen Fähigkeiten des konkreten Kindes ankommt, bleibt an sich nur, allein auf den objektiven Erklärungstatbestand abzustellen.

Damit wird deutlich, dass der vollständige Entfall einer altersbedingten Geschäftsunfähigkeit zugunsten einer beschränkten Geschäftsfähigkeit Rückwirkungen auf die Kategorie des Erklärungsbewusstseins haben muss. Während man den Handlungswillen als etwas Natürliches, bereits bei Kleinkindern Existierendes begreifen kann, erfordert das Bewusstsein, im Rechts-

[85] Zu einer derartigen Forderung s. etwa *P. Bydlinski* (o. Fn. 12), Rn. 2/20.

[86] So insb. *Canaris*, JZ 1987, 993, 996 ff.; krit. dazu *Ramm*, JZ 1988, 489, 490 f.; *Wieser*, JZ 1988, 493; dagegen wiederum *Canaris*, JZ 1988, 494, 496 ff.; zuneigend *Coester-Waltjen*, Jura 1994, 331, 332.

[87] Ebenso etwa *Knothe* (o. Fn. 2), § 105 Rn. 8.

[88] Das übergeht leider *Wieser*, JZ 1988, 493, 494, in dem er sich auf den Handlungswillen beschränkt; gegen diesen Einwand *Canaris*, JZ 1988, 494, 498.

verkehr zu handeln, eine gewisse Reife. Das Zurechnungskriterium der h.M. (s.o. V.) lässt sich nicht sinnvoll auf ein drei- oder vierjähriges Kind anwenden, selbst wenn der Rechtsverkehr das Hingeben von Dingen durch solche Kinder bereits objektiv als Willenserklärung auffassen mag. Auf der Basis der h.M. müsste man sich hingegen wohl in fiktive Willenserklärungen flüchten. Mit welchem Alter soll dann aber der Bereich der Fiktion enden? Eine alternativ in Betracht zu ziehende Herabsetzung der Altersschwelle auf 6 oder 5 Jahre hat wiederum den Nachteil, Schenkungen an jüngere Kinder nicht zu erfassen, weshalb man weiterhin Zuflucht in die juristischen Umwege nehmen müsste, die *Detlef Leenen* zu Recht mit den Attributen „lebensfern und konstruktiv aufwendig“ versehen hat. Wer allerdings, wie der Jubilar,[89] ohnehin nichts von subjektiven Voraussetzungen einer Willenserklärung hält, wird in den hier aufgezeigten Konsequenzen einer Abschaffung der Geschäftsunfähigkeit infolge Alters keinen gewichtigen Einwand gegen eine entsprechende Gesetzesänderung sehen.

[89] Vgl. oben bei Fn. 56.

# Zu den Grenzen der Aufklärung bei Bankgeschäften

## Kritische Anmerkungen zum Swap-Urteil des BGH vom 22. März 2011*

Roland Hoffmann-Theinert

## I. Vorbemerkung

Die Aufklärungspflicht ist eine aus dem Grundsatz von Treu und Glauben (§ 242 BGB) abgeleitete Nebenpflicht bei Schuldverhältnissen, insbesondere bei zweiseitigen Verträgen.[1] Sie besteht dann, wenn der andere Teil nach den im Rechtsverkehr herrschenden Anschauungen redlicherweise Aufklärung erwarten darf, und zwar sowohl bei Anbahnung eines Vertragsverhältnisses als auch nach Vertragsschluss. Rechtstatsächlich setzt die Begründung einer Aufklärungspflicht regelmäßig eine asymmetrische Informationsverteilung zwischen den Parteien des Schuldverhältnisses voraus.[2] Eine Verletzung der Aufklärungspflicht führt zu Schadensersatzansprüchen desjenigen, der auf die Aufklärung hat vertrauen dürfen. Der Schadensersatz ist bei vorvertraglicher Aufklärungspflichtverletzung nach der Rechtsprechung des BGH grundsätzlich auf Ersatz des Vertrauensschadens gerichtet.[3] Bei vertraglicher Aufklärungspflichtverletzung besteht ein Schadensersatzanspruch aus positiver Vertragsverletzung, so dass der Geschädigte nach allgemeinen Grundsätzen Ausgleich aller ihm durch die Verletzung der Aufklärungspflicht entstandenen mittelbaren und unmittelbaren wirtschaftlichen Nachteile verlangen kann.[4]

Aufklärungspflichten bedürfen – insbesondere wenn sie nicht gesetzlich geregelt sind – wegen ihrer scharfen Rechtsfolge einer besonderen rechtstatsächlichen Begründung. Die rechtlich verbindliche Zuweisung einer Auf-

* Das Manuskript ist im November 2011 abgeschlossen worden. Nachfolgende Urteilsbesprechungen konnten nicht mehr berücksichtigt werden. Ich bedanke mich bei Herrn Rechtsreferendar *Tony Beyer* für wertvolle Redaktions- und Recherchearbeiten.

[1] Vgl. dazu grundlegend *Richrath*, WM 2004, 653 ff.

[2] OLG Brandenburg NJW-RR 1996, 724, 726; *Ellenberger*, in: Palandt, 71. Aufl. 2012, § 123 Rn. 5.

[3] BGH NJW 1991, 1819, 1820; NJW 2006, 3139, 3141.

[4] *Siol*, in: Schimansky/Bunte/Lwowski, Bankrechts-Handbuch, 4. Aufl. 2011, § 43 Rn. 46.

klärungspflicht hängt deshalb maßgeblich von den konkreten Umständen des Einzelfalls ab. Der Aufklärungsempfänger muss aufklärungsbedürftig sein, um sich auf den Verstoß gegen Aufklärungspflichten berufen zu können.

Der Jubilar hat sich schon frühzeitig und intensiv mit der ihm eigenen systematischen und methodologischen Tiefe den Aufklärungspflichten gestellt. So widmete er sich den Aufklärungspflichten bereits in seiner zweibändigen Habilitationsschrift aus dem Jahr 1982, in der er sich „Grund legend" des Themas annahm. Ging es im ersten Band um Probleme der richterlichen Zuweisung von Informationsverantwortlichkeit im Privatrecht, beschäftigte er sich im zweiten Band mit den Kriterien, Zielen und Grundlagen der richterlichen Zuweisung von Informationsverantwortlichkeit.[5] Das Thema ließ den Jubilar aber auch in seinem weiteren akademischen Leben nicht mehr los, wie seine Urteilsanmerkung zur Entscheidung des BGH vom 20. März 2001[6] zu den „vorvertraglichen Aufklärungspflichten bei Verwechslungsgefahr organisatorisch und wirtschaftlich verflochtener Unternehmen"[7] beredtes Zeugnis liefert.

Das Interesse des Jubilars an der rechtstheoretischen Begründung bzw. an der Beschreibung der tatsächlichen Bedingungen für Aufklärungspflichten nimmt der Autor zum Anlass, sich im Rahmen dieses Beitrags mit der Begründung einer neuen Aufklärungspflicht durch den BGH bei der Anlageberatung, hier insbesondere im Zusammenhang mit der Beratung von Bankkunden beim Abschluss von Zins-Swap-Geschäften, auseinanderzusetzen.

## II. Die Rechtsprechung zum Zins-Swap bis zum Swap-Urteil des BGH

### *1. Das prozessuale Umfeld*

Vier oberlandesgerichtliche Senate[8] hatten in den Jahren 2009 und 2010 mit zum Teil unterschiedlichen Begründungen die Klagen von Mittelständlern und kommunalen Unternehmen auf Schadensersatz, teils in Millionenhöhe, gegen eine Bank zurückgewiesen, die Zinsswaps zumeist zum Zwecke der –

[5] Die Arbeit ist 1982 von der rechtswissenschaftlichen Fakultät der Ludwig-Maximilian-Universität in München als Habilitationsschrift angenommen worden. Gutachter waren *Karl Larenz* und *Claus-Wilhelm Canaris*.

[6] BGH NJW 2001, 2716 ff.

[7] „Vorvertragliche Aufklärungspflichten bei Verwechslungsgefahr organisatorisch und wirtschaftlich verflochtener Unternehmen. Anmerkung zu BGH vom 20.3.2001, NJW 2001, 2716", in: LM H. 9/2001 § 276 (Fa) BGB Nr. 162.

[8] Vgl. OLG Bamberg BKR 2009, 288 ff.; OLG Celle WM 2009, 2171 ff.; OLG Frankfurt/Main WM 2009, 1563 ff.; ZIP 2010, 316 ff.; ZIP 2010, 921 ff.; WM 2010, 1790 ff.; OLG Hamm BKR 2011, 68 ff.

wie es in den Präsentationsunterlagen der Bank hieß – „Zinsoptimierung" an ihre Kunden vertrieben hatte. Ziel der streitgegenständlichen Geschäfte war es, mit einer Art Zinswette ohne Kapitaleinsatz[9] einen Ertrag zu generieren, um damit im wirtschaftlichen Ergebnis die Lasten aus einer bestehenden zinstragenden Verbindlichkeit zu reduzieren. Maßgeblich wurde dabei auf das Verhältnis zwischen den zweijährigen und den zehnjährigen Kapitalmarktzinsen abgestellt. Das Geschäft verlief für den Kunden günstig, wenn ein vorher festgelegter Differenzzinssatz („*Strike*") nicht unterschritten wurde.

Die einschlägigen Zinsen entwickelten sich hingegen abweichend von der Prognoseeinschätzung der Bank und des Kunden. Anstelle der geplanten Erträge entstanden Verluste aus den abgeschlossenen Zinsswaps, die nur gegen hohe Ausgleichszahlungen des Kunden aufgelöst werden konnten.

Die Kläger hatten im Vorfeld des jeweiligen Gerichtsverfahrens – soweit ersichtlich – regelmäßig der Bank gegenüber zunächst ihre Enttäuschung über den Geschäftsverlauf zum Ausdruck gebracht. Im Prozess wurde aus der Enttäuschung des Kunden über die Anlageempfehlung der Bank regelmäßig eine Täuschung des Kunden durch die Bank. Dazu trugen die Kläger in den Gerichtsverfahren durch ihre zumeist im Markt als Anlegervertreter bekannten Prozessbevollmächtigten vor, dass sie „eine sichere Anlageform gewünscht" hätten und bei Abschluss des Swap-Vertrags sich keine Vorstellung davon hätten bilden können, dass das vorgeschlagene Geschäft zu (solchen) Verlusten habe führen können. *Unisono* wurde vorgetragen, dass man bei Abschluss des Swap-Vertrags keine hinreichende Aufklärung über die Risiken erhalten habe, sondern im Vertrauen auf die Bank die Geschäftsopportunität – denn als solches habe man zunächst das Geschäft gesehen – eingegangen sei.

### 2. *Die Entscheidung des OLG Frankfurt/Main als Vorinstanz zum Urteil des BGH*

Das OLG Frankfurt/Main[10] – hier exemplarisch für weitere Oberlandesgerichte[11] – bestätigte das erstinstanzliche Urteil des Landgerichts Hanau. Dieses war zuvor der prozessualen Einlassung der Klägerin mit dem Hinweis begegnet, dass die Behauptung der mangelhaften Aufklärung „offenkundig

[9] Vgl. dazu *Hull*, Optionen, Futures und andere Derivate, 6. Aufl. 2006, S. 193, weshalb dieser auch von einem fiktiven oder hypothetischen Nominalkapital spricht.

[10] ZIP 2010, 921 ff.; für weitere parallele Entscheidungen des OLG Frankfurt/Main vgl. die Nachweise in Fn. 8.

[11] Vgl. die Nachweise in Fn. 8. Anders entschied jedoch das OLG Stuttgart, das den Klagen vollumfänglich stattgab, vgl. BKR 2010, 208 ff. sowie BB 2011, 139 ff.; differenzierend das OLG Koblenz, WM 2010, 453 ff., das dem Kläger grundsätzlich einen Schadensersatzanspruch wegen unzureichender Aufklärung zuerkannte, aber dem Kläger ein Mitverschulden nach § 254 BGB in Höhe von 50 % gab.

nicht den Tatsachen entspreche".[12] Unter Anwendung der bisherigen, seit der Bond-Entscheidung des BGH[13] ständigen Rechtsprechung wies das OLG Frankfurt/Main die Berufung der Klägerin zurück und beließ es damit bei der erstinstanzlichen die Klage abweisenden Entscheidung des LG Hanau. Dies hatte bereits zuvor bestätigt, dass die Beklagte im Rahmen des Geschäftsabschlusses über den streitgegenständlichen CMS Spread Ladder-Swap die durch die höchstrichterliche Rechtsprechung ausdifferenzierten Anforderungen an eine anleger- und objektgerechte Beratung erfüllt habe.

Das OLG Frankfurt/Main führt in seiner die Berufung zurückweisenden Entscheidung dazu aus, dass die beklagte Bank nicht verpflichtet gewesen sei, die allgemeine Bereitschaft der Klägerin zur Übernahme hoher Risiken zu thematisieren. Die Klägerin erschien dem erkennenden Senat zufolge aufgrund entsprechender Erfahrungen und Kenntnisse nicht schutzbedürftig. Insoweit sei „von Bedeutung, mit welchem Mitarbeiter des Unternehmens die Verhandlungen geführt wurden und über welche Fachkenntnisse auf diesem Gebiet die für das Unternehmen tätig werdenden Mitarbeiter verfügt haben. Im vorliegenden Fall mag es sein, dass der Geschäftsführer der Klägerin (...) Probleme mit der Vertragsgestaltung und dem Verständnis der mathematischen Formel hatte. An den Gesprächen hat jedoch auch die Prokuristin (...) teilgenommen, die Diplom-Volkswirtin ist (...). Von einer Diplom-Volkswirtin ist aber zu erwarten, dass sie die Struktur von Swapverträgen und die verwendeten mathematischen Formeln versteht, zumal in den Präsentationsunterlagen eine Reihe von Beispielrechnungen enthalten ist."[14]

Das Berufungsgericht ist weiter der Auffassung, die Beklagte habe ihrer Aufklärungspflicht genüge getan. Eine Aufklärung über weitere Umstände sei von der Bank nicht geschuldet gewesen.[15] So habe nicht darauf hingewiesen werden müssen, dass – was vom Gericht nicht festgestellt war – zum Zeitpunkt des Vertragsschlusses die Mehrheit der Fachleute mit einer Reduzierung des Spreads gerechnet habe. Abgesehen davon, dass es sich dem erkennenden Senat zufolge „ohnehin um nicht verifizierbare Erwartungen" handelte, habe die Beklagte nicht darüber aufklären müssen, dass hinsichtlich der Reduzierung des Spreads unterschiedliche Auffassungen vertreten werden. Denn aus „der Unsicherheit der künftigen Entwicklung folgt [dies] zwangsläufig".[16] Hinzu komme, dass es völlig unmöglich sei, „die Entwicklung der verschiedenen Zinssätze und damit auch des Spreads für Jahre im

[12] Vgl. LG Hanau, Urteil vom 04.08.2008 – 9 O 1501/07, Rn. 13, zitiert nach juris.

[13] BGHZ 123, 126; s. ferner aus der ständigen Rechtsprechung nur BGH NJW 2009, 3429, 3433; NJW 2008, 3700, 3701; NJW 2005, 2917, 2919.

[14] OLG Frankfurt/Main (o. Fn. 10), Rn. 70, zitiert nach juris.

[15] OLG Frankfurt/Main (o. Fn. 10), Rn. 71, zitiert nach juris.

[16] OLG Frankfurt/Main (o. Fn. 10), Rn. 72, zitiert nach juris.

Voraus auf auch nur halbwegs sicherer Basis zu prognostizieren. Es handelt sich also tatsächlich bei dem CMS-Ladder-Swap um eine Art Glücksspiel'".[17] Da die spekulative Natur des Swaps auf der Hand lag, habe die Klägerin schon aus diesem Grund nicht darüber aufgeklärt werden müssen, dass der Swap in die „höchste Risikoklasse" von Anlagegeschäften gehöre.[18]

Ebenso genüge die Darstellung der Zinsstrukturen aus der Vergangenheit über einen Zeitraum von zehn Jahren den Anforderungen an die Aufklärungspflicht, weil der „korrekten Darstellung der Entwicklung in der Vergangenheit nur eine begrenzte Bedeutung" zukomme. Der erkennende Senat meint hierzu: „Zwar beruht die Entwicklung von kurz- und langfristigen Zinssätzen jeweils auf spezifischen Wirtschaftsgegebenheiten, die einer reflektierenden Betrachtung zugänglich sind. Aber auch mit Hilfe des Studiums historischer Daten können keine verlässlichen Prognosen über die zukünftige Entwicklung des Spreads aufgestellt werden, weil die Entwicklung der Kapitalmärkte in jeder volkswirtschaftlichen Epoche von anderen Rahmenbedingungen geprägt wird."[19]

Einen Hinweis auf den anfänglichen negativen Marktwert musste die Beklagte dem OLG Frankfurt/Main zufolge nicht erteilen. Denn bei dem Marktwert handele „es sich nicht um eine aktuelle Verbindlichkeit (...) sondern um einen vorläufig rein theoretischen Betrag, der überdies der permanenten Veränderung unterliegt und auch als ‚Momentaufnahme' bezeichnet werden kann".[20] Hinzu komme, „dass der Klägerin das Anlagekonzept, das einen anfänglichen negativen Marktwert beinhaltete, an sich auf Grund der vorher (...) abgeschlossenen Swap-Verträge bekannt war. Dann wusste sie aber auch, dass Swap-Verträge unterschiedliche Startchancen in der Form beinhalten, dass zum Zeitpunkt des Vertragsbeginns kein ausgeglichener Marktwert vorliegt."[21] Im Übrigen stelle der negative Marktwert – vergleichbar einer Vorfälligkeitsentschädigung – ein übliches Gewinnsicherungsmittel für Banken dar, über das demzufolge nicht gesondert aufgeklärt werden müsse.

Nach Ansicht der Richter des OLG Frankfurt/Main hat die Beklagte die Klägerin auch nicht arglistig getäuscht. In Betracht kommt dem erkennenden Senat zufolge allenfalls eine Täuschung in Form des bedingt vorsätzlichen Verschweigens von Tatsachen, bezüglich derer die Kundin nach Treu und Glauben unter Berücksichtigung der Verkehrsanschauung redlicherweise eine Aufklärung hätte erwarten dürfen. Insoweit verweist das Gericht auf seine Ausführungen zu den Aufklärungspflichten aufgrund des Beratungs-

[17] OLG Frankfurt/Main (o. Fn. 10), Rn. 72, zitiert nach juris.
[18] OLG Frankfurt/Main (o. Fn. 10), Rn. 73, zitiert nach juris.
[19] OLG Frankfurt/Main (o. Fn. 10), Rn. 76, zitiert nach juris.
[20] OLG Frankfurt/Main (o. Fn. 10), Rn. 81, zitiert nach juris.
[21] OLG Frankfurt/Main (o. Fn. 10), Rn. 82, zitiert nach juris.

vertrages und verneint mit der Ablehnung einer entsprechenden Beratungspflichtverletzung im Ergebnis auch eine arglistige Täuschung, weil die Beratungspflichten „eher einen weiteren Umfang haben, als die sich aus (...) § 123 BGB ergebenden."[22]

Das OLG Frankfurt/Main schließt seine Urteilsbegründung mit folgender Überlegung: „Der Geschäftsführer der Klägerin (...) hat im Rahmen seiner Anhörung angegeben, er habe dem Vertrag schließlich zugestimmt, obwohl er das ihm zu Grunde liegende Modell nicht verstanden habe. Wenn die Klägerin sich aber auf ein Geschäft mit bedeutender wirtschaftlicher Tragweite einlässt, ohne dass die verhandlungsführende und vertretungsberechtigte Person sich von den potentiellen wirtschaftlichen Konsequenzen überzeugt hat, geht sie bewusst ein Risiko ein, das sie nicht später ihrer Vertragspartnerin anlasten darf."[23]

Die Vorinstanz, das LG Hanau, hatte in seiner Entscheidung vom 4. August 2008 zudem noch hervorheben, dass aus seiner Sicht die Chancen und Risiken des streitgegenständlichen Geschäfts „extrem unausgewogen" gewesen seien. Denn während die Klägerin bei für sie optimalem Zinsverlauf maximal 1,5 % im 1. Jahr und anschließend 4 weitere Jahre lang 3 % = 270.000,00 EUR erwarten durfte, war ihr eigenes Verlustrisiko – jedenfalls theoretisch – nahezu unbegrenzt. Das Landgericht weist die Parteien im Urteil aber darauf hin, dass es nicht Aufgabe des Gerichts sei, „ein solches Produkt moralisch zu bewerten. Maßgeblich ist allein, ob die Klägerin hierüber getäuscht wurde. Dies ist aber nicht der Fall, denn in der Präsentation werden exakt diese Chancen und Risiken angesprochen und ausführlich erläutert. Von einer Täuschung oder einem gar arglistigen Verhalten kann deshalb keine Rede sein (...)."[24]

## III. Die Aufklärungspflicht bei zulässigen Geschäften und das Verbot unzulässiger Rechtsgeschäfte

### 1. *Die Aufklärungspflicht als Regulativ*

In dem beschriebenen und weiteren gleichgelagerten Fällen geht es – wie so oft vor Gericht – zunächst einmal um Geld. Entkleidet man aber den prozessualen Klageantrag seines merkantilen Gewandes, so geht es auf einer tieferen Seinsschicht um allzu menschliche Grundthemen, die sich mit den Begriffen Vertrauen, Geschäftssinn und (Eigen-)Verantwortung, aber auch

22 OLG Frankfurt/Main (o. Fn. 10), Rn. 66, zitiert nach juris.
23 OLG Frankfurt/Main (o. Fn. 10), Rn. 83, zitiert nach juris.
24 LG Hanau (o. Fn. 12), Rn. 25, zitiert nach juris.

im Einzelfall mit Begrifflichkeiten wie Gier und Dummheit schlagwortartig umschreiben lassen.

Aufgabe des Rechts und insbesondere der rechtsanwendenden Gerichte ist es, Verantwortungssphären der im wirtschaftlichen Austausch befindlichen Bürger konkret zu bestimmen. Diese Verantwortungssphären verändern sich in dem Maße, wie der im Rechtsverkehr Handelnde die Folgen seines eigenen Handelns übersehen kann oder – bei einer quasi strukturellen Unterlegenheit – von Rechts wegen schutzbedürftig zu sein scheint. Dies nimmt der Gesetzgeber beim Verbraucher regelmäßig an, wohingegen er eine solche Differenzierung üblicherweise nicht bei Unternehmern und Vollkaufleuten vornimmt, es sei denn, er begründet eine Art Zulassung zum Handelsverkehr, wie es zum Beispiel die MiFID unter Hinweis auf den „professionellen Kunden" macht.[25] Danach ist ein professioneller Kunde ein solcher, der über ausreichende Erfahrungen, Kenntnisse und Sachverstand verfügt, um seine Anlageentscheidungen selbst treffen und die damit verbundenen Risiken angemessen beurteilen zu können.[26] Dabei reicht es aber nicht, den materiellen Nachweis dieser Erfahrenheit unabhängig von institutionellen Voraussetzungen zu erbringen, sondern die MiFID stellt auf förmliche Kriterien ab, die dort im Einzelnen aufgelistet werden.[27]

Fehlt es an solchen rechtlichen Zulassungshürden für das konkrete risikobehaftete Geschäft, so arbeitet der Gesetzgeber eher mit generalpräventiven Verboten, die dem konkreten Geschäft die rechtliche Legitimation nehmen. Der Vertragspartner, der aus diesem Geschäft seine „Früchte" ziehen möchte, kann dies deshalb nicht unter Anrufung der Gerichte tun, weil diese ihm den Dienst unter Hinweis auf die Unzulässigkeit des Rechtsgeschäfts versagen. Das konkrete Verbot des Zinseszinses nach § 248 I BGB mag dafür als ein in jeder Hinsicht symbolträchtiges Beispiel dienen.[28]

Ist das Geschäft zunächst als solches rechtlich zulässig, liegen also keine gesetzlich normierten Verbotstatbestände vor, so kann es immer noch aufgrund seiner Besonderheiten jenseits solch typisierter Verbotstatbestände als

[25] Vgl. Richtlinie 2004/39/EG des Europäischen Parlaments und des Rates vom 21. April 2004 über Märkte für Finanzinstrumente, Anhang 2; vgl. auch in der Umsetzung der Richtlinie § 31a II WpHG.

[26] Ebenda.

[27] Vgl. *Spindler*, NJW 2011, 1920, 1921 f., der darauf hinweist, dass man sich in rechtspolitischer Hinsicht fragen mag, „ob die überkommenen Kriterien und die Annahmen zur (fehlenden) Schutzbedürftigkeit von Kaufleuten generell noch gerechtfertigt sind und ob nicht vielmehr allgemein auch im HGB je nach Branchenkenntnissen differenziert werden sollte".

[28] Zu beachten sind jedoch zugleich auch die in § 248 II BGB geregelten Sonderfälle, wonach Guthabenzinsen auf Einlagen bei Kreditinstituten sowie Darlehenszinsen auf Hypotheken von Pfandbriefbanken von diesem Verbot ausgenommen sind; vgl. dazu auch § 355 I HGB.

sittenwidrig gebrandmarkt werden. Die Rechtsfolge eines solchen sittenwidrigen Geschäfts legt § 138 BGB mit der Nichtigkeit fest.

Die Begründung einer Aufklärungspflicht im Anlageberatungsgeschäft findet also rechtssystematisch unterhalb der Ebene des rechtlich unzulässigen Geschäfts statt. Das Geschäft darf grundsätzlich abgeschlossen werden; es wird als solches in seinem Bestand von der Rechtsordnung anerkannt, aber es müssen spezifische Aufklärungsanforderungen durch den Bankberater erfüllt werden, damit die das Geschäft prägenden Beratungsleistungen als vertragsgemäß erbracht gelten und infolgedessen keine Ansprüche aus § 280 I BGB entstehen können.

### 2. *Die Bank als Finanzintermediär*

Die Gerichte hatten also zu klären, inwieweit eine Bank ein aufsichtsrechtlich zulässiges Produkt (Zins-Swap), welches bisher vornehmlich in der Sphäre von Großkunden, öffentlichen Gebietskörperschaften und im Interbankenmarkt Verwendung fand,[29] so standardisieren kann, dass es auch als ein Finanzinstrument bei der Zinssicherung oder Zinsoptimierung mittelständischer und kommunaler Unternehmen mit umfangreichen zinstragenden Fremdverbindlichkeiten eingesetzt werden kann. Es ging also um die Frage, welche spezifischen Anforderungen die Bank im rechtsgeschäftlichen Verkehr treffen, wenn Sie mit ihrem Finanzprodukt dem mittelständischen Kunden oder der kommunalen Gebietskörperschaft den Zugang zu einem komplexen Derivate-Markt verschaffen will, den der mittelständisch geprägte Kunde jedoch nicht unmittelbar, sondern nur über die Bank als Finanzintermediär erhalten kann.

Eine der Besonderheiten dieses Produktes ist es deshalb, dass die Bank für den Kunden nicht als quasi beratender Makler agieren kann, um Swap-Verträge zwischen ihm und anderen austauschwilligen Swap-Partnern zustande kommen zu lassen. Die Bank muss vielmehr, um dem Kunden Zugang zum Tauschpartner im Swapmarkt zu verschaffen, in eine Doppelrolle schlüpfen: Sie kann dem Kunden nur dadurch den Zugang zum Derivate-Markt verschaffen, dass sie förmlich zur Gegenpartei und somit zum formellen Vertragspartner des Kunden wird.[30] Andererseits bleibt sie Anlageberater des Kunden und ist diesem und seinen Interessen verpflichtet. Die bis *dato* nicht marktfähigen, weil zu kleinen Swap-Tranchen des Mittelständers oder des kommunalen Unternehmens werden demgemäß über die Bank als Finanz-

[29] Vgl. zu Zinsswaps allgemein *Hull* (o. Fn. 9), S. 192 ff., und *Bardenhewer*, Exotische Zinsswaps: Bewertung, Hedging und Analyse, 2000, sowie zu Zinsswaps insbesondere der öffentlichen Hand *Lehmann*, BKR 2008, 488 ff. und *Fritsche/Fritsche*, LKV 2010, 201 ff.

[30] Zur Rolle des Finanzintermediärs vgl. *Hull* (Fn. 9), S. 196 f.

intermediär gebündelt und mit ihren eigenen weiteren Positionen im Handelsbuch am Markt „gehedged". Ziel des Produktes sollte es – wie bei den „Großen" – sein, ohne Kapitaleinsatz einen Ertrag zu generieren, um eine bestehende Zinslast im Saldo zu „verbilligen" (Zinsoptimierung) oder eine vorhandene Zinsrisikoposition, zum Beispiel in Form von variablen Zinsen, zu schließen (Zinssicherung).

Dem damit vom Kunden einzugehenden Risiko steht eine asymmetrische Gewinnchance gegenüber.[31] Der Kunde hat einerseits die überwiegende Chance, einen relativ geringen Erlös (z. B. 1,5 % p. a. auf den Bezugsbetrag) zu erzielen, übernimmt dafür andererseits aber das geringere Risiko eines dann jedoch exponentiell hohen Verlustes.[32] Die Bank hat dieses Verlustrisiko in dem streitgegenständlichen Fall als „theoretisch unbegrenzt" bezeichnet.

Das OLG Frankfurt/Main und mit ihm die OLG Bamberg, Celle, Köln und Hamm haben zu der zuvor beschriebenen gerichtlichen Aufgabe der Risikosphärenbestimmung einen sehr klaren Standpunkt vertreten, der sich wie folgt zusammenfassen lässt:

(1) Wer als Kunde einer Bank ohne Kapitaleinsatz Finanztransaktionen durchführt, um damit mögliche Gewinne im fünfstelligen Bereich zu erzielen, dem muss bekannt sein, dass die Kehrseite dieser Gewinnaussicht die Übernahme eines im Einzelfall nicht geringen Risikos ist.

(2) Anders als bei typischen Anlagen mit Kapitaleinsatz kann sich das Risiko *per definitionem* nicht im Verlust des Kapitals ausdrücken, da es beim Swap keinen Kapitaleinsatz gibt. Das Risiko kann insoweit immer nur ein „Erfüllungsrisiko" sein, welches den Vertragspartner verpflichtet, die nach Saldierung verbleibenden Zinszahlungspflichten vertragsgemäß zu erfüllen oder – gegen einmalige Entgeltzahlung – sich vorzeitig aus dieser vertraglichen Verpflichtung zu lösen.

(3) Das Verlustrisiko muss von der Bank als Vertragspartner hinreichend beschrieben sein. Kann wegen der theoretisch nicht begrenzbaren Zinsdifferenz von zwei Referenzzinsen, hier dem zweijährigen Kapitalmarktzins zum zehnjährigen Kapitalmarktzins, aus denklogischen Gründen kein Höchstrisiko beziffert werden, reicht der Hinweis auf ein „theoretisch unbegrenztes Verlustrisiko" aus, um das Risiko zu umschreiben.

[31] Eine solche Chancen-Risiko-Relation lässt sich auf Grundlage eines sogenannten Backtestings feststellen, bei dem rückblickend ermittelt wird, an wie vielen Abschlusstagen in der Vergangenheit das Geschäft für den Kunden zu einem Gewinn bzw. Verlust geführt hätte.

[32] *Johanning*, in: Börsenzeitung vom 27.01.2011, S. 4, weist in diesem Zusammenhang darauf hin, dass Kunden bei typischen *CMS Spread Ladder Swaps* meist einen Gewinn erzielen, selbst wenn die Zinsentwicklung leicht zu Ungunsten des Kunden verläuft.

(4) Es bedarf bei der Risikobeschreibung durch die Bank im Rahmen einer Szenarioberechnung nicht der Abbildung des zukünftig eingetretenen „Real Cases", um aus den gewählten Szenarien dem Kunden deutlich zu machen, in welche Richtung sich sein Swap bei Verfehlung der Prognose entwickeln kann. Es reicht aus, dass der Kunde nachvollziehen kann, welche wirtschaftlichen Folgen eine Fehleinschätzung des Zinslaufs für ihn haben kann.
(5) Der Abschluss eines Swap-Vertrags mit der Bank, der zu einem Leistungsaustausch zwischen dem Kunden und der Bank führt, macht aus sich heraus – ohne weitere Erklärung – deutlich, dass die Bank in diesem Fall als Finanzintermediär primär Geschäftspartner des Kunden mit einer eigenständigen Interessenwahrnehmung ist und nicht nur als Anlageberater des Kunden auftritt.
(6) Ein in den Swap eingepreister anfänglicher negativer Marktwert stellt das Entgelt der Bank für den Abschluss des Swap-Vertrags mit dem Kunden dar, mit dem dieser über die Bank als Intermediär am Kapitalmarkt als Swap-Partei auftreten kann. Über diesen anfänglich negativen Marktwert ist der Kunde dann nicht aufzuklären, wenn dieser der Höhe nach branchenüblich ist und er die Chancen des Kunden auf einen zukünftigen Erlös aus dem Swap nicht unverhältnismäßig beeinträchtigt.

## IV. Das Swap-Urteil des BGH

### *1. Maßgebliche Leitsätze*

In seiner vielbeachteten[33] Entscheidung vom 22. März 2011 hat der BGH[34] sich gegen diese Auffassung der Berufungsgerichte und einer Vielzahl von erstinstanzlichen Landgerichten gewandt. Mit den gerichtlichen Leitsätzen zwei und drei schlägt der BGH ein neues Kapitel der Rechtsprechung im Recht der Anlageberatungshaftung auf. Wörtlich heißt es dort:

„2. Bei einem so hochkomplexen Anlageprodukt wie dem CMS-Spread-Ladder-Swap-Vertrag muss die Aufklärung gewährleisten, dass der Anleger im Hinblick auf das Risiko des Geschäfts im Wesentlichen den gleichen Kenntnis- und Wissenstand hat wie die ihn beratende Bank, weil ihm nur so eine eigenverantwortliche Entscheidung darüber möglich ist, ob er die ihm angebotene Zinswette annehmen will.

3. Bei einem CMS-Spread-Ladder-Swap-Vertrag muss die beratende Bank über den negativen Marktwert aufklären, den sie in die Formel zur Berech-

[33] Vgl. *Lehmann*, JZ 2011, 749: „Selten war einer Entscheidung mit solche fieberhafter Spannung entgegen gesehen worden wie dieser."

[34] BGH ZIP 2011, 756 ff.

nung der variablen Zinszahlungspflicht des Anlegers einstrukturiert hat, weil dieser Ausdruck ihres schwerwiegenden Interessenkonflikts ist und die konkrete Gefahr begründet, dass sie ihre Anlageempfehlung nicht allein im Kundeninteresse abgibt."

### 2. *Der Sachverhalt*

Wie konnte der BGH so weitreichend in seiner rechtlichen Bewertung des Geschäfts abweichen von den Vorinstanzen? Was war geschehen?

Ein mittelständisches Unternehmen auf dem Gebiet der Waschraumhygiene[35] schloss im Februar 2005 mit der Bank einen sog. CMS Spread Ladder Swap-Vertrag über einen Bezugsbetrag in Höhe von EUR 2.000.000,00 ab. Darin verpflichtete sich die Bank, über die Vertragslaufzeit von fünf Jahren hinweg halbjährlich Zahlungen in Höhe eines festen Zinssatzes von 3 % p. a. an die Kundin zu leisten, wohingegen sich die Kundin im Gegenzug verpflichtete, zu denselben Zeitpunkten aus dem Bezugsbetrag im ersten Jahr Zinsen i. H. v. 1,5 % p. a. an die Bank zu zahlen und danach einen variablen Zinssatz, der mindestens bei 0,00 % p.a. lag und sich abhängig von der Entwicklung der Differenz („Spread") zwischen dem Zwei-Jahres-Zinssatz (CMS 2) und dem Zehn-Jahres-Zinssatz (CMS 10) nach folgender Formel berechnete:

Zinssatz der Vorperiode + 3 × [Strike – (CMS 10 – CMS 2)], mindestens 0,0 % p.a.

Der Strike war eine vertraglich festgelegte Prozentzahl, die mit 1 % p. a. im ersten Jahr begann und über die Vertragslaufzeit in halbjährlichen Abständen nach einem festen Plan kontinuierlich sank, bis sie schließlich einen Wert von 0,55 % p.a. erreichte.

Im ersten Jahr erhielt die Kundin eine saldierte Garantiezahlung in Höhe von EUR 30.000,00, die sich ergab aus der Differenz der Zahlungspflicht der Bank über 3 % p.a. des Bezugsbetrags an die Kundin (= EUR 60.000,00) und der gegenläufigen Zahlungspflicht der Kundin über zunächst 1,5 % p.a. an die Bank (= EUR 30.000,00).

Der konkrete Bezugsbetrag war ermittelt worden in Anlehnung an zwei Zinssatz-Swap-Verträge (Grundgeschäfte) über jeweils EUR 1.000.000,00, welche die Kundin wenige Jahre zuvor mit einer anderen Bank abgeschlossen hatte und die zum Zeitpunkt des hier streitgegenständlichen Vertragsabschlusses negative Marktwerte über insgesamt etwa EUR 250.000,00 aufwie-

[35] Der BGH wurde in seiner Entscheidung nicht müde, auf diese Charakterisierung der Klägerin hinzuweisen, während für das erstinstanzliche Gericht nicht die Branche der Klägerin, sondern deren wirtschaftliche Größe erwähnenswert war, indem es die Millionenumsätze der Klägerin hervorhob, vgl. LG Hanau (o. Fn. 12), Rn. 13, zitiert nach juris.

sen. Der CMS Spread Ladder Swap sollte nach der Vorstellung der Parteien durch das Erwirtschaften eines positiven Cash Flows dem Ausgleich der dort drohenden Verluste dienen.

Eine einseitige Vertragsbeendigung war ohne Vorliegen eines wichtigen Grundes für beide Parteien erstmals nach dreijähriger Laufzeit und nur gegen Ausgleichszahlung in Höhe des aktuellen Marktwertes des Vertrags möglich.

In dem Beratungsgespräch, das die Bank mit dem Geschäftsführer der Kundin und der Prokuristin, einer ausgebildeten Volkswirtin führte, hatte die Bank der Kundin unterschiedliche Szenarien vorgestellt, die – abhängig von der Entwicklung der Zinssätze über zwei und zehn Jahre – deutlich unterschiedliche Entwicklungsverläufe des CMS Spread Ladder Swaps wiedergaben. Zudem bezeichnete die Bank das Verlustrisiko der Kundin als „theoretisch unbegrenzt", da aus rein rechnerischen Gründen ein möglicher höchster Verlustbetrag nicht angegeben werden konnte. Denn auch eine inverse Zinsstrukturkurve kennt keine Obergrenze. Die Bank legte der Kundin den zum Zeitpunkt des Vertragsabschlusses vorhandenen negativen Marktwert in Höhe von EUR 80.000,00 oder 4 % des Nominalbetrags nicht offen.

Ab Herbst 2005 nahm die für die Berechnung der Zinszahlungspflicht der Kundin relevante Zinsdifferenz entgegen der Prognose der Bank fortlaufend ab, so dass sich nach Ablauf des ersten Jahres eine überwiegende Zinszahlungspflicht der Kundin ergab. Am 26. Oktober 2006 erklärte die Kundin die Anfechtung des CMS Spread Ladder Swap-Vertrags wegen arglistiger Täuschung. Anfang Januar 2007 wurde das Swap-Geschäft gegen Zahlung eines Ausgleichsbetrags durch die Kundin in Höhe des damaligen negativen Marktwertes von über EUR 560.000,00 aufgelöst.

### *3. Die maßgeblichen Entscheidungsgründe zur Begründung einer neuen Aufklärungspflicht*

Der BGH stützt seine der Klage stattgebende Entscheidung darauf, dass die Bank die aus dem Beratungsvertrag[36] zwischen ihr und der Kundin erwachsenen Pflichten zur anleger- und objektgerechten Beratung verletzt habe.[37]

Der BGH erkennt eine Beratungspflichtverletzung der Bank darin, dass diese die Kundin nicht darüber aufgeklärt habe, dass der von ihr empfohlene Swap-Vertrag zum Abschlusszeitpunkt einen für den Kunden negativen Marktwert in Höhe von ca. 4 % der Bezugssumme (ca. EUR 80.000,00) auf-

[36] Zu den Ursprüngen des von der Rechtsprechung entwickelten Anlageberatungsvertrages vgl. *Hanowski*, NZG 2011, 573, 574.

[37] Der BGH hat sich hinsichtlich der Beratungspflichten bei komplexen Finanzprodukten weit in Neuland vorgewagt, vgl. *Lehmann*, JZ 2011, 749.

gewiesen habe.[38] Anders als die Bewertung des Berufungsgerichts, das darin zuvor nur einen rein theoretischen Betrag erblickt hat, der nur im Falle einer vorzeitigen Vertragsbeendigung als Ausgleichszahlung zu erbringen sei, kommt für den BGH diesem negativen Marktwert hingegen maßgebliche Bedeutung für die Beurteilung des streitgegenständlichen Swap-Vertrags zu, da er „Ausdruck eines schwerwiegenden Interessenkonflikts" der Bank sei.[39] Diesen Interessenkonflikt sieht der BGH in der Übernahme der Rolle der Bank als „Wettgegnerin" des Kunden. Da aber nach der Vorstellung des BGH der Gewinn des Kunden der Verlust der Bank und umgekehrt ist, soll dieser Konflikt unter Beachtung der Anforderungen an eine allein am Kundeninteresse ausgerichteten Handlungsempfehlung auch nicht durch ein etwaiges *Hedging* der vertraglichen Risiken auflösbar sein. Nach Abschluss der *Hedge*-Geschäfte könne – so der BGH – der Bank die weitere Entwicklung des *Spreads* über die Laufzeit des Swap-Vertrags nur deshalb gleichgültig sein, weil sie durch diese Gegengeschäfte bereits ihre Kosten gedeckt und ihren Gewinn erzielt habe. Dies könne die Bank nur dadurch erreichen, dass sie die Konditionen des Swap-Vertrags „bewusst so strukturiert hat, dass dieser zu Vertragbeginn einen für die Klägerin (der Kundin) negativen Marktwert in Höhe von 4 % der Bezugssumme aufwies."[40] Wörtlich heißt es in der Begründung weiter: „Wie die Beklagte darlegt, wird der jeweils gültige Marktwert des Vertrags anhand finanzmathematischer Berechnungsmodelle nämlich in der Weise ermittelt, dass – unter Berücksichtigung ggf. enthaltener Optionsbestandteile – die voraussichtlichen künftigen festen und variablen Zinszahlungen der Parteien gegenübergestellt und mit den an den entsprechenden Zahlungsterminen gültigen Abzinsungsfaktoren auf den Bewertungszeitpunkt abgezinst werden. Da der Verlauf des variablen Zinssatzes naturgemäß unbekannt ist, werden die künftigen Zahlungspflichten des Kunden dazu mittels eines Simulationsmodells errechnet, das auf den im Bewertungszeitpunkt rechnerisch ermittelten Terminzinssätzen basiert. Bewertet der ‚Markt' – nach den zur Verfügung stehenden Simulationsmodellen – zum Abschlusszeitpunkt das Risiko, dass die Klägerin übernimmt, in Höhe von 4 % des Bezugsbetrags negativ, bedeutet dies für die Beklagte, dass ihre Chancen in dieser Höhe positiv bewertet werden. Diesen Vorteil konnte sie sich durch die ‚Hedge-Geschäfte' abkaufen lassen."[41]

Nach Ansicht des BGH erscheint die Anlageempfehlung aus Sicht des Kunden in einem anderen Licht, wenn dieser weiß, dass die – wie er hervorhebt – „überaus komplexe Zinsberechnungsformel" für seine Zahlungen so

[38] *Lehmann*, JZ 2011, 749, 750, bezeichnet das als die neue, dritte Beratungspflicht und somit als die „eigentliche Innovation" der Entscheidung.

[39] BGH ZIP 2011, 756, 759, Rn. 31.

[40] BGH ZIP 2011, 756, 760, Rn. 35.

[41] BGH ZIP 2011, 756, 760, Rn. 35.

strukturiert wurde, dass derzeit der Markt seine Risiken negativer sieht als die gegenläufigen Risiken seiner ihn beratenden Vertragspartnerin.[42] Dabei ist es nach der Überzeugung des BGH unbeachtlich, ob die einstrukturierte Gewinnmarge der Bank marktüblich ist und die Erfolgschancen des Swap-Vertrags nicht wesentlich beeinträchtigt. Denn: „Maßgeblich ist allein, dass die Integrität der Beratungsleistung der Beklagten dadurch in Zweifel gezogen wird, dass sie sich ein zum Zeitpunkt des Vertragsabschlusses nach den Berechnungsmodellen überwiegendes Verlustrisiko des Kunden ‚abkaufen' lässt, das dieser gerade aufgrund ihrer Anlageempfehlung übernommen hat."[43]

## V. Die Aufnahme der Entscheidung in der Rechtspraxis und Rechtswissenschaft

Die Entscheidung des BGH ist wohl nur im Ergebnis weitestgehend positiv aufgenommen worden,[44] denn die rechtsdogmatische Begründung der neuen Aufklärungspflicht löste vielfältige Kritik aus.[45] Die Kritik wird dabei insbesondere an der Überdehnung der sich aus dem Beratungsvertrag ergebenden Pflichten der Bank festgemacht, wonach der Beratungsvertrag parallel zum Derivatvertrag abgeschlossen worden sei und über § 31 WpHG hinausgehende Pflichten begründen solle.[46] Für *Spindler* ist deshalb die Figur des selbständigen Beratungsvertrags, der sämtliche Unterschiede zwischen dem Eigengeschäft und damit Eigeninteresse einerseits und dem Kommissionsgeschäft andererseits einebnet, verantwortlich für die Probleme bei der Eingrenzung der Aufklärungspflichten über das wirtschaftliche Eigeninteresse.[47] Für *Hanowski* erscheint es vor dem Hintergrund, dass der BGH das Zustandekommen eines Beratungsvertrages mit dem eigenen wirtschaftlichen Interesse der Bank begründet, weiterhin fraglich, „eine Aufklärungspflicht über Provisionen mit der sich aus dem Beratungsvertrag allgemein ergebenden Pflicht zur ausschließlichen Beratung im Kundeninteresse und

[42] Für *Lieder*, GWR 2011, 175, ist es für „die Anlageentscheidung des Kunden von zentraler Bedeutung, dass das Anlageprodukt durch die beratende Bank in einer Weise strukturiert wurde, die dem Anleger im Abschlusszeitpunkt ein negativeres Risiko zuweist als der Bank."

[43] BGH ZIP 2011, 756, 760, Rn. 36.

[44] Vgl. *Lehmann*, JZ 2011, 749, 752; *Spindler*, NJW 2011, 1920, 1924; *Lieder*, GWR 2011, 175; *Roberts*, DStR 2011, 1231, 1234 f.; *Nieding*, jurisPR-BKR 5/2011 Anm. 1; *Assmann*, in: Deutscher AnwaltSpiegel v. 06.04.2011, S. 3, 5.

[45] *Klöhn*, ZIP 2011, 762, 763, der die Leistungsfähigkeit des Offensichtlichkeitskriteriums bei der Begründung von Ausnahmen mit sehr instruktiven Überlegungen zu bezweifeln scheint; *Lehmann*, JZ 2011, 749 ff.; *Spindler*, NJW 2011, 1920 ff.

[46] *Haas*, LMK 2011, 318031.

[47] *Spindler*, NJW 2011, 1920, 1921.

der daraus resultierenden Offenlegungspflicht des wirtschaftlichen Eigeninteresses zu rechtfertigen."[48] *Lieder* stellt mit Blick auf einen zu befürchtenden „information overload" in Frage, ob mit dieser Entwicklung zu immer neuen und extensiveren Aufklärungs- und Informationspflichten im Ergebnis viel gewonnen ist.[49] *Haas* weist darauf hin, dass mit der Entscheidung des BGH eine umfangreiche Einzelfalljudikatur zu befürchten sei, bei der die für den Rechtsverkehr notwendige Rechtssicherheit zum Umfang der Aufklärungspflicht erst durch höchstrichterliche Entscheidungen zu jedem einzelnen Derivatprodukt entstehen wird.[50] *Nieding* wiederum ist enttäuscht, dass der BGH in weiten Teilen seiner Urteilsbegründung auf seine bisherige Rechtsprechung abstellt, und vermisst Ausführungen zu einem möglichen Verstoß des Swap-Vertrags gegen die guten Sitten mit der Nichtigkeitsfolge des § 138 BGB.[51] Nach *Baumann* liegt dem Begründungsansatz des BGH die Fehlvorstellung zugrunde, „dass die Bank durch Hedge-Geschäfte die Prämie erwirtschaftet, welche dem Anleger für die Übernahme des Risikos zusteht. Tatsächlich aber löst sich die Bank durch diese von einer Position, welche sie – da sie die Marktmeinung des Kunden über die zukünftige Zinsentwicklung teilt – als verlustbringend erachtet."[52] Ein anfänglich negativer Marktwert erlaube weder eine Aussage über die Erfolgswahrscheinlichkeit des Geschäfts noch vermag er einen schweren Interessenkonflikt zu begründen.[53] Anderenfalls bestünde – so *Baumann* – eine Aufklärungspflicht schon dann, wenn ein Vertrag über ein Finanzinstrument auf beratungsvertraglicher Grundlage ohne gesondert in Rechnung gestellte Abschlusskosten, wie es bei Anleihen und Zertifikaten regelmäßig der Fall ist, geschlossen werde.[54]

## VI. Jenseits der Grenzen der Auslegung

### *1. Die Fehlvorstellung des BGH von einem fairen Marktwert null*

In der Tat lässt sich eine Pflicht zur Aufklärung über den anfänglich negativen Marktwert nicht auf den dem Rechtsverhältnis zwischen der Bank und dem Kunden zugrunde liegenden Beratungsvertrag und schon gar nicht auf

[48] *Hanowski*, NZG 2011, 573, 574: „Letztlich wird die Offenlegungspflicht aus einem fiktiven Vertrag mit einem Eigeninteresse gerechtfertigt, welches aber gerade das Zustandekommen des Vertrags begründet – ein Zirkelschluss."

[49] Vgl. *Lieder*, GWR, 2011, 175 mit Hinweis auf *Möllers/Kernchen*, ZGR 2011, 1 ff.

[50] *Haas*, LMK 2011, 318031; auch *Hanowski*, NZG 2011 573, 575, bezeichnet die Entscheidung als Einzelfallrechtsprechung; vgl. dazu weiter *Buck-Heeb*, jurisPR-BKR 7/2011 Anm. 2.

[51] *Nieding*, jurisPR-BKR 5/2011 Anm. 1.

[52] *Baumann*, EWiR 2011, 407, 408.

[53] *Baumann*, EWiR 2011, 407, 408.

[54] *Baumann*, EWiR 2011, 407, 408.

§ 31 I Nr. 2 WpHG in der am 16.02.2005 geltenden Fassung stützen. Der anfänglich negative Marktwert spiegelt nicht nur das Umsatzinteresse der Bank, sondern zugleich auch Kostenbestandteile im Zusammenhang mit dem konkreten Geschäftsabschluss wider, die einen Interessenkonflikt der Bank *per se* nicht begründen können.[55] Dazu zählen die Kosten der Produktentwicklung, des Vertriebs, aber insbesondere auch die Bewertung des Adressausfallrisikos im Falle einer Leistungsstörung bei der Erfüllung der vom Kunden übernommenen vertraglichen Verpflichtungen. Da die Bank unmittelbar mit dem Vertragsabschluss das Geschäft *„gehedged“* hat, übernimmt sie im Verhältnis zum *Hedging*-Partner das Ausfallrisiko für die vertraglich geschuldeten Zahlungen des Kunden. Der BGH unterscheidet in seiner Begründung diesbezüglich aber nicht: Er stellt undifferenziert nach der Höhe des Marktwertes ausschließlich auf den anfänglich negativen Wert dem Grunde nach ab. Dabei geht er irrtümlicherweise von der Fehlvorstellung aus, dass der Bank ein Geschäftsabschluss zum Marktwert null möglich wäre. Geschäftsabschlüsse zum Marktwert null gibt es im Markt jedoch nicht.[56]

Zwar kennt die moderne Betriebswirtschaftlehre einen sog. fairen Swapsatz. Damit ist der Zustand beschrieben, bei dem die Parteien eines Swaps zum Zeitpunkt des Vertragsabschlusses den gleichen Barwert haben.[57] Diese Idee eines fairen Swapsatzes baut aber auf der modellhaften Bewertungsannahme auf, dass es sich um einen (i) friktionslosen, (ii) arbitragefreien Markt mit (iii) ausfallfreien Marktteilnehmern handelt.[58] *Bardenhewer* beschreibt diesen modellhaften Markt für Swaps wie folgt: „In einem friktionslosen Markt gibt es keine Transaktionskosten, Informationskosten oder Steuern. Alle Markteilnehmer haben den gleichen Marktzugang und alle Instrumente sind beliebig teilbar. Ein Markt ist arbitragefrei, wenn es unmöglich ist, ohne eine heutige Auszahlung eine Chance auf eine zukünftige Einzahlung zu erhalten (‚geschenktes Lotterielos‘) oder eine heutige sichere Einzahlung zu erhalten, mit der mit Sicherheit keine zukünftige Auszahlung verbunden ist (‚Free Lunch‘).“ Schließlich ist eine weitere Bewertungsannahme, dass kein Marktteilnehmer mit seinen Verpflichtungen ausfallen kann, so dass versprochene zukünftige Zahlungen in jedem Fall geleistet werden.[59]

Es bedarf keiner ausführlichen Begründung, dass in der wirklichen Welt solche Bewertungsannahmen nicht anzutreffen sind mit der Folge, dass es

[55] *Pitsch*, DStR 2011, 927, 928, führt zum negativen Marktwert aus: „Auch hier handelt es sich lediglich um einen kalkulatorischen Preisbestandteil, der in einer marktwirtschaftlichen Ordnung üblich ist. Selbst vergleichsweise einfache Bankprodukte wie Anleihen oder Sparverträge beinhalten nicht ausgewiesene (Abschluss-)Kosten der Bank.“

[56] *Hanowski*, NZG 2011, 573, 575, weist darauf hin, dass Finanzprodukte mit einem negativen Anfangswert im Bereich der strukturierten Anlageformen nicht selten sind.

[57] Vgl. *Bardenhewer* (Fn. 29), S. 6.

[58] *Bardenhewer* (Fn. 29), S. 7.

[59] *Bardenhewer* (Fn. 29), S. 7.

einen fairen Swapsatz dort gar nicht geben kann. Dies gilt erst Recht bei einem Swapvertrag, bei dem der Zutritt zum Derivatemarkt über einen Finanzintermediär erfolgt, weil der die Voraussetzungen zur Teilnahme am Derivatemarkt nicht erfüllende Mittelständler nicht die erforderliche „Losgröße" erfüllt. Er braucht deshalb einen Finanzintermediär, um sich Zutritt zum Derivatemarkt zu verschaffen, der ihm die Möglichkeit einräumt, ohne Kapitaleinsatz Gewinne zu generieren. Bei dieser Konstellation wäre ein anfänglicher Marktwert von null zum Zeitpunkt des Abschlusses des Zins-Swaps gleichbedeutend mit dem Verkauf eines Produktes unter Einstandskosten. Dies soll in unvollkommenen Märkten vorkommen, darf aber nicht zu einer rechtlichen Vorbedingung dafür werden, ein solches Derivat „aufklärungsfrei" anbieten zu dürfen.

### 2. *Die Notwendigkeit des* Hedgings *für den Finanzintermediär*

Der BGH geht davon aus, dass die Bank „Wettgegnerin" des Kunden ist.[60] Formaljuristisch ist dies zu bejahen, da die Bank und kein Dritter Vertragspartner des Kunden beim Swap-Geschäft geworden ist. Aber die Bank ist kein Gegner im materiellen Sinne, denn die Bank tritt in diese Vertragsposition gegenüber dem Kunden nur ein, um in ihrer Eigenschaft als Finanzintermediär dem Kunden den Zutritt zum Swap-Markt zu ermöglichen.[61] Der mittelständische Kunde ist als solcher nicht in der Lage, geeignete Swap-Partner im globalen Derivate-Markt zu finden. Ebenso wären im Zweifel die Kosten für eine solche *Stand-alone*-Transaktion mit einem relativ geringen Geschäftsvolumen zu hoch, um für den Mittelständler attraktiv zu sein. Die Bank tritt deshalb nur aus dem Grunde in die formale Position des Swap-Partners ein, um im gleichen Moment die Position zu *hedgen*, damit sie für sich keine dauerhafte Risikoposition eröffnet und dadurch zugleich auch weiterhin ihre Verpflichtungen aus dem Beratervertrag erfüllen kann.[62] Da sich für die Bank die beiden Geschäfte neutral verhalten, trifft die Aussage des BGH, die Bank würde eine Rolle übernehmen, die den Interessen des Kunden entgegengesetzt sei, und der Verlust des Kunden entspräche spiegelbildlich dem Gewinn der Bank,[63] nicht zu.[64]

[60] BGH ZIP 2011, 756, 760, Rn. 35; dies sieht wohl auch *Lieder*, GWR 2011, 175, so: „Während das Kreditinstitut als Beraterin zur Wahrung der Anlegerinteressen verpflichtet ist, hat sie als Vertragspartei ein Interesse daran, dass der Anleger die mit ihr abgeschlossene (Zins-)Wette verliert."

[61] Vgl. oben Ziff. III. 2.

[62] Kritisch dazu *Klöhn*, ZIP 2011, 762, der die Bank trotz der Gegengeschäfte als Wettpartnerin des Kunden ansieht.

[63] BGH ZIP 2011, 756, 760, Rn. 34.

[64] So auch *Hanowski*, NZG 2011, 573, 575; *Pitsch*, DStR 2011, 926, 928, stimmt zu: „Der Umstand, dass die beklagte Bank ihre Chancen und Risiken aus dem *CMS Swap* durch

Ebenso wenig vermag die Begründung des BGH zu überzeugen, wonach nach Abschluss des *Hedgings* der Bank die weitere Entwicklung des *Spreads* über die Laufzeit des *Swap*-Vertrags nur deshalb gleichgültig sein könne, weil sie durch das Gegengeschäft bereits ihre Kosten gedeckt und ihren Gewinn erzielt habe.[65] Das *Hedging* ist gerade kein Exit aus dem Vertragsrisiko mit dem Kunden und die Realisierung des eigenen Gewinns. Das offene Adressausfallrisiko der Bank berücksichtigt der BGH hier mit keinem Wort. Mit dem *Hedging* schließt die Bank als Markt- oder Finanzintermediär das korrelierende Gegengeschäft ab und rückt dem Vertragspartner aus diesem Gegengeschäft gegenüber in die gleiche Position, die der Kunde ihr gegenüber hat. Sie hat infolgedessen ihrem *Hedging*-Partner die gleichen Zahlungen zu leisten, die sie von ihrem Kunden aufgrund des Swap-Vertrags erwarten kann. Fällt der Kunde mit seinen Zahlungen aus, ändert das an der eigenen Zahlungsverpflichtung der Bank ihrem Vertragspartner aus dem Gegengeschäft gegenüber nichts. Im Ergebnis trifft die Bank dann das volle Adressausfallrisiko des Kunden. Wie deshalb der Bank das Schicksal des Vertrags mit ihrem Kunden" – wie der BGH behauptet – nach dem *Hedging* gleichgültig sein könne, ist unerfindlich. Der Bank ist die Rückzahlung eines Kredits ja auch dann nicht „gleichgültig", wenn sie bei Ausreichung des Kredits bereits ein Disagio und damit einen Teil ihrer Zinseinnahmen vereinnahmt hat.

Eine das Kundeninteresse gefährdende Interessenkollision lässt sich – wie *Baumann* zutreffend ausführt[66] – gerade nicht mit dem von der Bank geschlossenen Gegengeschäft begründen. Denn diesem Begründungsansatz liege die Fehlvorstellung zugrunde, dass die Bank durch *Hedge*-Geschäfte die Prämie erwirtschafte, welche dem Anleger für die Übernahme des Risikos zustehe. *Baumann* weist zu Recht darauf hin, dass die Bank sich erst durch das *Hedging* von einer Position löst, „welche sie – da sie die Marktmeinung des Kunden über die zukünftige Zinsentwicklung teilt – als verlustbringend erachtet."[67] Eine Interessenkollision sei somit ausgeschlossen. Auch liege keine fehlende Erkennbarkeit der unterstellten Interessenkollision vor, denn sofern der Kunde das *Hedging* kenne, sei offenkundig, dass sich die für die Bank günstigen Vertragsparameter hierbei als Gewinn niederschlagen werden. „Weiß er nichts davon, liegt aus seiner Sicht ein Geschäft Bank gegen Kunde vor, so dass es an der Aufklärungsbedürftigkeit fehlt."[68]

Hedgegeschäfte neutralisierte, belegt vielmehr, dass die Bank von etwaigen Verlusten des Kunden nicht profitierte."

[65] BGH ZIP 2011, 756, 760, Rn. 35.

[66] *Baumann*, EWiR 2011, 407, 408.

[67] *Baumann*, EWiR 2011, 407, 408.

[68] *Baumann*, EWiR 2011, 407, 408.

Auch ein Blick in den börslichen Derivatehandel zeigt, dass die Begründung einer neuen Kategorie von Aufklärungspflichten jedenfalls bisher noch nicht hinreichend durchdacht ist. Denn niemand käme auf den Gedanken, beim Erwerb von börsennotierten Futures und Optionen zuvor über einen anfänglich negativen Marktwert aufklären zu lassen. Sofern hier der Börsenhandel aus Sicht des BGH das maßgebliche Unterscheidungsmerkmal dafür sein sollte, nur beim OTC-Derivat andere Aufklärungserfordernisse einzufordern, so gilt dies bereits nicht mehr bei außerbörslich gehandelten Optionen und Termingeschäften.

### 3. *Zur rechtlichen Skalierbarkeit der Bedeutung des anfänglich negativen Marktwertes*

Der anfänglich negative Marktwert als solcher kann dem Grunde nach nicht eine rechtlich relevante Tatsache darstellen, über den die Bank aufzuklären hat, will sie in unangreifbarer Weise ihren vertraglichen Beratungspflichten genügen.[69] Zu retten wäre dieser Ansatz nur, wenn die Höhe des dem Kunden weitestgehend verborgenen anfänglich negativen Marktwertes so unzulässig hoch wäre, dass damit das eigentliche Geschäft keine Chance auf einen angestrebten Gewinn zulässt.[70] Das deckte sich mit dem u. a. von *Nobbe* hervorgehobenen Grundsatz, dass die beratende Bank den Anleger über kalkulatorische Preisbestandteile des ihm empfohlenen Produkts nicht aufklären muss, sofern diese nicht ungewöhnlich hoch sind und die Werthaltigkeit der Anlage nicht infrage stellen.[71] Auch der BGH geht im Grundsatz davon aus, dass über das Gewinninteresse der Bank nicht aufzuklären und der Interessenkonflikt offensichtlich sei.[72]

Aber auf das Kriterium der „Marktwerthöhe" will der BGH sich letztlich nicht einlassen, denn nach dessen Ansicht spielt es keine Rolle, ob die einstrukturierte Gewinnmarge der Bank marktüblich ist und die Erfolgschancen des Kunden nicht wesentlich beeinträchtigt sind.[73] Maßgeblich ist nach

[69] Anders *Lieder*, GWR 2011, 175, der eine entsprechende Aufklärungspflicht mit der Begründung bejaht, es werde „dem Kunden die Information vorenthalten, dass zum einen der Markt bei Vertragsbeginn davon ausgeht, die Bank werde die Zinswette gewinnen, und deshalb auch ein Verkauf dieses Vorteils über den Markt möglich ist, und zum anderen die beratende Bank das Anlageprodukt bewusst zum Nachteil des Kunden entworfen hat."

[70] *Klöhn*, ZIP 2011, 762, 763, unterstellt in seiner Urteilsbesprechung, dass die zumeist langjährige Geschäftbeziehung des Kunden zur Bank es ihr erlaube, „unter Ausnutzung des Kundenvertrauens nicht marktgerechte Renditen abzuschöpfen"; vgl. hierzu die Rechtsprechung zu Optionsprämien BGHZ 124, 151 ff.

[71] *Nobbe*, WuB I G 1.–5.10, S. 125.

[72] BGH ZIP 2010, 756, 760, Rn. 38; für *Spindler*, NJW 2011, 1920, 1922, erscheint dies plausibel; gleichwohl prognostiziert er eine erhebliche Rechtsunsicherheit.

[73] BGH ZIP 2010, 756, 760, Rn. 36.

Ansicht des BGH allein, dass „die Integrität der Beratungsleistung der Beklagten dadurch in Zweifel gezogen wird, dass sie sich ein zum Zeitpunkt des Vertragsschlusses nach den Berechnungsmodellen überwiegendes Verlustrisiko des Kunden ‚abkaufen' lässt, das dieser gerade aufgrund ihrer Anlageempfehlung übernommen hat."[74]

Spätestens hier verliert die Begründung doch erheblich an systematischer Überzeugungskraft und steht dabei in einem auffälligen Missverhältnis zu den sehr lebensnahen Ansichten des Berufungsgerichts. Denn ein Kunde, der mit seiner Bank ein Finanzierungsinstrument wie den streitgegenständlichen CMS Swap abschließt, ohne eigenes Kapital einzusetzen und ohne irgendwelche Kosten in Form eines Aufschlags auf den Nominalbetrag zahlen zu müssen, weiß, dass die Bank die Beratung und den Vertragsabschluss dennoch nicht unentgeltlich durchführt.[75] Bei Geschäften unmittelbar zwischen der Bank und dem Kunden weiß der Kunde, dass der Preis des jeweiligen Geschäfts auch durch die Gewinninteressen der Bank beeinflusst wird.[76] Alles andere ist lebensfremd, wie *Nobbe* in seiner Anmerkung zu einem Urteil des LG Hamburg in Sachen *Lehman-Zertifikate* völlig zu Recht betont.[77] Es ist für den Kunden offensichtlich, dass die „Bezahlung" der Bank in der Vertragsgestaltung selbst liegen muss.[78] Dies gilt erst Recht für einen unternehmerisch tätigen Kunden, wie es vorliegend der Fall war, und über den streitgegenständlichen Zins-Swap hinaus für alle Finanzinstrumente, die ohne gesonderte und volldeckende Aufschläge verkauft oder vereinbart werden. Der Marktwert dieser Finanzinstrumente ist auch deshalb im Zeitpunkt des Vertragsabschlusses zwangsläufig aus Kundensicht negativ.

### 4. *Fehlerhafte tatsächliche Unterstellungen zum Verlustrisiko*

Zudem ist die Annahme des BGH, wonach der anfänglich negative Marktwert gleichbedeutend sei mit einem erhöhten Verlustrisiko des Swaps, kritisch zu hinterfragen.[79] Es stimmt zwar, dass der Swap im Zeitpunkt des Vertragsabschlusses einen negativen Marktwert besaß. Aber das sagt nichts über

[74] BGH ZIP 2010, 756, 760, Rn. 36.

[75] So auch jetzt der XI. Senat mit Urteil vom 27.09.2011 („*Lehman-Zertifikate*"), WM 2011, 2268 ff., wo er ausführt, dass eine Bank, die eigene Anlageprodukte empfehle, grundsätzlich nicht verpflichtet sei, darüber aufzuklären, dass sie mit diesen Produkten Gewinne erziele; denn in einem solchen Fall sei es für den Kunden offensichtlich, dass die Bank eigene (Gewinn-)Interessen verfolge, so dass darauf nicht gesondert hingewiesen werden müsse.

[76] Ebenso *Pitsch*, DStR 2011, 927 f.

[77] *Nobbe*, WuB I G 1.–11.10, S. 264; vgl. auch *Lang/Bausch*, WM 2010, 2101, 2107; *Habersack*, WM 2010, 1245, 1249; *Assmann*, ZIP 2009, 2125, 2130; *Spindler*, WM 2009, 1821, 1825 f.

[78] Wohl anders *Roberts*, DStR 2011, 1231, 1233.

[79] So auch *Baumann*, EWiR 2011, 407, 408.

die Chancen oder – anders ausgedrückt – die Wahrscheinlichkeit des Swaps aus, über die Vertragslaufzeit einen Zinsüberschuss für den Kunden zu erzielen. Denn der Vertrag mit dem Kunden sah eine Vertragslaufzeit von fünf Jahren vor. Die Praxis, wonach minutengenau vor dem eigentlichen Vertragsabschluss die Swapkonditionen am Markt abgefragt werden können, zeigt, dass es sich hier um einen Markt handelt, der sensibel auf jede Nuance an Veränderungen im zinsrelevanten Umfeld reagiert.

Solche Swap-Geschäfte eröffnen die überwiegende Chance des Kunden, einen geringen Gewinn zu erzielen (hier in Form der saldierten „sicheren" Zinszahlungen im ersten Jahr), und eröffnen das deutlich geringere Risiko, dass ein – dann aber erheblicher – Verlust erlitten wird.[80] Es ist die Risikoentscheidung des Kunden, ob er an einem solchen Geschäft mit seinen Chancen und Risiken beteiligt sein möchte. Die objektiven Chancen zum Zeitpunkt des Abschlusses des Geschäftes dürfen auch nicht aus der insoweit den Ausgang der Zinswette kennenden Sicht eines nach Risikoeintritt angerufenen Gerichts *ex post* reduziert werden. Dieses in der Psychologie als *hindsight bias* bekannte Phänomen[81] ist für die rechtliche Bewertung des eigentlichen historischen Vorgangs ungeeignet. Und dennoch setzt sich der BGH mit seinem Swap-Urteil genau diesem Vorwurf der *hindsight bias* aus. Der Hinweis auf das „theoretisch unbegrenzte Verlustrisiko" wird als eine Verharmlosung der „ruinösen" Risiken des Zins-Swaps angesehen, obwohl ein betragsmäßig beziffertes Risiko nun einmal bei der Struktur des Produkts nicht bei Abschluss des Vertrags angegeben werden kann. Denn es ist mathematisch nicht möglich, einen *worst case* zu berechnen, weil die Differenz der Kapitalmarktzinsen für 2- bzw. 10-jährige Laufzeiten „theoretisch" unendlich sein kann.[82] *Lehmann* weist deshalb mit einer gewissen Berechtigung darauf hin, dass der vom BGH geforderte Standard „unfreiwillig an die immer drastischer werdenden Warnhinweise auf Zigarettenschachteln" erinnert.[83]

Die Zinsformel, die mit den Grundrechenarten zu beherrschen ist, bezeichnet der BGH als „äußerst komplex", obwohl die Ausbildung des Gesprächspartners auf Seiten des Kunden keinen Zweifel aufkommen ließ, dass dieser intellektuell in der Lage war, die Formel zu verstehen. Die Entscheidung macht deutlich, dass der BGH dieses Geschäft nicht mit einer die Klage abweisenden Entscheidung „legitimieren" will. Er versucht das über eine sperrige Begründung einer Aufklärungspflicht zu erreichen, die rein

[80] Vgl. Fn. 31, 32.

[81] Vgl. *Johanning* (Fn. 32).

[82] A.A. *Roberts*, DStR 2011, 1231, 1233, der diese mathematische Unmöglichkeit nicht erkennt, wenn er schreibt: „Allgemeine Warnungen wie etwa, es droht ein theoretisch unbegrenzter Verlust, sind nicht adäquat: Es muss darauf hingewiesen werden, dass ein reales Verlustrisiko besteht, und dieses muss beziffert werden."

[83] *Lehmann*, JZ 2011, 749, 750.

praktisch nicht zu erfüllen ist. Im Ergebnis läuft deshalb die Entscheidung auf ein „faktisches Verbot" derartiger Geschäfte im Rechtsverkehr hinaus, da die Banken nicht mehr bereit sein werden, das Risiko solcher Geschäfte, das vertragsgemäß gerade vom Kunden als Gegenleistung für die Chance auf Gewinn ohne Kapitaleinsatz übernommen werden sollte, von den Gerichten nach Eintritt des Risikofalls aufgebürdet zu erhalten.[84] Mit der vom BGH gewählten Begründung erfährt sogar derjenige professionelle Wettgegner Schutz, der bei Abschluss des Geschäfts nicht ausdrücklich über den negativen Marktwert aufgeklärt worden ist, obwohl gerade ihm bekannt sein musste, dass es im Derivatemarkt keinen „Free Lunch" gibt.

## VII. Rückblick und Ausblick

Vergleicht man das Berufungsurteil vom OLG Frankfurt/Main, aber auch das erstinstanzliche Urteil des LG Hanau mit der Begründung des Revisionsurteils, so erinnern beide vorinstanzlichen Entscheidungsgründe eher an einen englischen Lord-Richterspruch und wirken damit erfrischend lebensnah, wohingegen das Revisionsurteil in den entscheidenden Begründungspassagen sich dem Vorwurf akademischer Weltfremdheit aussetzt.[85] Wie sollen Banken im Anlageberatungsgeschäft zukünftig gewährleisten, dass „der Kunde im Hinblick auf das Risiko des Geschäfts im Wesentlichen den gleichen Kenntnis- und Wissenstand hat wie die ihn beratende Bank"[86]? Zweifelhaft ist ohnehin, ob der Kunde überhaupt den gleichen Kenntnis- oder Wissensstand wie die Bank erreichen kann.[87] *Lehmann* fragt in diesem Zusammenhang zu Recht, was genau der Wissensstand einer Bank ist.[88] Mit dieser höchstrichterlichen Begründung könnte sogar der Verkauf von Bundesschatzbriefen zu einem Risikogeschäft für die Bank werden, weil selbst

[84] Vgl. *Lehmann*, JZ 2011, 749, 750: „Die damit aufgestellten Anforderungen sind ausgesprochen hoch – so hoch, dass sie im Grunde nicht erfüllbar sind."; *Spindler*, NJW 2011, 1920, 1922: „Damit können die Anforderungen an die Beratung hoch komplexer Finanzprodukte ‚fast prohibitiv' hoch werden".

[85] *Lieder*, GWR 2011, 175, warnt aber: „Nichtsdestoweniger tun Banken gut daran, die neuen Anforderungen in der Beratungspraxis eins zu eins umzusetzen. Es wird sich empfehlen, einzelne Passagen aus dem Grundsatzurteil wörtlich in das Informationsmaterial respektive (…) in das geplante Produktinformationsblatt (§ 31 IIIa WpHG-E) aufzunehmen."

[86] BGH ZIP 2010, 756, 759, Rn. 29.

[87] *Spindler*, NJW 2011, 1920, 1922, ist der Meinung, dies sei nicht möglich, weil „die Entwicklung, Konzeption und die Handelserfahrung der Bank in das Produkt einfließen."

[88] *Lehmann*, JZ 2011, 749, 750, verweist auf die Grundsätze der Wissenszurechnung (vgl. § 166 BGB) und damit auf das gesamte in der Organisation typischerweise aktenmäßig festgehaltene Wissen.

dort – und insbesondere in den gegenwärtig volatilen Märkten – nicht der gleiche Kenntnis- und Wissensstand bei der Bank und dem Kunden besteht. Warum sollen diejenigen, die bewusst ein „ruinöses Risiko" bei Abschluss des Zins-Swaps in der Hoffnung auf einen Gewinn ohne Kapitaleinsatz mit der Bank – nicht selten sogar auf eigene Initiative – abgeschlossen haben, sich auf die vom BGH absolut kompromisslos formulierte Aufklärungspflicht berufen dürfen, wonach sie nicht von der Bank über den anfänglich negativen Marktwert aufgeklärt worden sind? Der BGH scheint sich der Vorstellung zu verschließen, dass der Vertragspartner womöglich ganz bewusst eine Risikoentscheidung getroffen hat, die sich auf einer prognostischen Wahrscheinlichkeitsbewertung der zukünftigen Entwicklung des Zinsspreads gründet. Dieser Kunde hat für sich und nur zum Teil auf der Grundlage der Beratung durch die Bank eine Bewertung der Zinsentwicklung vorgenommen, die ihn jedenfalls aus seiner Sicht zum Zeitpunkt des Vertragsabschlusses in die Lage versetzt prognostisch zu beurteilen, ob das mit dem Geschäft verbundene Risiko eintreten oder vielmehr die darin enthaltene Chance realisiert werden kann. Dies ist eine Überlegung, die jeder Unternehmer fast täglich treffen muss. Sie ist eine für die meisten Juristen fremde Vorstellung, denn die juristische Sozialisation ist grundsätzlich risikoavers ausgerichtet. Das darf aber nicht dazu führen, dass der risikobereite Unternehmer – und das sind gerade mehrheitlich die mittelständischen Unternehmer – mit der Entscheidung des BGH vom Zugang zum Derivatemarkt ausgeschlossen wird.[89]

Schließlich ist die Versagung eines Einwandes nach § 254 BGB durch den BGH alles andere als überzeugend begründet.[90] Es geht ja – anders als es der BGH darstellt – gerade nicht darum, dass die Bank dem Kunden vorhält, er habe den Angaben der Bank nicht vertrauen dürfen und sei deshalb für den entstandenen Schaden mitverantwortlich. Entscheidend ist vielmehr, dass der Kunde dem Vertrag zugestimmt hat, obwohl er nach seiner vom Berufungsgericht gewürdigten Einlassung das ihm zugrunde liegende Modell nicht verstand, die Bank ihn aber unstreitig auf ein „theoretisch unbegrenztes Verlustrisiko" bei nicht erwartungsgemäßer Zinsentwicklung hingewiesen hat.[91] Der Versagung des Mitverschuldenseinwands bei dieser Fallgestaltung kommt quasi eine pönalisierende Wirkung zu: Der BGH will im Ergebnis diese Art von Derivaten nicht jenseits der professionellen Kunden nach

[89] Vgl. *Hoffmann-Theinert/Tiwisina*, EWiR 2011, 9, 10; *Spindler*, NJW 2011, 1920, 1922, der von einem faktischen Vertriebsverbot für derartige Produkte infolge extrem hoher Aufklärungspflichten spricht. Optimistischer *Lieder*, GWR 2011, 175: „Dass sich der Derivatemarkt für mittelständische und kommunale Unternehmen vollständig schließen wird, ist damit aber keinesfalls gesagt und wäre auch rechtspolitisch nicht wünschenswert."

[90] *Spindler*, NJW 2011, 1920, 1923f.

[91] Ebenfalls kritisch dazu *Lehmann*, JZ 2011, 749, 750.

MiFID angeboten sehen.[92] Er überschreitet aber damit die ihm von Gesetzes wegen zugewiesene Aufgabe und wird als Gesetzgeber tätig, der hier – wie die Anhörung vom 6. April 2011 im Finanzausschuss des Bundestages[93] gezeigt hat – bisher bewusst untätig geblieben war.[94]

Der BGH hat gesprochen, „Ober sticht Unter", aber die Diskussion über die Grenzen der Ausdehnung der Aufklärungspflichten der Banken im Anlageberatungsgeschäft wird damit nicht zu Ende sein.[95] Der BGH wird zum Schutze der Untergerichte vor unbegründeten Klagen das von ihm so weit aufgestoßene Tor jedenfalls in Teilen wieder schließen müssen, um die drohende Klagewelle, die auch sog. *Plain-Vanilla Swaps*[96] erfassen könnte, für die Gerichte unter Kontrolle zu bekommen.[97]

[92] Vgl. auch *Weller*, ZBB 2011, 191, 199, der betont, dass die Anforderungen an die objektgerechte Beratung durch die Entscheidung des BGH zumindest für hochkomplex strukturierte Produkte so verschärft wurden, „dass Berater kaum in der Lage sein dürften, sie zu erfüllen."

[93] Vgl. http://www.bundestag.de/bundestag/ausschuesse17/a07/anhoerungen/2011/048/index.html .

[94] Vgl. OLG Koblenz WM 2010, 453 ff., das eine Verletzung der Aufklärungspflicht annimmt, aber sich zugleich auch für ein Mitverschulden des Kunden ausspricht und deshalb nur in Höhe von 50 % einen Schadensersatzanspruch zuspricht.

[95] *Buck-Heeb*, jurisPR-BKR 7/2011 Anm. 2; *Lehmann*, JZ 2011, 749, 752, stellt die Frage in den Raum, ob die neue Aufklärungspflicht auch dann eingreift, wenn nicht die Bank selbst, sondern ein Intermediär den *CMS Spread Ladder Swap* vertreibt: „Der Vertreter befindet sich nicht in einem Interessenkonflikt; er muss den Kunden daher nicht über den negativen Marktwert, sondern allein über die ihm von der Bank gezahlte Vergütung (‚*kick-back*') informieren. Den Interessen des Anlegers ist damit freilich nicht gedient, denn er kann den negativen Marktwert nicht erkennen. Hier zeigen sich die Grenzen des vom BGH gewählten Ansatzes."

[96] Vgl. dazu *Hull* (o. Fn. 9), S. 192.

[97] *Haas*, LMK 2011, 318031, der auf eine umfangreiche Einzeljudikatur hinweist, bei der die notwendige „Rechtssicherheit zum Umfang der Aufklärungspflicht erst durch höchstrichterliche Entscheidungen zu jedem einzelnen Derivatprodukt" entstehen wird. Als Beleg mag hierfür bereits der Hinweis des Anlegervertreters *Nieding*, jurisPR-BKR 5/2011 Anm. 1, dienen, der die Anwendbarkeit dieser Rechtsprechung auf alle *Swap*-Vertrage, d.h. über den *CMS Spread Ladder Swap*-Vertrag hinaus, bejahen möchte, die – unabhängig von der Struktur – als Eigenprodukt von der beratenden Bank veräußert worden sind. Anders *Klöhn*, ZIP 2011, 762, 764: „Wahrscheinlich wird der BGH also großzügiger sein, wenn es um einen klassischen (‚Plain Vanilla') Zinsswap-Vertrag geht, der von der Klägerin zur Reduzierung von Zinsrisiken eingesetzt wurde." Ebenso *Lehmann*, JZ 2011, 749, 752, der die meisten Finanzprodukte nicht unter die spezielle Aufklärungspflicht fassen will, weil Komplexität und die daraus folgende Intransparenz des Produktes allein nicht genügen solle, sondern ein hinter der komplexen Struktur verstecktes, nicht erkennbares Eigeninteresse der Bank hinzukommen müsse: „Der Finanzstandort Deutschland wird unter der Entscheidung nicht leiden, sofern der begrenzte Anwendungsbereich der Rechtsprechung vom internationalen Finanzmarkt richtig verstanden wird."

# The Case for the Common Law

Richard Hyland

On August 3, 1925, as he did on most mornings, James Greeley McGowin rose early. McGowin owned the W. T. Smith Lumber Co. in Chapman, Alabama. He liked to visit his mills before breakfast and encourage his employees, all of whom he knew by name.

On that morning, a large piece of timber waste was stuck against a post in the conveyor belt assembly in Mill No. 2. Joe Webb, then 58 years old and one of McGowin's employees, was at work clearing the jam. Webb's task was to climb up onto the conveyor, dislodge the wood, and push it to the floor, where fellow employees would drag it to the burn pile. Webb freed the 75-pound block as he had been instructed and rocked it over the edge. Gravity had laid claim to the block by the time Webb saw McGowin walking on the floor below. Webb immediately understood that the block would land on McGowin and, when falling from that height, probably kill him. Webb struggled to restrain the block but lost his balance and fell with it, holding on and managing to divert its trajectory. The block missed McGowin and landed on Webb himself, breaking his right leg and arm and tearing off the heel of his right foot. Webb became disabled for life and incapable of gainful employment. Everyone agreed that Webb had done the only thing possible to prevent injury to McGowin.[1]

Chapman was a company town. W. T. Smith owned everything, including the churches and the schools. It also required its employees to purchase health insurance. Thus, though Webb would never work again, his medical bills were covered. McGowin, as the patriarch of one of the South's most prominent families, recognized his duty to Webb. It seems he made an oral promise to pay Webb an annuity for the rest of Webb's life at the rate of $ 15 every two weeks, beginning from the date of his injury.[2] The pay-

[1] *Webb v. McGowin*, 168 So. 196, 196–197 (Ala. App. 1935). These facts are taken from the statement of facts in the appellate opinion, which in turn relied on the facts alleged in Webb's complaint, as well as from subsequent interviews about the case summarized in Danzig and Watson 149–184, and from a related blog post, lawprofessors.typepad.com/contractsprof_blog/2009/04/more-on-webb-v.html.

[2] The parties disagreed about whether the promise had been made, and, if so, by whom, and also about its content. See Danzig and Watson 166. For purposes of judgment on the pleadings, the courts accepted Webb's allegations. The amount of the promise seems to have

ments were made regularly until McGowin died on January 1, 1934, and then continued for another four weeks, at which point the executors of McGowin's estate, two of McGowin's sons, decided to stop the payments. Both sons, Norman and Earl, had graduated from the University of Alabama and had studied at Oxford, Earl as a Rhodes Scholar. Norman succeeded his father as the company's president. Together the two eventually built the company into the largest lumber processor east of the Mississippi. Earl served in the Alabama legislature for twenty years as well as on other public bodies and corporate boards. He was inducted into the Alabama Academy of Honor in 1975.

Webb and his wife Lessie were dirt poor and unable to work outside the home. They lived in a house located on several acres of farmland, which McGowin may have provided after the accident. When the payments stopped, Webb sued McGowin's estate to enforce the promise and recover the unpaid installments. The executors demurred on the ground that McGowin's promise was without consideration and therefore unenforceable. Under the consideration doctrine, one of the basic principles of the common law of contract, no promise is enforceable at law unless it is part of a bargain. McGowin's promise was not part of a bargain. Rather it was what might be called a remunerative promise, a promise to reward Webb for services already rendered. Under the consideration doctrine, past services cannot operate as consideration for a present promise. As the hornbooks explain, past consideration is no consideration. The trial court sustained the demurrer to all counts and dismissed the case.

The appellate court reversed and reinstated the complaint. Though the court cited numerous cases, nothing in the precedent compelled the result. It would have been easier, and probably more consistent with the decisions, to decide against Webb. Judge Samford noted as much in his concurrence.

> The questions involved in this case are not free from doubt, and perhaps the strict letter of the rule, as stated by judges, though not always in accord, would bar a recovery by plaintiff, but following the principle announced by Chief Justice Marshall in *Hoffman v. Porter* ... where he says, "I do not think that law ought to be separated from justice, where it is at most doubtful," I concur in the conclusions reached by the court.

McGowin's estate appealed. The Alabama Supreme Court affirmed, adopting the appellate court's reasoning.[3] A few months later, the case was settled

been based on standard rates for worker's compensation. The purport of the promise may thus have been to extend worker's comp benefits, which would have ended after 300 months, to the end of Webb's life.

[3] *Webb v. McGowin*, 168 So. 199 (Ala. 1936).

for a single payment of $ 900, less than Webb would have received had he been paid the annuity until his death six or seven years later.

The court's holding was subsequently adopted by the Restatement drafters in a narrowly-circumscribed rule.[4] Nonetheless, the case law precedent is not uniform,[5] and the majority view is apparently to the contrary.

The question I would like to address is whether the decision in *Webb* can be justified, and that of course requires us first to examine how such decisions are made. The challenge to our method of adjudication was best stated by Max Weber, and it is often in the minds of civilian jurists when they read our cases. In order to formulate a response, I propose to examine how *Webb* might have been decided by the authors of eight of the great books of the common law.

At the outset, it is worth mentioning that few people still read the great books of the common law. I suppose a few historians may have read these books, but I have not met them. No law professor I know has read them all, or even most of them. In fact, it is a rare jurist in the US who has actually read more than a couple of these books from beginning to end. In any other field, such a state of affairs would be scandalous. But the law is different. These books are not read because they are difficult to read, and they are difficult to read because they respond to a question that is rarely posed. For this reason, it is helpful to begin by recovering the question that can be used to make sense of these books.

The reason the question is usually not present to scholars of the common law is that it is a question generally asked only by civilians. Throughout its history, the common law has come to consciousness of its own idiosyncrasy as our great authors have tried to explain why they rejected seductive suggestions that have come through the centuries from civilian scholars. The problem is to find a clear statement of the civilian challenge.

Its basic point is clear: the civil law is systematic while the common law is not. No one doubts that the common law is law, that it is one of the world's great legal systems, but it also must be admitted that no one understands much about how common law judges decide cases. Actually, it is worse than that. In the common law, it seems, we do not follow the law. Even though we usually reach appropriate results, we do not decide the cases by applying pre-existing norms to the facts. Instead, we first determine how a case should be decided, and then we dress up the result in the statement of a legal rule. Many civilian jurists I know have doubts about our decision making. Since they are extremely genteel, these jurists do not express their doubts aloud. It is

[4] Restatement (Second) of Contracts § 86 illus. 7 (1981).

[5] For the opposing solution, see *Harrington v. Taylor*, 36 S.E.2d 227 (N.C. 1945), discussed in Danzig and Watson 185–213. See also *Mills v. Wyman*, 20 Mass. 207 (1825).

thought best to continue to do law as civilians do it and perhaps common lawyers will eventually come around.

Happily, the one civilian legal theorist who has managed to get these ideas onto paper, Max Weber, was also the great social scientist of our time, and the book in which he formulated these ideas is perhaps the great work of comparative law, Weber's *Sociology of Law*. Weber was trained in the law and felt at home there. He considered the civil law to be scientific. The common law, however, seemed to him irrational. Rationality is a term of art in Weber's work, and some have suggested that, when he labeled the common law *irrational*, that was intended as an objective characterization rather than as a critique. Yet I have never heard a German speaker use *unvernünftig* to indicate something positive. The term means that the action referred to is both irrational and unreasonable, it is something that reasonable people would not do, and they would not do it because they should know better. Something *unvernünftig* it is not necessarily dangerous, immoral, or unethical, also not stupid or lacking in skill. It is rather an action that those who are better informed and who possess a more balanced judgment would not engage in. In short, it represents an inferior solution to a common problem. Whatever the conceptual meaning Weber ascribed to the term, he would not have used the word without intending these connotations.

With a challenge of this gravity, the matter becomes more urgent. Is there some justification, or at least an explanation, for how we decide cases in the common law? Because our system works so well, we tend not to ask these questions. Yet this is the implicit challenge that the civil law has posed to the common law throughout its existence, a challenge considered serious enough that common lawyers have attempted to respond. Thus, it is essential to understand the tempting advantages that civilians see in their system if we are to see why the common law tradition has been so preoccupied with them.

## Max Weber

As Weber understood the civil law, the professoriate scientifically elaborates and structures legal concepts in order to create a system that is both gapless and without overlaps. The system covers all possible human interaction and is capable of designating every legally-relevant social action by means of a unique concept. By means of these concepts, the legislature formulates legal norms and promulgates them as a codified system. That is what Weber referred to as law making.

Judges engage in law finding. When deciding cases, they first identify the applicable legal norm, they then isolate the legally relevant facts, and finally they ascertain whether the facts specified in the norm are present. Weberian judges do not rely on their personal sense of justice. The process is, and is meant to be, mechanical. Learning and experience are valued not so that judges may discover how to alter the rules to achieve a fair result, but rather so they might resist the influence of extra-legal factors. Civilian judges attempt to reach a judgment that is identical to the judgment every other well-trained jurist would reach in the same circumstances. Transparency and predictability are the goals.

Weber admitted that the judicial application of abstract norms to the facts may disappoint party expectations. But law can follow the conventional sense of fairness only by renouncing its scientific character and therefore its predictability. Predictability in the law is necessary for human freedom, since otherwise human beings will not know whether, or how, the law will intervene in their actions.

How would Weber decide *Webb v. McGowin*? If Weber were to decide the case under German law today, the issue that confronted the Alabama courts would not arise. German law does not have a consideration doctrine and does enforce some gift promises. The problem is that gift promises are enforceable only if made in writing and documented by a notary.[6] Even remunerative promises are subject to the form requirement. However, a work-related promise of a pension is enforceable regardless of form.[7] As a result, McGowin's promise, if considered work-related, would be enforceable today under German law.

The more important question is how Weber would decide the case under American law. Weber would begin by characterizing McGowin's promise as gratuitous. It is unsupported by consideration and therefore unenforceable at law. That would be the end of the matter. Those American jurists who would decide the case in Webb's favor may argue that their sense of justice requires that Webb be permitted to recover. That basic common law thought would be irrelevant in Weber's calculus.

A clever common lawyer might respond that consideration can be found in the situation. Webb was injured while attempting to save McGowin's life. Most people would agree that morality imposed a duty on McGowin to compensate Webb. It might be argued that McGowin made his promise in exchange for Webb's agreement to cancel McGowin's moral obligation. Does the cancelation of a moral obligation constitute consideration? The answer is No. Canceling a debt is generally consideration only if the debt is, or at one time was, legally enforceable. Thus, Weber would still deny recovery.

A common lawyer's first reaction might be that there is something wrong with Weber's system. Simple subsumption, untempered by the judge's sense of justice, does not produce just results. Weber was aware of the problem

[6] BGB § 518.
[7] BAG 19 June 1959, NJW 1959, 1746.

because a similar critique, in the work of the Free Law School (*Freirechtsschule*), played an important role in the jurisprudential discussion of his day. Free Law theorists argued for judicial creativity. Abstract principles cannot be meaningfully applied to the countless scenarios of daily life. Judges decide, as they ought to, by a concrete evaluation of the facts rather than by subsuming them under formal rules.

Weber was ready for the critique. He responded that judicial creativity leads inevitably to irrational law finding, unpredictability, and thus a loss of freedom. Weber used the common law as an example, since in our system the sense of justice and other purely emotional factors (Weber's term) play a large role. Weber pointed out that the sense of justice is idiosyncratic and subject to dramatic fluctuation. Since reliance on the judge's sense of justice prevents the development of a stable body of norms, it contributes to the irrationality of a legal system.

Many civilians today would not feel entirely at home in Weber's model. Weber's challenge is then intended not only for those of us who work in the common law but also for these civilians as well. Can we justify what we do? Can we explain our method of case adjudication, and, if so, can we justify it? Of course we need not insist that it correspond to Weber's definition of rationality. His point is rather that our system should satisfy some definition of rationality. For that reason, it is useful to turn first to the explanations provided by the tradition and only then to decide whether there is a concept of rationality that corresponds to what we do.

We therefore will ask the following questions of our common law authors. How should a case like *Webb* be decided? To what extent should precedent control? Are there pre-existing legal norms and, if so, how are they applied to the facts of the cases? Do legal norms ever prevent a creative court from reaching the result it would prefer? To what extent are cases decided on the basis of a judicial intuition concerning the preferred result? Is there any justification for what we do, or is case adjudication in the common law, as Weber suggested, irrational?

## William Blackstone

Blackstone was the first person to teach the common law at an English university. His concern was not with the insufficiencies of the training at the Inns of Court, though the graduation requirements there had been reduced to little more than attending a certain number of dinners. Instead, he was worried by the growing influence of the Continental Enlightenment. Blackstone already sensed the seductiveness of a rational system of laws and the disaster such a system would produce in the common law. Blackstone lectured to the gentry in their role as future members of Parliament. His sought to convince his students to retain the common law as it was and not to attempt to alter it by statute.

Blackstone is particularly important in America. His *Commentaries* were published in the Colonies just before the Revolution, and, in the absence of a reporter service, his book became the common reference work for American lawyers. His *Commentaries* went through more than a dozen editions, and his editors summarized the leading cases in the notes.

For Blackstone, the common law contained the legal norms that have governed the English people since time immemorial, that ancient collection of unwritten maxims and customs that survived the Norman Conquest and that had long guided decisions made by the English courts. Blackstone taught his students that the common law was to be preferred to the Roman law, which had been created by despotic fiat. England was the only country in the universe (Blackstone's expression) for which political and civil liberty was the very end and scope of the constitution. His purpose, in his lectures, was to explain how the common law guarantees freedom.

He began with God. When God formed the universe, he imposed on matter those principles that we know as natural laws. Natural laws know no exceptions. Social laws too are imposed by the Creator on individuals and society. In the natural world, the only method for discovering these laws is right reason, proper reasoning from empirical evidence. For the law of society, God has provided a number of alternative paths to wisdom. One is the revelation of divine scripture. Another is the way that the individual pursuit of self-love causes society to follow the laws of eternal justice. Human beings necessarily pursue their own happiness, and happiness can only be attained by following the laws of eternal justice. Thus, as human beings pursue their goals, they inevitably structure the law in the optimal configuration. It is no coincidence that Blackstone and Adam Smith were contemporaries.

The law of nature is binding everywhere and at all times. A law of human origin that violates either the law of nature or the law of revelation is invalid. However, Blackstone also understood that judges must not decide cases merely on the basis of a personal sense of the equities. Blackstone solved the problem by reference to the dimension of time. As opposed to the pseudo-rationality of the civil law, English law relies on tradition. The authority of the norms rests not on their announcement by court or legislature, but rather on longstanding general acceptance. For this reason, the surest method to recognize actual custom is to follow precedent.

However, not all precedents should be followed. They admit of exceptions not only when there are gaps, but also when the received norm is manifestly contrary to custom. Such a norm is not bad law, rather it is not law at all. The common law preserves English liberty by providing a judicial reading of the customary norms of the English people.

This is Blackstone's answer to Weber. Weber was unable to find a way to temper the formal rationality of the laws with equitable considerations without abandoning the very notion of law. For Blackstone, the laws represent popular custom. We know these norms are just because the people have always sought justice through litigation, and common law judges have always had the right to criticize prior decisions. When injustice is manifest, judges must reject precedent. Of course nothing is decided by a single judicial decision. If the norm is unjust, the same question will inevitably arise again, giving other judges the opportunity to react. Citizens will continue to challenge the norm until the judges decide according to custom. Thus, over time, the common law works itself pure. Its decisions represent not just human law but custom, and not just custom but the law imposed by the Creator.

Thus, because there are norms outside of the formal structure of the law to which recourse can be had, no common law decision is safe from challenge. The court must always ask whether the norm corresponds to the longstanding customs of the people. This is determined continually anew. Therefore it is not the rules that decide the cases but rather the cases that decide the rules.

How might Blackstone have decided *Webb v. McGowin*? Blackstone held that a consideration of some sort is required for the formation of a contract. A unilateral promise to pay is void and cannot be enforced at law. However, any degree of reciprocity prevents the promise from being *nudum pactum*, including a prior moral obligation. Blackstone thought that the promise to pay a debt barred by the statute of limitations is enforceable, but he did not limit the exception to that situation.

Blackstone would have enforced the promise if enforceability accorded with the longstanding customs of the English people. One way to decide whether a particular result embodies custom is to ask what the people would expect. Most people recognize that services must be reciprocated. When an employer grants an employee a lifelong pension for saving the employer's life, most people would expect that the promise would be legally binding. Every year I ask my Contracts students to decide this case. Over a couple of decades, the vote has been virtually unanimous in favor of Webb. Blackstone would therefore argue that the decision accords with law.

## Oliver Wendell Holmes

In *The Common Law*, Holmes distinguished in the law between form and substance. The form is what most people today would call law – the text of the statutes, the case holdings, and the other traditional sources of law. The substance includes the policy grounds for the decisions. The form is relatively stable, while the substance continually evolves. Though rules from the past survive in form into the present, their policy justifications may change dramatically. The predictability of the law is thus only apparent. The law constantly advances toward an understanding of the felt necessities of the time, which, as Holmes noted, includes the prevalent moral and political theories, intuitions of public policy, and even common prejudice.

This evolution has involved the transmutation of legal liability from standards based on moral culpability to those involving objective evaluation. Even when moral concepts are retained in name – such as the notion of fault – liability increasingly depends on a utilitarian policy evaluation. In this perspective, Holmes developed the objective theory of contract. Communications in the course of negotiations are interpreted not according to the speaker's intent but rather as they would be understood by a reasonable person. The objective theory guarantees that individuals are easily able to ascertain their legal rights and obligations. No one should have to guess about whether a contractual duty is owing.

Another function of the law is to guarantee for each individual sufficient space for moral reflection. To advance this goal, the law intervenes as little as possible in social relations, and then only to maintain the foundations of the institutions. Whenever it is socially acceptable for individuals to decide their obligations for themselves, the law should step aside. In the field of free speech, this thought was translated into the clear and present danger test – the government may prohibit political speech only when that speech is likely to lead to immediate violence. In contract law, Holmes believed that the courts should intervene only to guarantee the institution of contracting. The courts enforce contracts because the market would be unable to function if the law did not impose a remedy for breach. Contractual remedies are not intended to punish moral failings. Rather they guarantee the foundations of the marketplace. For Holmes, the first question a court must answer is not who acted appropriately in the real world – in most cases, we already know the answer to that question – but rather whether, and how, the court should intervene.

How would Holmes have decided *Webb v. McGowin*? Holmes approved of the consideration doctrine. A moral obligation is insufficient to render a promise legally binding. In *The Common Law*, Holmes cited a case from the Yearbooks which held that the purpose of remunerating prior services does not render a subsequent promise enforceable.[8] When confronted with the question as a judge, Holmes refused to enforce such a promise.[9] The Holmesian question is whether the court should intervene. The refusal to enforce McGowin's promise would not impact the foundations of contract law. Nor would the refusal render humanitarian gestures less frequent – when deciding

[8] Holmes 232, discussing Y. B. 29 Ed. III 25, 26.

[9] See *Moore v. Elmer*, 61 N. E. 259 (Mass. 1901) (Holmes, C. J.).

whether to rescue a human being in danger, a rational person would not consider the enforceability of an eventual promise of compensation.

Holmes would probably suggest that the fulfillment of McGowin's promise is precisely the type of decision that should be left to the individuals involved. McGowin had decided to keep his promise. The decision then devolved to the executors. Holmes might suggest that it is more important to permit the McGowins to make this decision for themselves than it is to guarantee that Webb continues to receive the annuity. This may seem harsh. But the only alternative is the kind of paternalist decision making that ignores the importance to society of individual responsibility.

## Frederic William Maitland

In *The Forms of Action at Common Law*, Maitland summarized the development of the writ system that evolved into the common law. The forms of action were included in writs that a plaintiff could purchase from the King's officer. Each form of action included a particular procedure, which determined, for example, the competence of the court, the means available to summon the defendant, the nature of the pleadings, the length of the proceedings, the mode of trial, and the appropriate form of execution of judgment. Substantive law gradually emerged from the interstices of these procedures. The modern causes of action in the field of obligations arose from the writ of trespass. That is because, in trespass, facts were found by jury trial rather than in the less reliable methods of trial by battle, compurgation, and wager of law.

Considerable ingenuity was required to fashion causes of action in contract and restitution from a writ that originated as a means to punish violence on the King's highways. The old common lawyers, in order to maintain the appearance of stability while accomplishing necessary change, filled the old concepts with new and often contradictory meanings. The awkward conceptual structures were never fully adequate to the new situations and often created as much of an impediment as a new start. As a legal historian, Maitland undertook the task of distinguishing the rational, forward-looking aspects of the law from the irrational constraints maintained by tradition. His goal was to highlight the impediments so they could be eliminated. He sought to free the legal mind from the complexity of conflicting and overlapping systems of precedent so it might focus on the problem of determining the appropriate substantive content of the law.

Maitland would have understood the consideration doctrine as a historical remnant, the result of a characterization difficulty that arose in the context of the forms of action. The writ of assumpsit, the direct ancestor of the cause of action for breach of contract, developed from the writ of trespass on the case and inherited the advantage of the jury trial. A competing writ, the action for debt, permitted defendants to *wage their law* (to exonerate themselves by swearing an oath or offering oath-helpers). Since plaintiffs therefore preferred assumpsit, it became necessary to delimit the two actions. Assumpsit became restricted to cases involving a consideration. When wager of law was abolished, debt disappeared and left assumpsit to occupy the field. The benefit of assumpsit was that contractual promises became enforceable even when both promises were executory. However, the price of the innovation was high. Once civil procedure was unified, assumpsit evolved into contract and the consideration doctrine survived into the modern law. For the past three centuries, some executory promises have been refused enforcement because they were unsupported by a consideration.

In *Webb*, however, the performances were not both executory. Webb had performed. The only question was whether McGowin should be required to compensate him for his services. The action for debt, had it survived, might have required payment from McGowin. The action for debt permitted a plaintiff to prevail upon the claim that a debt had arisen – from a loan, from the delivery of goods, or from services rendered – that the debt was liquidated, and that the defendant should therefore pay. Webb was McGowin's employee. Webb rendered a service to McGowin. McGowin's promise had the effect of liquidating the value of Webb's services. There is no reason to allow the historical accident of the consideration doctrine to determine the outcome. Maitland might well have considered McGowin's promise enforceable.

## Benjamin N. Cardozo

In his Storrs lectures, *The Nature of the Judicial Process*, Cardozo began his reflection with the question that concerns us – "What is it that I do when I decide a case?" Cardozo made clear that the theoretical foundation of the enterprise is not entirely certain: If precedent is applicable, when may I refuse to follow it? If there is no applicable precedent, how do I formulate a rule for the future? How important is logical consistency? How much influence should I permit to custom, considerations of social welfare, and my own standards of justice?

Cardozo attempted to sort out the various elements of his decision process. He isolated four perspectives: the methods of philosophy, history, custom, and sociology. The philosophical method, also called the rule of analogy, refers to the fact that a case holding has implications for other cases. In Cardozo's view, the method may claim a certain priority, though he admitted that it means more to Roman lawyers than to the common law. The historical method seeks to interpret norms in light of their historical context. The method of tradition reminds the judge to respect the customs and mores of the community, though the judge is of course permitted to raise the standards of community conduct. The sociological method attempts to implement socially accepted standards of justice. In the end, it is the arbiter of the others.

A critical difficulty remains. The cases that find their way to the appellate courts are those in which the different perspectives lead to different results. How should these methods be combined when the methods do not point in the same direction? Cardozo was of course aware of the problem. Though he offered some criteria to govern the choice of methods, he conceded that, in the end, the matter must be entrusted to the judgment of the artist. In some cases, the judge should be guided by the same considerations that guide the legislature. In others, the court should craft a solution appropriate to the particular facts.

At this point, Cardozo seems to have responded to a question different from the one he had posed at the outset. His opening gambit suggested he had discovered a master method, a means to reconcile the divergent results produced by the other methods. But of course that can never have been his project. Instead, his point was simply that, whenever we confront a case, we should begin by examining the issues in light of these four perspectives. A judge must know where logic, history, tradition, and justice lead, even though the judge may ultimately decide to reject some or all of those considerations. There is no recipe.

> As the years have gone by, and as I have reflected more and more upon the nature of the judicial process, I have become reconciled to the uncertainty, because I have grown to see it as inevitable.[10]

How would Cardozo have decided *Webb v. McGowin*? His decision in the equally celebrated *Allegheny College* case, another case concerning the enforceability of a gratuitous promise, provides some guidance.[11] The donor, in response to an endowment appeal, pledged $5000 to the college. The pledge was to become due thirty days after her death. The donor also specified that the endowment fund should bear her name and that the proceeds should be used to educate students preparing for the ministry. After paying $1000, she repudiated. Thirty days after her death, the college sued to recover the unpaid balance.

When viewed in isolation, the promise is unenforceable. But Cardozo believed that legal questions should not be decided in isolation. As a critical first step, we must carefully reconstruct the facts and circumstances. There is more

[10] Cardozo 166.

[11] See *Allegheny College v. National Chautauqua County Bank*, 159 N.E. 173 (N.Y. 1927) (Cardozo, C.J.).

in *Allegheny College* than an unexecuted gift promise. Once the college accepted the down payment, it was obligated to, and did, comply with the condition by memorializing the donor's name and using the funds as instructed. To put it another way, the acceptance of the pledge created a relationship. Though Cardozo did not formulate his discussion in these terms, that is the essence of the decision. The relationship required the parties to act appropriately toward one another. Once the college began to publicize the donor's name and use the fund as directed, reciprocity required the donor to complete the transaction. In other words, Cardozo sought to reconcile the consideration doctrine with the nuanced obligations created by social relationships.

In *Webb* too Cardozo would no doubt have focused on the relationship. Both parties took the employment relationship seriously. McGowin interacted every morning with his employees, each of whom he could greet by name. He provided the amenities of town life, including medical care, to his workers and their families. McGowin inspired the kind of loyalty that convinced Joe Webb to put himself at risk.

Once Webb suffered injury while saving McGowin's life, the relationship required Webb to reciprocate. Though not legal, this obligation was inherent in the nature of the specific bond. McGowin's promise and his continued payment confirmed the obligation. The question for the court was whether it should intervene to exonerate McGowin's estate from obligations he had recognized and fulfilled over the years. Cardozo would have respected the nuances of reciprocity and considered logical consistency a secondary virtue in the law. He would have enforced McGowin's promise.

## Karl Llewellyn

Legal realism stands for the proposition that, when legal questions arise, the internal resources of the law are incapable of providing a unique legal answer. *The Bramble Bush,* Llewellyn's lectures to the first-year class at the Columbia Law School, is one of the foundational documents of legal realism. There he made the point that the rules alone cannot decide the cases. Whenever a judge reaches a decision, there is always a moment of judgment. In every case, good arguments can be suggested for each side. In many cases, the judge must therefore decide *against* a well-founded legal argument. Since the rules permit multiple solutions, Llewellyn sought to understand how the decisions are reached.

Though *The Bramble Book* is perhaps the wisest book ever written about the common law, it does not answer the question. It does little more than clear away misconceptions and restate the problem. Like Cardozo, whose work Llewellyn studied devotedly, Llewellyn did not attempt to explain how cases are decided. Instead, he sought to perform but a single task, namely to make clear that the rules cannot decide the cases. Alone, the rules are, as he put it, worthless, mere words, impedimenta, stuff about the feet. Even legal concepts are illusions. Words like *contract*, *trust*, and *corporation* are shadows cast on a screen placed at the front of the stage by the movements of the courts as they decide cases at the back.

A judge does not apply abstract rules to the facts. Instead, the judge's task is to decide the individual case appropriately. Llewellyn exemplified this thought with a story, probably apocryphal, about Chief Justice John Marshall, "'Judgment for the plaintiff', runs the old anecdote of Marshall; 'Mr. Justice Story will furnish the authorities.'"[12] First, the cases are decided. Then the legal sources are assembled to anchor the decision in the law. Rules and precedents do no work on their own. They do not even pre-exist the facts. "[T]he rule laid down may be (and commonly is) a function of the outcome of the case – partly sought for, shaped and phrased for the purpose of justifying the result desired."[13] The holding provides a handy reference to the kind of legal problem that arises in factual situations such as the one the court confronted, but, since those facts can never repeat themselves in all particulars, it is a rule of thumb rather than a rule. The principal function of the court's citation to authority is to demonstrate that the decision can be fitted within the highly accommodating structure of the common law. Since the opinions restate only the legally relevant facts, it is sometimes difficult to know all the reasons for the court's decision. The court's holding means only that this result seemed to be the best one available in the circumstances.

If he had considered *Webb v. McGowin*, Llewellyn might have begun by noting that his teacher, Arthur Corbin, had pointed out long since that there never was such a thing as a consideration doctrine.[14] Moreover, the consideration doctrine does not even name the critical issue. The essential question in a case is *never* how to apply a legal rule. The question in *Webb* was not how to structure the consideration doctrine but rather whether McGowin's executors should be required to continue making payments to Webb. To answer *this* question, Llewellyn would first have come to an appreciation of the facts and then he would have shaped the consideration doctrine to produce the proper result.

McGowin not only promised an annuity but in fact continued payment until his death. He therefore considered himself bound, not only by his promise, but even more by the circumstances. Nothing that occurred in the real world gave any reason for a court to prevent further payments. If problem there was, it arose solely due to a quirk in the legal system, namely that McGowin's executors could make payment only on obligations considered

12 Llewellyn 30.
13 Id. 35.
14 Corbin § 109 at 161.

to be legally binding. In this case, a strict application of the consideration doctrine would accomplish the opposite of the doctrine's presumed purpose. In the area of gratuitous promises, the consideration doctrine is often thought to pursue the goal of enforcing only those promises that are truly intended. In *Webb*, on the contrary, the role of the consideration doctrine would be to prevent the performance of a promise which the promisor demonstrably considered binding. Llewellyn would not have permitted the law to reach a result contrary not only to the thrust of the facts but that also contradicted the purpose of the norm itself.

Instead, Llewellyn would have distinguished between promises that the donor has refused to perform and those performed by the donor but recanted by the executor. There is no reason to offer the executor an excuse not to perform a promise that the donor would have continued to perform. Llewellyn too would have enforced McGowin's promise.

## Grant Gilmore

Grant Gilmore was another of Corbin's students. In *The Death of Contract*, he contributed the final element in the critique of rule-based theories of adjudication, namely an understanding of why we are so easily convinced that the law consists of rules. For Gilmore, the stated rules are generally derived from legal theories, abstract conceptions that correspond to debates relating to the goals of the legal system. The rules attract us because, when seen as elements of a comprehensive theory, they seem to provide coherence and logical consistency to the law. Unfortunately, these theories come and go. In his book, Gilmore explored how Holmes fabricated the consideration doctrine from whole cloth to respond to his theoretical concerns. Holmes's theory did not describe the case results, in fact it was never valid anywhere outside the walls of the Harvard Law School. Common law judges have little concern for logical consistency. They are focused instead on assuring that each case decision produces a just result.

Case decisions are nothing more than what they purport to be, which is decisions with regard to the disputes presented to the judges. Judges do not create rules consistent enough for the citizenry to be able to predict the case results. Nor do citizens depend on that degree of predictability. They generally already know how to behave. A judicial opinion reports only how this panel of judges decided this particular case in these particular circumstances.

Though both Gilmore and Corbin discussed *Webb v. McGowin*, neither attempted to explain the case, and neither provided guidance about how the case should be decided.[15] In their texts, the case merely provides an example

[15] See Corbin § 231 at 325 (example no. 7); Gilmore 75.

of the kind of argument that has persuaded a court. Both authors noted that other cases have gone the other way.

This non-prescriptive approach to legal theory represents the final wisdom of legal realism. It is meaningless for theorists to tell the courts how to decide the cases. Instead, they should learn by studying a vast number of cases – cases like leaves on the trees, as Corbin wrote – in order to discover the factors that courts tend to find convincing. Cases have been decided for eight hundred years in the common law, yet we still have little idea how the courts go about their work. Whether we analogize the process to the artist painting a portrait or rather to the process by which the double helix replicates itself, nothing is accomplished by trying to tell the actors what to do. Instead, we should learn from them how in the real world such magic is performed.

## Richard Posner

In *Economic Analysis of Law*, a foundational text in the field of law and economics, Posner offered two different ideas about how cases are (and should be) decided. His central idea is that, where the market is efficient in allocating resources, the courts should follow the market. Judges should imagine what the parties would have decided if they had had the opportunity to negotiate about the matter in advance, and then, unless the parties indicated a contrary intent, follow the solution that negotiation would have produced. The second idea is that the courts, when considering the facts and circumstances of a case, should not neglect second-order considerations, namely the effects the decision will have on those who are not parties to the dispute.

How would *Webb v. McGowin* be decided under these principles? When discussing the case directly, Posner focused on the second-order considerations. If McGowin intended his promise to be legally binding, the court should enforce it. Enforceability would add value for Webb by confirming that the payments would continue to be made and that Webb could rely on them. Enforceability would also add value for McGowin, since he would have derived pleasure from knowing that Webb felt secure. The argument from second-order considerations, however, is not principally applicable to Webb's own case, since the purported benefits would fully accrue not to Webb himself but rather to subsequent parties in the same situation. Posner's point was that, once moral obligation is accepted as consideration, parties similarly situated will benefit in the future.[16]

[16] It is perhaps worth nothing that Posner's reasoning is not entirely convincing. The reporters contain only a handful of cases even vaguely like *Webb*. Webb himself surely did not have sufficient legal knowledge to suspect the consideration doctrine might render the

A second idea, based on the logic of the market, is contained elsewhere in Posner's book, namely in his discussion of a tort suit against a railroad. The railroad's train was running at excessive speed in a densely populated area and no signal was made by whistle or bell.[17] Henry Eckert, the victim, was chatting with a friend when he noticed a small child on the tracks just in front of the approaching train. He ran to the child and threw it clear but was himself struck by the locomotive and died the same night of his injuries. The question was whether Eckert had been contributorily negligent. The New York Court of Appeal held that Eckert was not at fault for trying to rescue the child and therefore was not contributorily negligent.

Posner suggested the calculus by which the case should be resolved. If the probability that the child would be killed without the rescue attempt exceeded the probability of Eckert's own death, and if the child's life was at least as valuable as Eckert's, then the expected benefit to the railroad exceeded the expected cost of the rescue. Had the parties discussed the matter in advance, the railroad would have hired Eckert to attempt the rescue and should thus compensate his estate for the loss.[18] This calculus might also be applied to *Webb*. If the probability that McGowin would be killed without the rescue attempt exceeded the probability that Webb would be severcly injured, and if McGowin's life was at least as valuable as Webb's, then, if the parties had been able to discuss the matter in advance, McGowin presumably would have hired Webb to save him.[19] For Posner then, the promised annuity should be binding.

## Roberto Mangabeira Unger

In *The Critical Legal Studies Movement*, Unger formulated the foundational principles of Critical Legal Studies (CLS). Proponents of CLS accepted the realist position that the internal resources of the law are insufficient to provide a unique solution to a legal question. They then moved beyond realism and suggested that legal disputes can never be resolved in

promise unenforceable. Moreover, promisees who do know the law would not rely on a promise of this type but instead would insist on guaranteeing enforceability, either by means of a promise made under seal or by converting the promise into a bargain – Webb would surrender his claims against McGowin and the company in exchange for the annuity.

[17] Posner 249, discussing *Eckert v. Long Island Railroad*, 43 N.Y. 502 (1871).

[18] Posner 250.

[19] The metaphor of negotiation is problematic. Most employees, if offered a package deal of saving their employer, suffering career-ending injuries, and receiving only a minimal annuity, would reject the offer. If such a settlement were to be reached with Webb, it would probably involve a significant portion of McGowin's wealth. Posner probably means only that, when viewed *ex post*, enforcing the promise would be economically rational.

a politically neutral manner. Every legal dispute is in essence a political dispute. Every judicial decision therefore represents a political intervention. Law is class struggle in the courtroom.

The principal opposing positions in that struggle – the interests of the ruling elite on the one hand, the interests of the exploited majority on the other – surface in the private law in the form of principles and counterprinciples. The dominant system is present as the basic principle, while the interests of the exploited find expression as counterprinciples which are occasionally able to create exceptions. The counterprinciples generally demonstrate a compassionate concern for the interests of fellow citizens and demonstrate somewhat less respect for an individualistic interpretation of the law. Progressive judges facilitate political change when they privilege the counterprinciples and expand the exceptions.

*Webb v. McGowin* presents a paradigmatic example of this type of doctrinal conflict – in that case, the consideration doctrine confronts the respect for moral obligation. The consideration doctrine favors the market. It enforces only those promises based on profit and gain, getting and spending. The judge who respects moral obligation, on the other hand, confirms that our lives consist of more than the marketplace and that the human relationships that bind us together are more powerful than the individualistic strivings that keep us apart.

Thus, those who believe that the values of social solidarity should play a greater role in judicial decision-making would enforce McGowin's promise.

Obviously, these eight common law authors disagree among themselves about how cases should be decided. Holmes rejected the natural law implications of Blackstone's theory. Gilmore in turn rejected the artificial constructions Holmes created. Posner rejected the liberal excesses of the post-Holmesian realists, while Unger rejected theories of law and economics. Yet these authors share at least two fundamental understandings.

The first is the insight that cases are not decided by applying the rules to the facts. That is because there are no rules, at least not as we usually understand the term, namely legal norms that pre-exist and decide the cases. A rule is rather a product of the court's judgment. Precedent is not decisive. Adjudication is a complex process that takes the rules and precedents into account along with numerous other factors, including what the judge believes is the just result. In other words, the rules do not determine which facts are relevant. Moreover, if the great tradition is right, many cases are essentially cases of first impression and are therefore much harder than the opinions make them look.

We consulted the common law's great books in order to understand the rationality of case law adjudication. We now seem farther than ever away from a convincing justification for how we decide cases. Though the judges usually have good reasons for their decisions, and though those with a fine sense of legal appropriateness may be able to predict many of the results, no one has been able to explain how judges reach their decisions. And yet the great books have consistently denied the civilian critique that our system is irrational. Are they right?

The second commonality found in these works is a question of style rather than substance. There is a leisurely tone to this work and no sense of urgency. Whether they were offering suggestions or explanations (it is sometimes difficult to distinguish), none of the authors claimed that their ideas should be considered the final word. There is no common law equivalent to Max Weber's more pressing concerns.

A passage from Cardozo might explain the equanimity. In a small percentage of cases, he suggested, the arguments are equally balanced. "In a sense it is true of many of them that they might be decided either way. By that I mean that reasons plausible and fairly persuasive might be found for one conclusion as for another."[20] In the experience of many practicing lawyers, such cases are probably much more numerous than Cardozo suggests. In a good number of cases, when the client first presents the matter, the law seems unfavorable. And yet very few lawyers refuse cases on the grounds that no argument can be made. Moreover, after the facts are discovered and the research completed, most lawyers believe in the argument they have advanced and think it should win. In other words, Cardozo probably understated the phenomenon. From the perspective of the practicing lawyer, a good argument can generally be made on both sides of most cases.

Cardozo himself did not pursue the matter, but the conclusion is inexorable. If the arguments in a case are so equally balanced that the case can be decided either way, then, as Llewellyn saw, it does not much matter to the law which way it is decided.[21] Of course the decision may matter deeply to the parties. The decision may determine whether a business survives, whether a parent receives custody, whether an injured party will be able to lead a dignified life. But the decision does not matter *to the law*. As long as the arguments are sufficient to anchor the proposed decision in the framework of the law, either decision is acceptable. An extremely small number of decisions are essentially lawless – they cannot be explained by any plausible legal argument. This handful of decisions aside, the common law has developed a structure that may comfortably accept virtually any decision. Either decision is generally defensible, and neither would upset the framework of the common law.

20 Cardozo 165.

21 "[I]t will not matter so much *how* it is done, in a baffling instance, so long as it is done at all." Llewllyn 39–40.

The astonishing division between law and equity – two systems that provide competing answers to many of the same questions – is but one mechanism of this flexibility.

*Webb v. McGowin* itself is a good example. The moral consideration question was decided one way in *Webb*, the other in *Harrington*. The Restatement prefers *Webb* but does not dismiss *Harrington*.[22] The hornbooks distinguish a majority and a minority rule (*Webb* is in the minority), but also do not find it necessary or useful to resolve the dispute.[23]

In other words, though common law judges may believe that there is a right answer to the disputes in front of them, and though they may often sincerely believe that they have found that answer, the truth is that there is almost never a single right answer. There are only answers with different advantages and disadvantages. The ultimate distinction between the common law and Weber's version of the civilian system is this: in the civil law, the rationality of the system requires that there be but a single right answer, whereas the common law has created an amazing structure in which several different answers can seem appropriate. There are answers that, for various reasons, we like more or less, that can be appreciated for different reasons, that can be admired for their creativity and daring, but none of them is necessary – and virtually none of them is wrong. They are simply the answers that particular judges have reached in particular situations at particular moments. The rationality of the common law, its genius, and the best case that can be made in its favor, is that it has created a system that encourages judges to take personal responsibility for doing justice and that can accommodate whatever solutions those judges propose in that quest.

[22] The Restatement cites *Webb* in the Reporter's Note, then adds "But cf. *Harrington v. Taylor* …" 1 Restatement (Second) of Contracts § 86 Reporter's Note to comment d at 228.

[23] "In the ordinary case, however, receipt of unrequested benefits creates no legal obligation. If a subsequent promise is made to pay for these benefits, the majority of cases hold that the promise is unenforceable [citing *Harrington* and other cases]. A minority of cases, accepting the moral obligation concept, are to the contrary … [citing *Webb* and other cases]." Perillo § 5.4 at 200.

## Bibliography

Blackstone, William. 1979. Commentaries on the Laws of England. Chicago: University of Chicago Press.

Cardozo, Benjamin N. 1966. The Nature of the Judicial Process. New Haven: Yale University Press.

Corbin, Arthur L. 1952. Corbin on Contracts. St. Paul: West Publishing.

Danzig, Richard, and Geoffrey R. Watson. 2004. The Capability Problem in Contract Law: Further Readings on Well-Known Cases. New York: Foundation Press.

Gilmore, Grant. 1974. The Death of Contract. Columbus: Ohio State University Press.

Holmes, Oliver Wendell. 1963. The Common Law. Ed. Mark De Wolfe Howe. Boston: Little, Brown.

Llewellyn, Karl N. 2008. The Bramble Bush. New York: Oxford University Press.

Maitland, Frederic William. 1936. The Forms of Action at Common Law. Ed. A. H. Chaytor and W. J. Whittaker. Cambridge: The University press.

Perillo, Joseph M. 2009. Calamari and Perillo on Contracts. St. Paul: Thomson Reuters.

Posner, Richard A. 2007. Economic Analysis of Law. 7th ed. [1st ed. published in 1973] Austin: Wolters Kluwer for Aspen Publishers.

Unger, Roberto Mangabeira. 1986. The Critical Legal Studies Movement. Cambridge: Harvard University Press.

Weber, Max. 1978. Economy and Law (Sociology of Law). In Economy and Society: An Outline of Interpretive Sociology, vol. 2. Ed. Guenther Roth and Claus Wittich. Berkeley: University of California Press.

# Sinn, Stand und Grenzen einer Rechtsgeschäftslehre für das Völkerrecht

Philip Kunig

*Detlef Leenens* im Jahre 2011 erschienenes Lehrbuch, eine Summe seines Wirkens als Lehrer und Forscher, trägt den Titel: „BGB Allgemeiner Teil: Rechtsgeschäftslehre“. Es verteilt seine neun Kapitel auf zwei Teile. Deren erster heißt „Die Rechtsgeschäftslehre des BGB“, Teil 2 heißt „Die Rechtsgeschäftslehre in der Methodik der Fallbearbeitung“. Die Akzentuierung dieser Titeleien erweist, dass in der Zivilrechtswissenschaft die Rechtsgeschäftslehre im Zentrum steht. Sie bündelt systematisch gesetzliche Vorgaben, die teils im Buch I des Bürgerlichen Gesetzbuchs, seinem Allgemeinen Teil enthalten sind. Auf die Abschnitte über Personen, Sachen und Tiere folgt in diesem Buch als Abschnitt 3 „Rechtsgeschäfte“, untergliedert in Geschäftsfähigkeit, Willenserklärung, Vertrag, Bedingung und Zeitbestimmung, Vertretung und Vollmacht, Einwilligung und Genehmigung. Auch das Zweite Buch, dem Recht der Schuldverhältnisse gewidmet, betrifft rechtsgeschäftliche Schuldverhältnisse und spezieller Schuldverhältnisse aus Verträgen, dann einzelne Schuldverhältnisse, die Vertragstypen und dann am Schluss die unerlaubten Handlungen, ehe im Dritten Buch das Sachenrecht folgt, in welchem Rechtsgeschäfte ebenfalls eine Rolle spielen. Die Rechtsgeschäftslehre bringt diese Normenbündel in eine systematische Ordnung.

Können wir aus solcher Begrifflichkeit und Differenziertheit und der darauf bezogenen Systematisierungsarbeit auch etwas für die Völkerrechtswissenschaft lernen? Spielt im Völkerrecht eine Rechtsgeschäftslehre eine derjenigen des Zivilrechts vergleichbare Rolle oder sollte das so sein? Diese Fragen liegen nicht fern, auch wenn es im Völkerrecht vor allem um andere Rechtspersonen geht als regelmäßig im Zivilrecht, nämlich in erster Linie um Staaten und deren Rechtsbeziehungen zueinander. Andererseits aber: Das Völkerrecht gilt, wie das Zivilrecht, als ein Recht der Gleichordnung. Zahlreiche seiner Institute und Instrumente sind solchen des Zivilrechts nachgebildet, von diesen jedenfalls inspiriert. Am offensichtlichsten ist dies für den Vertrag und die unerlaubte Handlung. Es drückt sich auch aus in dem Umstand, dass die Beschreibung der Quellen des Völkerrechts, aus welchen der Internationale Gerichtshof im System der Vereinten Nationen Rechtserkenntnisse zur Entscheidung ihm unterbreiteter Streitsachen gewinnen soll, Art. 38 des IGH Statuts,[1] neben und nach den Verträgen (hier also angesprochen als Rechtsquelle, nicht als Rechtsgeschäft) und dem Gewohnheitsrecht auch allgemeine Rechtsgrundsätze anführt, welche nach allgemeiner Ansicht jedenfalls auch durch rechtsvergleichende Analyse vorfindlicher (vornehmlich innerstaatlicher) Zivilrechtsordnungen gewonnen werden sollen. Was hier in einem formellen Sinne (lediglich) auf die Spruchpraxis jenes Gerichtshofs gemünzt ist, gilt als darüber hinaus aussagekräftige Beschreibung des völkerrechtlichen Normenbestandes, so dass sämtliche aktuellen Lehrdarstellungen des Völkerrechts die vorerwähnte Vorschrift zu ihrer Grundlage machen.

Alle modernen Zivilrechtsordnungen und ihre systematischen Aufbereitungen gründen auf Rechtsgeschäftslehren oder stellen sie jedenfalls prominent heraus. Systematische Darstellungen des Völkerrechts verwenden den Begriff demgegenüber nicht in vergleichbarer Funktion. Ein Völkerrechtsbuch, das „Rechtsgeschäftslehre" hieße, gibt es nicht. Das von *Graf Vitzthum* im selben Verlag wie das Leenensche Lehrbuch herausgegebene „Völkerrecht"[2] prägt die Kategorie des Rechtsgeschäfts ebenso wenig aus wie die Darstellung von *Knut Ipsen* im Zusammenwirken mit anderen[3]. *Friedrich Berber* bildete ein Kapitel über „Die internationalen Rechtsgeschäfte" als Überschrift für eine Darstellung einseitiger Rechtsgeschäfte und sodann eingehender Ausführungen zum völkerrechtlichen Vertrag[4]. *Alfred Verdross* und *Bruno Simma* bringen die einseitigen und die mehrseitigen Rechtsgeschäfte unter „die völkerrechtlichen Hoheitsakte".[5] *Jost Delbrück* und *Rüdiger Wolfrum* in ihrer Fortschreibung des Lehrbuchs von *Georg Dahm* sprechen von den „Formen des völkerrechtlichen Handelns", stellen dort eingehend die völkerrechtlichen Verträge dar und schließen einige Ausführungen zu „einseitigen Rechtsakten" an, so in Band I/3;[6] in der dafür vorab angekündigten Gliederung im Jahre 1989 erschienenen ersten Teilband war im Zusammenhang mit den „einseitigen Rechtsakten" noch der Zusatz „einschließlich völkerrechtliches Delikt" aufgetaucht.[7] Bei der Realisierung der Darstellung wurde daraus ein eigener Abschnitt: „Die Verletzung des Völkerrechts" im Rahmen eines Teils „Inhaltliche Ordnung der internationalen Gemein-

[1] Text bei *Tomuschat*, Völkerrecht, Textsammlung, 5. Aufl. 2012, Nr. 34.

[2] 5. Aufl. 2010.

[3] Völkerrecht, 5. Aufl. 2004.

[4] Lehrbuch des Völkerrechts, I. Band, 2. Aufl. 1975, 11. Kapitel. In umgekehrter Reihenfolge *Kokott/Doehring/Buergenthal*, Grundzüge des Völkerrechts, 3. Aufl. 1985, unter „Rechtsgeschäftliches Handeln im Völkerrecht", S. 90 ff. Gleichlautend *Hobe*, Einführung in das Völkerrecht, 9. Aufl. 2008, mit der Unterüberschrift „Einseitige Handlungen", S. 209 ff.

[5] Universelles Völkerrecht, 3. Aufl. 1984, §§ 660 ff.

[6] Völkerrecht, 2. Aufl. 2002, 4. Teil.

[7] S. 862 ff.

schaft". Ein begrifflich und systematisch divergentes Bild. Das gilt nicht nur für die deutschsprachige Lehre, aus welcher die obigen Beispiele entnommen wurden, sondern ebenso für das internationale Schrifttum.[8]

Die folgenden Überlegungen betreffen sub spezie „Rechtsgeschäft" begriffliche und strukturelle Ausgangspunkte des Völkerrechts im Abgleich mit dem Zivilrecht (I.), gehen sodann auf den einschlägigen völkerrechtlichen Normenbestand ein (II.) und geben (III.) eine Einschätzung zu der Frage, ob die Völkerrechtswissenschaft gut daran täte, eine systematische Rechtsgeschäftslehre zu entwickeln.

## I. Völkerrecht und Zivilrecht – ein struktureller Vergleich

Begriffliche und strukturelle Ausgangspunkte also. Alles Recht weist gemeinsame Phänomene und Strukturen auf, die demzufolge, sucht man sie zu beschreiben und zu systematisieren „vor die Klammer gezogen" als ein Allgemeiner Teil des Rechts erfasst werden können, an welchen sich mit tendenziell zunehmender Differenziertheit die Darstellung des Besonderen anzuschließen hat. Alle Rechtsgebiete haben vor gemeinsamem Hintergrund ihre Besonderheiten, die dann im Quervergleich identisch oder mehr oder weniger ähnlich sein können. In einem systematischen Interesse sollte daher ein und derselbe Rechtsbegriff nach Möglichkeit nur zur Beschreibung allgemein gültiger Erscheinungen oder solcher verwendet werden, die gleichartig jedenfalls in mehreren Rechtsgebieten auftauchen; anderenfalls sind Missverständnisse vorprogrammiert.

Für eine weitreichende übergreifende Gemeinsamkeit steht beispielsweise der Begriff des Rechtssubjekts. Er bezeichnet aller Orten (mindestens) die Fähigkeit, Inhaber von Rechten und ggf. auch rechtlichen Verpflichtungen zu sein. Allgemein gilt auch, dass das Recht Rechtsfolgen an das Verhalten von Personen knüpft, „Verhalten" hier verstanden als Oberbegriff für einerseits Handeln, andererseits Unterlassen. „Handeln" wiederum lässt sich, Abgrenzungsschwierigkeiten hier ignoriert, aufspalten vor allem einerseits in die Einwirkung auf Sachen, also tatsächliches Handeln, und andererseits die Abgabe von Erklärungen, verbales Handeln. Dabei kann ein Unterlassen Bedeutungsgehalte transportieren, welche einer Erklärung gleich kommen, und auch nonverbale Handlungen können Erklärungswert besitzen. Jedenfalls kann ein Verhalten in allen Erscheinungsformen verboten oder erlaubt

[8] S. nur die Behandlung des Themas bei *Brownlie*, Principles of Public International Law, 7. Aufl. 2008, S. 640 m. Nachw.; *Brownlie* selbst bildet einen Abschnitt "Unilateral Acts" in einem als "Other Transactions including Agency and Representation" genannten Kapitel 28, "other" ist hier gemeint als Abgrenzung zu Verträgen.

sein, woran das Recht Folgen knüpft, oft die Entstehung von rechtlichen Verpflichtungen, aus sich heraus oder im Zusammenwirken mit anderen Umständen. Ein Verhalten kann auch Verpflichtungen zum Erlöschen bringen oder aber eine schon gegebene Rechtslage lediglich bekräftigen.

Alle vorgenannten Erscheinungen begegnen uns sowohl im Zivilrecht wie im Völkerrecht. Der Begriff des Rechtsgeschäfts bezeichnet einen Ausschnitt davon. In der Terminologie der Zivilrechtswissenschaft und hier wiedergegeben in den Worten *Detlef Leenens* führt das Rechtsgeschäft Rechtsfolgen herbei, die der Gestaltung in Selbstbestimmung zugänglich sind: „Das Rechtsgeschäft ist das von der Rechtsordnung vorgesehene Mittel (Instrument), um die in Willenserklärungen privatautonom bestimmten Rechtsfolgen herbeizuführen."[9] *Leenen* grenzt dann ab vom Realakt, den „geschäftsähnlichen Handlungen", dem rechtlich-relevanten „Verhalten mit rechtsgeschäftsgleichen Wirkungen", unterteilt die Rechtsgeschäfte in einseitige und mehrseitige Rechtsgeschäfte, in Verpflichtungs- und Verfügungsgeschäfte, in entgeltliche und unentgeltliche Rechtsgeschäfte.[10] Die „Willenserklärung", welche die durch das Rechtsgeschäft bewirkten Rechtsfolgen herbeiführt, und so das Rechtsgeschäft „schafft", definiert er als das von der Rechtsordnung vorgesehene Instrument, „um privatautonom zu bestimmen, dass ein Rechtsgeschäft geschaffen werden soll und welche Rechtswirkungen es herbeiführen soll". Die Willenserklärung bewirkt das „Zustandekommen" des Rechtsgeschäfts.[11]

Sieht man von den Begriffen „Privatautonomie" und „Selbstbestimmung" ab, die auf Staaten nicht recht passen (sondern auf Individuen bzw. Völker; indessen: sie bezeichnen Gestaltungsbefugnisse, welche mit der aus staatlicher Souveränität fließenden „Autonomie" jedenfalls vergleichbar sind) so möchte man nicht zögern, die vorgenannten Begrifflichkeiten ohne weiteres auch im Völkerrecht einzusetzen. Denn auch diese Rechtsordnung kennt Willensäußerungen ihrer Rechtssubjekte, welche Rechtsfolgen herbeiführen, auch hier ist die Willenserklärung ein Instrument zur Einwirkung auf eine vorgefundene Rechtslage. Und beiden Rechtsordnungen, dem Zivilrecht und dem Völkerrecht gemeinsam ist auch eine Grenzziehung, welche der Beschreibung *Leenens* von Rechtsgeschäft und Willenserklärung zugrunde liegt, nämlich die Unterscheidung der durch deren Inanspruchnahme bewirkten Einflussnahmen auf eine Rechtslage vom Regelungskomplex der unerlaubten Handlung, abstrakter: Die Abgrenzung zwischen durch Rechtssubjekte vorgenommener Rechtsgestaltung von den bereits Kraft einer gegebenen Rechtslage durch Handlungen der Rechtssubjekte ausgelösten Rechts-

[9] Im zu Beginn dieses Beitrags erwähnten Lehrbuch, § 4 Rn. 2.
[10] A.a.O. § 4 Rn. 4 ff., Rn. 39 ff.
[11] A.a.O. § 4 Rn. 57 f.

folgen. Dieser Komplex, im Zivilrecht im Besonderen Schuldrecht einsortiert (s.o. die einleitende Bemerkung zur Systematik des BGB), wird im Völkerrecht geführt als „Verantwortlichkeit", angesichts der Präponderanz der Staaten im Kreise der Völkerrechtssubjekte: Staatenverantwortlichkeit, wobei in der deutschsprachigen Wissenschaft traditionell die Redeweise vom völkerrechtlichen Delikt dominierte.[12] Dies ist der unerlaubten Handlung des Zivilrechts vergleichbar. Es geht dabei nicht etwa (nur) um „Schadensersatzansprüche aus rechtsgeschäftlichem Verhalten" (wie die Haftung des Anfechtenden oder des Vertreters ohne Vertretungsmacht),[13] sondern um Haftung und Verantwortlichkeit (nicht notwendigerweise begrenzt auf die Rechtsfolge „Schadensersatz" in einem technischen Sinne), die nicht unmittelbar und notwendigerweise aus einem Rechtsgeschäft erwächst; vielmehr handelt es sich – so eine verbreitete Terminologie – um sekundärrechtliche Folgen in Anknüpfung an eine primärrechtliche Norm, welche ihrerseits allen Quellen des Völkerrechts zugehörig sein kann.[14] Woraus zugleich folgt, dass die Primärrechtsnorm auf einem Rechtsgeschäft beruhen kann, aber nicht muss: Sie kann auch und vor allem dem Völkergewohnheitsrecht entspringen. Deswegen ist es angemessen, (vgl. o. vor I zur Terminologie bei *Delbrück* und *Wolfrum*) „die Verletzung des Völkerrechts", bzw. „das völkerrechtliche Unrecht" nicht unter die (einseitigen) Rechtsgeschäfte zu bringen.

So können wir im Blick auf das Bisherige sagen: Mit den an *Leenen* anknüpfenden bisherigen Überlegungen zu Begriff und Natur des Rechtsgeschäfts bewegen wir uns auf einer Spur, die für Zivilrecht und Völkerrecht gleichermaßen Sinn stiftend zu sein scheint. Ein solcher Vergleich fiele für das Völkerrecht einerseits, und etwa das Strafrecht und das Verwaltungsrecht andererseits, anders aus. Im Strafrecht spielt das Rechtsgeschäft eine gänzlich unvergleichliche Rolle. Es ermöglicht nicht die (Mit-)Gestaltung der Rechtslage durch die Subjekte, welche seine Adressaten sind, auch wenn eine rechtsgeschäftlich gestaltete Lage ihrerseits für den Eintritt strafrechtlicher Rechtsfolgen vorausgesetztes Tatbestandsmerkmal sein kann. Das aber ist eine Konstellation, die – was das Verhältnis von Tatbestand und Rechtsfolge anlangt (nicht etwa die Rechtsfolgen selbst) – dem völkerrechtlichen Delikt oder auch zivilgesetzlichen Unrechtstatbeständen vergleichbar ist. Auch für das Verwaltungsrecht fällt der Vergleich abweichend aus: Es kennt zwar die Rechtsgestaltung auch namentlich durch das zweiseitige Rechtsgeschäft, den

[12] S. *Schlochauer*, Die Entwicklung des völkerrechtlichen Deliktsrechts, Archiv des Völkerrechts 16 (1974/75), S. 239 ff; *Kunig*, Das völkerrechtliche Delikt, Jura 1986, 344 ff; *Kunig/Uerpmann-Wittzack*, Die völkerrechtliche Verantwortlichkeit in der Fallbearbeitung, in: dies., Übungen im Völkerrecht, 2. Aufl. 2006, S. 1 ff.

[13] Dazu das 5. Kapitel in *Leenens* Rechtsgeschäftslehre.

[14] S. *Kunig*, Völkerrecht und Risiko, Jura 1996, 593 ff.

verwaltungsrechtlichen Vertrag,[15] aber prägend für das Rechtsgebiet ist die einseitig-hoheitliche Bewirkung von den Bürger treffenden Rechtsfolgen durch die ihm dies auferlegende Verwaltung, was im Völkerrecht durch jüngere Rechtsentwicklungen zwar ermöglicht ist, etwa durch Anordnungsrechte zugunsten internationaler Organisationen in ihrem Verhältnis zu den Mitgliedstaaten, aber als untypische Ausnahme, und überdies dem Verhältnis zwischen Staaten fremd, wenn nicht durch vertragliche Gestaltung ermöglicht, dann also aufgrund Rechtsgeschäfts im Einzelfall, aber nicht allgemein vorgegeben und verfassungsrechtlich nach Maßgabe rechtsstaatlicher Regeln (Vorbehalt des Gesetzes) grundsätzlich gut geheißen. Denn ein dem Staat-Bürger-Verhältnis wirklich vergleichbares Verhältnis der Über- und Unterordnung kennt das zwischenstaatliche Recht ja nicht.

Die letztere Beobachtung mag überleiten zu den auch noch zu betonenden strukturellen Unterschieden, welche ungeachtet der zuvor festgestellten Parallelen zwischen Völkerrecht und Zivilrecht in Ansehung des Rechtsgeschäfts auch hier bestehen. Sie sind gravierend.

Zwar kann das Völkerrecht (nach wie vor) grosso modo als ein Recht der Gleichordnung bzw. der einander gleich Geordneten beschrieben werden.[16] Doch wird dieses Gleichordnungsrecht nicht der Situation des innerstaatlichen Zivilrechts vergleichbar umfassend von einer Verfassungsordnung mitbestimmt, welche nicht nur die Entstehung von Rechtsregeln, sondern auch deren zulässige Inhalte determiniert und mit diesem Anspruch auch die Möglichkeiten rechtsgeschäftlicher Gestaltung begrenzt.[17] Zwar sind die Ausmaße der Konstitutionalisierung des Zivilrechts[18] in rechtsvergleichender Perspektive höchst unterschiedlich und selten dermaßen ausgeprägt, wie es die namentlich von dem Bundesverfassungsgericht ins Werk gesetzte Umbildung der Grundrechtsordnung für das deutsche Zivilrecht erreicht hat.[19] Doch wird sich gewiss für alle Verfassungsstaaten im materiellen Sinne, gemeint: solchen, die für ihre Verfassungen den Anspruch erheben, dass diese Vorrang vor sonstigem Recht erheischen und dies mit inhaltlichen Qualitätsanforderungen an jenes Recht verbinden, sagen lassen: Sie bieten damit jedenfalls das Potenzial zur Einhegung von Seiten der Rechtsunterworfenen

[15] S. dazu *Kunig*, Der völkerrechtliche Vertrag, aus dem Blickwinkel des Verwaltungsvertrages betrachtet, in: *Krebs* (Hrsg.), Liber Amicorum Hans-Uwe Erichsen, 2004, S. 91 ff.

[16] Vom „genossenschaftlichen Charakter" des Völkerrechts sprach *Berber* (Fn. 4), § 3 I. S. ferner *Kunig*, Völkerrecht als öffentliches Recht, in: *Randelzhofer/Scholz/Wilke*, Gedächtnisschrift für Eberhard Grabitz, 1995, S. 325 ff.

[17] S. *Kunig*, Konstitutionalisierung der Rechtsordnung, in: Annales de la Faculté de Droit d'Istanbul, 43 (2011), 3 ff.

[18] Dazu *Leenen*, Konstitutionalisierung im Zivilrecht, in: Annales (wie Fn. 17), 23 ff.

[19] Dazu *Kunig*, Verfassungsrecht und einfaches Recht – Verfassungsgerichtsbarkeit und Fachgerichtsbarkeit, in: VVDStRL 61 (2001), 34, 66 ff.; zur Kritik etwa *Diederichsen*, Die Selbstbehauptung des Privatrechts gegenüber dem Grundgesetz, Jura 1997, 57 ff.

vorgenommener Rechtsgestaltung. Solches Potenzial ist mithin dem Verfassungsstaat immanent, dem Völkerrecht ist es aber im Ausgangspunkt systemfremd. Hier muss es punktuell etabliert werden, wofür einstweilen vor allem die Anerkennung der Möglichkeit „zwingenden Völkerrechts"[20] steht, aber als Ausnahme von einer Regel und nicht vergleichbar der innerstaatlichen Normenhierarchie. Die auch im Völkerrecht schon verbreitete Redeweise von dessen Konstitutionalisierung,[21] rechtspolitisch gewiss überwiegend wünschenswerte Erscheinungen bezeichnend, darf nicht zu Verwechslungen mit der Konstitutionalisierung innerstaatlicher Normenpyramiden führen – auch wenn diese beiden Prozesse einander nicht unverwandt sind und die entsprechende Entwicklung auf internationaler Ebene wohl befördert werden kann durch Kenntnisnahme von den Voraussetzungen und Bedingungen des innerstaatlichen Phänomens.

Ein weiterer grundlegender Unterschied zwischen dem Völkerrecht und dem Zivilrecht, welcher ebenfalls für die jeweilige Einordnung des Rechtsgeschäfts erheblich ist, betrifft die Rolle von Individuum und Staat in beiden Rechtssystemen. Das wird sinnfällig an der traditionsreichen, heute nicht mehr als ganz glücklich zu empfindenden Redeweise davon, dass die Staaten im Völkerrecht „geborene" Völkerrechtssubjekte seien. Richtig daran ist, dass die Staaten die Rechtssubjektivität bereits dadurch erlangen, dass sie faktisch existieren. Andere Völkerrechtssubjekte werden als „gekoren" bezeichnet, womit gesagt sein soll, dass sie diesen Status aufgrund eines Kreationsaktes erhalten (übrigens durch Rechtsgeschäft, wie bei der Gründung einer internationalen Organisation, dann allerdings wirksam nur im Verhältnis zu deren Mitgliedern, zu Außenstehenden allenfalls, sofern diese sich entsprechend verhalten – einseitiges Rechtsgeschäft!). Unglücklich ist das Begriffspaar geboren/gekoren, weil es nicht recht passt für die Erklärung des Status des Individuums im Völkerrecht, ungenau ist es überdies, weil ja auch die „Geburt" (der Staaten zu Völkerrechtssubjekten) nur dadurch zustande kommt, dass dem Völkerrecht eine Norm innewohnt, deren Tatbestand die Elemente der Staatlichkeit sind, deren Rechtsfolge dann die Zuerkennung der Rechtssubjektivität. Dies aber ist prinzipiell auch bei weiteren Völkerrechtssubjekten nicht anders. Unglücklich ist die genannte Terminologie ferner – und das gilt auch für die Rede von der sog. Mediatisierung des Einzelnen im Völkerrecht –, weil in den Hintergrund zu treten droht, dass zutreffender Ansicht nach (auch) das Völkerrecht seinen Sinn darin findet, den Interessen Einzelner zu dienen und sie zu befördern.[22]

[20] *Kadelbach*, Zwingendes Völkerrecht, 1993.

[21] Dazu *Dursun*, Globale Konstitutionalisierung, in: Annales (wie Fn. 17), 75 ff.

[22] S. dazu *Kunig*, Das Völkerrecht und die Interessen der Bevölkerung, in: *Dupuy/Fassbender/Shaw/Sommermann* (Hrsg.), Völkerrecht als Wertordnung, FS für Christian Tomuschat, 2006, S. 377 ff.

Von alledem aber abgesehen: Im Völkerrecht sind Individuen nur insoweit Rechtssubjekte als dieser Status einzelnen Normen entnommen werden kann, nicht umfassend in der Weise, wie es den Staaten zukommt. Auch wenn die Anzahl solcher Normen und ihre Verbreitung zugenommen haben und weiter zunehmen könnten: Jedenfalls pragmatisch kann man schon sagen, dass in der Völkerrechtsordnung der Staat bis heute der dominante Akteur ist. Ihm kommt Souveränität zu, das heißt autonome Gestaltungsbefugnis nach innen, soweit nichts anderes bestimmt ist und Handlungsbefugnis nach außen, soweit er nicht auf völkerrechtliche Grenzen trifft.[23]

Für das Rechtsgeschäft als Phänomen des Völkerrechts folgt daraus: Es kann dies nur ein Instrument vor allem der Staaten sein, dazu ggf. auch für mit entsprechender Rechtsmacht ausgestattete Organisationen, durchaus auch für de facto staatsähnliche Gebilde, aber nicht Sache der Individuen. Soweit diese über einen völkerrechtlichen Subjektstatus verfügen, betrifft dies ihr Verhältnis vor allem zu den Staaten, zu ihren Aufenthaltsstaaten und zu ihren Heimatstaaten (was ja nicht identisch sein muss), zu anderen Individuen nicht etwa in dem Sinne, dass sie diesen gegenüber als völkerrechtlich zu qualifizierende Rechtsgeschäfte tätigen könnten, höchstens in dem Sinne, dass die Menschenrechtsordnung verlangt, ihnen nach innenstaatlichen Rechtsordnungen einen Status zuzuerkennen, der sie in den Stand setzt mit anderen (Privat-)Rechtssubjekten in Rechtsgeschäfte einzutreten.[24]

## II. Der völkerrechtliche Normenbestand zu Rechtsgeschäften

Im Einklang mit dem bisher Gesagten wird der Blick nun gerichtet auf völkerrechtliche Vorschriften im Sinne des eingangs zitierten Art. 38 des Statuts des Internationalen Gerichtshofs, welche den rechtsgeschäftlichen Umgang von Staaten miteinander bestimmen. Dabei kann die für das Zivilrecht grundlegende Unterscheidung zwischen einseitigen und mehrseitigen Rechtsgeschäften zugrunde gelegt werden. Der zweitgenannte Bereich ist recht umfassend kodifiziert, der erstgenannte Bereich indessen nicht, aber er ist Gegenstand von Kodifikationsbemühungen gewesen.

Mit langer Tradition gibt es völkergewohnheitsrechtliche Bestimmungen über den Abschluss von völkerrechtlichen Verträgen und den Umgang mit ihnen. Vor allem basierend auf Vorarbeiten der International Law Commission, eines Organs der Generalversammlung der Vereinten Nationen (vgl.

[23] Vgl. dazu, auch zu damit verbundenen Streitfragen, *Kunig/Uerpmann*, Der Fall des Postschiffes Lotus, Jura 1994, 186 ff.

[24] Vgl. Art. 16 des Internationalen Paktes über bürgerliche und politische Rechte vom 19.12.1966: „Jedermann hat das Recht, überall als rechtsfähig anerkannt werden"; Text: *Tomuschat* (o. Fn. 1), Nr. 16.

Art. 13 I der Satzung der Vereinten Nationen) wurde das Recht der völkerrechtlichen Verträge kodifiziert. Dabei steht im Vordergrund das Wiener Übereinkommen über das Recht der völkerrechtlichen Verträge vom 22.5.1969, das im Jahre 1980 in Kraft trat und etwa für die Hälfte der Staaten gilt.[25] Es bezieht sich auf Verträge allein zwischen Staaten, also nicht solche zwischen anderen Völkerrechtssubjekten. Ihm an der Seite steht die Wiener Konvention über das Recht der Verträge zwischen Staaten und internationalen Organisationen oder zwischen internationalen Organisationen vom 21.3.1986, das indessen nicht in Kraft getreten ist.[26] Ein Wiener Übereinkommen über die Staatennachfolge in Verträge vom 23.8.1978[27] ist zwar in Kraft (seit 1996), weist aber nur eine geringe Anzahl von Mitgliedstaaten auf. Die erstgenannte sog. Wiener Vertragsrechtskonvention (WVK) findet Anwendung nur auf schriftliche Verträge (ohne dem Abschluss anderer Verträge entgegenstehen zu wollen) und findet Anwendung nur auf solche Verträge, die zwischen Staaten abgeschlossen werden, nach dem die WVK für diese in Kraft getreten ist. Das schließt eine Heranziehung von in der WVK niedergelegten Regeln für eine Beurteilung früherer, älterer Verträge aber nicht aus. Die „Einbettung“[28] dieses Vertragswerks in das Völkergewohnheitsrecht kommt unter anderem in dem Hinweis seiner Präambel zum Ausdruck, wonach „Sätze“ des Völkergewohnheitsrechts auch weiterhin für Fragen gelten sollen, welche in dem Übereinkommen selbst keine Regelung erfahren haben.

Das Übereinkommen regelt danach formell nur einen Ausschnitt aus dem Gesamtbereich denkbarer und vorkommender völkerrechtlicher Verträge, kann aber materiell ergiebig sein für die Erkenntnis völkergewohnheitsrechtlicher Rechtssätze, welche auch andere Verträge erfassen. Es ist nicht etwa, wie das Bürgerliche Gesetzbuch, um die Regelung aller allgemeinen Regeln zu (völkerrechtlichen) Rechtsgeschäften bemüht, bietet aber in dem angesprochenen begrenzten Rahmen seiner Reichweite verallgemeinerbare Elemente einer Rechtsgeschäftslehre, welche über den Vertrag als Regelungsform hinaus reichen können. Es verhält sich zum Abschluss und Inkrafttreten von Verträgen, zu ihrer Einhaltung, Anwendung und Auslegung, Änderung sowie ihrer Ungültigkeit und Beendigung (auch in der Form der Suspendierung). Es trägt Besonderheiten des völkerrechtlichen Vertragswesens Rechnung, wie der Unterscheidung zwischen bilateralen und multilateralen Verträgen, dem (damit verbundenen) Phänomen eines häufig empfundenen Bedürfnisses der Anbringung von Vorbehalten oder auch vorläufiger

[25] Text: *Tomuschat* (o. Fn. 1), Nr. 5.
[26] Text: BGBl. 1990 II, 1415.
[27] Text: Archiv des Völkerrechts 18 (1979), 226 ff.
[28] So *Verdross/Simma* (o. Fn. 5), § 772.

Anwendung vor dem Inkrafttreten, dem Interesse an der Wahrung und Aufrechterhaltung eines einmal abgeschlossenen Vertrages auch ungeachtet später auftretender Veränderungsinteressen einzelner Beteiligter. Und es muss einer Strukturvorgabe des Völkerrechts gerecht werden, die so in der innerstaatlichen Vertragsschlusssituation keine exakte Parallele findet, nämlich der Notwendigkeit der Harmonisierung der Rechtssetzung durch Vertrag mit (potenziell und real je unterschiedlichen) Vorfindlichkeiten der innerstaatlichen Rechtsordnungen einzelner Vertragsparteien; das betrifft über namentlich Fragen der (ggf. mangelnden) Kompetenz bei dem Vertragsschluss auftretender Organe hinaus generell das Problem einer durch innerstaatliches Recht bewirkten Hinderung der Erfüllung der im Vertrag übernommenen Verpflichtung. Zu dem letzteren Punkt bestimmt Art. 27 WVK, dass sich eine Vertragspartei nicht auf ihr innerstaatliches Recht berufen könne, um die Nichterfüllung eines Vertrags zu rechtfertigen, verweist in diesem Zusammenhang aber auch auf Art. 46 WVK, welcher diese Regel im Zusammenhang mit der Zuständigkeit zum Vertragsabschluss dahingehend modifiziert, dass im Falle einer offenkundigen Verletzung einer innerstaatlichen Zuständigkeitsregel die Geltendmachung der Ungültigkeit eines Vertrags in Betracht kommt, sofern die verletzte Vorschrift von „grundlegender Bedeutung" ist.

Regeln über *einseitige* Rechtsgeschäfte sind, anders als bei den Verträgen, bisher nicht in allgemeiner Weise vertraglich festgelegt, aber ebenfalls Gegenstand von Bemühungen der vorerwähnten International Law Commission gewesen. Diese resultierten in einem Text "Guiding Principles Applicable to Unilateral Declarations of States Capable of Creating Legal Obligations", der im Jahre 2006 der Generalversammlung der Vereinten Nationen zur Billigung vorgelegt wurde.[29] Diese "Guiding Principles", ein normativ unverbindlicher Text, aber getragen von der Autorität der Kommission, in welcher sich prominenter völkerrechtswissenschaftlicher Sachverstand bündelt, war erarbeitet worden insbesondere im Blick auf einschlägige Rechtsbekundungen der Rechtsprechung des Internationalen Gerichtshofs (der Vereinten Nationen)[30] und seines Vorgängers, des Ständigen Internationalen Gerichtshof der Völkerbundzeit. Er ist gewissermaßen um einen allgemeinen Teil von Regeln bemüht, die das Phänomen einer an unilaterales Verhalten (unilateral behaviour) von Staaten (erneut also: nur von Staaten, nicht von anderen Völkerrechtssubjekten) anknüpfenden Rechtsbindung zusammenzufassen

[29] Mit einem Kommentar der ILC veröffentlicht in: Yearbook of the International Law Commission, 2006, vol. II, Part Two.

[30] S. in solchem Sinne auch *Reisman/Arsanjani*, The Question of Unilateral Governmental Statements as Applicable Law in Investment Disputes, in: *Dupuy/Fassbender et al.*, FS Tomuschat (o. Fn. 22), S. 409 ff.

suchen. Angesichts der Vielgestaltigkeit insoweit in Betracht kommenden „Verhaltens" verwundert es nicht, dass die in dem Dokument enthaltenen Aussagen aber eher deskriptiv-kenntnisnehmend ausfallen denn normativ-gesetzesartig. So wird im Vorspruch festgehalten, dass die Erzeugung einer rechtlichen Bindung aus formellen Erklärungen, aber auch informellem Verhalten (informal conduct) erwachsen könne, ebenso unter Umständen aus Schweigen. Betont wird, dass dies jeweils von den Umständen (circumstances) abhänge und es häufig schwierig sei, die Frage nach den rechtlichen Wirkungen (legal effects) einseitigen Verhaltens entweder nach einer Willensrichtung (intent) des jeweiligen Staates oder nach den Erwartungen (expectations) Dritter zu beurteilen.

Es werden zehn Regeln aufgestellt, die ausdrücklich allein gemünzt sind auf einseitiges Verhalten „stricto sensu", womit förmliche Erklärungen gemeint sind, die von dem Willen getragen sind, Verpflichtungen hervorzubringen (formal declarations forumulated by a state with the intent to produce obligations under international law). „Formal" setzt dabei nicht notwendigerweise die Schriftform voraus; denkbar ist eine formale Erklärung auch in mündlicher Form.[31] Die Leitprinzipien enthalten teilweise Selbstverständlichkeiten, wie etwa die Aussage, jedem Staat komme die Fähigkeit zu, einseitige Erklärungen abzugeben. Sie äußern sich rechtsdogmatisch, wenn sie betonen, eine rechtliche Verpflichtung setze einen entsprechenden Bindungswillen voraus und beruhe sodann auf dem Grundsatz von Treu und Glauben, hier also im Brückenschlag zu einem allgemeinen Rechtsgrundsatz. Auf solchen Linien liegt etwa auch die Aussage, Verpflichtungen könnten nur entstehen, wenn dies aus der Erklärung eindeutig hervorgehe, wobei für die Auslegung in erster Linie der Text, darüber hinaus aber auch weitere Umstände, nämlich "context and the circumstances" von Bedeutung seien. Stünde eine einseitig erstrebte Verpflichtung mit zwingendem Recht (a peremptory norm)[32] in Widerspruch, so entfalte sie rechtliche Wirkungen nicht. Bindungen Dritter könnten einseitig nicht erzeugt werden, durch eine entsprechende Bezugnahme eines oder mehrerer Staaten aber gleichwohl entstehen.

Zum Thema der Beendingung der Rechtswirkungen aus einer Erklärung formulieren die Prinzipien: Eine willkürliche Beseitigung sei unzulässig ("cannot be revoked arbitrarily"). Für die Beurteilung dessen komme es auf spezielle Erklärungsgehalte der einseitigen Erklärung an, auf das Ausmaß, in welchem auf sie vertraut worden sei ("the extent to which those to whom the obligations are owed have relied on such obligations") sowie auf eine etwaige

[31] Vgl. IGH, Nuclear Tests (Australia v. France; New Zeeland v. France, I.C.J. Reports 1974, 267 ff., 473).

[32] Siehe bereits oben bei Fn. 20.

grundlegende Veränderung der Umstände ("the extent to which there has been a fundamental change in the circumstances"); eine Bezugnahme also auf das Konzept der clausula rebus sic stantibus (wie sie für den dortigen Anwendungsbereich auch Art. 62 WVK kodifiziert hat, der zutreffender Ansicht nach Auslegungsprobleme aufwirft, welche nur im Lichte des Völkergewohnheitsrechts gelöst werden können.[33] Diese Anführung von Gesichtspunkten zur Beurteilung etwaiger Willkür bei der Bemühung um die Beseitigung aus einer einseitigen Erklärung erwachsener Verpflichtungen ist ausdrücklich nicht abschließend formuliert ("in assessing whether a revocation would be arbitrary, consideration should be given to: ...").

Bedenkt man den normativen Gehalt dieser Prinzipien in inhaltlicher Hinsicht, so wird man ihn eher schmal finden.[34] Das liegt zum einen daran, dass die Prinzipien ersichtlich in erster Linie aus einer ihrerseits wenig reichhaltigen internationalen Spruchpraxis geschöpft sind. Vorsichtige Anknüpfung wird zwar gesucht bei den rechtlichen Anforderungen der (Selbst-)Verpflichtung im Rahmen der mehrseitigen Rechtsgeschäfte, ohne dass aber der dort gegebene Detaillierungsgrad erreicht werden könnte. Im Grunde bewendet es bei einer Anerkenntnis der Existenz eines tatsächlichen Phänomens und der Markierung einiger für seine rechtliche Erfassung maßgeblichen Eckpunkte, die sich wohl sämtlich ohne Weiteres aus dem Grundsatz von Treu und Glauben erklären lassen, der hier ungeachtet seiner Verwurzelung im Recht der mehrseitigen Rechtsgeschäfte auch das Maß geben soll für die Einforderung von rechtlichen Verpflichtungen, die sich aus einem einseitigen Gestaltungsakt ergeben.

Dieser Befund entspricht durchaus dem Stand der Doktrin. Etwa *Delbrück* und *Wolfrum*[35] fassen den Stand verallgemeinerbarer Aussagen zu einseitigen Rechtsakten des Völkerrechts mit dem Hinweis zusammen, es seien insoweit die Regeln zum Vertragsrecht „im Grundsatz" anzuwenden, „soweit sich nicht Modifikationen aus der Natur der einseitigen Rechtsakte ergeben"[36] und fügen dann bei ihren Hinweisen auf Einzelfragen durchweg Wendungen wie „in der Regel", „unter Umständen" oder „grundsätzlich" an,[37] etwa im Zusammenhang mit der oben für die Rücknahme angesprochenen Problematik: „Die einseitige Zurücknahme der Erklärung kann jedenfalls dann gegen Treu und Glauben verstoßen und damit ein unzulässiges venire contra factum proprium sein, wenn andere auf die Endgültigkeit und

[33] Siehe dazu *Verdross/Simma* (o. Fn. 5), §§ 828 ff.

[34] S. *Hobe* (o. Fn. 4), S. 210: „Insofern handelt es sich bei den jetzt erzielten Leitlinien um einen Minimalkonsens, der sich auf die Rechtsprechung internationaler Gerichte stützt ..."

[35] In von *Dahm* begründetem Lehrbuch (o. Fn. 6).

[36] § 164 III 1.

[37] S. 768.

Verbindlichkeit der Erklärung vertrauen dürfen und sich in ihrem eigenen Handeln darauf einrichten".[38]

Die Gesamtlage der normativen Erfassung und systematischen Durchdringung dessen, was sich im Völkerrecht als einseitiges Rechtsgeschäft darstellt, resultiert aus diesbezüglicher Vielfalt. Das wird unmittelbar anschaulich, wenn man sich in Erinnerung ruft, in welchen ganz unterschiedlichen Lagen außerhalb des Vertragsschlusses Anlass für einseitige Erklärungen zur Herbeiführung von Rechtsfolgen gegeben sein kann. Es betrifft dies – quantitativ vielleicht im Vordergrund stehend – die Anerkennung (einer tatsächlich gegebenen Situation, eines Staates als unabhängig, eines Anspruchs, einer territorial radizierten Rechtslage). Es betrifft ferner den Protest, in gewisser Hinsicht das „Gegenstück" zur Anerkennung,[39] nicht auf Rechterzeugung gerichtet, aber auf die Wahrung von Rechten, die Verhinderung einer potenziell drohenden rechtlichen Veränderung durch Schweigen, also doch auch rechtsgestaltend. Es betrifft die Notifizierung, insbesondere auch in ihrem Zusammenhang mit tatsächlichen Handlungen wie der Okkupation, der Annexion, der Dereliktion. Es betrifft den Verzicht (auf ein Recht, auf die Geltendmachung eines Anspruchs), schließlich das Versprechen, dessen Nähe zum Vertrag besondere Rechtsprobleme hervorruft.[40]

Alle diese Institute haben ihre eigene, teils – wie vor allem bei der Anerkennung – wandlungsreiche[41] Dogmengeschichte, welche die Grundthemen für die rechtliche Beurteilung jeden Rechtsgeschäfts, nämlich das Zustandekommen, die Wirksamkeit und die Wirkungen[42] bereichsspezifisch thematisieren und bereichsspezifisch auch Antworten geben.

## III. Schlussbemerkung

Die eingangs angesichts der systematischen Gestaltungskraft von *Detlef Leenens* Lehrbuch aufgeworfene Frage, ob auch die Völkerrechtswissenschaft gut daran täte, eine systematische Rechtsgeschäftslehre zu entwickeln,[43] soll vor dem Hintergrund des hier Gesagten wie folgt beantwortet werden.

[38] Bei Fn. 45.

[39] Vgl. *Breutz*, Der Protest im Völkerrecht, 1997, S. 25.

[40] Vgl. etwa *Wengler*, Völkerrecht I, 1964, S. 307; *Delbrück* und *Wolfrum* (o. Fn. 6), § 164 IV 5.

[41] Anschaulich dafür *Hilpold*, Die Anerkennung der Neustaaten auf dem Balkan – Konstitutive Theorie, deklaratorische Theorie und anerkennungsrelevante Implikationen von Minderheitenschutzerfordernissen, in: Archiv des Völkerrechts 31 (1993), 387 ff.

[42] Terminologische Anleihe bei *Leenen*, siehe etwa die Gliederung des 3. Kapitels seines Lehrbuchs.

[43] Zu solchem Anspruch etwa *Suy*, Les actes juridiques unilateraux en droit international public, 1962, und ferner *Jacqué*, Eléments pour une théorie de l'acte juridique en droit

„Lehren" in der Rechtswissenschaft, also auch eine solche zum Rechtsgeschäft, haben eine dienende Funktion. Sie sollen der Rechtsanwendung, auch „der Fallbearbeitung" dienlich sein.[44] Sie müssen deshalb ihren Ausgangspunkt nehmen vom geltenden Recht, mag es gesetztes Recht sein, in Schriftform vorliegen, aus Rechtsgewohnheit erschließbar oder richterrechtlich fortgebildet. Der einschlägige Normenbestand für Rechtsgeschäfte, so haben wir gesehen, ist auch im Völkerrecht recht dicht. Für die mehrseitigen Rechtsgeschäfte, die Verträge, ist er weitgehend kodifiziert, wenn auch nur innerhalb eines beschränkten Anwendungsbereichs. Für davon nicht erfasste Verträge bestehen gewohnheitsrechtliche Regeln. Anders die Lage hinsichtlich einseitiger Rechtsgeschäfte. Hier finden sich nur wenige übergreifende Normaussagen; die einzelnen Formen einseitiger Akte beurteilen sich nach auf sie bezogenen Einzelgewohnheiten.

Die eingangs dieses Beitrags aufgeworfene Frage lautet zugespitzt also: Wäre es förderlich, weitere verallgemeinerbare Regeln über das Zustandekommen, die Wirksamkeit und die Wirkungen sämtlicher Rechtsgeschäfte des Völkerrechts formulieren zu wollen? Vorschlagen möchte man solches nur, wenn auch dieser Rechtsbereich als jedenfalls auf dem Weg zur Kodifikationsreife befindlich erschiene. Die oben gewonnenen Erkenntnisse deuten in eine andere Richtung. Der Abstraktionsgrad der unter II dargestellten Leitprinzipien, die von einem Vertragsentwurf weit entfernt sind, kommt nicht von ungefähr, sondern hat Sachgründe. Die Vielgestaltigkeit einseitiger rechtsbegründender Erklärungen scheint zu groß, um über einen kodifikatorischen Leisten geschlagen und zudem noch mit den vertragsrechtlichen Regeln zusammengeführt werden zu können. Sie ist größer noch als bei der Problematik der Staatenverantwortlichkeit, hinsichtlich derer – über Jahrzehnte hin! – jedenfalls, auch hier von der International Law Commission, ein Entwurf (2001) erarbeitet worden ist, dessen Regelungsdichte durchaus geeignet für entsprechenden Vertragsschluss wäre[45] – so dass hier eine Art „Verantwortlichkeitslehre" vorliegt, die tauglicher (und viel behandelter) Gegenstand entsprechender rechtsdogmatischer Arbeit der Völkerrechtswissenschaft ist.

Bei den Rechtsgeschäften in der Breite liegt das also anders, so dass wir bei erneutem Blick auf die eingangs referierten unterschiedlichen Begrifflich-

international public, 1972; *Skubiszewski*, Unilateral Acts of States, in: *Bedjaoui* (ed.), International Law: Achievements and Prospects, 1991, S. 221 ff.; *Zemanek*, Unilateral Legal Acts Revisited, in: *Wellens* (ed.), International Law. Theory and Practice, Essays in Honour of Eric Suy, 1989, S. 209 ff.

[44] Vgl. in Gegenüberstellung die beiden Hauptüberschriften in *Leenens* Lehrbuch, Teil 1: Die Rechtsgeschäftslehre des BGB, Teil 2: Die Rechtsgeschäftslehre in der Methodik der Fallbearbeitung.

[45] Der Text findet sich bei *Tomuschat* (o. Fn. 1), Nr. 8.

keiten der Lehrdarstellungen eher denjenigen beipflichten wollen, die ohne eine tragende Rolle für einen Oberbegriff „Rechtsgeschäft“ (oder auch “unilateral act” u.ä.) auskommen. Die Rede vom Rechtsgeschäft ist sicher auch in dogmatischer Neigung inspiriert vom Bedenken seiner zivilrechtlichen Erscheinung.[46] Solche Anleihen bei innerstaatlichem Recht können namentlich bei der Ermittlung von im Wesen allen Rechts gründenden allgemeinen Rechtsgrundsätzen als „dritte“ eigenständige Rechtsquelle des Völkerrechts sinnstiftend sein.[47] Vorliegend stellen sich gewohnheitsrechtlich und – für die Verträge – teils kodifizierte Normformungen weitgehend davor, so dass wir es für diesen Bereich mit dem angelsächsischen Pragmatismus *Ian Brownlie's* halten, der schreibt: “Some authors have been prepared to bring unilateral acts, including protest, promise, renunciation, and recognition, within a general concept of 'legal acts', either contractual or unilateral, based upon a manifestation of will by a legal person. The writer is of opinion that this approach may provide a useful framework for discussion of problems and yet may obscure the variety of legal relations involved”.[48]

So rufe ich *Detlef Leenen* zu: Wir sind eben nicht so weit wie das Zivilrecht, Sevgili Yoldaşım!

[46] Bereits *Pfluger*, Die einseitigen Rechtsgeschäfte im Völkerrecht, 1936.

[47] Wie hinsichtlich des Konzepts „Verhältnismäßigkeit“, s. dazu Gedanken bei *Kunig*, Der Grundsatz der Verhältnismäßigkeit – ein notwendiger Bestandteil der Rechtskultur?, in: Legal History Research Center of China University of Pol. Sc. and Law (ed.), Symposium on China's Legal Family, 2006, S. 338 ff., sowie *ders.*, Menschenwürde und Verhältnismäßigkeit. Eine Gegenüberstellung, in: *Mahlmann* (Hrsg.), Gesellschaft und Gerechtigkeit, FS für Hubert Rottleuthner, 2011, S. 152, 159 f. Monographisch *Krugmann*, Der Grundsatz der Verhältnismäßigkeit im Völkerrecht, 2003. S. ferner für das Völkerrecht *Vranes*, Der Verhältnismäßigkeitsgrundsatz. Herleitungsalternativen, Rechtsstatus und Funktionen, in: Archiv des Völkerrechts 47 (2009), 1 ff.

[48] A.a.O. (o. Fn. 8), S. 640 f.

# Das Deckungsgeschäft im System der Schadensarten oder: Was taugt die „Zauberformel"?

Stephan Lorenz

## I. Die Ausgangslage

Die strukturell wohl einschneidendste und anfänglich[1] (und gelegentlich auch noch heute[2]) manchmal missverstandene Neuerung des vor 10 Jahren in Kraft getretenen reformierten Leistungsstörungsrechts des BGB war die Rückführung (nahezu) sämtlicher Leistungsstörungen auf den einen einheitlichen Pflichtverletzungstatbestand in § 280 I BGB. Freilich hat dieser nur vordergründig einheitliche Tatbestand in seiner Gesetz gewordenen Fassung die seit jeher das Leistungsstörungsrecht prägende grundlegende Unterscheidung zwischen Unmöglichkeit der Leistung und Verspätung der Leistung nicht entbehrlich gemacht. Verlangt nämlich der Gläubiger „Schadensersatz statt der Leistung", ist die Anspruchsgrundlage des § 280 I BGB um weitere Tatbestandsvoraussetzungen zu ergänzen (so durch §§ 280 III, 281 BGB für den Fall der Verzögerung der Leistung) oder aber durch eine spezielle Regelung verdrängt (so durch § 311a II BGB für den Fall der anfänglichen Unmöglichkeit). Auch für den Verzögerungsschaden verlangt § 280 II BGB durch die Verweisung auf § 286 BGB über die bloße Pflichtverletzung hinaus das Vorliegen weiterer Tatbestandsvoraussetzungen.

Das führt dazu, dass der Abgrenzung der verschiedenen Schadensarten entscheidende Bedeutung zukommt: Der Rechtsanwender muss den geltend gemachten Schaden analysieren, um die für seinen Ersatz notwendigen Tatbestandsvoraussetzungen festzustellen. Relevant ist die Unterscheidung der Schadensarten aber nicht nur für die Frage, ob und unter welchen Voraussetzungen bestimmte Schäden ersatzfähig sind, sondern auch für die Kombinationsmöglichkeiten von Rechtsbehelfen. So schließen sich etwa Schadensersatz statt der Leistung und das Recht auf die Leistung selbst, d.h. Naturalerfüllung, bereits begrifflich aus: Soweit der Gläubiger Schadensersatz statt der Leistung geltend macht, kann er nicht die Leistung geltend machen (§ 281

[1] S. zur damaligen Kritik exemplarisch *Altmeppen*, DB 2001, 1131 ff sowie daraufhin *S. Lorenz*, JZ 2001, 742 ff.

[2] Paradigmatisch hierfür *Deutsch*, Festschrift Koziol, 2010, S. 553 ff.

IV BGB), und zwar auch nicht im Wege der schadensersatzrechtlichen Naturalrestitution. Wichtig ist die Schadensqualifikation aber auch für die Frage des Aufwendungsersatzes (§ 284 BGB), der nicht mit dem Schadensersatz statt der Leistung, wohl aber mit einfachem Schadensersatz oder Schadensersatz wegen Verzögerung der Leistung kombiniert werden kann.

## II. Abgrenzungskriterien

### *1. Schadensersatz statt der Leistung und Schadensersatz neben der Leistung*

Die Abgrenzung der Schadensarten hat bisher in der Literatur vielfältige Formeln und Kriterien zutage gebracht. Einigkeit dürfte im Ausgangspunkt darüber bestehen, dass mit dem Schadensersatz statt der Leistung das *Äquivalenzinteresse* des Gläubigers befriedigt werden soll. Er soll nun eben „statt" der Naturalerfüllung vermögensmäßig den Wert erhalten, den diese für ihn gehabt hätte. Bis zu dem Zeitpunkt des Entstehens eines solchen Anspruchs darf der Schuldner die Leistung noch in natura erbringen, d.h. der Gläubiger muss sich mit dieser zufrieden geben und darf nicht auf einen Sekundäranspruch übergehen. Das stärkt reflexartig *pacta sunt servanda*, denn der Schuldner darf sich durch die Leistung entlasten und muss nicht etwa andere Mittel einsetzen, um das Leistungsinteresse des Gläubigers zu befriedigen.[3] Zugleich bleibt ihm im Falle eines gegenseitigen Vertrags die Möglichkeit erhalten, sich die Gegenleistung zu verdienen.

Die Nichterbringung der geschuldeten Leistung kann aber bereits vor dem Zeitpunkt, ab welchem es das Gesetz dem Gläubiger gestattet, anstelle der Leistung Schadensersatz zu fordern, beim Gläubiger Schäden verursachen, die durch den Erhalt der Leistung nicht mehr kompensiert werden können. Auch solche endgültig eingetretene Schäden, die ebenfalls das Äquivalenzinteresse im weiteren Sinne betreffen können, kann der Gläubiger trotz Festhalten am Erfüllungsanspruch liquidieren, da der Schuldner nach § 280 I BGB jeden aus einer Pflichtverletzung entstandenen Schaden zu ersetzen hat. Allerdings steht es dem Gesetzgeber frei, auch den Ersatz dieser Schäden von besonderen weiteren Bedingungen abhängig zu machen. So sollen Schäden, die sich aus der Verzögerung der Leistung ergeben, wegen der für erforderlich gehaltenen Warnung des Schuldners nicht bereits ab Fälligkeit, sondern erst ab Verzugseintritt ersetzbar sein (§ 280 I, II i.V.m. § 286 BGB). Das ändert aber nichts daran, dass es sich auch bei einem Verzögerungsschaden, der zu einem Zeitpunkt eintritt, zu dem der Schuldner die Leistung noch

[3] S. dazu etwa *S. Lorenz*, Festschrift Wolfsteiner, 2007, S. 121 ff.

erbringen darf, um einen endgültig eingetretenen Schaden handelt, der durch die spätere Leistungserbringung nicht kompensiert würde.

Das Leistungsstörungsrecht kennt damit strukturell zwei Arten von Schäden: Bereits endgültig eingetretene Schäden, die durch die Leistung nicht mehr behoben werden und Schäden, die noch nicht endgültig eingetreten sind oder lediglich drohen, wenn die Leistung nicht noch erbracht wird. Ob die Leistung aber noch erbracht wird oder nicht, steht erst fest, wenn entweder die Leistung unmöglich geworden ist (§ 275 I BGB)[4] oder aber die Leistungspflicht aus einem anderen Grund erloschen ist. Letzteres ist bei verzögerter Leistung nicht schon mit Ablauf einer Nachfrist, sondern erst dann der Fall, wenn der Gläubiger nach § 323 BGB vom Vertrag zurückgetreten ist oder Schadensersatz statt der Leistung verlangt hat, da erst die Ausübung des Rücktrittsrechts oder das Schadensersatzverlangen (§ 281 IV BGB) zum Wegfall des Primärleistungsanspruch führen. Damit kann Gegenstand des Schadensersatzes statt der Leistung nur derjenige Schaden sein, der allein durch das endgültige Ausbleiben der Leistung verursacht wird und nicht bereits vorher (endgültig) entstanden ist. Man kann diesen Schaden auch als „Nichterfüllungsschaden im eigentlichen Sinne" bezeichnen[5], da auch vor dem Wegfall der Leistungspflicht endgültig eingetretene Schäden (wie z.B. entgangener und nicht mehr nachholbarer Gewinn aus einem wegen Verzögerung der Leistung gescheiterten Weiterverkauf) das Erfüllungsinteresse des Gläubigers betreffen können. Umgekehrt ist jeder bereits vor dem endgültigen Ausbleiben der Leistung eingetretene Schaden, der durch die Erbringung der Leistung zum letztmöglichen Zeitpunkt nicht behoben wäre, allenfalls als Schadensersatz neben der Leistung (ggf. in der Unterform des Schadensersatzes wegen Verzögerung der Leistung) ersetzbar.

Auf dieser Grundlage ist das Begriffspaar Schadensersatz statt der Leistung und Schadensersatz neben der Leistung eine zeitlich wandelbare Kategorie. Ein und derselbe Schaden kann, je nachdem wann er eintritt, in die eine oder die andere Schadenskategorie fallen: Wird eine Leistung verspätet erbracht, so ist der durch die Verzögerung entstandene Nutzungsausfallschaden endgültig eingetreten und wird durch die spätere Leistungserbringung nicht behoben, während der nach Rücktritt entstandene weitere Nutzungsausfallschaden auf das endgültige Ausbleiben der Leistung zurückzuführen und damit Bestandteil des Schadensersatzes statt der Leistung ist. Der Gewinn aus dem Weiterverkauf eines Gegenstandes kann bei verzögerter Lieferung endgültig entgangen sein, so dass er als Schadensersatz wegen Verzögerung der Leistung ersetzbar ist, oder durch die Nachholung der Leistung noch realisierbar sein, so dass er erst unter den Voraussetzungen von

[4] Oder der Schuldner eine Einrede aus § 275 II, III BGB erhebt, was für die vorliegende Problematik aus Vereinfachungsgründen außer Betracht bleiben soll.

[5] So *U. Huber*, AcP 210 (2010), S. 319, 320.

§ 280 I, III i.V.m. § 281 BGB, d.h. nach einer fruchtlosen Fristsetzung ersetzbar ist. Früher gebräuchliche Kategorien wie „Erfüllungsinteresse" und „Integritätsinteresse", „Mangelschaden" und „Mangelfolgeschaden" beschreiben damit allenfalls Phänomene, haben sich aber als Abgrenzungskriterien für die Schadensarten als untauglich erwiesen.[6] Damit läuft auch eine sich alleine am „Erfüllungsinteresse" orientierende Bestimmung der maßgeblichen Schadensart Gefahr, der gesetzlichen Abgrenzung zuwiderzulaufen. Kurz: Die Gleichung „Erfüllungsinteresse = Schadensersatz statt der Leistung" geht nicht auf.

### 2. *Schadensersatz wegen Nichterfüllung und Schadensersatz statt der Leistung als unterschiedliche Begriffe*

Das vor der Schuldrechtsreform geltende Recht enthielt in §§ 325, 326 BGB a.F. demgegenüber den Begriff des *Schadensersatzes wegen Nichterfüllung*. Das ist entgegen verbreiteter Ansicht nicht nur sprachlich, sondern auch inhaltlich ein anderer Ausgangspunkt als derjenige des § 280 BGB n. F.:[7] Wenn, wie unter § 326 BGB a.F., Anknüpfungspunkt einer Schadensersatzhaftung allein die Nichterfüllung einer Vertragspflicht ohne Rücksicht auf die Art des eingetretenen Schadens ist, bestehen keinerlei Bedenken, in diesen Schadensersatzanspruch sämtliche Folgen der Nichterfüllung einer Pflicht einzubeziehen, auch wenn diese bereits vor Erlöschen des Erfüllungsanspruchs endgültig eingetreten sind. Aus der Differenzhypothese des § 249 I BGB ergibt sich dann nämlich zwanglos, dass der Gläubiger im Wege des Schadensersatzes so zu stellen ist, wie er stünde, wenn der Schuldner seine Pflicht rechtzeitig und ordnungsgemäß erfüllt hätte. Unter dem früheren Recht konnten sämtliche Folgeschäden, welche die Nicht- oder Schlechterbringung einer Leistung bis zum Entstehen des Schadensersatzanspruchs verursacht hatte, in den Schadensersatz wegen Nichterfüllung einbezogen werden. Damit ist der Begriff des Schadensersatzes wegen Nichterfüllung weiter als derjenige des Schadensersatzes statt der Leistung. Denn Haftungsgrund für den Schadensersatz statt der Leistung ist nicht (allein) die Nichterfüllung des Schuldners, sondern das vom ihm zu vertretende endgültige Ausbleiben der Leistung.[8] Der gegenüber dem Schadensersatz statt der Leistung weitere Begriff des Schadensersatzes wegen Nichterfüllung führte z.B. dazu, dass z.Zt. des Entstehens des Schadensersatzanspruchs bereits endgül-

[6] S. dazu bereits *S. Lorenz*, NJW 2002, 2479, 2500.

[7] A. A. etwa *Ernst*, in: MünchKomm-BGB, 5. Aufl. 2007, § 281 Rn. 1; *Canaris*, DB 2001, 1815, 1816; *Dauner-Lieb/Dötsch*, DB 2001, 2535, 2537.

[8] *U. Huber* (o. Fn. 5), S. 320 spricht in diesem Zusammenhang vom „Schadensersatz wegen Nichterfüllung im eigentlichen Sinn", den er (zutreffend) mit dem Schadensersatz statt der Leistung gleichstellt.

tig entstandene Verzögerungsschäden in die Gesamtabrechnung des Nichterfüllungsschadens einbezogen werden konnten.[9]

Diese Grundsätze sind aber wegen der unterschiedlichen Struktur des seit 2002 geltenden Rechts nicht auf das System der §§ 280 ff. BGB übertragbar.[10] Ausgehend von der geltend gemachten Schadensart sind die jeweiligen Haftungsvoraussetzungen zu klären, nicht aber bestimmt das geltend gemachte „Interesse" die Schadensart: Macht etwa der Gläubiger den durch die verspätete Lieferung eines Gegenstandes entstandenen Betriebsausfallschaden geltend, so ist zwar sein Erfüllungsinteresse betroffen, dennoch handelt es sich bei dem geltend gemachten Schaden nicht zwingend um „Schadensersatz statt der Leistung", weil der Gläubiger den Betriebsausfall gerade nicht anstelle der Leistung, sondern zusätzlich zum weiter bestehenden Anspruch auf die Leistung geltend macht. Schadensersatz statt der Leistung kann ein solcher Betriebsausfallschaden erst dann darstellen, wenn der Betriebsausfallschaden auf das endgültige Ausbleiben der Leistung zurückzuführen ist. Der bis zu diesem Zeitpunkt eingetretene Schaden ist hingegen als Schadensersatz „neben" der Leistung (in Form des Verzögerungsschadens) zu qualifizieren und bleibt es auch, wenn die Leistungspflicht anschließend aufgrund eines vom Schuldner zu vertretenden Umstands endgültig wegfällt.[11] Dadurch entstehen weder Schutzlücken noch Überkompensationen, sondern es kommt zu einer trennscharfen Abgrenzung ohne Überlappungen.[12]

## III. Tauglichkeit der „Zauberformel"

Auf der Grundlage der soeben nur skizzenhaft dargelegten Überlegungen hat sich zunehmend die Auffassung durchgesetzt, Schadensersatz statt der Leistung und Schadensersatz neben der Leistung wie folgt abzugrenzen: Gegenstand des Schadensersatzes statt der Leistung ist allein derjenige Scha-

[9] Zu beachten war dann allein die Sperrwirkung des § 286 BGB a.F.: Da der Verzögerungsschaden erst ab Verzugseintritt zu ersetzen war, war der Gläubiger im Wege des Schadensersatzes wegen Nichterfüllung insoweit so zu stellen, als habe der Schuldner unmittelbar nach der Mahnung geleistet, vgl. *U. Huber* (o. Fn. 5), S. 340.

[10] S. auch *Grigoleit/Riehm*, AcP 203 (2003), S. 727, 730, die zutreffend vom Erfordernis einer „schadensphänomenologischen Abgrenzung" sprechen. Anders *U. Huber* (o. Fn. 5), S. 340 Fn. 55, der sich im Zusammenhang mit dem für diese Frage paradigmatischen Problem der Einbeziehung des ab Verzugseintritts eingetretenen Verspätungsschadens in den Schadensersatz statt der Leistung mit dem lapidaren Hinweis begnügt, dass sich an der Problematik durch das Schuldrechtsmodernisierungsgesetz „nichts geändert" habe.

[11] S. dazu exemplarisch BGH NJW 2010, 2426 (Rn. 13).

[12] So die zutreffende Analyse von *Ernst*, in: MünchKomm-BGB (o. Fn. 7), § 281 Rn. 112, 114 f.; s. aber auch *dens.* a.a.O., § 281 Rn. 1, wonach der Gläubiger in seine Schadensberechnung Posten aufnehmen kann, die durch die Erfüllung schon nicht mehr zu beseitigen waren.

den, der durch das endgültige Ausbleiben der Leistung verursacht wird. Schäden, die bereits vor diesem Zeitpunkt endgültig entstanden sind, sind hingegen Bestandteil des Schadensersatzes neben der Leistung[13]. Die Leistung bleibt endgültig aus, wenn sie unmöglich ist (§ 275 I BGB) oder der Schuldner berechtigt eine Einrede aus § 275 II und III BGB geltend gemacht hat oder aber der Gläubiger zurückgetreten ist und/oder Schadensersatz statt der Leistung verlangt hat (s. § 281 IV BGB). Auch der BGH scheint dieser Auffassung zu folgen, indem er Nutzungsausfallschäden, die nach einem erklärten Rücktritt angefallen sind, dem Schadensersatz statt der Leistung zuordnet, Nutzungsausfallschäden vor diesem Zeitpunkt (also auch in der Phase zwischen Fristablauf und Rücktrittserklärung) hingegen dem Schadensersatz „neben" der Leistung (in Form des Verzögerungsschadens) zuweist.[14]

Diese trennscharfe Abgrenzung der Schadensarten stimmt mit dem Gesetzeswortlaut und der Systematik des Gesetzes überein. Neben dem Vorteil einer klaren Abgrenzung der Anspruchsgrundlagen und der damit verbundenen Vermeidung von Überlappungen hat sie auch den Vorteil der dogmatischen Exaktheit.

Ein rein auf den Wortlaut des Gesetzes abstellendes System würde sich aber in der Tat dem Vorwurf eines „allzu schlichten Arguments"[15] aussetzen, wenn es „kuriose Ergebnisse" nach sich ziehen würde.[16] Als Prüfstein der Formel hat sich dabei insbesondere die Problematik des Deckungsgeschäftes erwiesen, die im Folgenden näher betrachtet werden soll.

### *1. Das Deckungsgeschäft nach Rücktritt oder Schadensersatzverlangen als Schadensersatz statt der Leistung*

Setzt der Gläubiger dem Schuldner eine Frist zur Leistung und läuft diese Frist ergebnislos ab, so hat der Ablauf der Frist zunächst keinen Einfluss auf den Erfüllungsanspruch. Anders als nach früherem Recht (§ 326 I 2 BGB

[13] *Emmerich*, in: MünchKomm-BGB, 5. Aufl. 2007, vor § 280 Rn. 23; *Otto*, in: Staudinger, BGB (2009), § 280 Rn. E 7; *Kaiser*, in: Staudinger, Eckpfeiler (2011), Leistungsstörungen Rn. 177; *Unberath*, in: BeckOK/BGB, Stand 1.3.2011, § 280, Rn. 28; *Faust*, in: BeckOK/BGB, Stand 1.3.2011, § 437 Rn. 57; *Grüneberg*, in: Palandt, BGB, 71. Aufl. 2012, § 280 Rn. 18; *Jauernig*, BGB, 13. Aufl. 2009, § 280 Rn. 4; *Petersen*, Examensrepetitorium Allgemeines Schuldrecht, 5. Aufl. 2011, Rn. 305; *Kaiser*, Festschrift Westermann, 2008, S. 351, 355 f.; *Medicus/Lorenz*, Schuldrecht I, Allgemeiner Teil, 19. Aufl. 2010, Rn. 352.

[14] S. BGH NJW 2010, 2426 (Rn. 13): „Ein möglicher Schadensersatzanspruch der Klägerin folgt allerdings nicht … aus § 437 Nr. 3, § 280 I BGB, sondern als Schadensersatz statt der Leistung aus § 437 Nr. 3, § 280 I, III, § 281 I, § 249 I, II 1 BGB. Der geltend gemachte Schaden ist nicht trotz des Festhaltens am Vertrag entstanden …, *sondern beruht auf dem infolge des Rücktritts und des damit verbundenen Erlöschens der ursprünglichen Leistungspflicht endgültigen Ausbleiben der Leistung.*"

[15] So *U. Huber* (o. Fn. 5), S. 342.

[16] So der Vorwurf von *Ostendorf*, NJW 2010, 2833, 2835.

a.F.) hat der Gläubiger nunmehr die Wahl zwischen Erfüllung, Schadensersatz statt der Leistung und/oder Rücktritt. Der Schuldner kann in dieser Situation aber weiter erfüllen und damit einem Rücktritt oder Verlangen nach Schadensersatz statt der Leistung zuvorkommen.[17] Ist für die Erfüllung eine Mitwirkungshandlung des Gläubigers erforderlich, verliert der Schuldner allerdings insofern sein „Recht", die Leistung zu erbringen, als er zumindest nicht mehr gegen den Willen des Gläubigers erfüllen kann.[18] Er kann zwar durch das Angebot der Leistung die missliche Schwebelage beenden, in welche er deshalb geraten ist, weil er die Wahl des Gläubigers zwischen den diesem zur Verfügung stehenden Rechtsbehelfen nicht beeinflussen kann[19], jedoch bleibt es dem Gläubiger grundsätzlich auch dann noch möglich, unmittelbar den Rücktritt zu erklären und Schadensersatz statt der Leistung zu verlangen und damit den Eintritt von Annahmeverzug zu verhindern.

Nimmt der Gläubiger nach erklärtem Rücktritt oder nach dem Verlangen von Schadensersatz statt der Leistung ein Deckungsgeschäft vor, so sind die daraus resultierenden Schäden (Mehrkosten bzw. Mindererlöse) auf der Basis der hier zugrunde gelegten und auf ihre Tauglichkeit zu überprüfenden Abgrenzung Gegenstand des Schadensersatzes statt der Leistung nach §§ 280 I, III, 281 BGB, weil sie auf dem nunmehr rücktrittsbedingten oder nach § 281 IV BGB endgültigen Ausbleiben der Leistung beruhen. Gleiches gilt für zwischen Wegfall der Leistungspflicht und Vornahme des Deckungsgeschäfts entstandene Betriebsausfallschäden.[20] Bereits vor diesem Zeitpunkt endgültig entstandene Betriebsausfallschäden sind hingegen unabhängig von einem späteren Rücktritt oder dem Verlangen von Schadensersatz statt der Leistung nach §§ 280 I, II, 286 BGB zu ersetzen. Es besteht weder die Möglichkeit noch eine Notwendigkeit, sie nachträglich in den Schadensersatz statt der Leistung zu integrieren. Würde man für die Qualifikation der Schadensart hier nicht auf den Zeitpunkt des endgültigen Wegfalls des Erfüllungsanspruchs, sondern auf den Zeitpunkt des Entstehens eines Anspruchs auf Schadensersatz statt der Leistung, d.h. i.d.R. auf den Fristablauf abstellen[21], käme man nämlich in die missliche Situation, dass der trotz Fristablaufs am Erfüllungsanspruch festhaltende Gläubiger den ab Fristablauf entstandenen Verzögerungsschaden nicht liquidieren könnte (weil es sich um Schadensersatz statt der Leistung handelt, der nicht neben dem Erfüllungsanspruch geltend gemacht werden kann) oder zumindest den Schuldner erneut in Ver-

[17] So zutreffend *Faust*, Festschrift U. Huber, 2006, S. 239, 246.

[18] BGHZ 154, 119 = NJW 2003, 1526; in BGH NJW 2006, 1198 (Rn. 14) hat der BGH lediglich offen gelassen, ob die Nachholung der Leistung das Rücktrittsrecht beseitigt.

[19] S. dazu *S. Lorenz*, in: E. Lorenz (Hrsg.), Karlsruher Forum 2005 (2006), S. 5, 86 f.

[20] Wobei freilich eine Reduzierung des Schadensersatzanspruchs nach § 254 II BGB in Betracht kommt, wenn der Betriebsausfallschaden durch eine Verzögerung des Deckungsgeschäfts entstanden ist, s. dazu BGH NJW 2010, 2426 (Rn. 32).

[21] So etwa *Reinicke/Tiedtke*, Kaufrecht, 8. Aufl. 2009, Rn. 506.

zug setzen müsste.[22] Es spricht also alles dafür, als entscheidenden Zeitpunkt für die Schadensqualifikation nicht auf den Zeitpunkt des Entstehens eines Anspruchs auf Schadensersatz statt der Leistung, sondern mit der überwiegenden Meinung auf den Zeitpunkt abzustellen, in welchem der Erfüllungsanspruch des Gläubigers und damit die Erfüllungsmöglichkeit des Schuldners endgültig erlöschen. Das aber ist erst der Zeitpunkt des Schadensersatzverlangens oder der Rücktrittserklärung.

*Faust* hat sehr scharfsinnig die Probleme dargelegt, die sich daraus für den Gläubiger ergeben, der nach Fristablauf ein Deckungsgeschäft vornehmen will. Er zieht aus dem Gesagten folgende Konsequenz: Macht der Gläubiger vor Abschluss eines Deckungsgeschäfts Sekundärrechte geltend, laufe er Gefahr, dass dieses scheitere und er dann wegen § 281 IV BGB nicht mehr auf den Erfüllungsanspruch zurückkommen könne. Schließe er hingegen das Deckungsgeschäft vor einer solchen Erklärung ab, könne er dessen Kosten nicht als Schadensersatz verlangen und riskiere außerdem, die Leistung dann doppelt zu erhalten (und bezahlen zu müssen).[23] Dem ist allerdings die Frage voranzustellen, ob und wie man auf der Basis der hier dargelegten Abgrenzung der Schadensarten überhaupt die mangelnde Ersatzfähigkeit der Kosten eines bereits vor Fristablauf vorgenommenen Deckungsgeschäfts überzeugend begründen kann.

## 2. *Das verfrühte Deckungsgeschäft als Schadensersatz neben der Leistung*

### a) Deckungsgeschäft vor Fristsetzung oder Fristablauf

Hat der Schuldner die Leistung nicht rechtzeitig erbracht, geben ihm die Fristsetzungserfordernisse der §§ 281, 323 BGB weiterhin die Möglichkeit, die Leistung zu erbringen. Der Gläubiger darf also eine bloße Leistungsverzögerung grundsätzlich, d.h. vorbehaltlich der Fristsetzungsentbehrlichkeitstatbestände der §§ 281 II, 323 II BGB, noch nicht zum Anlass nehmen, sich vom Vertrag zu lösen. Da er den Erfüllungsanspruch weiterhin geltend machen kann, ist ihm in Bezug auf den Erhalt der Leistung als solcher auch noch kein Schaden entstanden: Er kann diese noch verlangen und wird sie – vielleicht – auch noch bekommen. Endgültig eintreten kann damit, solange der Erfüllungsanspruch besteht, allenfalls ein Verzögerungsschaden, der ab seinem Entstehen nach § 280 I, II i.V.m. § 286 BGB „neben der Leistung“ geltend gemacht werden kann. Ein endgültiger Schaden in Bezug auf das Erfüllungsinteresse kann beim Gläubiger in Gestalt der hierfür aufgewendeten Kosten erst eintreten, wenn er ein Deckungsgeschäft tatsächlich ab-

[22] So treffend *Faust* (o. Fn. 17), S. 248.

[23] *Faust* (o. Fn. 17), S. 247.

schließt. Geschieht dies, liegt ein endgültig eingetretener, durch eine spätere Erfüllung nicht mehr behebbarer Schaden vor.[24] Dieser geht nicht auf das (vor Fristablauf weder mögliche noch voraussehbare) endgültige Ausbleiben der Leistung zurück, sondern ist vor diesem Zeitpunkt endgültig eingetreten. Nach der hier zugrunde gelegten Formel handelt es sich also um Schadensersatz neben der Leistung in Form des Verzögerungsschadens (§ 280 I, II i.V.m. § 286 BGB). Damit kann eine Ersatzpflicht des Schuldners jedenfalls nicht mit dem Argument verneint werden, der Gläubiger habe diesem keine Frist gesetzt, denn der fruchtlose Ablauf einer Nachfrist ist gerade nicht Tatbestandsvoraussetzung eines Anspruchs auf Ersatz des Verzögerungsschadens. Dennoch ist es evident, dass nach dem Grundgedanken des Fristsetzungskonzepts der Gläubiger gerade nicht berechtigt sein soll, sein Leistungsinteresse vorzeitig auf Kosten des Schuldners zu befriedigen.[25]

#### aa) Qualifikation als Schadensersatz statt der Leistung

So lehnt etwa *Ernst* die Ersatzfähigkeit der Kosten eines verfrühten Deckungskaufs mit dem Argument grundsätzlich ab, es handele sich insoweit um Schadensersatz statt der Leistung.[26] Aufwendungen, mit welchen der Gläubiger das Leistungsdefizit behebe, seien nur nach § 281 BGB ersatzfähig.[27] Zugleich gibt er aber in Fällen, in welchen die Kosten des vorzeitigen Deckungsgeschäfts geringer sind als der sonst eintretende, vom Schuldner nach § 280 I, II i.V.m. § 286 zu ersetzende Betriebsausfallschaden, dem Gläubiger das Recht, die Kosten des Deckungsgeschäfts nach § 280 I, II i.V.m. § 286 BGB zu liquidieren. Dabei qualifiziert er den Schaden aber weiterhin als Schadensersatz statt der Leistung, weil es um das „reine Erfüllungsinteresse" gehe, möchte aber dem Gläubiger in diesem Ausnahmefall das Recht einräumen, nach § 280 I, II i.V.m. § 286 auch Schadensersatz statt der Leistung zu verlangen.[28] Ganz ähnlich wollen *Grigoleit/Riehm* die Kosten eines Deckungsgeschäfts unabhängig vom Zeitpunkt der Vornahme stets dem Schadensersatz statt der Leistung zuordnen, „weil und soweit sie dazu führen, dass das Naturalleistungsinteresse des Gläubigers endgültig ander-

[24] Das gilt auch dann, wenn durch den nachfolgenden Vollzug des Deckungsgeschäfts Unmöglichkeit eintritt, s. dazu unten III.3.

[25] Kein solcher Fall und damit vollkommen unproblematisch ein ersatzfähiger Verzögerungsschaden des Gläubigers liegt hingegen vor, wenn dieser aufgrund der Verzögerung der Leistung in berechtigter Weise von seinem Abnehmer auf Ersatz der bei letzterem entstandenen Kosten eines Deckungsgeschäft in Anspruch genommen wird, vgl. dazu nur BGH NJW 1989, 1215 ff.

[26] *Ernst*, in: MünchKomm-BGB (o. Fn. 7), § 286 Rn. 118; ebenso *Unberath*, in: BeckOK/BGB (o. Fn. 13), § 286 Rn. 69.

[27] *Ernst*, in: MünchKomm-BGB (o. Fn. 7), § 280 Rn. 66.

[28] *Ernst*, in: MünchKomm-BGB (o. Fn. 7), § 286 Rn. 118.

weitig befriedigt wird, also nicht mehr durch Leistung des Schuldners befriedigt werden kann",[29] wobei sie bezüglich der Frage der Befriedigung des Naturalleistungsinteresses allein auf den „Verwendungsplan" des Gläubigers abstellen.[30]

### bb) Qualifikation als Schadensersatz neben der Leistung

*Faust* geht hingegen auf der Basis der auch hier zugrunde gelegten Abgrenzungsformel der Schadensarten zutreffend davon aus, dass die Kosten eines verfrühten Deckungsgeschäfts nicht vom Schadensersatz statt der Leistung erfasst werden, sondern als (endgültig eingetretener) Verzögerungsschaden zu qualifizieren sind[31]. Als solcher seien sie aber (auch wenn sie nach Fristablauf entstehen) nicht ersatzfähig. Zwar sei der Schaden eine auch adäquat kausale Folge der Verzögerung der Leistung, weil die Tatsache, dass der Schuldner nicht einmal bis zum Ablauf einer hierfür gesetzten Frist leiste, die Wahrscheinlichkeit dafür, dass der Gläubiger ein – wenn auch verfrühtes – Deckungsgeschäft vornehme, deutlich erhöhe.[32] Der Gläubiger könne aber im Rahmen des Schadensersatzes wegen Verzögerung der Leistung aus übergeordneten Kriterien nicht Befriedigung seines Interesses an der Vertragserfüllung fordern: Der Gesetzgeber habe durch die §§ 280–283 ein elaboriertes Regelwerk geschaffen, das die Interessen von Gläubiger und Schuldner zum Ausgleich bringen solle, und dabei entschieden, dass eine Liquidierung des Vertrags, aufgrund derer der Gläubiger sich anderweitig eindecken dürfe, erst mit Erklärung des Rücktritts, dem Verlangen von Schadensersatz statt der Leistung (§ 281 IV BGB) oder dem Eintritt von Unmöglichkeit (§ 283 BGB) stattfinde. Diese Wertung dürfe nicht dadurch überspielt werden, dass dem Gläubiger ermöglicht werde, sich schon zuvor einzudecken und dann die Folgen dieses Geschäfts, sofern ihm dies opportun erscheint, auf den Schuldner zu verlagern.[33] Sofern ein verfrühtes Deckungsgeschäft allerdings geeignet ist, den sonst vom Gläubiger zu ersetzenden Verzögerungsschaden zu minimieren, bejaht auch *Faust* die Ersatzfähigkeit der Kosten. Rechtstechnisch will er dies durch die Anwendung von § 254 BGB bewirken: Der Verursachungsbeitrag des Gläubigers durch vorzeitige Vornahme des Deckungsgeschäfts überwiege den Verursachungsbeitrag des Schuldners, der in der Verzögerung der Leistung liegt, so stark, dass der Schadensersatzanspruch nach § 254 BGB vollständig ausgeschlossen sei. Auf diese Weise könne dann auch ausnahmsweise Schadensersatz gewährt werden, wenn die vorzeitige

[29] *Grigoleit/Riehm* (o. Fn. 10), S. 737.

[30] Zu Recht kritisch hierzu *Teichmann*, Die Abgrenzung der Schadensarten und ihre Bedeutung (2011), S. 117 f.

[31] *Faust* (o. Fn. 17), S. 253.

[32] *Faust* (o. Fn. 17), S. 254.

[33] *Faust* (o. Fn. 17), S. 255.

Vornahme des Deckungsgeschäfts durch besondere Gründe gerechtfertigt sei, weil sie etwa einen höheren Verzögerungsschaden vermeidet.[34]

Der Vorteil der von *Faust* vorgeschlagenen Lösung besteht darin, dass sie einen Widerspruch in der Qualifikation der Schadensarten vermeidet, da er – anders als *Ernst* – den Schaden nicht umdefiniert, sondern seine Ersatzfähigkeit aus übergeordneten Kriterien – nämlich dem Fristsetzungskonzept – verneint. Er geht aber bei seiner zutreffenden übergeordneten Wertung des Fristsetzungskonzepts einen Schritt zu weit: Dieses besagt nämlich dadurch, dass mit Fristablauf ein Anspruch auf Schadensersatz statt der Leistung *entsteht*, d.h. der Schuldner ab diesem Zeitpunkt kein „Recht" mehr hat, die Leistung zu erbringen, dass dem Gläubiger ab diesem Zeitpunkt sehr wohl die Befugnis zusteht, auf die Erfüllung zu verzichten und sich auf Kosten des Schuldners anderweitig einzudecken. Das Erfordernis einer rechtsgestaltenden Erklärung ist keine Voraussetzung des Eintritts dieser Befugnis, sondern dient lediglich dazu, dem Gläubiger das Festhalten am Erfüllungsanspruch zu ermöglichen und die Schwebelage zu beseitigen, in welche der Schuldner durch ebendieses Fortbestehen des Erfüllungsanspruchs nach Ablauf der Frist gerät.

#### cc) „Nachträglich berechtigtes" vorzeitiges Deckungsgeschäft?

An der Qualifikation der Kosten eines vorzeitigen Deckungsgeschäftes als Bestandteil des Schadensersatzes neben der Leistung ändert sich entgegen verbreiteter Ansicht auch dann nichts, wenn im Anschluss an dessen Vornahme die Frist ergebnislos verstreicht und der Gläubiger zurücktritt oder Schadensersatz statt der Leistung verlangt und damit das endgültige Erlöschen des Erfüllungsanspruchs herbeiführt. In der Literatur wird hier – meist bezugnehmend auf Judikatur zum früheren Recht – vertreten, dass in diesem Fall die Kosten des Deckungsgeschäfts im Rahmen des Schadensersatzes statt der Leistung ersetzbar seien.[35] Das lässt sich unter dem seit dem 1.1.2002 geltenden Recht nicht mehr mit dem Gesetz vereinbaren. Es bleibt vielmehr dabei, dass der durch das Deckungsgeschäft verursachte Schaden bereits vor dem endgültigen Wegfall der Leistungspflicht eingetreten ist und jedenfalls nicht als Schadensersatz statt der Leistung, sondern allenfalls im Wege des Verzögerungsschadens ersetzbar sein kann. Ebensowenig wie bei einem sonstigen vor Geltendmachung des Schadensersatzes statt der Leistung eingetretenen Verzögerungsschaden liegt es auch hier nicht in der Rechtsmacht des Gläubigers, diesen Schaden nachträglich umzudeklarieren

[34] *Faust* (o. Fn. 17), S. 256.

[35] So *Unberath*, in: BeckOK/BGB (o. Fn. 13), § 281 Rn. 39 unter Hinweis auf BGH NJW 1998, 2901, 2902; ebenso *Grüneberg*, in: Palandt, BGB, 71. Aufl. 2012, § 281 Rn. 25; *Otto/Schwarze*, in: Staudinger (2009), § 281 Rn. B 140; a.A. *Haberzettl*, NJW 2007, 1328.

oder in den Schadensersatz statt der Leistung einzubeziehen. Anders als beim Schadensersatz wegen Nichterfüllung nach § 326 BGB a.F. hat der Schuldner den Gläubiger im Wege des Schadensersatzes statt der Leistung gerade nicht so zustellen, wie er bei ordnungsgemäßer Vertragsdurchführung im Zeitpunkt der Fälligkeit gestanden hätte.[36] Unbenommen bleibt dem Gläubiger selbstverständlich nach Ablauf der Nachfrist eine abstrakte Schadensberechnung auf der Basis eines hypothetischen Deckungsgeschäfts.

### b) Deckungsgeschäft zwischen Fristablauf und Rücktritt/Schadensersatzverlangen

Mit Ablauf der vom Gläubiger gesetzten Nachfrist sind ein Rücktrittsrecht und ein Anspruch auf Schadensersatz statt der Leistung entstanden. Für den Gläubiger dürfte es in der Tat ein normales und zweckmäßiges Vorgehen sein, nunmehr ein Deckungsgeschäft vorzunehmen und erst anschließend Ersatz der entsprechenden Kosten zu verlangen. Er wird es nicht selten unterlassen, vor der Vornahme des Deckungsgeschäfts dem Schuldner gegenüber den Rücktritt zu erklären. Auch ein Verlangen nach Schadensersatz statt der Leistung würde ihn dazu zwingen, einen Schaden geltend zu machen, den er mangels Vornahme des Deckungsgeschäftes zu diesem Zeitpunkt noch gar nicht beziffern kann und ihn weiter in die Gefahr bringen, den Erfüllungsanspruch zu einem Zeitpunkt aufzugeben, in welchem er noch gar nicht wissen kann, ob ihm die Ersatzbeschaffung gelingt. Es bleibt aber bei der Tatsache, dass es sich auf der Basis der hier zugrunde gelegten Abgrenzungsformel um Schadensersatz neben der Leistung handelt, wenn der Gläubiger Ersatz der Kosten eines zwischen dem Ablauf der Nachfrist und der Erklärung von Rücktritt oder der Geltendmachung von Schadensersatz statt der Leistung vorgenommenen Deckungsgeschäfts geltend macht. Denn der Schaden in Gestalt der Kosten des Deckungsgeschäfts ist zu einem Zeitpunkt entstanden, in welchem die Erbringung der Leistung noch möglich war und wird durch die Nachholung der Leistung nicht behoben. Er ist also endgültig eingetreten, bevor der Erfüllungsanspruch erloschen ist. Damit ist er als Schadensersatz wegen Verzögerung der Leistung zu qualifizieren. Konsequent verneint deshalb *Faust* auch in dieser Konstellation die Ersatzfähigkeit des Schadens aus den oben genannten „übergeordneten Kriterien“. Bei dieser Wertung vernachlässigt er aber die Tatsache, dass der Gläubiger zum Zeitpunkt der Schadensentstehung *berechtigt* war, vom Erfüllungsanspruch Abstand zu nehmen und an dessen Stelle Schadensersatz statt der Leistung verlangen konnte und setzt sich dabei zugleich in gewissen Widerspruch zu

[36] So aber *Unberath*, in: BeckOK/BGB (o. Fn. 13), § 281 Rn. 39 sowie BGH JZ 2010, 44 (Rn. 20); vgl. hiergegen zutreffend *Klöhn*, JZ 2011, 46 ff., der dem Urteil des BGH zutreffend einen Verstoß gegen das System der §§ 280 ff. BGB attestiert.

seiner treffenden Feststellung, dass es einziger Zweck des Schadensersatzverlangens sei, die Schwebelage des Schuldners zu beenden und diesen vor den unnötigen Kosten weiterer Erfüllungsbemühungen zu bewahren.[37] *Ernst* hält hingegen ohne weitere Begründung die Kosten eines Deckungsgeschäfts ab dem Zeitpunkt des Entstehens des Schadensersatzanspruches, d.h. mit Fristablauf für ersatzfähig[38] und setzt sich dabei seinerseits in Widerspruch mit seiner zutreffenden Ansicht, dass maßgeblicher Zeitpunkt für die Qualifikation eines Schadens als Schadensersatz statt der Leistung nicht das Entstehen des Schadensersatzanspruchs (d.h. der Fristablauf), sondern das Erlöschen der Leistungspflicht durch Rücktritt oder Schadensersatzverlangen ist.[39]

### c) Das vorzeitige Deckungsgeschäft als Herausforderungsfall

Indes lassen sich alle aufgeworfenen Konstellationen interessengerecht und zugleich dogmatisch konsistent innerhalb des hier zugrundgelegten Systems der Schadensarten lösen, ohne dass hierbei schadensrelevante Vorgänge vor Ablauf der Nachfrist oder vor dem Schadensersatzverlangen ohne ausreichenden Schutz blieben.[40] Geht man auf der Basis der von der h.M. zugrundgelegten „Zauberformel" davon aus, dass in allen genannten Fallkonstellationen des vor Rücktritt oder Schadensersatzverlangen vorgenommenen Deckungsgeschäfts dessen Kosten als endgültig eingetretener Schaden jedenfalls nicht Gegenstand des Schadensersatzes statt der Leistung sind, lässt sich deren Ersatzfähigkeit weder mit dem Hinweis auf die fehlenden Tatbestandsvoraussetzungen von § 280 I, III i.V.m. § 281 BGB verneinen[41], noch mit deren Vorliegen begründen.[42] Ihre Ersatzfähigkeit ist in jedem dieser Fälle vielmehr allein im Rahmen eines Anspruchs auf Ersatz des Verzögerungsschadens zu überprüfen. Will man sich nicht mit dem aus dem Gesetz nicht herleitbaren und in dieser Form auch unrichtigen apodiktischen Satz begnügen, dass das Erfüllungsinteresse nicht im Wege des Schadensersatzes wegen Verzögerung der Leistung befriedigt werden dürfe, andererseits aber immer befriedigt werden dürfe, wenn der Schuldner eine ihm gesetzte Nachfrist nicht genutzt hat, muss man der Frage des Vorliegens der Voraussetzungen eines Anspruchs nach § 280 I, II i.V.m. § 286 genaueres Augenmerk widmen. Schon hier sei vorausgeschickt, dass die sich dabei ergebenden

37 *Faust* (o. Fn. 17), S. 257.

38 *Ernst*, in: MünchKomm-BGB (o. Fn. 7), § 280 Rn. 69.

39 *Ernst*, in: MünchKomm-BGB (o. Fn. 7, § 280 Rn. 67.

40 So der Vorwurf von *Otto/Schwarze*, in: Staudinger (o. Fn. 35), § 281 Rn. B 140.

41 So in den Fällen des Deckungsgeschäfts vor Fristablauf.

42 So in den Fällen des Deckungsgeschäfts zwischen Fristablauf und Schadensersatzverlangen oder Rücktritt nach Fristablauf sowie im oben unter 2. a) cc) behandelten Fall des „nachträglich berechtigten" vorzeitigen Deckungsgeschäfts).

Ergebnisse gerade nicht „kurios“[43], sondern kohärent und zugleich dogmatisch konsistent sind:

Der Kern der Problematik liegt bei genauer Betrachtung nämlich in der *Kausalitätsfrage*: Nach § 280 I BGB hat der Schuldner (nur) denjenigen Schaden zu ersetzen, der *durch* seine Pflichtverletzung entstanden ist. Bezogen auf den Schadensersatz wegen Verzögerung der Leistung aus § 280 I, II i.V.m. § 286 BGB also denjenigen Schaden, der durch die Verzögerung entstanden ist. In den Fällen des vorzeitigen Deckungsgeschäfts besteht kein Zweifel an der äquivalenten und adäquaten Kausalität der Pflichtverletzung des Schuldners für den Schaden in Gestalt der Kosten des Deckungsgeschäfts.[44] Allerdings bleibt zu beachten, dass der Schaden nicht unmittelbar auf der maßgeblichen Pflichtverletzung des Schuldners (der Verzögerung der noch möglichen Leistung) beruht, sondern in Gestalt der Vornahme des Deckungsgeschäfts eine Handlung des Gläubigers, also des Geschädigten selbst, dazwischentritt.[45] Erst diese verursacht den Vermögensschaden, den der Gläubiger im Rahmen des Verzögerungsschadens geltend macht. Damit liegt ein schadensrechtlicher Herausforderungsfall, d.h. ein Fall psychisch vermittelter Kausalität vor. Fälle dieser Art bedürfen aber anerkanntermaßen neben der Adäquanz einer weiteren wertenden Korrektur der äquivalenten Kausalität. Eine Zurechnung von Schadensfolgen, die der Geschädigte unmittelbar selbst in Reaktion auf ein haftungsbegründendes Verhalten eines anderen verursacht hat, erfolgt hier bekanntlich nur dann, wenn sich der Geschädigte in legitimer Weise zu einer solchen Reaktion herausgefordert fühlen darf. Zwar ist das Zurechnungskriterium der „Herausforderung“ an den sog. „Verfolgungsfällen“ im Rahmen des Deliktsrechts entwickelt worden. Es handelt es sich dabei heute jedoch um ein allgemein anerkanntes wertendes Korrektiv der haftungsbegründenden Kausalität, das für alle Fälle von schädigenden Verhaltensweisen des Geschädigten Geltung beansprucht.[46] Typisch an der Situation ist, dass der Geschädigte selbst eine Ursache für den Eintritt des Schadens setzt, weil er auf ein Verhalten des mittelbaren Schädigers reagiert. Kausalität wird in Fällen solcher Selbstschädigungen über das Kriterium der Adäquanz hinaus nur bejaht, „wenn für das tatsächliche Verhalten des Geschädigten nach dem haftungsbegründenden Ereignis ein rechtfertigender Anlass bestand, oder es durch das haftungsbegründende Ereignis

[43] So *Ostendorf*, NJW 2010, 2833, 2835, dessen Vorwurf einer inkonsequenten Lösung des Übungsfalles Nr. 35 des Verf. in *Köhler/Lorenz*, Prüfe dein Wissen: SchuldR I, AT, 21. Aufl. (2010), S. 60, allerdings berechtigt ist.

[44] S. *Faust* (o. Fn. 17), S. 254.

[45] Darauf weisen im Ansatz bereits *Haberzettl*, NJW 2007, 1328, 1329 sowie *Teichmann* (o. Fn. 30), S. 202 hin.

[46] *Oetker*, in: MünchKomm-BGB, BGB, 5. Aufl. 2007, § 249 Rn. 171; aus der Rspr. s. etwa BGH NJW 1998, 2830, 2832; 2001, 512.

herausgefordert wurde und eine nicht ungewöhnliche oder unangemessene Reaktion auf dieses Ereignis darstellt".[47] Auf der Ebene der Kausalität ist damit auch für die Fälle des verfrühten Deckungskaufs die Frage zu stellen, ob bzw. ab wann der Gläubiger sich gerechtfertigt veranlasst fühlen darf, ein endgültiges Deckungsgeschäft vorzunehmen. In der Regel hat er einen solchen gerechtfertigten Anlass nicht, solange er ein Leistungsangebot des Schuldners annehmen muss (und daneben den durch die Verzögerung der Leistung anfallenden Schaden liquidieren kann). Das muss er aber dann nicht mehr, wenn er vom Vertrag zurücktreten oder Schadensersatz statt der Leistung verlangen und damit das Recht des Schuldners, die Leistung zu erbringen, vernichten *kann*.[48] Grundsätzlich liegt also Kausalität des durch die Vornahme eines Deckungsgeschäfts entstandenen Schadens mit dem Entstehen des Rücktrittsrechts oder des Anspruchs auf Schadensersatz statt der Leistung, nicht aber erst mit Ausübung des Rücktrittsrechts oder Geltendmachung des Schadensersatzes statt der Leistung vor. Hierfür kann auch die Streitfrage offen bleiben, ob der Schuldner nach fruchtlosem Ablauf einer Fristsetzung, aber vor Erklärung des Rücktritts oder der Geltendmachung von Schadensersatz statt der Leistung tatsächlich noch ein „Recht" hat, die Leistung zu erbringen.[49]

Das von *Faust* zu Recht als „normal und zweckmäßig" bezeichnete, aber im Ergebnis von ihm dennoch nicht für zulässig erachtete Vorgehen des Gläubigers, nach Ablauf der Frist ein Deckungsgeschäft vorzunehmen und anschließend dessen Kosten im Wege des Schadensersatzes geltend zu machen, ist also tatsächlich ohne systematischen Bruch im System der Schadensarten möglich. Auch die Lösung von *Ernst*[50] erweist sich im Ergebnis als richtig, ohne dass man dafür die Grundregel aufgeben müsste, dass Schadensersatz statt der Leistung allein auf den Zeitpunkt des Wegfalls des Erfüllungsanspruchs bezogen ist. Weiter wird die ebenfalls von *Ostendorf* zu Recht als „kurios" bezeichnete Situation vermieden, dass der Gläubiger entweder vor Vornahme des Deckungsgeschäfts erst zurücktreten oder einen Schadensersatz statt der Leistung geltend machen müsste, den er zu diesem Zeitpunkt mangels Vornahme des Deckungsgeschäfts für eine konkrete Schadensberechnung noch gar nicht beziffern kann.[51] Es entsteht auch nicht die von

[47] BGH NJW 2001, 512, 513.

[48] S. dazu bereits *Haberzettl*, NJW 2007, 1328, 1329 der für Deckungsgeschäfte nach Fristablauf zutreffend darauf abstellt, dass der Gläubiger mit Ablauf der Frist davon ausgehen kann, dass der Vertrag gescheitert ist und hierdurch *veranlasst* ist, ein Deckungsgeschäft vorzunehmen.

[49] S. dazu *Faust* (o. Fn. 17), S. 243 ff.; aus der Rspr. s. BGHZ 154, 119 = NJW 2003, 1526 sowie BGH NJW 2006, 1198 (Rn. 14).

[50] *Ernst*, in: MünchKomm-BGB (o. Fn. 7), § 281 Rn. 69.

[51] *Ostendorf*, NJW 2010, 2833, 2834.

*Faust* scharfsinnig aufgezeigte Gefahr der vorzeitigen Aufgabe des Erfüllungsanspruchs durch den Gläubiger[52]: Er kann das Deckungsgeschäft vornehmen und im Falle des Erfolges zurücktreten und/oder (weiteren) Schadensersatz statt der Leistung verlangen. Beim Scheitern eines Deckungsgeschäfts kann er aber auf den Erfüllungsanspruch zurückkommen (und daneben u. U. sogar die Kosten eines gescheiterten Deckungsgeschäfts als Verzögerungsschaden liquidieren).

Gleichzeitig lassen sich mit der hier vorgeschlagenen Lösung auch die in der Literatur erkannten, dogmatisch aber nicht konsistent gelösten Fälle mühelos bewältigen, in welchen der Deckungskauf bereits vor Ablauf der Nachfrist erfolgte, aber dennoch interessengerecht war, weil die dafür erforderlichen Kosten den sonst eintretenden Verzögerungsschaden unterschreiten.[53] In einem solchen Fall *darf* sich der Gläubiger schon deshalb zu einem Deckungskauf herausgefordert fühlen, weil er sich ansonsten bei der Geltendmachung eines sonst höheren Verzögerungsschadens dem Einwand des Mitverschuldens nach § 254 II BGB ausgesetzt sähe. Durch ein solches Deckungsgeschäft wird dem Schuldner vorbehaltlich der noch zu erörternden Fälle, in welchen der Vollzug des Deckungsgeschäfts zur Unmöglichkeit führt[54], in keiner Weise das Recht genommen, die geschuldete Leistung noch zu erbringen.[55]

Über die Überbrückung der Verzögerung verbleibende Gebrauchsvorteile des Deckungsgeschäfts hat sich der Gläubiger beim Ersatz des Verzögerungsschadens allerdings im Wege der Vorteilsausgleichung anrechnen zu lassen, wenn es im weiteren Verlauf noch zu einer Erfüllung durch den Schuldner kommt. Geschieht letzteres nicht und macht der Gläubiger später Schadensersatz statt der Leistung geltend, vermindert sich zugleich der danach zu ersetzende Schaden, da ein Deckungsgeschäft jetzt nicht mehr notwendig ist. Damit kommt man zu demselben Ergebnis, wie wenn man den Schaden als Schadensersatz statt der Leistung qualifizieren würde: Zu ersetzen ist der durch das Deckungsgeschäft entstandene Mehraufwand.

Darf sich der Gläubiger, solange er weder zum Rücktritt berechtigt ist noch einen Anspruch auf Schadensersatz statt der Leistung hat, grundsätzlich nicht zu einem Deckungsgeschäft herausgefordert fühlen, so ändert sich daran auch nichts, wenn die Voraussetzungen eines Anspruchs auf Scha-

[52] Dazu oben bei Fn. 23.

[53] Dazu oben bei Fn. 28.

[54] Dazu unten III.3.

[55] Sofern man nicht in der geschilderten Konstellation von einer Entbehrlichkeit der Fristsetzung nach § 281 II letzte Alt. BGB ausgehen will, s. *Grigoleit/Riehm* (o. Fn. 10), S. 737. Dann bleibt aber immer noch das Problem der Ersatzfähigkeit der Kosten des Deckungsgeschäfts, wenn es vor der Erklärung des Rücktritts oder der Geltendmachung von Schadensersatz statt der Leistung abgeschlossen wurde.

densersatz statt der Leistung *nach* der Vornahme eines solchen verfrühten Deckungsgeschäfts eintreten. Der hierdurch beim Gläubiger entstandene Vermögensschaden bleibt Schadensersatz wegen Verzögerung der Leistung und bleibt als solcher unersetzbar. Denn die Frage, ob sich der Gläubiger legitimer Weise zu einem Deckungskauf herausgefordert fühlen durfte, ist ausschließlich *ex ante*, d.h. bezogen auf den Zeitpunkt der Vornahme des Deckungskaufs zu beurteilen. Der Gläubiger ist dann auf eine abstrakte Schadensberechnung zu verweisen. Lediglich soweit er durch den unberechtigten verfrühten Deckungskauf den Eintritt eines ersatzfähigen (geringeren) Verzögerungsschadens vermieden hat, muss er vom Schuldner Ersatz verlangen können. Dem Schuldner ist es insoweit nach § 242 untersagt, sich auf die mangelnde Kausalität zu berufen. Im Rahmen von § 242 kann nämlich insoweit auf den § 326 II BGB zugrundeliegenden allgemeinen Rechtsgedanken zurückgegriffen werden: Durch das Deckungsgeschäft wird der Eintritt eines sonst vom Schuldner zu ersetzenden Verzögerungsschadens verhindert, was den Schuldner aber nicht vollständig, sondern nur um den Preis des Ersatzes des sonst von ihm zu ersetzenden Verzögerungsschadens entlasten soll. Es verhält sich insoweit nicht anders, als bei der bekannten Problematik des anteiligen Ersatzes von Vorhaltekosten.[56]

#### d) Beispielsfälle

Das Gesagte lässt sich an folgenden Beispielen exemplifizieren:

**Ausgangsfall:** S liefert auch nach Verzugseintritt die an G für 10000.– verkaufte Maschine nicht.

**Variante (1)** G setzt eine Frist, die ergebnislos abläuft, erklärt den Rücktritt oder verlangt (unbeziffert) Schadensersatz statt der Leistung und nimmt anschließend einen Deckungskauf zum Marktpreis von 11.000.– vor. Er verlangt weiter Ersatz des durch Produktionsausfall entgangenen Gewinns für die Zeit ab Verzugseintritt bis zum Vollzug des Deckungskaufs:

Hier geht der eingetretene Schaden (Verpflichtung aus dem Deckungsgeschäft) auf das endgültige Ausbleiben der Leistung zurück, da der Erfüllungsanspruch mit Rücktritt bzw. Geltendmachung des Schadensersatzes statt der Leistung endgültig weggefallen ist (s. § 281 IV BGB). Er ist als Schadensersatz statt der Leistung nach § 280 I, III i.V.m. § 283 BGB ersetzbar. Der bis zum Rücktritt oder Schadensersatzverlangen entstandene Produktionsausfall ist Bestandteil des Schadensersatzes wegen Verzögerung der Leistung, der danach noch bis zum Vollzug des Deckungskaufs eintretende Produktionsausfall ist Bestandteil des Schadensersatzes statt der Leistung.[57]

[56] S. dazu nur *Oetker*, in: MünchKomm-BGB (o. Fn. 46), § 249 Rn. 193 ff. m. w. N.
[57] S. dazu die oben Fn. 14 referierte Entscheidung BGH NJW 2010, 2426.

**Variante (2)** G macht den Deckungskauf nach Ablauf der Frist, aber vor Erklärung von Rücktritt oder Schadensersatzverlangen:

Der eingetretene Schaden geht nicht auf das endgültige Ausbleiben der Leistung zurück und wird nicht behoben, wenn S noch liefert. G kann nach § 280 I, II i.V.m. § 286 BGB Ersatz der Kosten des Deckungskaufs verlangen, da er wegen des Fristablaufs Schadensersatz statt der Leistung verlangen und Rücktritt erklären kann und daher die Leistung nicht mehr von S annehmen muss.

**Variante (3)** G führt den Deckungskauf noch vor Ablauf der Frist durch:

Der eingetretene Schaden geht nicht auf das endgültige Ausbleiben der Leistung zurück und wird nicht behoben, wenn S noch liefert. Es handelt sich um Schadensersatz wegen Verzögerung der Leistung, jedoch ist der eingetretene Schaden dem S nicht zurechenbar, weil G sich vor Ablauf der Frist nicht zu einem Deckungskauf herausgefordert sehen darf. Soweit durch das Deckungsgeschäft ein sonst eintretender Produktionsausfall verhindert wird, kann dieser nach den für den Ersatz von Vorhaltekosten geltenden Grundsätzen ersetzbar sein (s. Var. 5).

**Variante (4)** G macht den Deckungskauf noch vor Ablauf der Frist, im Anschluss daran läuft diese ergebnislos ab:

Der Fall ist wie Variante (3) zu lösen, der nachträgliche Ablauf der Frist ändert insoweit nichts an der rechtlichen Beurteilung. G kann auf Kosten des S entweder einen erneuten Deckungskauf vornehmen (wenn er für eine zweite Maschine Verwendung hat) oder auf Basis einer abstrakten Schadensberechnung Schadensersatz statt der Leistung verlangen. Ist die Maschine jetzt nur noch für 12.000.– erhältlich, kann er nach der Differenztheorie Schadensersatz i. H. v. 2.000.– verlangen, ist der Preis gesunken, kann er nur einen entsprechend geringeren Schadensersatz geltend machen.

**Variante (5)** Der Deckungskauf erfolgt noch vor Ablauf der Frist, jedoch wird durch den Deckungskauf des G ein sonst eintretender Produktionsausfallschaden i. H. v. 20.000.– verhütet:

Hier kann G nach § 280 I, II i.V.m. § 286 BGB Ersatz der Kosten des Deckungskaufs verlangen, da er sich schon angesichts seiner Schadensminderungspflicht (§ 254 II BGB) zu einem Deckungskauf herausgefordert fühlen darf. S kann auch weiterhin erfüllen. Liefert er die Maschine noch innerhalb der Frist, muss G diese abnehmen und bezahlen. Auf den Schadensersatzanspruch i. H. v. 11.000.– hat er sich entweder den Vorteil anrechnen zu lassen, den er durch eine weitere Maschine über die Überbrückung des Produktionsausfalls hinaus hat oder aber die ersatzweise gekaufte Maschine an S herausgeben.[58]

[58] So die Lösung von *Faust* (o. Fn. 17), S. 255.

### 3. *Deckungsgeschäft und Unmöglichkeit*

#### a) Vollzug des Deckungsgeschäfts vor Fristablauf

Insbesondere bei Dienst- und Werkleistungen ist es denkbar, dass das vom Gläubiger vorgenommene vorzeitige Deckungsgeschäft zur Unmöglichkeit der Leistung führt. Da die Unmöglichkeit aber in aller Regel erst durch den Vollzug, d.h. die Erfüllung des Deckungsgeschäfts, nicht aber bereits durch den Abschluss des entsprechenden Vertrags erfolgt, bleibt es auch insoweit bei den oben genannten Kriterien: Der durch die Zahlungsverpflichtung des Gläubigers aus dem Deckungsgeschäft entstandene Schaden ist wiederum nicht durch den endgültigen Wegfall der Leistungspflicht (infolge Unmöglichkeit) entstanden. Die Vornahme des Deckungsgeschäfts ist vielmehr ihrerseits (eine) Ursache der Unmöglichkeit. Auch in dieser Konstellation handelt es sich also um Schadensersatz wegen Verzögerung der Leistung, wenn der Gläubiger die Kosten des Deckungsgeschäfts geltend macht.[59] Eine Ersatzfähigkeit nach § 280 I, III i.V.m. § 283 BGB kommt damit von vorneherein nicht in Betracht. Unter dem Aspekt des Schadensersatzes wegen Verzögerung der Leistung (die bis zum nachfolgenden Eintritt der Unmöglichkeit vorlag) ist die Ersatzfähigkeit aber nicht anders zu beurteilen als in den oben dargestellten Fällen, in welchen durch den Vollzug des Deckungsgeschäfts keine Unmöglichkeit eintritt.[60] Damit sind auch in dieser Konstellation die Kosten eines vorzeitigen Deckungsgeschäfts als Schadensersatz wegen Verzögerung der Leistung nur ersetzbar, wenn das Deckungsgeschäft geeignet war, einen ansonsten höheren Verzögerungsschaden zu vermeiden.[61]

Eine davon zu unterscheidende, aber bei genauer Betrachtung mit der Deckungsgeschäftsproblematik gerade nicht zusammenhängende Frage ist diejenige der Verantwortlichkeit für die Unmöglichkeit. Ein Anspruch auf Schadensersatz statt der Leistung aus § 280 I, III i.V.m. § 283 BGB scheitert, wenn die Selbstvornahme aufgrund des verfrühten Deckungsgeschäfts vor Ablauf der Nachfrist erfolgte, am fehlenden Vertretenmüssen des Schuldners: Dieser hat den Umstand, der zur Unmöglichkeit geführt hat, auch dann nicht zu vertreten, wenn er die Verzögerung der Leistung zu vertreten hatte. Selbst wenn man aber darauf abstellt, dass er in diesem letzteren Fall zumindest eine

[59] S. auch *Faust* (o. Fn. 17), S. 259: Das Deckungsgeschäft wird „eine juristische Sekunde" vor dem Eintritt der Unmöglichkeit vorgenommen und ist daher nicht Bestandteil des Schadensersatzes statt der Leistung.

[60] Insofern übereinstimmend, wenngleich in Bezug auf den maßgeblichen Zeitpunkt unterschiedlich *Faust* (o. Fn. 17), S. 259.

[61] Anders *Faust* (o. Fn. 17), S. 255 f., der auch in dieser Situation die Ersatzfähigkeit der konkreten Kosten des Deckungsgeschäfts im Rahmen des Verzögerungsschadens verneint.

Ursache in der Ursachenkette zu vertreten hat, fehlt es an der Kausalität der Pflichtverletzung, da sich der Gläubiger – wie dargelegt – vor Ablauf einer Nachfrist i. d. R. gerade nicht zu einem Deckungsgeschäft herausgefordert fühlen darf. Bleibt allein die Frage, ob der Gläubiger nach Maßgabe von § 326 II BGB weiterhin zur Gegenleistung (unter Abzug ersparter Schuldneraufwendungen) verpflichtet ist. Die Beantwortung dieser Frage hängt davon ab, ob der Gläubiger für die durch den Vollzug des Deckungsgeschäfts eintretende Unmöglichkeit „allein oder weit überwiegend verantwortlich" ist. Auch hier helfen die Herausforderungskriterien weiter: Vor Ablauf der Nachfrist darf sich der Gläubiger grundsätzlich nicht herausgefordert fühlen, sein Leistungsinteresse anderweitig zu befriedigen, da der Schuldner die Leistung noch erbringen darf. Damit hat im Regelfall der Gläubiger weder einen Anspruch auf Ersatz der Kosten für das Deckungsgeschäft noch wird er von seiner Gegenleistungspflicht aus dem Vertrag befreit, wenn die Unmöglichkeit vor Ablauf der Nachfrist eintritt.[62] Der Schuldner hat sich lediglich nach Maßgabe von § 326 II 2 BGB ersparte Aufwendungen anrechnen zu lassen und bleibt – wie oben dargelegt - nach § 242 BGB zum Ersatz des Verzögerungsschadens nur insoweit verpflichtet, als dadurch der Eintritt eines sonst von ihm zu deckenden geringeren Verzögerungsschadens verhindert wurde.

### b) Vollzug des Deckungsgeschäfts nach Fristablauf

Tritt die Unmöglichkeit durch Vollzug des Deckungsgeschäftes nach Ablauf einer gesetzten Frist ein, sind die Kosten des Deckungsgeschäfts als Verzögerungsschaden nach § 280 I, II i.V.m. § 286 BGB ersetzbar. Da ein Rücktrittsrecht und ein Anspruch auf Schadensersatz statt der Leistung nach §§ 323, 280 I, III i.V.m. § 281 BGB zu diesem Zeitpunkt bereits entstanden waren (und durch die nachfolgend eingetretene Unmöglichkeit in ihrer Existenz nicht mehr berührt wurden), ist für die Frage der Aufrechterhaltung der Gegenleistungspflicht § 326 II BGB gar nicht mehr einschlägig.[63] Der Gläubiger kann den Anspruch auf die Gegenleistung durch die Erklärung des Rücktritts sowie durch die Geltendmachung des Schadensersatzes statt der ganzen Leistung vernichten. Im Wege der Vorteilsausgleichung hat sich der Gläubiger aber beim Ersatz der Kosten des Deckungsgeschäfts allerdings diejenigen Vorteile anrechnen zu lassen, die ihm über die Überbrückung der Verzögerung hinaus verbleiben. Dieser Vorteil besteht darin, dass er nunmehr den ursprünglich vom Schuldner geschuldeten Leistungserfolg hat, d.h. durch das Deckungsgeschäft zugleich sein Erfüllungsinteresse

[62] So im Ergebnis auch *Faust* (o. Fn. 17), S. 258 f.

[63] Das übersieht *Faust* (o. Fn. 17), S. 258 f., dessen Ausführungen zur modifizierten Sichtweise der Verantwortlichkeit für Unmöglichkeit nach Fristablauf deshalb obsolet sind.

befriedigt hat, gleichzeitig aber infolge des Rücktritts von der Gegenleistungspflicht befreit ist, die endgültige Leistung also gegenleistungsfrei bekommen würde. Damit bleiben in dieser Fallkonstellation allein die Mehrkosten des Deckungsgeschäfts gegenüber der dem Schuldner geschuldeten Gegenleistung ersatzfähig. Die Rechtslage stimmt also exakt mit der Rechtslage überein, die sich ergäbe, wenn der Gläubiger zunächst den Rücktritt erklärt und anschließend das Deckungsgeschäft vorgenommen hätte. Im Ergebnis kann also der Gläubiger nach Ablauf der Nachfrist ein Deckungsgeschäft vornehmen ohne zuvor den Rücktritt erklärt oder Schadensersatz statt der Leistung verlangt zu haben und erst anschließend dessen Mehrkosten beim Schuldner liquidieren.

## IV. Zusammenfassung

1. Gegenstand des Schadensersatzes statt der Leistung ist nur derjenige Schaden, der allein auf das endgültige Ausbleiben der Leistung zurückzuführen ist. Im Fall der Verzögerung der Leistung steht das endgültige Ausbleiben der Leistung erst fest, wenn der Gläubiger den Rücktritt erklärt oder Schadensersatz statt der Leistung verlangt hat (§ 281 IV BGB). Eine Integration bereits vor dem maßgeblichen Zeitpunkt entstandener Schäden in den Schadensersatz statt der Leistung ist anders als nach § 326 BGB a.F. nicht möglich: Der Begriff des Schadensersatzes statt der Leistung ist nicht mit demjenigen des Schadensersatzes wegen Nichterfüllung nach § 326 BGB a.F. gleichbedeutend.

2. Jeder Schaden, der vor dem unter 1. genannten Zeitpunkt endgültig eingetreten ist, d.h. durch die nachfolgende Leistung nicht behoben worden wäre, ist demgegenüber Gegenstand des Schadenersatzes „neben" der Leistung, ggf. in Form des Verzögerungsschadens (§ 280 II BGB).

3. Kosten eines Deckungsgeschäfts sind damit erst dann Bestandteil des Schadensersatzes statt der Leistung, wenn der Gläubiger das Deckungsgeschäft nach Rücktritt oder Schadensersatzverlangen vornimmt. Der Gläubiger kann die Kosten eines vor diesem Zeitpunkt vorgenommenen („verfrühten") Deckungsgeschäfts auch dann nicht als Schadensersatz statt der Leistung geltend machen, wenn die Frist nachträglich fruchtlos verstreicht. Dem Gläubiger verbleibt in diesem Fall aber die Möglichkeit einer abstrakten Schadensberechnung, d.h. er kann im Wege der Differenztheorie als Schadensersatz statt der Leistung die Mehrkosten eines fiktiven Deckungskaufes nach Ablauf der Nachfrist geltend machen.

4. Der Ersatz der Kosten eines verfrühten Deckungsgeschäfts im Rahmen des Schadensersatzes wegen Verzögerung der Leistung (§ 280 I, II i.V.m. § 286 II BGB) ist nicht etwa deshalb *a priori* ausgeschlossen, weil deren Ersatz das Erfüllungsinteresse des Gläubigers betrifft.

5. Die Kosten eines verfrühten Deckungsgeschäfts sind als nur mittelbar verursachter Schaden als Schadensersatz wegen Verzögerung der Leistung unter den Voraussetzungen von § 280 I, II i.V.m. § 286 BGB nur ersatzfähig, wenn sich der Gläubiger wegen der Pflichtverletzung des Schuldners zu einem solchen Geschäft legitimer Weise herausgefordert sehen durfte.

a) Das ist dann der Fall, wenn zum Zeitpunkt der Vornahme des Deckungsgeschäfts die Nachfrist bereits abgelaufen war (Deckungsgeschäft nach Fristablauf) und die Voraussetzungen eines Anspruchs auf Schadensersatz statt der Leistung vorlagen, weil der Schuldner ab diesem Zeitpunkt zur Befriedigung seines Erfüllungsinteresses nicht mehr auf den Schuldner zurückgreifen muss.

b) Ist die Nachfrist zur Zeit der Vornahme des Deckungsgeschäfts noch nicht abgelaufen (Deckungsgeschäft zwischen Verzugseintritt und Fristablauf) ist das weiter dann der Fall, wenn durch das vorzeitige Erfüllungsgeschäft ein sonst eintretender größerer, vom Schuldner zu ersetzender Verzögerungsschaden verhindert wird. In diesem Fall muss sich der Gläubiger wegen seiner Schadensminderungsobliegenheit (§ 254 II BGB) zur Vornahme des Deckungsgeschäfts herausgefordert fühlen. Einen über die Verhinderung des Verzögerungsschadens verbleibenden Vermögensvorteil hat er sich dabei nach den Grundsätzen der Vorteilsausgleichung anrechnen zu lassen.

c) Liegen die unter a) und b) genannten Voraussetzungen nicht vor, sind die Kosten eines vorzeitigen Deckungsgeschäfts nur in Höhe eines dadurch verhinderten Verzögerungsschadens ersatzfähig. Im Übrigen ist der Gläubiger dann auf eine abstrakte Schadensberechnung im Rahmen des Schadensersatzes statt der Leistung beschränkt.

6. Dies ist nicht anders zu beurteilen, wenn durch den Vollzug des Deckungsgeschäftes Unmöglichkeit eintritt.

7. Im Ergebnis bleibt es bei der Problematik des Deckungskaufes im Grundsatz bei der Rechtslage des vor der Schuldrechtsreform geltenden Rechts: Mit Ablauf der Nachfrist (und nicht erst ab dem Zeitpunkt des Rücktritts oder des Schadensersatzverlangens) ist der Gläubiger berechtigt, ein Deckungsgeschäft auf Kosten des Schuldners vorzunehmen.[64] Das dürfte auch dem Gesetzgeber vorgeschwebt haben, der durch die Aufgabe des automatischen Wegfalls des Erfüllungsanspruchs mit Ablauf der Nachfrist (§ 326 I 2 BGB a.F.) die Stellung des Gläubigers nicht verschlechtern, sondern verbessern wollte.

[64] Der einzige Unterschied besteht darin, dass Kosten eines vor diesem Zeitpunkt vorgenommenen Deckungsgeschäfts auch dann nicht im Wege des Schadensersatzes liquidiert werden können, wenn die dem Schuldner gesetzte Frist nachträglich ergebnislos verstreicht. Das ist aber interessengerecht.

8. Der Weg zu diesem Ergebnis mag ahistorisch anmuten, weil argumentativ nicht auf das frühere Recht zurückgegriffen wird und sich die Bestimmung der Schadensart streng am Wortlaut und an der Systematik des Gesetzes orientiert. Auch mag man es als dogmatischen Umweg bezeichnen, wenn die Berechtigung des Gläubigers, auf Kosten des Schuldners sein Erfüllungsinteresse zu befriedigen, letztlich aus der Tatsache hergeleitet wird, dass ein Anspruch auf Schadensersatz statt der Leistung entstanden ist, ohne damit zugleich den Schaden als Bestandteil des Schadensersatzes statt der Leistung zu definieren. Die vorliegende Lösung hat aber den großen Vorteil, das geltende Leistungsstörungsrecht aus sich selbst heraus dogmatisch zu erklären, ohne dabei Rückgriff auf das frühere Recht zu nehmen. Nach über 10 Jahren sollte das „neue Schuldrecht“ primär ohne Rückgriff auf das vor dem 1.1.2002 geltende Recht funktionieren. Die hier zugrunde gelegte Abgrenzungsformel der Schadensarten bedarf keiner weiteren Differenzierung nach dem jeweiligen Gläubigerinteresse, um dogmatisch konsistente und zugleich sachgerechte Ergebnisse zu erzielen. Insofern handelt es sich wohl tatsächlich um eine „Zauberformel“.

# The *Methodenlehre* of Patent Claim Construction

WILLAJEANNE F. MCLEAN*

*Within German jurisprudence, an interpretation of a provision cannot cross the boundaries of its text. Interpretation is the tool only for deciding between the several ways a vague or ambiguous provision is allowed to be read. It is not permissible to add – to put it roughly – a new way of reading the provision.*[1]

## A. Introduction

In his new book, *BGB Allgemeiner Teil: Rechtsgeschäftslehre,*[2] Detlef Leenen writes about declarations of intent (*Willenserklärungen*) in contract and the necessity for their interpretation. He states, in pertinent part:

> Through interpretation it can be determined in doubtful cases whether a declaration of intent (Willenserklärung) exists and what content it has for purposes of legal standards.[3]

These words *suggest* the methodical way in which courts engage in patent claim interpretation – on both sides of the Atlantic.[4] Claim construc-

* Associate Dean for Academic Affairs and Professor of Law, University of connecticut.Thanks go to my colleagues, Professors *Stephen Utz* and *Steven Wilf*, for their close reading of the text. I would also like to give a very special thank you to *Jocelyn Kennedy*, Director for Library Services, for her invaluable help with citations.

[1] *Bernd J. Hartmann*, The Arrival of Judicial Review in Germany Under the Weimar Constitution of 1919, 18 BYU J. PUB. L. 107, 115 (2003) (discussing the civil law tradition of the judiciary applying the law that the parliament enacts), citing *inter alia Karl Larenz*, Methodenlehre der Rechtswissenschaft 309–310 (3d ed. 1975); *Reinhold Zippelius*, Juristische Methodenlehre, 9 II a (8th ed. 2003).

[2] *Detlef Leenen*, BGB Allgemeiner Teil: Rechtsgeschäftslehre (DeGruyter 2011) (hereinafter, Rechtsgeschäftslehre).

[3] *Id.* at 63. (trans. *Stephen Utz*).

[4] It is noted, however, that within the jurisprudence of the United States' Court of Appeals for the Federal Circuit (CAFC), a patent is not a contract. See Markman v. Westview Instruments, Inc., 52 F.3d 967, 985 n.14 (Fed. Cir. 1995) (*en banc*) (where the court states unequivocally: "[a] patent, however, is not a contract. Contracts are executory in nature – they contain promises that must be performed ...") (citation omitted) *aff'd*, 517 U.S. 370 (1996). *Cf. Jonathan L. Moore*, A Patent Panacea? The Promise of Corbinized Claim Construction, 9 CHI.-KENT J. INTELL. PROP. 1 (2009) (hereinafter *Patent Panacea)* (arguing that the use of Corbin contract methodology "offers a doctrinal solution to the

tion,[5] the determination of the claim's exact meaning, is of utmost importance in patent enforcement,[6] because "[i]t is the claim that sets the metes and bounds of the invention entitled to the protection of the patent system."[7] However, in claim construction, as in so many other areas, "the devil is in the details". Many scholars[8] have attempted to bring coherence to what was once described by judges as a "mongrel practice"[9] that "falls somewhere between a pristine legal standard and a simple historical fact."[10]

problems plaguing the Federal Circuit's current claim construction jurisprudence"); *M. Aminthe Broussard*, Ambivalence in Equivalents: Problems and Solutions for Patent Law's Doctrine of Equivalents, 64 La. L. Rev. 119, 136–37 (2003) (arguing that contract law's convention of construing terms against the drafter when faced with ambiguous terms should be utilized in patent claim interpretation); *Kristen Osenga*, Linguistics and Patent Claim Construction, 38 Rutgers L. J. 61, 70 (2006) (noting that "[c]laim construction, in many respects, is not unlike the processes of statutory and contract interpretation that are well-worn provinces of the district court judge."). In Germany, however, the meaning of the wording (*Wortsinn*) of the claim should be based upon its identifiable meaning, which accords with general legal practice across all fields, including contract. See *Friedrich-Wilhelm Engel*, The "*Wortsinn*" of Patent Claims in German Case Law in Patent Infringement Disputes, 34 IIC 233, 235 (2003) (discussing the general principles of patent construction in the German legal system).

5 The terms "claim construction" and "claim interpretation" are used synonymously. Markman v. Westview Instruments, Inc., 52 F.3d 967, 976 (Fed. Cir. 1995) (*en banc*), *aff'd*, 517 U.S. 370 (1996) (noting that the first step in the infringement analysis is "commonly known as claim construction or interpretation"). See also, *Christopher A. Cotropia*, Patent Claim Interpretation Methodologies and their Claim Scope Paradigms, 47 Wm. and Mary L. Rev.49,70 (2005) (hereinafter "*Interpretation Methodologies*") (explaining that "[c]laim interpretation, also known as claim construction, involves defining a claim term or terms to determine the claim's exact meaning.") (citations omitted).

6 See generally, *Mark A. Lemley*, The Changing Meaning of Patent Claim Terms, [hereinafter *Changing Meaning*) 104 Mich. L. Rev. 101 (2005) (describing claim construction as one of the most significant aspects of patent litigation); *Menell, Peter S., Powers, Matthew D.* and *Carlson, Steven C.*, Patent Claim Construction: A Modern Synthesis and Structured Framework, 25 Berkeley Technology Law Journal 716 (2010) (hereinafter *Modern Synthesis*) (discussing the centrality of patent claims construction to the evaluation of infringement and validity, and noting that it "can affect or determine the outcome of other significant issues such as unenforceability, enablement, and remedies.").

7 Zenith Labs. Inc. v. Bristol-Myers Squibb Co., 19 F.3d 1418, 1424 (Fed. Cir. 1994).

8 See generally, *Craig Allen Nard*, A Theory of Claim Interpretation, 14 Harvard J. Law & Tech. 2 (2000) (hereinafter "*Theory*") (discussing interpretive theories courts such as the CAFC employ when interpreting patent claims); *Lemley*, Changing Meaning, *supra* note 6 (discussing at what point in time the meaning of the claim is fixed; *i. e.*, at the time of filing or at the time the patent issues); *Cotropia*, Interpretation Methodologies, *supra* note 5 (discussing the relationship between claim interpretation methodology and patent scope); *John F. Duffy*, On Improving the Legal Process of Claim Interpretation: Administrative Alternatives, 2 Wash. U.J.L. & Pol'y 109 (2000) (hereinafter *Administrative Alternatives)* (suggesting the use of a centralized, expert administrative agency for claim interpretation).

9 See Markman v. Westview Instruments, Inc., 517 U.S. 370, 378 (1996) (characterizing the task of construing a term of art following receipt of evidence, and determining whether that task is a question of law or fact.).

10 *Id.* at 388.

In German patent practice, as well, one finds courts seeking the balance between the competing goals of rewarding the inventor and providing legal certainty to a competitor as to the non-infringing nature of its activities.[11] There, too, the commentators and courts have experimented with various interpretative methodologies.[12]

This essayist, however, wishes not to tread on already trodden ground,[13] but instead to pay homage to Professor Detlef Leenen. A quick look at two cases – one German and one American- in which patent claim interpretation is writ large – may explain why Professor Leenen's discussion of the necessity of (contract) interpretation resonates.

## B. Patent Claim interpretation in action-Germany

*Declarations of intent (Willenserklärungen) are however not only a means of self-expression of the individual declarant. In every rule in which they appear they serve to ground legal relations with others.*[14]

In the same way that declarations of intent are a means of self-expression of the declarant, so are patent claims the means by which the patentee gives voice to his invention.[15] In fact, the extent of protection of a patent in Ger-

[11] See *Hans Marshall*, The Enforcement of Patent Rights in Germany, 31 IIC 646, 661 (2000) (discussing the purposes of patent claim interpretation). Cf . *Peter Meier-Beck*, The Scope of Patent Protection – The Test for Determining Equivalence, 36 IIC 339, 340 (opining that "[l]egal certainty does not only mean protecting the competitors of the patentee", but also applies to the patentee, who is "interested in reliable certainty" about, *inter alia*, the "scope of protection of ... [the] patent.").

[12] See generally, *Toshiko Takenaka*, Interpreting Patent Claims: The United States, Germany and Japan, 26–38 (VCH 1995) (hereinafter INTERPRETING CLAIMS); *David L Cohen*, Article 69 and European Patent Integration, 92 NW. U.L. REV. 1082,1112 (1998) (hereinafter *Article 69*) (discussing German courts' use of three different methodologies for the interpretation of patent claims); *Dan L. Burk* and *Mark A. Lemley*, Fence Posts or Sign Posts? Rethinking Patent Claim Construction, 157 U. PA. L. REV. 1743, 1776–77 (2009) (discussing German courts' oscillation between two forms of claim construction since the passage of the 1981 German Patent Law) (hereinafter, *Fence Posts*).

[13] It is beyond the scope of this essay to plumb the depths of the various methodologies of patent construction in either the United States or Germany but to use the construct to give a flavor of the complexities of claim construction.

[14] *Leenen*, Rechtsgeschäftslehre, *supra* note 2, at 64 (trans. Stephen Utz). The original German reads thusly: *„Willenserklärungen sind aber nicht nur das Instrument zur Selbstbestimmung des je einzelnen. In aller Regel dienen sie der Gestaltung von Rechtsverhaeltnissen mit anderen.“*

[15] See *Paul Tauchner*, The Effect of the Granted Patent in Germany: Scope of Protection and Claim Interpretation, 1 CASRIP International Patent Claim Interpretation 126, 134 (1995) (discussing Case X ZR 45/85 (Befestigungsvorrichtung) (*Fixing Device*) where the *Bundesgerichtshof* states that "... it is the meaning [of the technical term] which the inventor has given to such terms in the description that is relevant ...").

many begins with the proposition that the claim is the "essential basis for the determination of scope."[16] In addition, when interpreting claim terms, the German courts must take into consideration what one skilled in the art would understand the meaning of the wording (*Wortsinn*) of the claims to be.[17]

This approach bears similarity to not only the practice of claim construction in the United States,[18] but also to what Professor Leenen writes about interpretation:

> When [declarations of intent] are expressed in ordinary language, they are understood by both parties as having their usual meaning. Where difficult technical expert expressions are used, unfamiliar in ordinary usage, yet is it still in most cases true that the two parties concerned have exactly the same specialist knowledge and thereby know exactly what is intended.[19]

Not unlike the courts in the United States, the German courts have struggled with how to interpret those "difficult technical expert expressions". One can trace the evolution of the application of the new German patent law in patent claim construction beginning with *Formstein*,[20] a landmark *Bundesgerichtshof* (Federal Supreme Court) case,[21] which moved away from broad

[16] Bundesgerichtshof [Federal Supreme Court], decision April 29, 1986, Case No. X ZR 28/85 (*Formstein* [Moulded Curbstone]), *as translated by*18 IIC 795, 798 (1987). Note that the primacy of the claim in determining the scope of protection is of recent vintage. Prior to the German Patent Act of 1981, implementing the European Patent Convention (EPC), patent claims were the "starting point" for patent interpretation. *Id.*

[17] See *Christian von Drathen*, Patent Scope in English and German Law under the European Patent Convention 1973 and 2000, 39 IIC 384, 400–401 (2008) (hereinafter *Patent Scope*) (discussing patent scope in identical or literal (*Wortsinngemäße Verletzung*) infringement cases in Germany).

[18] In the United States, interpretation of a claim occurs from the perspective of one with ordinary skill in the art. *See* footnotes 90–92, *infra*, and accompanying text. However, it is important to note that in Germany, interpretation of patent claims also, as a matter of course, involves determining whether the patent is infringed by equivalent means. *See* discussion of the doctrine of equivalents, *infra* note 29. The perspective of the hypothetical skilled German, unlike its American counterpart, is used in those equivalent infringement determinations. *See* Toshiko Takenaka, ed., Patent Law and Theory: A Handbook of Contemporary Research 451–452 (*Edward Elgar*, 2008); *Peter Meier-Beck*, The Scope of Patent Protection – The Test for Determining Equivalence, 36 IIC 339, 340 (2005) (noting that "the scope of patent protection has to be extended to equivalent solutions of the problem underlying the invention" because, otherwise, a person skilled in the art would be able to "bypass the patent claim and ... take advantage of the patentee's inventive achievement.")

[19] *Leenen*, Rechtsgeschäftslehre, *supra* note 2 at 63.

[20] Bundesgerichtshof Case No. X ZR 28/85, *as translated in* 18 IIC 795 (1987) (*Formstein* [Moulded Curbstone]). The case concerned alleged infringement of a molded curbstone which provided water drainage from the street.

[21] See generally, *Berhard Geissler*, Comment, *supra* note 19 at 802, (discussing *Formstein* as possibly being 'one of the most important German Supreme Court decisions in the field of patent litigation'); *Philippe Mueller*, Scope of Protection of Patents in the UK and Ger-

interpretations of the claims in infringement cases.[22] Another group of cases, called the "Quintet",[23] stood for the proposition that the same principles for determining the scope of protection applied, whether for literal infringement or by equivalents, even where patent claims contained measurements.[24] The decisive factor, according to the court, "is how the person skilled in the art understands such details in the overall context of the patent claim, with … the description and the drawings being used to interpret this context."[25]

In a recent case, AGA Medical Corporation v Occlutech GmbH,[26] the *Bundesgerichtshof* (German Supreme Court) handed down a decision, hailed as "important", regarding the scope of protection found in a patent for stents that repaired heart defects.[27]

The patentee, AGA Medical Corporation, alleged that the defendant infringed the claimed embodiment of the invention, the use of clamps at both ends of the device,[28] by its use of a similar device, yet was welded at only one

many, MAS-IP Diploma Papers & Research Reports, http://www.bepress.com/cgi/viewcontent.cgi?article=1017&context=ndsip (last visited 17 November 2011) (calling the case a "landmark").

[22] Prior to the 1981 Law, claims were a starting point and the courts looked for a general inventive idea based upon the patented invention. See *Takenaka*, Interpreting Patent Claims, *supra* note 12 at 152.

[23] BGH Mar. 12, 2002, Case No. X ZR 168/00 Schneidmesser I ("Cutting Blade I"), *as translated in* 33 IIC 873 (2002); Case No. X ZR 73/01 "Custodiol II", *as translated in* 34 IIC 197 (2003); Case No. X ZR 43/01 Kunstoffrohrteil ("Plastic Pipe"), *as translated in* 34 IIC 303 (2003); Case No. X ZR 135/01 Schneidmesser II, GRUR 2002, 519; Case No. X ZB 12/00 "Custodiol I", GRUR 2002, 523.

[24] See generally, Kunstoffrohrteil ("Plastic Pipe"), *as translated in* 34 IIC 303, 304–305 (2003).

[25] *Id.* at 305.

[26] Bundesgerichtshof [Federal Supreme Court], decision May 10, 2011 Case No. X ZR 16/09 [hereinafter, Judgment], *available at* http://kluwerpatentblog.com/files/2011/09/document.pdf (last visited 13 November 2011). For an English translation *see* http://www.eplawpatentblog.com/2011/June/AGA%20Medical%20v%20Occlutech%20-%20German%20Supreme%20Court%20judgment%20%28English%20translation%29%20May%202011%5B1%5D.pdf (last visited 13 November 2011). There were also related proceedings in the United Kingdom and the Netherlands, based upon the European Patent 0808138, in which the trial and appellate courts in both the UK and Netherlands found non-infringement on the part of Occlutech. *See generally*, Occlutech GmbH v AGA Medical Corporation [2010] EWCA (Civ) 702 (Eng.); "Occlutech obtains favorable court ruling in patent litigation in The Hague against AGA Medical, http://www.occlutech.com/pdf/Occlutech%20obtains%20favourable%20court%20ruling%20in%20Patent%20Litigation%20in%20The%20Hague%20against%20AGA%20Medical.pdf (last visited October 23, 2011).

[27] *See* European Patent 0808138, http://www.marks-clerk.com/fr/fr/documents/EP0808138B1.pdf (last visited 13 November, 2011).

[28] The device is described in the patent as "a collapsible medical device … having a collapsed configuration for delivery through a channel in a patient's [sic] and a generally dumbbell-shaped expanded configuration with two expanded diameter portions separated

end.[29] The issue, therefore, before the court was how one would interpret the claim in question, in particular, the phrase describing the device as possessing clamps "adapted to clamp the strands at the opposed ends of the device",[30] and the term 'clamp'.[31]

The courts below, the trial court (the Düsseldorf Landgericht) and the appeals court (the Düsseldorf Oberlandesgericht), found for the patentee. According to the judgment of the Bundesgerichtshof, the Federal Supreme Court (BGH),[32] the lower courts based their reasoning from the description of the patent,[33] which discussed alternative ways of making the device.[34] In the lower courts' view, even though the patent teaches the use of several clamps at opposing ends,[35] a "person skilled in the art would not stop at this

by a reduced diameter portion formed between the opposed ends of the device, and clamps for clamping the strands of the opposed ends of the device". See http://www.marks-clerk.com/fr/fr/documents/EP0808138B1.pdf at ¶ 8. The German translation appears at page 10 of the patent.

29 Another issue is whether welding one end of the allegedly infringing device infringes the claimed device via the doctrine of equivalents. In brief, in the United States, the doctrine of equivalents allows a finding of patent infringement even though the accused device or process is outside the literal terms of the claim if it performs substantially the same function in substantially the same way, and yields substantially the same result. See Graver Tank & Mfg. Co. v. Linde Air Products Co., 339 U.S. 605, 608 (1950).

In Germany, the test is whether "the skilled person based on his expert knowledge could solve the problem on which the invention is based equally effectively on the basis of considerations which are tied to the meaning of the claims, *i. e.* to the invention described therein, with the modified means inserted into the disputed embodiment". *See* BGH, Case No. X ZR 5/87 (Ionenanalyse [Ion analysis]), *as translated in* 22 IIC 249 (1991). For a discussion of the doctrine of equivalents in, *inter alia*, Germany and the United States, see *Nicholas Pumfrey*, *Martin J. Adelman*, *Shamnad Basheer*, *Raj S. Davé*, *Peter Meier-Beck*, *Yukio Nagasawa*, *Maximilian Rospatt* and Martin Sulsky, The Doctrine of Equivalents in Various Patent Regimes-Does Anybody Have It Right?, 11 YALE J.L. & TECH. 261, 286–95 (2009) (hereinafter *Doctrine of Equivalents*).

30 See Judgment, *supra* note 15, at ¶ 14

31 See Occlutech GmbH v AGA Medical Corp; Dot Medical Ltd [2009] EWHC 2013 (Ch) (where Mr. Justice Mann discusses the need to construe the term "clamp" and whether the term also includes fixation by welding). See generally, *Jeremy Phillips*, Judge gives word its ordinary meaning, The IPKat, http://ipkitten.blogspot.com/2009/08/judge-gives-word-its-ordinary-meaning.html (last visited October 29, 2011) (discussing the UK lower court's review of the patent claim).

32 I could not find copies of the lower German courts' decisions in translation, and so have relied upon the BGH discussion. See Judgment, *supra* note 15, at ¶¶ 9 et seq.

33 See European Patent 0808138, *supra* note 27, at ¶ 27–28.

34 *Id.*

35 In U.S. patent practice, it is a requirement that a patent specification enable a phosita (person having ordinary skill in the art) to make the invention. See 35 USC § 112. Thus, "to be enabling, the specification of the patent must teach those skilled in the art how to make and use the full scope of the claimed invention without 'undue experimentation.'" See generally, In re Wright, 999 F.2d 1557, 1561 (Fed.Cir.1993) (citations omitted). In Germany, it appears that the perspective of the person of skill becomes important at the

purely linguistic understanding".[36] Rather, the person would assume that "only one technical meaning would arise with respect to the function of the clamps, of affixing clamps where there were actually any free strand ends". [37] Therefore, it would not matter whether there were one or two clamps: any method used to bundle the strands would be an infringing use.

The BGH did not share this view. In paragraph 22 of the judgment, the court notes that claim 1 of the patent calls for "wire ends at *both* ends of the device, which can be clamped together and must be clamped in order to prevent fraying".[38] Therefore, it would be contrary to read into the claim language that would support "clamping of all strands at one and the same end of the device, instead of at the opposing ones, as literal realisation [sic]of the teaching according to the invention."[39]

The court based its interpretation on the scope of protection offered by claim 1 by referring to Article 69 of the European Patent Convention (EPC),[40] which states: "the extent of the protection conferred by a ... patent shall be determined by the terms of the claims."[41] In addition, the second sentence of Article 69 also provides that "the description and the drawings shall be used to interpret the claims."[42] According to the BGH, the Protocol attached to the interpretation of article 69,[43] meant that it should "determine, taking into account the description and drawings, the technical meaning which is attributed to the wording of the claim from the point of view of the person skilled in the art."[44]

time of patent claim construction. See *Jochen Pagenberg*, Interpretation of Patent Claims – Influence of Prior Art and the Knowledge of the Skilled Person for the Scope of Protection, http://www.law.washington.edu/casrip/symposium/number8/CM%20-%20Pagenberg%20CASRIP%20Interpretation%20of%20Patent%20Claims.pdf (last visited 13 November 2011).

[36] This explanation comes from Judgment, *supra* note 15 at ¶ 14.

[37] *Id.*

[38] *Id* at ¶ 22 (emphasis added).

[39] *Id.*

[40] *Id.* at ¶ 23.

[41] It appears that the court used the wording of the 1982 German Patent Act, section 14 that omits the term "European". This statute is an analog of Art. 69(1) European Patent Convention (EPC), which states: "The extent of the protection conferred by a *European* patent or a *European* patent application shall be determined by the terms of the claims." (emphasis added).

[42] See Article 69(1), EPC.

[43] See Protocol on the Interpretation of Article 69 EPC, article 1, *available at* http://www.epo.org/law-practice/legal-exts/html/epc/2010/e/ma2a.html.) Article 1 of the protocol states, in pertinent part, "Article 69 should not be interpreted as meaning that the extent of the protection conferred by a European patent is to be understood as that defined by the strict, literal meaning of the wording used in the claims, the description and drawings being employed only for the purpose of resolving an ambiguity found in the claims." Id. See generally, *Engel*, *supra* note 4, at 235 (discussing the implementation of the Protocol).

[44] See Judgment, *supra* note 15, at ¶ 23.

The BGH took a measured approach to claim interpretation. It noted that the description and drawings were for guidance and could not lead either to "an extension of the content [or] to a substantive limitation of the subject matter defined by the wording of the claim."[45] Rather, the claim takes precedence.[46] Therefore, the lower courts' reliance on the descriptions in the patent was unfounded.[47] Without the description, the lower courts' finding of literal infringement could not stand. According to the BGH, "[s]ince there are therefore in any case no clamps on the opposing ends of the devices, a literal infringement must be denied".[48]

As for whether "welding" constituted "clamping", the BGH held that those terms were not equivalent, despite the disclosure of several other terms, e.g., "brazing", in the description.[49] Therefore, there could be no equivalent infringement, because of the use of the term 'clamp' in the claim by the patentee.[50] According to the BGH:

> the claim does not content itself with the requirement of holding together the open wire ends by clamping, nor with the requirement of closing the two open ends of the device, but *demands* that the closure at these two ends of the device be carried out in such a way that there the (ends of the) wires are clamped by means of clamps.[51]

The BGH ultimately held that if the description mentions a possible feature of the claimed invention, which is not present in the claim, then the feature is not within the scope of protection granted by the patent.[52]

[45] *Id.*

[46] Judgment, *supra* note 15, at ¶ 24 (where the court notes: "the description cannot be consulted as a "correction" of the claim; otherwise this would be a violation of the principle of the precedence of the claim."). See *Engel*, *supra* note 4, (quoting the decision in the BGH case, *Ionenanalyse*, (citation omitted) which states: "... the terms of the claims, which have to be interpreted in the light of the description and drawings, are the decisive factor in establishing the extent of the protection conferred by a ... patent.")

[47] Judgment, *supra* note 15, at ¶ 25 (where the court states: "... the point in the description on which the appellate court relied cannot form the basis for an interpretation of the claim correcting the wording of the claim.")

[48] *Id.* at ¶ 26.

[49] Judgment, *supra* note 15, at ¶ 34.

[50] The court in its discussion refers to the "orientation to the patent claim." See generally Judgment, *supra* note 15 at ¶ 35. See also discussion of the doctrine of equivalents, *supra* note 29.

[51] Judgment, *supra* note 15, at ¶ 34. (emphasis added).

[52] *Id.* at ¶ 24. Note that this decision by the BGH, based upon Art. 69 EPC, comported with prior findings by the courts in UK and the Netherlands, thus providing some measure of consistency under the EPC. See *Marks & Clerk UK*, Germany falls into line on claim construction, http://www.marks-clerk.com/uk/attorneys/news/newsitem.aspx?item=382 (last visited 17 November 2011).

## C. Patent Claim interpretation in action – United States

*It is a "bedrock principle" of patent law that the claims of a patent define the invention to which the patentee is entitled the right to exclude. The courts look to the words of the claims themselves to define the scope of the patented invention. The written description part of the specification itself does not delimit the right to exclude. That is the function and purpose of claims.*[53]

*To coin a phrase, "the name of the game is the claim."*[54]

In the United States, a patent claim is the key to the kingdom.[55] Not only does a claim give notice to the public as to the subject matter of the invention,[56] it also lets the public know what elements are within the public domain.[57] This notice requirement is found within the patent statute itself:[t]he specification[58] shall conclude with one or more claims particularly pointing out and distinctly claiming the subject matter which the applicant regards as his invention.[59] The requirement that the claim be "distinct" or "definite" allows a would-be competitor to design around the subject matter and avoid infringement.[60]

[53] Phillips v. AWH Corp., 415 F.3d 1303, 1312 (Fed. Cir. 2005) (*en banc*), *cert. denied*, 546 U.S. 1170 (2006) (citations omitted).

[54] *Giles S. Rich*, Extent of Protection and Interpretation of Claims – American Perspectives, 21 INT'L REV. INDUS. PROP. & COPYRIGHT L. 497, 499 (1990).

[55] See *Lemley*, Changing Meaning, *supra* note 6 at 101 (noting that "the claims of a patent are central to virtually every aspect of patent law"); *Duffy*, Administrative Alternatives, *supra* note 8 at 109 ("Claims are the most important part of the modern patent document."); *Paul M. Janicke*, When Patents Are Broadened Midstream: A Compromise Solution to Protect Competitors and Existing Users, 66 U. CIN. L. REV. 7, 16 (1997) ("The entirety of patent law centers around [the claims].")

[56] See generally, *Kelly Casey Mullaly*, Patent Hermeneutics: Form and Substance in Claim Construction, 59 FLA. L. REV. 333, 349 (2007) (hereinafter, *Patent Hermeneutics*) (stating that "claims perform an important public notice function in patent law") (citation omitted); *Jacob Adam Schroeder*, Written Description: Protecting the Quid Pro Quo Since 1793, 21 Fordham Intell. Prop. Media & Ent. L.J. 63, 73 (2010) (noting that "patent claims serve the public notice function of patent law by delineating the scope of the invention contained within the patent and defining the dividing line between infringing conduct and non-infringing conduct").

[57] See generally, Ariad Pharms., Inc. v. Eli Lilly & Co., 598 F.3d 1336, 1347 (Fed Cir. 2010) (where the court notes that a claim's "principal function, therefore, is to provide notice of the boundaries of the right to exclude and to define limits").

[58] The specification is "a written description of the invention, and of the manner and process of making and using it, in such full, clear, concise, and exact terms as to enable any person skilled in the art to which it pertains, or with which it is most nearly connected, to make and use the same, and shall set forth the best mode contemplated by the inventor of carrying out his invention." 35 U.S.C. § 112 (2000).

[59] *Id.*

[60] Claims also need to be definite so that the patent examiner can determine, at the application stage, whether the claimed invention meets all the criteria for patentability and

When there are allegations of patent infringement,[61] the analysis is a two-step process where the first step undertaken by a court is to determine the meaning of the alleged infringed claim and its scope.[62] The second step is to compare the construed claim to the allegedly infringing device.[63]

Nevertheless, construing a patent claim is fraught[64] in that there are numerous methods one could employ in determining the claim's meaning.[65] The academic literature[66] and judicial opinions[67] are full of references to the canons of patent interpretation,[68] which guide courts in claim construction.[69] The prescribed methodology used to ascertain the scope of protection of the patent is as follows: look first to the words of the claims.[70] In addition,

whether the specification meets the criteria of 35 U.S.C. §112, first paragraph with respect to the claimed invention. See Manual of Patent Examining Procedure § 2173 (U.S.P.T.O. Feb. 2003).

[61] Note that claim construction does not only occur during a patent infringement case. Claim construction occurs, for example, during the examination in the patent office. See *David L. Schwartz*, Pre-Markman Reversal Rates, 43 Loy. L.A. L. Rev. 1073, 1077 (2010); *Mullally*, Patent Hermeneutics, supra note 56 at 336.

[62] See Markman v. Westview Instruments, Inc., 52 F.3d 967, 976 (Fed. Cir. 1995) (*en banc*), *aff'd*, 517 U.S. 370, (1996). Note that the first step is "commonly known as claim construction or interpretation". *Id.*

[63] *Id.*

[64] One commentator has gone so far as to call the task of claim interpretation a 'crap shoot' due to the relatively high reversal rate of trial court determinations. See *Kristin Osenga*, Cooperative Patent Prosecution: Viewing Patents Through a Pragmatics Lens, 85 St. John's L. Rev. 115, 116 (2011).

[65] *Cotropia*, Interpretation Methodologies, *supra* note 5 at 69 (noting that there are many different claim interpretation methodologies due to the "tremendous discretion" of the courts).

[66] See generally, *Cotropia*, Interpretation Methodologies, *supra* note 5; *Lemley*, The Limits of Claim Differentiation, 22 Berkeley Tech. L.J. 1389, 1389 (2007); *Nard*, Theory, *supra* note 8 at 80.

[67] See generally, Renishaw PLC v. Marposs Societa' per Azioni, 158 F.3d 1243, 1248 (Fed. Cir. 1998) (noting that "no canon of construction is absolute in its application"); *Oakley*, Inc. v. Sunglass Hut Int'l, 316 F.3d 1331, 1340–1341 (2003) ("That determination [of patent infringement] requires a construction of the claims according to the familiar canons of claim construction.") (citations omitted).

[68] See e.g., *Timothy R. Holbrook*, Substantive versus Process-Based Formalism in Claim Construction, 9 Lewis & Clark L. Rev. 123, 144 (2005) (defining canons of patent claim construction as "well-known procedural bright line rules").

[69] See Athletic Alternatives, Inc. v. Prince Mfg., Inc., 73 F.3d 1573, 1578 (Fed. Cir. 1996) ("In addition, a number of canons, such as the doctrine of claim differentiation, guide our construction of all patent claims.")

[70] See generally, Vitronics Corp. v. Conceptronic, 90 F.3d 1576, 1582 (Fed. Cir. 1996); Autogiro Co. of Am. v. United States, 384 F.2d 391, 396, (Ct. Cl. 1967) ("Courts can neither broaden nor narrow the claims to give the patentee something different than what he set forth [in the claim]."); Schindler Elevator Corp. v. Otis Elevator Co., 593 F.3d 1275, 1282 (Fed. Cir. 2010); Phillips v. AWH Corp., 415 F.3d at 1314 ("[T]he claims themselves provide substantial guidance as to the meaning of particular claim terms.").

the terms found within the claim "are to be given their plain, ordinary and accustomed meaning to one of ordinary skill in the relevant art."[71] However, a well-recognized canon states that the inventor has the right to be her own lexicographer,[72] so long as the new definition is clearly set forth in either the specification or the prosecution history.[73] Courts often use context in order to determine the meaning of a disputed claim.[74] One court, engaging in claim interpretation, noted, "the person of ordinary skill in the art is deemed to read the claim term not only in the context of the particular claim in which the disputed term appears, but in the context of the entire patent, including the specification."[75] Despite the need to read the claims in light of the specification, another canon exhorts courts not to read limitations into the claims from the specification.[76] In particular, note one court's pithy observation that "[s]pecifications teach. Claims claim."[77]

In its earlier cases, the United States Court of Appeals for the Federal Circuit (CAFC) – a court charged with jurisdiction to hear, *inter alia*, patent cases[78] – seemed to favor using three sources of evidence to ascertain the meaning of the claims: the claims, the specification, and the prosecution history.[79] However, the CAFC also authorized the use of extrinsic evidence,[80]

[71] See generally, Rexnord Corp. v. Laitram Corp., 274 F.3d 1336, 1342 (Fed. Cir. 2001).

[72] Indeed, the concept of patentee as lexicographer is axiomatic. See Hormone Research Found. v. Genentech, Inc., 904 F.2d 1558,1563 (Fed. Cir. 1990), *quoting* Fromson v. Advance Offset Plate, Inc., 720 F.2d 1565, 1569 (Fed. Cir. 1983).

[73] CCS Fitness v. Brunswick Corp., 288 F.3d 1359, 1366 (stating that "the claim term will not receive its ordinary meaning if the patentee acted as his own lexicographer and clearly set forth a definition of the disputed claim term in either the specification or prosecution history.").

[74] See *Phillips*, 415 F.3d at 1313.

[75] *Id.* Note that the specification is often used as a dictionary when it defines terms, whether expressly or by inference. See generally, Vitronics, *supra* note 70 at 1582.

[76] See SciMed Life Sys. v. Advanced Cardiovascular Sys., 242 F.3d 1337, 1340 (Fed. Cir. 2001) (calling the practice of reading a limitation from the written description into the claims "one of the cardinal sins of patent law") (citations omitted); Arlington Indus., Inc. v. Bridgeport Fittings, Inc., 345 F.3d 1318, 1327 (Fed. Cir. 2003); Gart v. Logitech, Inc., 254 F.3d 1334, 1343 (Fed. Cir. 2001); Golight, Inc. v. Wal-Mart Stores, Inc., 355 F.3d 1327, 1331 (Fed. Cir. 2004) (citations omitted).

[77] SRI Int'l v. Matsushita Elec. Corp. of Am., 775 F.2d 1107, 1121 n. 14 (Fed. Cir. 1985) (*en banc*).

[78] United States Court of Appeals for the Federal Circuit, *Court Jurisdiction*, http://www.cafc.uscourts.gov/the-court/court-jurisdiction.html (last visited 29 October 2011) ("The [Federal Circuit] has nationwide jurisdiction in a variety of subject areas, including international trade, government contracts, patents, trademarks …").

[79] See Markman v. Westview Instruments, Inc., 52 F.3d 967, 979 (Fed. Cir. 1995) (*quoting* Unique Concepts, Inc. v. Brown, 939 F.2d 1558, 1561, (Fed. Cir. 1991)). This type of evidence is 'intrinsic evidence'.

[80] See *Vitronics*, 90 F.3d at 1584 (Fed. Cir. 1996) (describing extrinsic evidence as "that evidence which is external to the patent and file history, such as expert testimony, inventor testimony, dictionaries, and technical treatises and articles.")

such as expert testimony,[81] treatises and dictionaries,[82] to help verify the meaning of claim terms, where the meaning is ambiguous.[83] In fact, courts may only use extrinsic evidence where the meaning of the claim term is vague.[84]

Predictably, this split of opinion regarding the proper methodology for claim construction within the CAFC was unsettling;[85] and lower courts were unclear what weight to afford intrinsic or extrinsic evidence.[86] In the pivotal case, Phillips v AWH Corp,[87] the CAFC attempted to settle the question of how to interpret the meaning of patent claims.[88]

[81] See generally, *Vitronics*, 90 F.3d at 1582.

[82] See *Markman*, 52 F.3d at 980.

[83] However, note that it is axiomatic that "[e]xtrinsic evidence is to be used for the court's understanding of the patent, not for the purpose of varying or contradicting the terms of the claims." See generally, *Markman*, 52 F.3d at 981; Playtex Prods., Inc. v. Procter & Gamble Co., 400 F.3d 901, 908 (Fed. Cir. 2005) (noting that extrinsic evidence may not be used to arrive at a claim construction that is at odds with the intrinsic evidence).

[84] See Bell & Howell Document Mgmt. Prods. Co. v. Altek Sys., 132 F.3d 701, 706 (Fed. Cir. 1997) ("reliance on extrinsic evidence to interpret claims is proper only when the claim language remains genuinely ambiguous after consideration of the intrinsic evidence") (citation omitted); Key Pharms. v. Hercon Labs. Corp., 161 F.3d 709,716 (Fed. Cir. 1998) (noting that "[i]f the meaning of a disputed claim term is clear from the intrinsic evidence, the written record, that meaning, and no other, must prevail; it cannot be altered or superseded by witness testimony or other external sources …").

[85] See generally, *Ehab M. Samuel*, Phillips v. AWH Corp., Inc.: A Baffling Claim Construction Methodology, 16 Fordham Intell. Prop. Media & Ent. L.J. 519, 520 (2006) (hereinafter "*Baffling Claim Construction*") ("Construing patent claims has been a daunting task for judges, litigators, and competitors because of the ideological split …").

[86] For a discussion of the shifting claims construction jurisprudence of the CAFC see generally, *Menell*, Modern Synthesis, *supra* note 6 at 721–30; *Moore*, Patent Panacea, *supra* note 4 at 10 *et seq.*; *David Potashnik*, Note, Phillips v AWH: Changing the Name of the Game, 39 Akron L. Rev 863 (2006).

[87] Phillips v. AWH Corp., 376 F.3d 1382 (Fed. Cir. 2004). The CAFC took this case, the last in a long line of appeals, in order to clarify its divergent approaches to claim construction. In doing so, the court invited *amicus curiae* briefs on the issue of claim construction. *Id.* at 1383.

[88] The term "attempted" is used advisedly, particularly since the literature is replete with criticism of the Federal Circuit's majority opinion. See generally *Menell*, Modern Synthesis, 25 Berkeley Tech. L.J. at 718 (noting that post- *Phillips*, "many core tensions in claim construction persist, [and] … the decision itself does not provide a step-by-step approach to construing claims."); *David Sanker*, Note: Phillips v. AWH Corp.: No Miracles in Claim Construction, 21 Berkeley Tech. L.J. 101,118 (2006) (calling the decision "a lost opportunity for clarification"); *Holly L. Bonar*, Is Something Amiss? A Commentary on the Aftermath of Phillips v. AWH Corp., 88 J. Pat. & Trademark Off. Soc'y 513, 513 (2006) (finding that "[a]fter *Phillips,* claim construction jurisprudence remains in disarray"); *Samuel*, Baffling Claim Construction, *supra* note 85 at 566 ("[*Phillips* court] failed to adequately address the disadvantage of using the specification-based approach."). Even members of the court find the (continuing) inconsistencies untenable. See Retractable Techs. v. Becton, Dickinson & Co., 2011 U.S. App. LEXIS 22038 (Fed. Cir., Oct. 31, 2011) (where Circuit Judge Moore

Briefly, the claimed invention concerned vandalism-resistant modular, steel-shell panels, which could be welded together. Comprising the panels were internal steel baffles, which extended inwardly from the steel shell walls. The dispute between the parties in *Phillips* turned on the interpretation of the term "baffles".[89] As a part of its infringement analysis, the *en banc* court embarked upon an extensive review of its jurisprudence on the methodologies used for patent claim construction.[90]

The *Phillips* court began by re-emphasizing the general notions that claims define the scope of the invention and that the words of a claim "are generally given their ordinary and customary meaning",[91] which would be the meaning given by the person of ordinary skill in the art in question at the time of the invention.[92] The person of ordinary skill, the court reasoned, would read "the claim term not only in the context of the particular claim in which the disputed term appears, but in the context of the entire patent, including the specification"[93].

In addition to the specification, which could reveal that the patentee had chosen to be her own lexicographer,[94] a court might choose to consider the prosecution history of the patent, if it were in evidence.[95] The prosecution history, which is the complete record of the proceedings before the Patent and Trademark Office (PTO) and includes the prior art cited during the examination of the patent, can demonstrate what the patentee thought she was claiming, and whether she limited the scope of the invention during

criticizes her fellow judges for "ill-defined and inconsistent[....]" application of the rules, and takes note of commentators' observations that results from the court are "frustrating and unpredictable").

[89] *Phillips*, 415 F.3d at 1309–1310.

[90] *Id.* at 1312–1319.

[91] *Id.* at 1312. (citations omitted)

[92] *Id.* at 1313. (citations omitted)

[93] *Id.* The court also re-iterated the importance of the specification to claim construction, devoting an entire section to its primacy. See *Phillips*, 415 F.3d at 1315–1317.

[94] In the event a patentee chooses to be her own lexicographer, and the meaning of the term differs from its ordinary and customary meaning, then the inventor's lexicography controls. *Phillips*, 415 F.3d at 1316.

[95] *Id.*, at 1317, *quoting Markman*, 52 F. 3d at 980; see also, *Graham v. John Deere Co.*, 383 U.S. 1, 33 (1966) ("An invention is construed not only in the light of the claims, but also with reference to the file wrapper or prosecution history in the Patent Office."). Note that there is generally no prosecution history estoppel in German patent practice; therefore, the patentee's statements during patent examination are irrelevant during an infringement hearing. See *Pumfrey et al*, Doctrine of Equivalents, *supra* note 29 at 288 (noting that interpretation is based solely on the claim; therefore the file wrapper or prosecution history, as it is also called, is not considered.). See also BGH Mar. 12, 2002, Case No. X ZR 43/01, *as translated in* 34 IIC 302, 307 (Kunststoffrohrteil ["Plastic Pipe"]).

the examination.[96] However, the *Phillips* court cautioned that this form of intrinsic evidence might be less useful because "it often lacks the clarity of the specification".[97]

As for extrinsic evidence, the *Phillips* court ruled that while useful, it is less significant than intrinsic evidence,[98] and unlikely to result in a reliable interpretation of patent claim scope unless considered in the context of the intrinsic evidence.[99] The *Phillips* court had five reasons why it believed that extrinsic evidence is less reliable than intrinsic evidence.[100] The first reason given was that extrinsic evidence is not part of the patent and, unlike the specification, it was not created at the time of patent prosecution to explain the patent's scope and meaning. Second, extrinsic publications, unlike claims, may not be written by or for skilled artisans and therefore may not reflect the understanding of a skilled artisan in the field of the patent. Third, extrinsic evidence, consisting of expert reports and testimony, generated at the time of and for the purpose of litigation, can suffer from bias that is not present in intrinsic evidence. In addition, there is a virtually unbounded universe of potential extrinsic evidence of some marginal relevance that could be brought to bear on any claim construction question. The last reason given was that undue reliance on extrinsic evidence poses the risk that the meaning of claims will change, contrary to the public record, thereby undermining the public notice function of the claim.[101]

The court acknowledged that use of extrinsic evidence is permissible because it could help to educate the court regarding the field of invention and to ascertain what the person skilled in the art would understand the claim terms mean. Consulting dictionaries, first, to determine the meaning of claim terms, "risks transforming the meaning of the claim term to the artisan into the meaning of the term in the abstract, out of its particular context, which is the specification."[102] Even technical dictionaries or treatises, the court concluded, were suspect because "… [t]here is no guarantee that a term is used in the same way in a treatise, as it would be by the patentee,"[103] in part

[96] *Phillips*, 415 F.3d at 1317. See generally, Southwall Tech., Inc. v. Cardinal IG Co., 54 F.3d 1570, 1576 (Fed. Cir. 1995) ("The prosecution history limits the interpretation of claim terms so as to exclude any interpretation that was disclaimed during prosecution.") (citations omitted).

[97] *Phillips*, 415 F.3d at 1317.

[98] *Id.* at 1318.

[99] *Id.*

[100] *Phillips*, 415 F.3d at 1318–1319.

[101] *Id* at 1318–19 (*quoting* Southwall Techs., Inc. v. Cardinal IG Co., 54 F.3d 1570, 1578 (Fed. Cir. 1995)).

[102] *Id.* at 1321.

[103] *Id.* at 1322.

because the invention is novel, and dictionaries do not keep pace with technology.[104]

In the end, the *Phillips* court concluded that when engaging in patent claim construction, "there is no magic formula or catechism".[105] It left to a judge's discretion what sources to consult, and when.[106] According to the *Phillips* court, "what matters is … to attach the appropriate weight to be assigned to those sources in light of the statutes and policies that inform patent law,"[107] in order to "comprehend how a person of ordinary skill in the art would understand the claim terms".[108]

## D. Conclusion

*Patents are an imperfect means of signifying abstractions in words. This task of capturing ideas in words is made even more difficult by the question of whether the words that make up the patent should be read literally, as an absolute boundary of the idea, or figuratively, as a representation of the idea. The former approach, to some extent, will impoverish the protected idea by limiting it to mere words. The latter approach depends on each reader's subjective understanding of the text of the patent and consequently what the protected idea is is fungible, preventing certainty for third parties.*[109]

There seems to be *at least* two methodological ways to read a document[110]: one could do so contextually, "providing meaning to the words or silence" in the document,[111] by reading it figuratively to sense the will of the parties, or one could interpret the contract literally, without "cross[ing] the boundaries of the text".[112]

[104] *Id. quoting* Autogiro Co. of Am. v. United States, 384 F.2d 391,397 (Ct. Cl. 1967).

[105] *Phillips*, 415 F. 3d at 1324.

[106] *Phillips*, 415 F. 3d at 1324. In other words, the court punted. Or in more elegant words, the majority "flail[ed] about in an attempt to solve the claim construction 'conundrum.'" See *Phillips*, 415 F. 3d at 1334 (J. Mayer, dissenting)

[107] *Phillips*, 415 F. 3d at 1324, *quoting Vitronics*, 90 F.3d at 1582.

[108] *Id., quoting Vitronics,* 90 F.3d at 1584.

[109] *Cohen*, Article 69, *supra* note 12 at 1127 (1998).

[110] I use the term "document" as a proxy for a patent or a contract.

[111] *Larry A. DiMatteo*, Reason and Context: A Dual Track Theory of Interpretation, 109 Penn St. L. Rev. 397, 402 (2004) (discussing the similarities and differences in the interpretation of contracts between the contextualist, who finds meaning in the contextual background, and the conceptualist, who "receives the contractual text as sacred and looks to the precepts of law that are applicable to the (linguistic) facts.")

[112] See *Hartmann*, *supra* note 1 and accompanying text.

For example, in the cases presented above, the fundamental question turned on how to determine the meaning (of the wording) of a claim. Although the methodology employed in Germany and the United States differs to a degree,[113] both jurisdictions employ context as a means of arriving at the meaning of the claim in question.[114] The jurisprudence of both countries requires that courts use the perspective of the person having ordinary skill in the art.[115] Yet when considering the German approach to patent claim construction, it appears that the burden is placed upon the *reader* of the claims to consider what the patentee would understand (or have intended) the meaning of the terms to be[116]; that is, the reader must interpret the claim "according to the meaning which a reasonable person in the position of the patentee would have given.[117] This, then, appears to require a close examination of the ordinary language, which, as Professor Leenen observes, is understood to have its usual meaning and, therefore, should be read literally.[118] Interpreting the claims (or a contract) in this way prevents "the judge from rewriting the [document] … on the basis of abstract notions of fairness, justice or equity".[119]

In the United States, while it is true that the words of a claim generally receive their 'ordinary and customary meaning',[120] a patentee may choose to use terms idiosyncratically, thus becoming her own lexicographer.[121] Here, the burden of patent claim construction or interpretation is upon the *writer* to set forth a definition of those terms in the specification or prosecution

[113] For example, the German courts do not use the prosecution history in claim construction, whereas United States courts will do so, if it is in evidence. See *supra* note 95, and accompanying text.

[114] See *Phillips*, *supra* notes 74–75 and accompanying text; *Plastic Pipe*, *supra* note 25, and accompanying text.

[115] See generally *Phillips*, 415 F.3d at 1313; *Cutting Blade 1*, *supra* note 23, at 874 (finding that interpretation of the patent claims "must be based on the vantage point of the person skilled in the art …").

[116] Thanks to my colleague Professor *Steven Wilf*, who suggested the contrast between the roles of a reader of a document and writer of a document, and the possible relationship to the different methodologies of interpretation undertaken in Germany and United States. Any infelicities or errors in the analogy are mine alone.

[117] *Stefan Vogenauer,* Interpretation of Contracts: Concluding Comparative Observations, in Contract Terms 127 (*A. Burrows* and *E. Peel* eds. 2007) (hereinafter *Interpretation of Contracts)* (explaining that, in Germany, contracts have to be interpreted according to the meaning which a reasonable person would reach by looking at the contract and its context, and that as a general rule, the intention of the parties as to the meaning of a term is entirely irrelevant); *compare* this to the United States patent construction rule that a patentee is her own lexicographer. *See supra* notes 94–104 and accompanying text.

[118] See *Leenen*, *supra* note 19 and accompanying text.

[119] *Vogenauer,* Interpretation of Contracts, *supra* note 117 at 128.

[120] Vitronics, *supra* note 70 at 1582

[121] *Id.*

history.[122] This seems to parallel the law of contracts in which the responsibility falls upon the drafter of the contract to avoid ambiguities in the contracts terms lest those terms are construed against her.[123]

Unlike contracts, where, according to Professor *Leenen*, "in the greatest number of transactions... there is no dispute about ... questions [of interpretation]," [124] parties fight over the meanings of patent claim terms frequently.[125] Both German and American courts have struggled to find the balance between the literal construction of a claim and a more expansive reading.[126] Despite the uncertainties that attend contract interpretation or patent claim construction, there is a "need for interpretation", because it determines the legal consequences.[127] In the end, one returns to the beginning: "… the interpretation of claims, as with the interpretation of statutes and contracts, turns on the actual wording of the claim …" [128]

122 *Id.*

123 The general rule of *contra proferentem* seems universally understood, needing no citation. For a comparative view, see generally, *Vogenauer*, Interpretation of Contracts, *supra* note 118 at 146 *et seq.*

124 *Leenen*, Rechtsgeschäftslehre, *supra* note 2 at 63.

125 See generally, *Burk* and *Lemley*, Fence Posts, *supra* note 12 at 1744 ("Literally every case involves a fight over the meaning of multiple terms, and not just the complex technical ones.").

126 See *Brad Sherman*, Patent Claim Interpretation: The Impact of the Protocol on Interpretation, 54 Modern L. Rev. 499, 508 (1991) (discussing the past approach of German courts towards "open" patent interpretation, leading the judges "not to interpret literally, but rather to interpret with the best interests of the parties in mind").

127 *Leenen*, Rechtsgeschäftslehre, *supra* note 2 at 63.

128 Digital Biometrics v. Identix, Inc., 149 F.3d 1335, 1344 (Fed. Cir. 1998).

# Möglichkeiten und Grenzen: In Richtung einer ganzheitlichen Auffassung und Umsetzung von Rechten in Lateinamerika

Ángel R. Oquendo*

**I.** Dieser Aufsatz setzt nicht auf einfache, gelegentlich amüsante und gleichzeitig tief verwurzelte Stereotype über Lateinamerika als Land des Chaos, der Gesetzlosigkeit, der Unterdrückung und Hoffnungslosigkeit. Im Blickpunkt stehen stattdessen die jüngst in der gesamten Region begonnenen und bemerkenswerten Fortschritte im Bereich der programmatischen Anerkennung, prozessrechtlichen Durchsetzung und Internationalisierung von Grundrechten. Diese Erfolge wurden gelegentlich sogar vor dem ungünstigen Hintergrund einer schwachen Anerkennung von Prinzipien wie Demokratie, individuelle Freiheit, Rechtmäßigkeit und Solidarität erzielt.

Analysiert wird, wie das Recht quer über den Kontinent funktioniert, wobei Kernähnlichkeiten der vielfältigen Rechtspraxen freigelegt werden, ohne die wichtigen Unterschiede zu vernachlässigen. Letztendlich zeigt sich eine kohärente Ganzheit, in der die Übereinstimmungen die Verschiedenheiten weit überwiegen. Eine Familienähnlichkeit, wenn auch keine Gesamtessenz, durchzieht diese vielfältigen Systeme. Die gesamte Region – von Tijuana bis Tierra del Fuego – wird nunmehr von einem flexiblen, gleichsam fließenden Grundrechtskonzept bestimmt.

Die vorliegende Arbeit beschränkt sich nicht nur auf die Beschreibung leicht zu beobachtender Korrelationen bzw. entsprechender Unterschiede. Vielmehr arbeitet sie anhand realer Fälle eine Reihe von positiven Tendenzen heraus, die den Blick freilegen auf eine Erzählung über Grundrechte in Lateinamerika. Das Ergebnis stellt weder einen Schnappschuss der heutigen juristischen Realität noch einen Wunschtraum über die Richtung, die das Recht von nun an nehmen sollte, dar. Vielmehr handelt es sich um einen Versuch, das volle Potential der vorhandenen Rechtskultur zu erfassen und eine ferne, wenngleich plausible, Utopie zu entwickeln; ein in der Tat auf den

* *George J.* and *Helen M. England* Professor of Law, University of Connecticut. Ph.D., M.A. (Philosophy), A.B. (Economics and Philosophy), Harvard University; J. D., Yale Law School. Der Verfasser bedankt sich bei *Claudia Schubert* und *Andrea Kozinowski* für ihre fundamentale Hilfe bei der Realisierung dieses Aufsatzes.

ersten Blick vielleicht paradox anmutendes Unterfangen. Die vorliegende Untersuchung entfaltet sich daher stärker normativ als deskriptiv, positioniert sich aber schließlich irgendwo zwischen diesen beiden Extremen.

Die betreffenden Entwicklungen haben erst vor relativ kurzer Zeit ihren Anfang genommen und sich anschließend in unterschiedlicher Dichte und Schnelligkeit über den gesamten Kontinent ausgebreitet. Sie umfassen vor allem die folgenden drei Bereiche: (1) die nachhaltige Verstärkung der rechtlichen Durchsetzbarkeit von negativen und (vor allem) positiven Rechten, (2) die Etablierung außergewöhnlicher prozessualer Schutzmaßnahmen für individuelle und kollektive Rechte und schließlich (3) die effektive Implementierung internationaler Menschenrechte. Obwohl diese Errungenschaften sich noch nicht zu einem *modus operandi* verdichtet haben, so signalisieren sie doch zumindest eine vorstellbare Zukunft.

Freilich hege ich mit den angestellten Überlegungen nicht die verrückte Ambition, den Kosmos der Grundrechte in Lateinamerika vollständig – gleichsam von unten nach oben – zu rekonstruieren. Die Arbeit strebt vielmehr an, einige wesentliche aktuelle Momente in den wissenschaftlichen Blick zu nehmen, um auf ein immanentes (aber gewiss nicht direkt bevorstehendes) alternatives System zu verweisen. Die Ausarbeitung der Details bedarf hierbei selbstverständlich der weiteren wissenschaftlichen Recherche. In der Zwischenzeit kann man aber zumindest die Umrisse der Kathedrale von weitem her erkennen.

Der Anwendungsbereich eines solchen methodologischen Ansatzes überschreitet freilich die Grenzen Lateinamerikas. Dieses Projekt verteidigt theoretische Alternativpositionen, die eine Resonanz außerhalb lateinamerikanistischer und rechtsvergleichender Kreise finden sollten. Es betrachtet Recht aus der Panoramaperspektive und schlägt eine neue, umfassende, ganzheitliche oder integrative Erfassung von Grundrechten vor, statt der gewöhnlichen, engen und nur auf einen Teilbereich fokussierenden Betrachtungsweise. Selbstverständlich erfordert dies eine eingehende Begutachtung positiver, prozessualer und internationaler Rechte in Verbindung mit ihren negativen, materiellen und nationalen Entsprechungen. Die Argumentation entfaltet sich ausgehend von der These, dass Überlegungen, die beide Gruppen von Rechten voneinander entkoppelt, zwangsläufig zu Verzerrungen und Verwirrungen führen. Darüber hinaus fordert ein solch breiter Ansatz über die Analyse der Funktionen von Grundrechten hinaus gleichzeitig eine Bestandsaufnahme hinsichtlich vorhandener möglicher Fehl- und Dysfunktionen des bestehenden Grundrechtssystems. Rechtstheoretiker und Praktiker müssen daher sowohl das System von Rechten selbst als auch die Systemlücken erforschen. Zudem müssen sie bestimmen, wie weit Phänomene wie das Versagen von Recht eine Rolle spielen.

Die erwähnten konkreten juristischen Leistungen sollten über begriffliche Einsichten hinaus weitreichendes Interesse finden. Sie sind nämlich mehr als bloße eigenartige Gedankenspiele zur Unterhaltung von Hobby-Anthropologen. Anwälten außerhalb der Region wird es durch die Analyse der beschriebenen Errungenschaften und anderer Aspekte des lateinamerikanischen Rechts ermöglicht, intensiver ihre eigene Realität zu verstehen und zu reflektieren. Mit dem Recht ist es wie mit der Sprache[1]: Die Menschen können das Eigene in der Konfrontation und dem Vergleich mit dem von Anderen besser beherrschen und verstehen. Fast unvermeidlich werden sie kritischer gegenüber ihren eigenen Institutionen und beginnen, sich mögliche Veränderungen, die von den ausländischen Erfahrungen oder von vollkommen neuen, durch die Reflektion generierten, Ideen inspiriert wurden, vorzustellen.

Lateinamerika ist in allen diesen Bereichen außergewöhnlich weit vorangekommen, da frühzeitig der Versuch unternommen wurde, die spezifischen Probleme hinsichtlich der Anerkennung von Grundrechten anzupacken. Zunächst hat die Rechtsprechung als Antwort auf die ungeheuerliche Vernachlässigung der fundamentalen Bedürfnisse der Bevölkerung durch die Politik und die Verwaltung soziale und ökonomische Rechte für verfassungsmäßig einklagbar erklärt. Darüber hinaus entstanden neue prozessuale Verfahren, um die bestehenden Mängel innerhalb des ordentlichen Gerichtsverfahrens zu kompensieren. Schließlich haben internationale Rechte eine herausragende Bedeutung innerhalb des eigenen Rechtssystems erlangt, meist als direkte Reaktion auf die völlige Unwirksamkeit nationaler Rechte angesichts entsetzlicher Verbrechen gegen die Menschlichkeit.

Interessanterweise haben sich die lateinamerikanischen Gesellschaften zunehmend Lösungen zugewandt, die auf die Reformkraft der Rechtsprechung setzen. Sie scheinen das Potential richterlicher struktureller Reformen ein halbes Jahrhundert später entdeckt zu haben als ihre Nachbarn im Norden. Vor dem zivilrechtlichen Hintergrund hat diese Wende in Lateinamerika jedoch eine unerwartete und einzigartige Richtung eingeschlagen. Die Lateinamerikaner haben nämlich nicht nur in der Ermächtigung der Justizgewalt, sondern auch deren Machtbegrenzung, ihren eigenen Weg gefunden.

**II.** In allen Ländern Lateinamerikas wurden ähnliche materielle Grundrechte etabliert. Die lateinamerikanischen Staaten haben Rechte der ersten, zweiten und dritten Generation erlassen und dabei sowohl allgemeine Ideen als auch spezielle Formulierungen voneinander übernommen. Natürlich unterscheiden sich die verschiedenen Ordnungen noch wesentlich voneinander und sind keinesfalls zu einem einzigen monolithischen System zusammengewachsen.

[1] *Miguel de Unamuno y Jugo*, Comunidad de la lengua hispánica, in: La raza vasca y el vascuence; En torno a la lengua española 165, 172 (1974); *Johann Wolfgang von Goethe*, Kunst und Literatur, 12 Werke 1015 (Hamburger Ausgabe 1998).

Während Rechte der ersten Generation vielfach als negative Rechte oder Abwehrrechte formuliert wurden, sind die Rechte der zweiten und dritten Generation in der Regel als positive Rechte oder Teilhaberechte konzipiert. Abwehrrechte schützen den Bürger vor staatlichen Übergriffen auf die Freiheit des Einzelnen. Klassische Beispiele für bürgerliche und politische Rechte sind das Recht auf freie Meinungsäußerung und das Persönlichkeitsrecht. Demgegenüber verlangen Teilhaberechte das aktive Eintreten des Staates für den Bürger. Ökonomische und soziale Rechte wie das Recht auf Arbeit oder Gesundheit stellen ebenso Paradebeispiele für Teilhaberechte dar wie viele Rechte der dritten Generation.

Freilich ist die Einteilung in Abwehr- und Teilhaberechte etwas irreführend. Typischerweise verlangen Abwehrrechte nämlich ebenfalls aktives staatliches Eingreifen, etwa indem staatliche Unterstützung oder Sanktionierung bewusst eingesetzt wird, damit die Meinungsäußerung einiger Mächtiger nicht die Stimme schwächerer Gesellschaftsmitglieder zum Verstummen bringt. Umgekehrt verlangen Teilhaberechte zwangsläufig vom Staat, bestimmte Handlungen wie beispielsweise das Recht der Bürger auf freie Berufsausübung zu behindern, zu unterlassen. Dessen ungeachtet unterstreicht die Unterscheidung dennoch auf hilfreiche Art und Weise die Tatsache, dass Rechte der zweiten und dritten Generation grundsätzlich aufwendigere, längerfristigere und gleichzeitig sorgfältiger ausgearbeitete Maßnahmen des Staates erfordern.

Teilhaberechte werfen überdies besondere Fragen betreffend ihre rechtliche Durchsetzbarkeit auf. Welche Rolle sollte die Rechtsprechung hierbei spielen? Definieren diese Grundrechte lediglich erhabene Ideen, deren Durchsetzbarkeit den Bürgern vor Gericht jedoch weitgehend verschlossen bleibt? Oder sind sie stattdessen in dem Maße programmatisch, als die Regierung eine juristisch durchsetzbare Pflicht trifft, ein Programm oder Plan zu deren Umsetzung zu etablieren? Wenn dem so ist, in welchem Maße sollten die Richter der Exekutive und Legislative den Vortritt bei der Umsetzung dieser Rechte lassen?

Wie bereits angedeutet, haben lateinamerikanische Gerichte Teilhaberechte als gerichtlich einklagbar anerkannt. Die regionalen Verfassungssysteme zeichnen sich, insbesondere im Gegensatz zu ihren U.S.-amerikanischen Pendants, nicht nur dadurch aus, dass sie derartige Grundrechte anerkennen, sondern auch, dass sie darüber hinaus deren gerichtliche Durchsetzbarkeit deklarieren. Aktuelle Gerichtsverfahren in Venezuela und anderswo auf dem Kontinent, die die Durchsetzbarkeit des Grundrechts auf Gesundheit zum Gegenstand haben, verdeutlichen diese Entwicklung auf eindrückliche Weise.

Die Verfassung von Venezuela garantiert in ihrer Version von 1961 und 1999 ein Grundrecht auf Gesundheit. Das Oberste Verfassungsgericht rügte dementsprechend die Regierung, ihrer Pflicht in diesem Bereich nicht nachgekommen zu sein. Im Fall *del Valle Bermúdez v. Gesundheits- und Sozialministerium* bestätigte die Politik- und Verwaltungskammer des Gerichts, dass mittellose, an HIV/AIDS erkrankte Patienten ein Grundrecht auf angemessene medizinische Behandlung haben.[2] Das Gericht unterstrich so die verpflichtende Natur dieser Grundrechte mit folgender Erklärung: „Alle Bürger – selbstverständlich auch die Kläger im vorliegenden Fall – haben ein Grundrecht auf Gesundheit. Den Staat trifft eine korrelierende Pflicht, sicherzustellen, dass dieses Grundrecht effektiv zur Geltung kommt, insbesondere, wenn die Gesundheit der armen Bevölkerung betroffen ist."[3] Demgemäß forderten die Richter die Regierung auf, die verschriebenen Medikamente „in regelmäßigen Zeitabständen bereitzustellen," ebenso wie „spezielle Untersuchungen durchführen zu lassen und zu bezahlen."[4]

Das Ministerium entgegnete darauf, dass es angesichts des Sparzwangs, „unmöglich sei, die fragliche Behandlung der an HIV/AIDS leidenden Personen zu finanzieren."[5] Hiervon unbeeindruckt forderten die Richter die Regierung erneut auf, das Geld für die Behandlung irgendwie aufzutreiben. Sie appellierten eindrücklich an die Exekutive, die notwendigen Anpassungen im Haushaltsbudget vorzunehmen, um ihren in der Verfassung festgelegten Pflichten nachkommen zu können.[6]

Die Beklagte im vorliegenden Rechtsstreit lieferte die für solche Fälle typische Replik. Konfrontiert mit Teilhabeansprüchen im Allgemeinen, und programmatischen Grundrechten im Besonderen, versucht sich der Staat für gewöhnlich mit der lapidaren Ausrede, keine ausreichenden finanziellen Mittel zur Verfügung zu haben, aus seiner Verantwortung zu ziehen. Das Oberste Gericht Venezuelas hat diese Standardverteidigung jedoch nicht gelten lassen und so die Durchsetzbarkeit der betroffenen Grundrechte erst ermöglicht.

In *del Valle Bermúdez* gaben die venezolanischen Richter dem Gesundheits- und Sozialministerium auf, „politische Leitlinien für die Informationsverbreitung, Behandlung und umfangreiche medizinische Betreuung zum Wohle der Kläger zu entwickeln."[7] Darüber hinaus erklärten die Richter, die Tatsache, dass die Krankheit bisher noch nicht geheilt werden könnte, führe

[2] *del Valle Bermúdez* v. das Gesundheits- und Sozialministerium, Rec. No. 15789 (Pol. & Adm. Kammer) (Oberstes Gericht) (Venez.) (1999), übersetzt und wiedergegeben in: *Ángel R. Oquendo*, Latin American Law (2006), S. 335–334.

[3] *Ebd.*, Analyse (Recht auf Gesundheit, Leben, Zugang zur Wissenschaft und Technologie).

[4] *Ebd.*, Entscheidung (2).

[5] *Ebd.*, Analyse (Recht auf Gesundheit, Leben, Zugang zur Wissenschaft und Technologie).

[6] *Ebd.*

[7] *Ebd.*, Entscheidung (3).

dazu, dass „der Kampf gegen die Krankheit sich auf deren Vorbeugung konzentrieren müsse.“[8] Sie machten spezielle Vorschläge für die Umsetzung dieser Aufgabe.[9] „Das Ziel müsse es sein“, so in den Entscheidungsgründen, „Richtlinien zur Vorbeugung zu entwickeln, die sowohl auf die Beratung von an HIV/AIDS erkrankten Individuen als auch auf deren Bewusstseinssensibilisierung, Aufklärung und umfassenden Betreuung setze.“[10]

Das Oberste Gericht bestimmte grobe Leitlinien für ein langfristiges Programm, HIV/AIDS zu behandeln und den Krankheitsausbruch vorzubeugen, wobei der Regierung ein angemessener Entscheidungsspielraum für die Ausarbeitung der Details eines solchen Plans eingeräumt wurde. Das Gericht schlug in seiner durchdachten Begründung einen Mittelweg ein. Weder wurde die Durchsetzbarkeit des Grundrechts auf Gesundheit vollständig der Politik überlassen, noch wurde die Exekutive völlig ihres Entscheidungsspielraums betreffend der praktischen Umsetzung dieses Rechts beraubt. Um eine erfolgreiche Umsetzung programmatischer Grundrechte zu gewährleisten, muss die Judikative eine Art Überwachungsfunktion gegenüber der Exekutive übernehmen, gleichzeitig aber den Regierungsbeamten genug Entscheidungsspielraum belassen, ihre Ressourcen und Expertise effektiv und kreativ zur Umsetzung der Grundrechte einsetzen zu können.

Die Entscheidungsbegründung in *del Valle Bermúdez* endet mit der folgenden Warnung: „Die Behörden müssen die Vorgaben der Rechtsschutzklage einhalten oder sie sehen sich Sanktionen wegen deren Missachtung ausgesetzt.“[11] Eine effektive Rechtsprechung muß sich manchmal wohl dieser Art von Drohung – ob implizit oder explizit – bedienen, damit die Regierung dem Richterspruch auch tatsächlich nachkommt.

Die Verfassung von Venezuela in ihrer Version von 1999 rief einen neuen Obersten Gerichtshof ins Leben. Dessen erste Mitglieder wurden von der Verfassungsversammlung im Dezember 1999 berufen.[12] Die Richter dieses neuen Gerichts mussten sich bald erneut mit Ansprüchen von an HIV/AIDS erkrankten Patienten befassen. In *López v. das Venezolanische Sozialversicherungsinstitut* verklagten mehrere Anspruchsberechtigte mit Hilfe des Anwaltsteams, das bereits die Kläger im Fall *del Valle Bermúdez* vertreten hatte, das Sozialversicherungsinstitut wegen unterlassener Bereitstellung und

[8] *Ebd.*, Analyse (Recht auf Gesundheit, Leben, Zugang zur Wissenschaft und Technologie).

[9] *Ebd.*

[10] *Ebd.*, Entscheidung (3).

[11] *Ebd.*, Entscheidung (4).

[12] *González Montero* v. Nationale Verfassungsgebende Versammlung, Exp. No. 1142 (Verfassungskammer) (Oberstes Gericht) (Venez.) (2000), teilweise übersetzt und wiedergegeben in: *Oquendo*, *supra* Fußnote 2, S. 186–187.

Bezahlung verschriebener HIV/AIDS Medikamente.[13] Die Verfassungskammer des neuen Gerichts bestätigte die Rechtsprechung des Vorgängergerichts, dass die Beklagte „das Grundrecht auf Gesundheit beeinträchtigt und das Recht darauf, am wissenschaftlichen und technischen Fortschritt teilzuhaben, verletzt habe.“[14] Das Tribunal ließ ebenfalls die Behauptung, man verfüge über keine hinreichenden finanziellen Mittel, nicht als Rechtfertigung für die Untätigkeit des Instituts gelten.[15]

2002 entschied die Verfassungskammer erneut eine ähnliche Klage von an HIV/AIDS erkrankten Patienten gegen das Institut für Sozialversicherung in *Loreto Tabares v. das Venezolanische Institut für Sozialversicherung*.[16] Wie erwartet, bestätigte der Spruchkörper „die tragenden Entscheidungsgründe des Urteils Nummer 487 vom 6. April 2001 (der *López* Fall)“.[17] Hierbei betonte das Gericht, „die Vollständigkeit und Klarheit [der *López*] Entscheidung“ und beschloss, dass „der [zuvor angeordnete] Rechtsschutz vollständig auch auf die Kläger im vorliegenden Fall übertragbar sei.“[18]

Das Urteil in *Loreto Tabares* scheint daher eigentlich überflüssig. Es erkennt nämlich die Präzedenzwirkung der *López* Entscheidung als umfassend und klar an. Im Übrigen lagen bereits der Entscheidung in *del Valle Bermúdez* ein vergleichbarer Lebenssachverhalt und identische Ansprüche zugrunde. Für gewöhnlich muss die Verfassungskammer den gleichen Streitgegenstand aber nicht nochmals entscheiden, insofern als ihre Entscheidung sofort alle anderen venezolanischen Gerichte bindet.[19] Wahrscheinlich entschied die Kammer nach *López* den gleichgelagerten Fall *Loreto Tabares* nur deshalb nochmals, um auf diese indirekte und etwas ineffiziente Art und Weise, ihre Zuständigkeit hinsichtlich dieser Kontroverse zu behalten.

Alles in allem, haben die Venezolaner programmatische Grundrechte wie das Recht auf Gesundheit als verfassungsrechtlich bindend für die Regierung und als gerichtlich durchsetzbar erklärt. Praktisch kann dieser Schritt als Antwort auf die krasse Pflichtvergessenheit des Staates in diesem Bereich gesehen werden. In der Tat stellt dieser Fall keinen Einzelfall dar, sondern exemplifiziert einen wesentlichen Trend in Lateinamerika.

[13] *López* v. Venez, Sozialversicherungsinstitut No. 487 (Verfassungskammer) (Oberstes Gericht) (Venez.) (2001), übersetzt und wiedergegeben in: *Oquendo*, *supra* Fußnote 2, S. 346–349.

[14] *Ebd.*, rechtliche Erörterungen (2).

[15] *Ebd.*, rechtliche Erörterungen (3).

[16] *Loreto Tabares* v. Venez. Sozialversicherungsinstitut, Urt. No. 481 (Verfassungskammer) (Oberstes Gericht) (Venez.) (2002).

[17] *Ebd.*, Art. V(3).

[18] *Ebd.*, Art. IV.

[19] Verf. (1999) (Venez.), Art. 334.

Alle lateinamerikanischen Verfassungen erkennen ein Grundrecht auf Gesundheit[20] gemeinsam mit anderen Teilhaberechten an. Über Venezuela hinaus haben an HIV/AIDS erkrankte Patienten in der gesamten Region ebenfalls dieses Grundrecht dergestalt in Anspruch genommen, dass der Staat dazu verpflichtet wurde, notwendige Medikamente und medizinische Betreuung bereitzustellen. Die Kläger haben sich organisiert, andere Mitbürger mobilisiert, sich bei der Legislative und Exekutive für ihre Belange eingesetzt und ihre Rechte vor Gericht erstritten.

Die Politik hat diese Ansprüche nur gelegentlich unterstützt. Die Regierungen, mit Ausnahme lediglich von Brasilien, übernehmen nur eingeschränkt oder überhaupt nicht die Kosten für die Behandlung von HIV/AIDS.[21] Demgegenüber haben die Gerichte überwiegend die Seite der Kläger eingenommen und dem Grundrecht auf Gesundheit aktiv zur Geltung verholfen. Dem Staat wurde von Seiten der Judikative aufgetragen, für die Kosten der verschriebenen Medikamente und Behandlungen aufzukommen und langfristige Pläne im Umgang mit der Krankheit zu entwickeln.

Im Urteil T-271/95 von 1995 hat das kolumbianische Verfassungsgericht zum Beispiel entschieden, „dass die Antragsteller, [die an HIV/AIDS erkrankt waren], ein Recht darauf hätten, von der verschriebenen Behandlung vollständig Gebrauch zu machen."[22] Das Tribunal kam zu dem Schluss, „dass die Pflicht, die Gesundheit zu schützen und das Leben der Patienten zu erhalten, Vorrang haben müsse, und bedeutungslos würde, wenn die Patienten nicht von der Möglichkeit der von den Ärzten verschriebenen Behandlung vollständig Gebrauch machen könnten."[23] Die kolumbianischen Richter bestimmten, dass die Behandlungsverweigerung eine Diskriminierung gegen die Kläger – als am HIV-Virus erkrankte Patienten und als mittellose Mitbürger – darstelle.[24] Darüber hinaus begründete das Urteil des kolumbianischen Verfassungsgerichts T-505/92, dass die Verweigerung integraler Gesundheitspflege für an HIV/AIDS erkrankte Patienten, einer Nichterfüllung der Pflicht, „die Krankheitsausbreitung zu verhindern und einzudämmen"[25] gleichkäme.

[20] Verf. (Arg.) (1994), Art. 42; Verf. (Bol.) (2009), Art. 18; Verf. (Bras.) (1988), Art. 6, 196–200; Verf. (Chile) (1980), Art. 19(9); Verf. (Kol.) (1991), Art. 49; Verf. (C.R.) (1949), Art. 46; Verf. (Cuba) (1976), Art. 50; Verf. (Dom. Rep.) (2010), Art. 61; Verf. (Ecuador) (2008), Art. 32; Verf. (El Sal.) (1983), Art. 1, 65–70; Verf. (Guat.) (1985), Art. 93–95; Verf. (Hond.) (1982), Art. 145–150; Verf. (Mex.) (1917), Art. 4; Verf. (Nicar.) (1987), Art. 59; Verf. (Pan.) (1972), Art. 105–107; Verf. (Paraguay) (1992), Art. 68; Verf. (Peru) (1993), Art. 7; Verf. (P.R.) (1952), Art. 2 (20); Verf. (Uru.) (1988), Art. 44; Verf. (Venez.) (1999), Art. 83–85.

[21] <http://www.avert.org/aidslatinamerica.htm>, <http://www.convencion.org.uy/menu2-050.htm> (zuletzt besucht am 18. Sept. 2007).

[22] Urt. T-271 (7. Kammer) (VerfG) (Kol.) (1995), II-Rechtsgründe, S. 13.

[23] *Ebd.*, S. 14.

[24] *Ebd.*, S. 15.

[25] Urt. T-505 (2. Kammer) (VerfG) (Kol.) (1992), II-Rechtsgründe, S. 8.

Gleichermaßen hat das peruanische Verfassungsgericht in seinem Urteil 2945-2003-A/TC aus dem Jahre 2004 angeordnet, „die Antragsteller in die Gruppe der Patienten einzubeziehen, die eine umfangreiche Behandlung der HIV/AIDS Krankheit inklusive Medizin und Diagnosen, wie sie von Krankenhausärzten unter der Beaufsichtigung des Gesundheitsministeriums empfohlen werden, erhalten sollen.“[26] Es appellierte an die Regierung, „den Haushaltsbeitrag für den Anti-AIDS Plan als vorrangiges Investment“[27] anzusehen. Das Tribunal bestätigte seine Zuständigkeit, den vorliegenden Streit zu entscheiden und gab der Krankenhausdirektion auf, „das Gericht alle sechs Monate über den Behandlungsfortschritt der Antragsteller zu unterrichten.“[28]

Den Entscheidungsgründen ist überdies eine engagierte Diskussion hinsichtlich der Natur der betroffenen Rechte zu entnehmen.[29] Diese bestätigt, dass die Verteidigung von Sozialfürsorgerechten nur in Zusammenarbeit mit der öffentlichen Hand in einer progressiven Art und Weise verwirklicht werden kann. Jedoch beharrte das Gericht gleichzeitig darauf, dass diese fundamentalen Rechte verbindlich und gerichtlich durchsetzbar seien. Es nutzte den vorliegenden Fall, um zu veranschaulichen, wie Gerichte diese Grundrechte durchsetzen sollten.

In Costa Rica verkündete die Verfassungskammer des Obersten Gerichts in ihrem Urteil 5934 von 1997 und in fünf parallelen Entscheidungsbegründungen vom selben Jahr, „dass der Staat von Costa Rica die Pflicht [habe], effektive medizinische Pflege den an AIDS erkrankten Patienten zukommen zulassen. Diese Pflicht [leite] sich aus dem Rechtsstaats- und Solidaritätsprinzip ab und stütze sich auf den verfassungsmäßig begründeten Sozialstaat und [gebe] der gesetzlichen Rentenversicherung per Verfassung die Mission auf, für eine effektive Gesundheitsfürsorge der Patienten Sorge zu tragen.“[30] Das Gericht stützte sich hier nicht nur auf Artikel 73 der Verfassung, sondern auch auf Artikel 22, 16, und 9 der Allgemeinen Menschenrechtserklärung, der Amerikanischen Deklaration der Rechte und Pflichten des Menschen und des Internationalen Pakts über wirtschaftliche, soziale und kulturelle Rechte. Obwohl das Gericht in seiner Entscheidung erkannte, dass es gegebenenfalls das Gesundheitssystem in kritischer Art und Weise überlaste, brachte es gleichfalls die Hoffnung zum Ausdruck, „dass [die] Krise schlussendlich eine Entwicklung für neue Lösungsansätze fördern [werde], die die

[26] Rec. 2945-2003-AA/TC (VerfG) (Peru) (2004), Resolution, S. 2.
[27] *Ebd.*, S. 3.
[28] *Ebd.*, S. 4.
[29] *Ebd.*, S. 10–15.
[30] Urt. 5934, 6096, 8245, 8248, 8204, 8422 (Verf. Ch.) (Oberstes Gericht) (C.R.) (1997), Rechtsgründe, V-Ergebnis.

an AIDS erkrankten Patienten und die die costaricanische Gesellschaft insgesamt erwarteten."[31]

In acht darauffolgenden Entscheidungen, die ebenfalls 1997 gefällt wurden, bestätigte das Oberste Gericht von Costa Rica seine im Urteil 5934 entwickelte Rechtsprechung.[32] Es kritisierte die Sozialversicherungsbehörde scharf für die völlige Missachtung der bedeutendsten Grundrechte: „Die Beklagte verletzt das Gleichheitsprinzip augenscheinlich, indem sie lediglich denjenigen medizinische Behandlung zukommen lasse, die ein für sie positives Urteil der Verfassungskammer erstritten haben, und alle anderen Individuen – die Antragsteller eingenommen – abweist."[33] Als das Gericht 1998 acht Streitfälle mit fast identischen Begründungen entschied, warnte es zusätzlich, „dass es keine Diskriminierung gegen die Antragstellerin geben solle, die [wie] die Klägerin im [Urteil 5934] antiretrovirale Medizin von der gesetzlichen Krankenversicherung Costa Ricas gefordert und auf diese Medizin auch ein Anrecht [habe], so lange sie im Besitz eines Rezepts ihres sie behandelnden Arztes [sei]."[34]

In ihrer Entscheidung von 2004 begründeten die costaricanischen Richter eine Pflicht der öffentlichen Hand, den an HIV/Aids erkrankten Patienten sofort die verschriebene Behandlung zukommen zu lassen.[35] „Die Direktoren der gesetzlichen Sozialversicherung von Costa Rica und die angegliederten Krankenhäuser und Kliniken [haben] eine Pflicht und persönliche Verantwortung, ... administrative und organisatorische Maßnahmen zu ergreifen und umzusetzen, die der verzögerten Bereitstellung der medizinischen Behandlung endgültig Einhalt gebieten ... ."[36] Das Gericht verwies insbesondere auf Artikel 71 der Verfassungsentscheidungsverordnung, der für all diejenigen, die sich über Rechtsschutzklagen hinwegsetzen, eine Gefängnisstrafe von 3 Monaten bis zu 2 Jahren vorsieht.[37]

Schließlich hat das argentinische Oberste Gericht eine äußerst aktive Rolle in diesem Bereich eingenommen. 2000 gab es einem Rechtsschutzbegehren statt, das von der Benghalensis Vereinigung und anderen Nichtregierungsorganisation im Namen von AIDS Opfern eingeleitet wurde und das Gesundheits- und Sozialministerium dazu zwang, verschriebene Medikamenten

[31] *Ebd.*

[32] Urt. 8058, 8304, 8647–8648, 8755–8758 (Verfassungskammer) (Oberstes Gericht) (C.R.) (1997).

[33] *Ebd.*, Rechtsgründe.

[34] Urt. 452–453, 456, 767–769, 771–772 (Verfassungskammer) (Oberstes Gericht) (C.R.) (1998), Rechtsgründe.

[35] Urt. 8633 (Oberstes Gericht) (C.R.) (2004).

[36] *Ebd.*, IV-Wirksamkeit, Effizienz, Kontinuität, Regelmäßigkeit und Anpassung im öffentlichen Gesundheitsdienst.

[37] *Ebd.*, VI-Rechtsgründe.

an die klagenden Individuen auszuhändigen.[38] 2001 bestimmte das Tribunal, dass die privat vorfinanzierte Gesundheitsklinik, Omint, A. G., einen zuvor ausgeschlossenen AIDS Patienten wiederaufnehmen und diesem Behandlung und Medikamente gegen seine Krankheit zukommen lassen müsse.[39] Im Jahre 2002 ordneten die argentinischen Richter im vorläufigen Rechtsschutzverfahren an, dass das Institut für Krankenpflege der Provinz von Buenos Aires Verónica Sandra Dieguez und José Luis López mit verschriebenen Anti-AIDS Medikamenten versorgen müsse.[40] Das Gericht traf eine ähnliche Entscheidung zugunsten von Silvia Elena Rogers im Jahre 2003.[41]

Nicht alle lateinamerikanischen Gerichte waren jedoch derart aufgeschlossen gegenüber dieser Art von Ansprüchen.[42] Das Oberste Gericht von Chile beispielsweise wies die Klage von Náyade Roja Vera ab, in der sie für die medizinische Behandlung ihrer AIDS Krankheit durch den in der Hauptstadt ansässigen Gesundheitsdienstleister Sur Oriente und das Gesundheitsministerium, später unter der Führung von Michelle Bachelet, kämpfte. In den Entscheidungsgründen erklärten die Richter, „dass Fragen der öffentlichen Gesundheitspolitik [betroffen seien], die von den Ministerialbeamten definiert und angewandt werden sollten, da diese am besten qualifiziert [seien], den Zugang zu den geforderten Gesundheitsleistungen zu regulieren und Fragen wie die Kosten und bereitstehende Finanzierung einzuschätzen.“ [43] Das Tribunal stützte das staatliche Vorgehen, da es dasselbe weder als illegal noch als willkürlich erachtete.[44]

Die chilenischen Kläger wandten sich daraufhin an die Inter-Amerikanische Kommission für Menschenrechte, die eine einstweilige Verfügung zugunsten der Kläger erließ. „In seiner Mitteilung vom 20. November 2001 informierte der Spruchkörper die chilenische Regierung darüber, dass die betroffenen Individuen dringend eine medizinische Grundversorgung durch die staatlichen Institutionen benötigten, um die Behandlung mit den nötigen Arzneimitteln sicherzustellen. Er mahnte daher die Einführung dringender

[38] Benghalensis Assoziation v. das Gesundheits- und Sozialministerium, A-186/LXXXIV (Oberstes Gericht) (Arg.) (2000).

[39] *Etcheverry* v. Omint, A.G. & Leistungen, E. 34/XXXV (Oberstes Gericht) (Arg.) (2001).

[40] *Dieguez & López* v. die Provinz Buenos Aires, D. 2014/XXXVIII (Oberstes Gericht) (Arg.) (2002).

[41] *Rogers* v. die Provinz von Buenos Aires, R. 671/XXXIX (Oberstes Gericht) (Arg.) (2003).

[42] Panamas Oberstes Gericht lehnte das Rechtschutzbegehren als unzulässig ab, wonach das Gesundheitsministerium gezwungen werden sollte, Anti-AIDS Medizin auszugeben. Stiftung für das Wohlergehen und Würde der an HIV/AIDS erkrankten Menschen (PROBIDSIDA) v. Sozialversicherungsfond (Oberstes Gericht) (Pan.) (1998).

[43] *Rojas Vera* v. das Gesundheitsministerium, Rec. No. 3599 (Oberstes Gericht) (Chile) (2001), Rechtsgründe (3).

[44] *Ebd.*

Maßnahmen an, die den Zugang zu den notwendigen Medikamenten für das Überleben und die medizinische Untersuchung und für die regelmäßige Überwachung des Gesundheitszustands der Patienten sicherstellen."[45] Die Anordnung zeitigte schnelle Erfolge. „Am 5. Dezember 2001 stellte der Staat die vorläufigen, vom Gesundheitsministerium getroffenen Maßnahmen vor und berichtete, dass Juan Pablo Améstica, Manuel Orlando Farías und Náyade Orieta Rojas Vera Medikamente erhalten und medizinischen Untersuchungen unterzogen würden, damit ihr Gesundheitszustand durch staatliche Einrichtungen überwacht werden könne."[46]

In El Salvador initiierten an HIV/AIDS erkrankte Patienten am 28. April 1999 eine Rechtschutzklage vor der Verfassungskammer des Obersten Gerichts.[47] Nachdem die Richter die Entscheidung des Falles verzögert hatten, sicherten sich die Kläger am 29. Februar 2000 eine Entscheidung der Inter-Amerikanischen Kommission im vorläufigen Rechtsschutzverfahren zu ihren Gunsten.[48] „Am 26. Juni 2000 ermöglichte der Vorstand des salvadorianischen Sozialversicherungsinstituts die Beschaffung der dreifachen Antiretroviral-Therapie für Landsleute, die HIV-positiv oder mit dem AIDS Virus infiziert sind."[49] Die Kommissionsmitglieder hielten die Petition in 2001 für zulässig.[50] Die Kommission erließ daraufhin ähnliche einstweilige Verfügungen zugunsten von Klägern aus Bolivien und Ecuador in 2002 und aus Guatemala in 2004.[51]

Insgesamt haben die meisten Obersten Gerichte in Lateinamerika die Ansprüche von an HIV/AIDS erkrankten Patienten ernst genommen. Sie haben klar gemacht, dass Sozialstaatsrechte – wie das Grundrecht auf Gesundheit – dem Staat eine juristisch durchsetzbare Pflicht auferlegen. Sie haben jedoch auch eingeräumt, dass die Umsetzung dieser Grundrechte sich von denen der Bürger- und politischen Rechte unterscheidet, da sie mehr Zusammenarbeit mit der öffentlichen Hand und Rücksicht auf die Behörden erfordern.

Im letzten Jahrzehnt haben lateinamerikanische Gerichte ihre energische Rechtsprechung in anderen Bereichen wie allgemeine Gleichberechtigung, kulturelle Selbstbestimmung, Bodenreform, Bildung, Arbeitsbedingungen,

[45] Jährlicher Rep. I.A.C.H.R. (2001); Kap. IIIa, C. Petitionen und Fälle vor der IACHR, 1. Von der Kommission bewilligte oder verlängerte Verfahren in 2001, b) Chile.

[46] *Ebd.*

[47] *Miranda Cortez* v. El Sal., Fall 12.249, Rep. 29/01, I.A.C.H.R. (2001).

[48] Jährlicher Rep. I.A.C.H.R. (2000); Kap. IIIa, C. Petitionen und Fälle vor der IACHR, 1. Von der Kommission bewilligte oder verlängerte Verfahren in 2000, i) El Salvador.

[49] *Ebd.*

[50] Fall 12.249 (*Jorge Odir Miranda Cortez*) (El Sal.), Rep. , 29/01, I.A.C.H.R. (2001).

[51] Jährlicher Rep. I.A.C.H.R. (2002); Kap. III, C. Petitionen und Fälle vor der IACHR, 1. Von der Kommission bewilligte oder verlängerte Verfahren in 2002, b) Bolivien, h) Ecuador; Cuscul Pivaral v. Guat., Fall 642/03, Rep. 32/05, I.A.C.H.R. (2005), S. 7.

Zugang zu Information, Verbraucherschutz und Umwelt fortgesetzt. Diese Entwicklung hat zu einem Paradigmenwechsel geführt, weg von einem Bild der Justiz als passiv, rückschrittlich und letztendlich zwecklos. In hohem Maße haben die in der Region verbreiteten und schwerwiegenden Ungerechtigkeiten, die Unfähigkeit der Regierung zu reagieren, aber besonders das Engagement der Zivilgesellschaft die Judikative dazu gezwungen, eine aktive, progressive und effektive Rolle zu übernehmen. Nichtstaatliche Organisationen haben sich auf Gerichte und andere, absolut oder relativ autonome, Institutionen wie das öffentliche Ministerium, den Ombudsmann oder die Verwaltung gestützt, um die Regierung in Sachen Politik oder Rechte zu konfrontieren. Freilich haben diese Gruppen sowohl innerhalb legislativer und exekutiver Kreise, als auch auf den Straßen gekämpft.

Diese gerichtlichen Siege stellen sicher keine Anomalien dar. Sie finden immer öfter überall auf dem Kontinent statt. Dennoch haben sie nach wie vor nicht einmal annähernd Allgemeingültigkeit erlangt. Lateinamerikanische Gerichte werden allzu oft programmatischen und anderen Rechten nicht hinreichend gerecht und müssen sich deshalb weiterentwickeln, vielleicht indem sie in diesen außergewöhnlichen Erfolgen Inspiration finden und darauf aufbauen. Wenn die Justizgewalt diesen Weg einschlägt, kann sie nicht nur die Regierung motivieren, den Rechten der Bürger gerecht zu werden, sondern auch das Prinzip der Legalität fördern.

Natürlich sollte das Gericht seine Vorrechte vorsichtig ausüben. Es sollte generell den Behörden den Vortritt lassen und deren Entscheidungen nicht im Nachhinein anzweifeln, wenn sie einen angemessenen, jedoch verbesserungswürdigen Plan fördern. Es sollte eine beständige und schrittweise Erfüllung der streitigen Verbindlichkeiten sicherstellen, statt auf eine sofortige Umsetzung zu bestehen.

**III.** Bis jetzt hat sich die vorliegende Betrachtung auf materielles Recht konzentriert. Eine umfassende Analyse des Systems von Rechten in Lateinamerika verlangt jedoch die Einbeziehung von prozessualen Rechten. Wenn man die prozessualen Garantien betrachtet, bemerkt man sofort eine starke Konvergenz und Einzigartigkeit des lateinamerikanischen Systems. Darüber hinaus bestätigt sich, dass substantielle Rechte mit ihren prozessualen Gegenstücken tief verflochten sind und dass man erstere nicht erfassen kann, ohne ein minimales Verständnis letzterer zu entwickeln.

Dieser Abschnitt beschäftigt sich mit einigen Verfahrensmechanismen zur Durchsetzung der früher erwähnten Garantien. So wird es möglich, die Grundrechte konkreter darzustellen, indem man zeigt, wie sie tatsächlich in einer juristischen Ordnung lebendig werden und funktionieren. Durch den Perspektivenwechsel zum Prozess hin kann man die Ähnlichkeiten und Unterschiede zwischen den lateinamerikanischen Systemen von Rechten besser verstehen. Zwei Verfahren, die bedeutende Schritte nach vorne gemacht haben und die hoffentlich in der Region weiter gedeihen werden, sind besonders hervorzuheben.

*1.* Die sog. Verfassungswidrigkeitsbeschwerde, durch die – ähnlich wie beim abstrakten Normenkontrollverfahren in Deutschland – abstrakte gerichtliche Kontrolle stattfindet, existiert fast überall in Lateinamerika und trägt dazu bei, Grundrechte zu schützen.[52] Dieses Prozessverfahren kam von Kontinentaleuropa in die Neue Welt, auch wenn die importierte Traube, auf einem anderen Boden und in einem anderen Klima kultiviert, einen anderen Wein produziert.

In vielen Staaten erfolgt diese Art der verfassungsrechtlichen Überprüfung nur einmal, und zwar entweder vor oder aber nach der Einführung des betreffenden Gesetzes. So mußte etwa der französische Verfassungsrat von der Nationalversammlung erwogene Gesetzesprojekte vor ihrer endgültigen Genehmigung eingehend prüfen.[53] In ähnlicher Weise ermächtigt die chilenische Verfassung das Verfassungsgericht, die Verfassungsmäßigkeit von „fundamentalen Verfassungsgesetzen" nur kurz vor deren Genehmigung durch das Parlament zu überprüfen.[54]

Andere lateinamerikanische Länder erlauben eine solche Überprüfung kurz nach dem Erlaß des entsprechenden Gesetzes. In Mexiko muß die verfassungsmäßige Überprüfung innerhalb von 30 Tagen, in Nicaragua demgegenüber innerhalb von 60 Tagen nach Gesetzeserlaß erfolgen.[55] Peru verlängerte kürzlich die Anfechtungsfrist von 6 Monate auf 6 Jahre.[56] Die meisten Länder in der Region folgen jedoch dem deutschen Modell, das keine Frist festlegt, innerhalb derer der Antrag auf abstrakte Normenkontrolle eingelegt werden muß.[57] Artikel 551 der paraguayischen Zivilpro-

[52] Verf. (Bol.) (2009), Art. 132; Verf. (Bras.) (1988), Art. 103; Verf. (Chile) (1980), Art. 82(1 & 2); Verf. (Kol.) (1991), Art. 241(1, 4 & 5); Verf. (C.R.) (1949), Art. 10; Verf. (Dom. Rep.) (2010), Art. 185(1); Verf. (Ecuador) (2008), Art. 436(2)7; Verf. (El Sal.) (1983), Art. 183; Verf. (Guat.) (1985), Art. 266 & 267; Verf. (Hond.) (1982), Art. 184–85; Verf. (Mex.) (1917), Art. 105(II); Verf. (Nicar.) (1987), Art. 187; Verf. (Pan.) (1972), Art. 203(1); Verf. (Paraguay) (1992), Art. 132; Verf. (Peru) (1993), Art. 200(4); Verf. (Uru.) (1967), Art. 256–61; Verf. (Venez.) (1999), Art. 336(1–4).

[53] Verf. (Fr.) (1958), Art. 61.

[54] Verf. (Chile) (1980), Art. 82(1 & 2).

[55] Verf. (Mex.) (1917), Art. 105(II); Rechtschutzverfahrensverordnung, L. 49 (Nicar.) (1988), Art. 10.

[56] VerfGO 26435 (Peru) (1995), Art. 26.

[57] Verf. (Bol.) (2009), Art. 132; Verf. (Bras.) (1988), Art. 103; Verf. (Kol.) (1991), Art. 241 (1, 4 & 5); Verf. (C.R.) (1949), Art. 10; Verf. (Dom. Rep.) (2010), Art. 185(1); Verf. (Ecuador) (2008), Art. 436(2); Verf. (El Sal.) (1983), Art. 183; Verf. (Guat.) (1985), Art. 266 & 267; Verf. (Hond.) (1982), Art. 184–85; Verf. (Pan.) (1972), Art. 203(1); Verf. (Uru.) (1967), Art. 256–61; Verf. (Venez.) (1999), Art. 336(1–4).

zessordnung erklärt explizit, dass die Einlegung der Verfassungswidrigkeitsbeschwerde keiner Frist unterliegt.[58]

Die Gerichte können diese Art der Kontrolle selbstverständlich nicht selbst einleiten. Vielmehr müssen sie warten, bis eine Partei einen Überprüfungsantrag stellt. Antragsberechtigt sind sowohl nach der französischen als auch der deutschen Verfassung lediglich öffentliche Persönlichkeiten oder Institutionen, wie beispielsweise die Regierung oder eine bestimmte Anzahl von Parlamentariern.[59] Ähnlich ist es in Brasilien, Chile, Guatemala, Mexiko, und Peru, die es lediglich ausgewählten Parteien erlauben, nationales Recht generell in Frage zu stellen.[60]

Einige lateinamerikanische Länder haben jedoch diesen Kontrollprozess unter bestimmten Voraussetzungen für eine größere Gruppe von Antragstellern geöffnet. Costa Ricas Verfassungsentscheidungsverordnung erlaubt es jeder Person, diese Beschwerde einzureichen, solange „der Fall entweder einen Gegenstand betrifft, der seiner Natur nach keine individuelle und direkte Verletzung nach sich zieht oder der die Verteidigung von Allgemeininteressen oder Interessen der Allgemeinheit insgesamt betrifft."[61] In Ecuador kann eine Gruppe von tausend Bürgern einen Normenkontrollantrag einreichen, während es in Peru mindestens fünftausend Antragsteller bedarf.[62] Schließlich sind die Voraussetzungen in Guatemala dergestalt formuliert, dass jede Person einen Antrag auf Überprüfung einreichen kann, so lange sie von mindestens 3 Anwälten vertreten wird.[63]

In einer Vielzahl lateinamerikanischer Staaten sind die Voraussetzungen für die Antragsberechtigung sehr niedrig angesetzt. So kann in Bolivien, der Dominikanischen Republik, Honduras, Paraguay, Uruguay und Venezuela jede interessierte Partei ein solches Verfahren in Gang bringen.[64] In Kolumbien, Salvador, Nicaragua und Panama ermächtigen die Verfassungen jeden Bürger dazu, die Verfassungsmäßigkeit von Gesetzen überprüfen zu lassen.[65]

[58] Zivilgesetzbuch 1337 (Paraguay) (1988), Art. 551.

[59] Verf. (Fr.) (1958), Art. 61; Verf. (F.R.G.) (1945), Art. 93(1)(2).

[60] Verf. (Bras.) (1988), Art. 102(I)(a) & 103; Verf. (Chile) (1980), Art. 82(1); Verf. Entsch. Verordnung, L. 7135 (C.R.) (1989), Art. 75; Rechtschutzverfahren, Habeas Corpus, und Verfassungsmäßigkeitsverordnung, Verordnung 1–86 (Guat.) (2002), Art. 134; Verf. (Mex.) (1917), Art. 105(II); Verf. (Peru) (1993), Art. 200(4) & 203.

[61] Verf. Entsch. Verordnung, L. 7135, Art. 75 (C.R.) (1989).

[62] Verf. (Ecuador) (1998), Art. 277(5); Verf. (Peru) (1993), Art. 203.

[63] Rechtschutzverfahren, Habeas Corpus, und Verfassungsmäßigkeitsverordnung, Verordnung 1–86 (2002) (Guat.), Art. 134.

[64] Verf. (Bol.) (2009), Art. 132; Verf. (Dom. Rep.) (2010), Art.185(1); Verf. (Hond.) (1982), Art. 185; Zivilgesetzbuch, L. 1337 (Paraguay) (1988), Art. 550; Verf. (Uru.) (1967), Art. 258; VerfVfG (Venez.) (2004), Art. 21.

[65] Verf. (Kol.) (1991), Art. 241; Verf. (El Sal.) (1983), Art. 183; Verf. (Nicar.) (1987), Art. 187; Verf. (Pan.) (1972), Art. 203(1).

Insbesondere bedarf es nicht der Darlegung einer besonderen Klage- bzw. Antragsbefugnis in Form eines persönlichen Interesses oder einer individuellen Betroffenheit, um das Verfahren in Gang zu setzen. Infolgedessen hat sich die Verfassungswidrigkeitsbeschwerde auf einzigartige Weise in einen breit zugänglichen Rechtshilfemechanismus im Falle von Verletzungen von Verfassungsprinzipien verwandelt.

In krassen Gegensatz hierzu erlaubt die Verfassung der Vereinigten Staaten den Bundesgerichten nicht, über die Verfassungsmäßigkeit einzelner Gesetze im Abstrakten zu entscheiden. Vielmehr verlangt sie einen konkreten Streitfall.[66] Sie setzt sich damit stark von ihren lateinamerikanischen Entsprechungen ab, die es den Gerichten nicht nur erlauben, Gesetze im Allgemeinen auf ihre Verfassungsmäßigkeit hin zu überprüfen, sondern es oft auch jedermann ermöglichen, als Antragsteller einer solchen abstrakten Normenkontrolle aufzutreten. Durch diese Institutionalisierung des Prüfungsverfahrens haben die lateinamerikanischen Staaten ihre Andersartigkeit im Vergleich zum U.S.-amerikanischen Rechtssystem betont und gleichzeitig ihre Unabhängigkeit gegenüber dem kontinentaleuropäischen Modell bewiesen.

Diese Form des Rechtsschutzes hat rasch die gewöhnlichen gerichtlichen Überprüfungsmaßnahmen ergänzt, indem es dem Gericht ermöglicht, nicht verfassungsgemäße Gesetze direkt anzugehen, bevor deren Anwendung größeren Schaden verursachen könnte. Diese lateinamerikanische Entwicklung hin zu einem erleichterten Zugang zu den Gerichten stellt eine Verbesserung insgesamt dar, solange die Gerichte auch die Kapazitäten und das Engagement aufweisen, klare Grenzen zu setzen. Natürlich bedürfte eine umfassende Verteidigung dieser Prozessmechanismen einer noch sorgfältigeren Darstellung. In diesem Abschnitt soll jedoch lediglich der Vorzug dieser regionalen Entwicklungen aufgezeigt werden und so zu einer weitergehenden Auseinandersetzung mit dem Untersuchungsgegenstand eingeladen werden.

2. Vor kurzem haben sich die lateinamerikanischen Staaten in ähnlicher Weise dem Institut von Sammelklagen geöffnet.[67] Diese Klagen betreffen die Rechte einer Vielzahl von Individuen, die – in den meisten Fällen – niemals vor Gericht erscheinen. Oftmals sind sich die abwesenden Parteien noch nicht einmal bewusst, dass ein solches Verfahren überhaupt stattfindet.

Anders als beim Rechtsschutzverfahren entwickelte sich diese Klageform nicht eigenständig. Vielmehr zeichnete sie sich zunächst im Ausland ab und

[66] Verf. (USA) (1789), Art. III(2)(1). *Vgl.* Sierra Club, v. Morton, 405 U.S. 727 (Oberstes Gericht) (USA) (1972).

[67] *Beispielsweise* Gesetz zu öffentlichen Zivilklagen, L. 7347 (Bras.) (1985); ZPO, Min. Res. 10-93-JUS (Peru) (1993), Art. 82; Gen. Cd. Pro., L. 15.982 (Uru.) (1988), Art. 42.

hielt erst anschließend Einzug in Lateinamerika, wo sie in der Folgezeit jedoch eine eigenständige Entwicklung, ähnlich der der Verfassungswidrigkeitsbeschwerde, durchlief. Während letztere hauptsächlich ihren Ursprung in Kontinentaleuropa hat, nahm erstere jedoch generell von den Vereinigten Staaten ihren Ausgangspunkt.

Diese Form der Popularklage wurde begeistert von mehreren lateinamerikanischen Ländern aufgenommen.[68] Die *actio popularis*, ein Produkt des römischen Rechts, ermöglicht es den Bürgern, öffentliche Güter *per* Gerichtsbeschluss zu schützen. Das U.S.-amerikanische Recht hält ein ähnliches Klageverfahren bereit. So erlauben einige Bundesgesetze Bürgerklagen, die es persönlich betroffenen Personen ermöglichen, öffentliche Interessen im Klageweg geltend zu machen.[69] Gleichermaßen ermächtigen *qui tam* Verfahren Individuen, staatliches Verhalten, das die Gesellschaft insgesamt verletzt, anzugreifen, wie etwa die Veruntreuung von staatlichen Geldern.[70] Die lateinamerikanischen Prozessführer müssen im Gegensatz zu ihren Kollegen im Norden jedoch keine strengen Voraussetzungen hinsichtlich ihrer Klagebefugnis erfüllen.

Darüber hinaus kann in Brasilien das öffentliche Ministerium, „eine permanente Institution, entscheidend für die gerichtliche Funktion des Staates [und betraut mit der Verteidigung] der Rechtsordnung, des demokratischen Systems und aller unabdingbarer Sozial- und Individualinteressen,“[71] öffentliche Zivilklagen im Namen einer Vielzahl von Bürgern in Gang setzen. Diese Klagen befassen sich mit „immateriellen und materiellen Verletzungen (I) der Umwelt; (II) der Verbraucher; (III) der städtebaulichen Ordnung; (IV) der Güter von künstlerischem, ästhetischem, historischem, touristischem und landschaftlichem Wert; (VI) der Wirtschaftsordnung oder der Volkswirtschaft.“[72] Bestimmte staatliche Instanzen und private Verbände dürfen ebenfalls Klage erheben; Individuen demgegenüber nicht.[73] Als das Parlament das entsprechende Gesetz 1985 verabschiedete,[74] stützte es sich auf bereits bestehende lokale Verfahrensmechanismen wie die Popularklage und ausländische Konzepte, insbesondere die U.S.-amerikanische Sammelklage.[75]

[68] Verf. (Bras.) (1988), Art. 5(LXXIII); Verf. (Kol.) (1991), Art. 88; Verf. (Pan.) (1972), Art. 290; Verf. (Peru) (1993), Art. 200(5).

[69] *Zum Beispiel* Federal Election Campaign Act, 2 U.S.C. Art. 437(g), Clean Air Act, 42 U.S.C. Art. 7604 (1982); Federal Water Pollution Control Act, 33 U.S.C. Art. 1365 (1982); Clayton Antitrust Act, 15 U.S.C. Art. 15, 26 (1982); Title VII of the Civil Rights Act of 1964, 42 U.S.C. Art. 2000e (1982).

[70] 31 U.S.C. 3729–3731 (1982).

[71] Verf. (Bras.) (1988), Art. 127.

[72] Gesetz zu öffentlichen Zivilklagen, L. 7347 (Bras.) (1985), Art. 1.

[73] Gesetz zu öffentlichen Zivilklagen, L. 7347 (Bras.) (1985), Art. 5.

[74] *Ebd.*

[75] Pedro Leza, Teoria geral da ação civil pública 161–162 (2003).

Darüber hinaus unterstützt die Verfassung von 1988 dieses Verfahren, indem sie die Pflichten des öffentlichen Ministeriums definiert.[76]

In U.S.-amerikanischen Sammelklagen stellt der Richter zunächst sicher, dass das Erfordernis der angemessenen Vertretung erfüllt wurde, bevor anschließend die übrigen Zulässigkeitsvoraussetzungen geprüft werden.[77] Während einige Wissenschaftler argumentieren, dass die brasilianischen Gerichte in ähnlicher Weise zunächst sorgfältig überprüfen sollten, ob eine angemessene Vertretung gewährleistet ist,[78] schreibt das brasilianische Gesetz zu öffentlichen Zivilklagen, ebenso wie das zu Popularklagen, eine solche Überprüfung jedoch nicht vor.[79] Artikel 5(1) des Gesetzes verlangt, dass das öffentliche Ministerium immer dann, wenn es ein solches Verfahren nicht selbst initiiert, der Klage zumindest beitritt und das öffentliche Interesse vertritt.[80] Diese Regelung garantiert zwar grundsätzlich die Präsenz eines kompetenten Anwalts innerhalb des Verfahrens, jedoch nicht eine unverbrüchliche Verteidigung des Allgemeinwohls wie es von den betroffenen Individuen wahrgenommen würde.

Artikel 13 des Gesetzes zu öffentlichen Zivilklagen schreibt interessanterweise die Etablierung eines Fonds vor, in den die unterlegene Partei Schadensersatz (inklusive immaterielle Ausgleichszahlungen) einzahlen muss. Das öffentliche Ministerium und die Gemeindevertreter verwalten diese Gelder. Hierdurch soll sichergestellt werden, dass die Ausgleichszahlungen nicht den individuellen Klägern gleichsam wie ein warmer Geldsegen zufließt, sondern der Allgemeinheit insgesamt zugute kommen.

Die brasilianischen Richter haben in diesen Fällen eine umfassende Verfügungsmacht. Tatsächlich müssen sie in der Regel eine gerichtliche Anordnung zur Erbringung einer bestimmten Leistung zugunsten der obsiegenden Kläger erlassen, außer eine solche Verfügung ist unmöglich. Das U.S.-amerikanische Recht behandelt derartige Fälle völlig anders. Die Bundesgerichte in den Vereinigten Staaten dürfen keine Verurteilung zu einer bestimmten Leistung vornehmen, wenn die Zahlung von Schadensersatz einen ausreichenden Ausgleich der Antragsteller darstellt.[81] Der brasilianische Ansatz offenbart augenscheinlich den Hang des Zivilrechtssystems, die spezifische Leistungserbringung zu favorisieren. Diese Vorliebe erfordert aber gleichzeitig ein

[76] Verf. (Bras.) (1988), Art. 129(III)

[77] Fed. R. Civ. P. 23(a)(4) (1938).

[78] *Antônio Gidi*, A Representacão Adequada nas Açes Coletivas Brasileiras. Uma Proposta, 108 Rev. de Processo 61 (2002); *Ada Pellegrini Grinover*, Ações coletivas Ibero-Americanas: novas questões sobre a legitimação e a coisa julgada, 98 Rev. Forense 4–5 (2002); *Pedro Leza*, Teoria geral da ação civil pública 195–96 (2003).

[79] Gesetz zu öffentlichen Zivilklagen, L. 7347 (Bras.) (1985).

[80] Gesetz zu öffentlichen Zivilklagen, L. 7347 (Bras.) (1985), Art. 5(1).

[81] *Sampson* v. Murray, 415 U.S. 61 (1974) (unter Angabe von Beacon Theatres, Inc. v. Westover, 359 U.S. 500, 506–507 (1959)).

beachtliches Engagement von Seiten der Rechtsprechung, da diese normalerweise nicht nur eine gerichtliche Anordnung erlassen, sondern auch deren Befolgung sicherstellen muss.

In *Öffentliches Ministerium von São Paulo v. Vereinigung von Notre Dame* definierte der Oberste Brasilianische Gerichtshof die Umrisse dieses prozessrechtlichen Mechanismus.[82] „Das öffentliche Ministerium von São Paulo ... reichte eine öffentliche Zivilklage ein, mit deren Hilfe eine vorläufige Verfügung gegen den Antragsgegner, die Vereinigung von Notre Dame für die Erziehung und Kultur, eine Schule in São Vicente, São Paulo, [erwirkt werden sollte]", um das Schulgeld innerhalb der „vom staatlichen Erziehungsrat bestimmten Grenzen" neu zu bestimmen.[83] Das höhere Gericht stimmte in der Hauptsache unisono der Klägerpartei zu: „Die Beklagte habe mit der Genehmigung zur Erhöhung des Schulgeldes zweifelsfrei das geltende Recht verletzt."[84] Die Richter lehnten darüber hinaus „die Behauptung, dem öffentlichen Ministerium [fehle] die Klagebefugnis, die Interessen der Gesamtheit zu verteidigen", ab.[85] „In diesem konkreten Fall," führte das Gericht aus, „[war] das Ministerium offensichtlich befugt, eine öffentliche Zivilrechtsklage zum Schutz der Kollektivinteressen einzulegen. Es handele sich nämlich um einen äußerst delikaten und sozial wichtigen Bereich, den der Staat mit größter Sorgfalt überwachen müsse."[86]

„Das Urteil" in diesem Verfahren entsprechend der einschlägigen gesetzlichen Vorgaben „entfalte [generelle] Rechtskraftwirkung *erga omnes*, innerhalb der Grenzen der Gerichtsbarkeit des streitentscheidenden Gerichts ... ."[87] In *Notre Dame* hätte also jeder der Eltern oder Studenten verlangen können, dass die Schule der Anordnung des Gerichts zur spezifischen Leistung Folge leistet und eine Vollstreckung des Urteils im Falle der Nichtbefolgung einleiten können. Gemäß einem komplizierten Schema von Regeln betreffend die Rechtskraft schließt ein entgegenstehendes Urteil in diesen Fällen nachfolgende Individualklagen nicht aus.[88] Diese Gestaltung hält einen Anreiz für potentielle Anspruchsberechtigte bereit, nicht in das ursprüngliche Verfahren mit Hilfe des Prozessbeitritts einzugreifen, um sich zumindest die Möglichkeit offenzuhalten, im Falle des Unterliegens eine zweite Chance zu haben und erneut klagen zu können.

[82] Öffentliches Ministerium von São Paulo v. Vereinigung von Notre Dame, RE-163231 (www.stf.gov.br) (Plenum) (Oberstes Gericht) (Bras.) (1997), übersetzt & wiedergegeben in: *Oquendo*, *supra* Fußnote 2, S. 751–760.

[83] *Ebd.*, S. 1 (Rep. von Maurício Corrêa, J.).

[84] *Ebd.*, S. 22 (Urteil von Maurício Corrêa, J.).

[85] *Ebd.*, S. 32.

[86] *Ebd.*, S. 31.

[87] Gesetz zu öffentlichen Zivilklagen, L. 7347 (Bras.) (1985), Art. 16.

[88] Gesetz zu öffentlichen Zivilklagen, L. 7347 (Bras.) (1985), Art. 16; Verbraucherverordnung, L. 8078, Title III (Bras.) (1990).

Peru und Uruguay haben diese Art des Verfahrensschutzes bereits in ihr Rechtssystem aufgenommen;[89] andere lateinamerikanische Nationen erwägen momentan, diesem Vorbild zu folgen. Nach dem Gesetz schließt sowohl in Peru als auch in Uruguay ein rechtskräftiges Urteil im Hinblick auf eine Sammelklage spätere Individualklagen in Bezug auf den gleichen Streitgegenstand aus.[90] Mit der Ausbreitung auf andere Länder wird sich die öffentliche Zivilklage zweifellos vom brasilianischen Modell weiter entfernen. Gleichwohl hat dieses Verfahren das Potential, den gleichen Weg einzuschlagen, den das Rechtsschutzverfahren im 20. Jahrhundert genommen hat und sich dementsprechend zu einem allgemein zugänglichen Verfahren in ganz Lateinamerika zu entwickeln.

Jenseits von Popular- und öffentlichen Zivilklagen haben viele lateinamerikanische Staaten ein Kollektivrechtsschutzverfahren etabliert. Im Rahmen eines solchen Verfahrens können Gruppen *per* gerichtlicher Anordnung ihre Mitgliedschaftsrechte schützen. In Brasilien haben beispielsweise politische Parteien, Gewerkschaften und Organisationen das Recht, solche Kollektivrechtsschutzverfahren einzuleiten.[91] Die Verfassung von Argentinien aus dem Jahre 1994 ermächtigt nicht nur „betroffene Individuen," sondern auch die „Verteidiger der Allgemeinheit"[92], diese Verfahren in Gang zu setzen. Auf diese Weise wurde ein der U.S.-amerikanischen Sammelklage und der brasilianischen öffentlichen Zivilklage entsprechender Mechanismus geschaffen. Mit anderen Worten, eine Gruppe von Vertretern ebenso wie ein unabhängiges öffentliches Organ[93] kann einen Kollektivantrag stellen auf „Verteidigung der Umwelt, des Wettbewerbs und der Verbraucherrechte sowie Kollektivrechte allgemeinerer Art."[94] Die argentinischen und brasilianischen Antragsteller müssen ihren Antrag im Wege des schriftlichen Beweisverfahrens schlüssig darlegen und beweisen, sofern sie ein Rechtsschutzverfahren in Form der Rechtschutzklage einleiten. In den meisten anderen lateinamerikanischen Staaten können die Antragsteller auch andere Arten der Beweisführung wählen.

Sammelklagen haben ebenso wie die Verfassungswidrigkeitsbeschwerde eine einzigartige Entwicklung genommen und eine wesentliche Rolle in der Verteidigung von Grundrechten in Lateinamerika gespielt. Im Gegensatz zur Verfassungswidrigkeitsbeschwerde sind die Sammelklagen jedoch erst vor kurzem in Erscheinung getreten, befinden sich nach wie vor in der Transfor-

[89] Zivilgesetzbuch, Minist. Res. 10-93-JUS (Peru) (1993); Gen. Cd. Pro., L. 15.982 (Uru.) (1988).

[90] *Ebd.*

[91] Verf. (Bras.) (1988), Art. 5 (LXX).

[92] Verf. (Arg.) (1994) Art. 43.

[93] *Ebd.*, Art. 86.

[94] *Ebd.*, Art. 43.

mationsphase und müssen daher erst noch eine ausgereifte und stabile Form annehmen. Innerhalb der nächsten Jahre wird sich ein klareres Bild abzeichnen, welche Form Gruppenklagen in Lateinamerika annehmen werden und wie sie die Kultur der Rechte in diesem Kontinent beeinflussen werden.

**IV.** Eine Darstellung von Rechten in Lateinamerika bedarf zumindest einer rudimentären Überprüfung, wie internationale Rechte in dieser Region angewendet werden. Die Länder Lateinamerikas haben eine Vielzahl von transnationalen Vereinbarungen unterschrieben,[95] auf welche sich die Zivilgesellschaft immer öfter sowohl zuhause als auch bei internationalen Instanzen in ihrem Bestreben nach sozialer Gerechtigkeit beruft.[96] Die Symbiose zwischen nationalen und internationalen Rechten wird sich noch weiter intensivieren, nicht nur in Lateinamerika und fast überall auf der Welt, sondern sogar in den Vereinigten Staaten von Amerika, wo die rechtliche Isolation zunehmend ihren Reiz verlieren wird. Unter diesen Umständen würde ein einengender Blick lediglich auf nationale Rechtsordnungen unvermeidlich die tatsächlich bestehende Rechtspraxis verzerren.

In der Tat hat internationales Recht die materiell- und prozessrechtliche Annäherung innerhalb Lateinamerika verstärkt. Die lateinamerikanischen Verfassungen bringen ein umfassendes Bekenntnis zu internationalem Recht und dessen nationalrechtlicher Einbindung zum Ausdruck.[97] In der überwiegenden Mehrzahl erklären sie ratifizierte Verträge als Teil des geltenden Rechts, ohne dass es eines nationalen Umsetzungsaktes bedarf.[98] Internationales Recht hat tatsächlich Vorrang vor nationalen Gesetzen.[99]

Viele der Verfassungen in dieser Region begrüßen ausdrücklich und begeistert internationale Menschenrechte von bürgerlichen und politischen Rechten bis hin zu wirtschaftlichen, sozialen und kulturellen Rechten.[100] Sie

[95] Office of the United Nations High Commissioner for Human Rights, *Status of Ratifications of the Principal International Human Rights Tribunals*, Jun. 9, 2004, <http://www.unhchr.ch/pdf/report.pdf>.

[96] Zum Beispiel *Oquendo*, *supra* Fußnote 2, at 238–239.

[97] Verf. (Bras.) (1988), Art. 4; Verf. (Kol.) (1991), Präambel & Art. 9 & 227; Verf. (Cuba) (1976), Art. 12(c); Verf. (Ecuador) (1998), Art. 4(5); Verf. (El Sal.) (1983), Art. 89; Verf. (Guat.) (1985), Art. 150; Verf. (Hond.) (1982), Art. 335; Verf. (Nicar.) (1987), Art. 9; Verf. (Pan.) (1972), Präambel; Verf. (Peru) (1993), Art. 44; Verf. (Uru.) (1967), Art. 6; ; Verf. (Venez.) (1999), Präambel.

[98] Zum Beispiel Verf. (Kol.) (1991), Art. 93; Verf. (Dom. Rep.) (2010), Art. 26; Verf. (Hond.) (1982), Art. 16; Verf. (Mex.) (1917), Art. 133; Verf. (Nicar.) (1987), Art. 5; Verf. (Pan.) (1972), Art. 4; Verf. (Paraguay) (1992), Art. 141.

[99] Beispielsweise Verf. (Arg.) (1994), Art. 93; Verf. (C.R.) (1949), Art. 7; Verf. (Ecuador) (1998), Art. 163; Verf. (El Sal.) (1983), Art. 144; Verf. (Hond.) (1982), Art. 18; Verf. (Paraguay) (1992), Art. 137; Verf. (Guat.) (1985), Art. 46; Verf. (Venez.) (1999), Art. 23.

[100] Verf. (Arg.) (1994), Art. 75(22); Verf. (Bras.) (1988), Art. 5(2); Verf. (Chile) (1980), Art. 5; Verf. (Kol.) (1991), Art. 44, 93, & 214; Verf. (C.R.) (1949), Art. 48; Verf. (Ecuador)

unterstützen vielfach transnationale Gerichte und deren Rechtsprechung.[101] Die bolivianische und peruanische Verfassung etwa appellieren besonders an die nationalen Gerichte, die innerstaatlichen Menschenrechte im Lichte internationaler Menschenrechte zu interpretieren.[102] Die von lateinamerikanischen Diktaturen begangenen Grausamkeiten in den 1970er und 1980er Jahren haben sicherlich ebenso wie der Kampf für Demokratie in den 1990er Jahren das transkontinentale Engagement für Menschenrechte weiter bestärkt.

Praktisch alle Länder in dieser Region haben die Amerikanische Menschenrechtskonvention von 1969 unterschrieben und ratifiziert.[103] Die einzigen Ausnahmen sind Kuba und Puerto Rico, die beide nicht volle Mitglieder der dieses System fördernden Organisation Amerikanischer Staaten sind. Überdies haben alle lateinamerikanischen Vertragsstaaten die verbindliche Zuständigkeit des Inter-Amerikanischen Gerichtshofs anerkannt. Im Gegensatz hierzu haben die Vereinigten Staaten weder den Vertrag ratifiziert noch die verbindliche Zuständigkeit des Gerichtshofs anerkannt.

Aufgrund seiner breiten Beachtung wird dieses Abkommen mehr und mehr zum funktionalen Äquivalent einer Verfassung für ganz Lateinamerika. Die einzelnen Vorschriften gelten nicht nur als internationales Recht, sondern zusätzlich als vorrangige Bestandteile der nationalen Rechtsordnungen. Faktisch wird allmählich der Gerichtshof – ähnlich wie sein europäisches Vorbild – ein Verfassungsgericht für den ganzen Kontinent. Er hat eine bedeutende, progressive[104] und durchsetzungsfähige[105] Rolle gespielt und sein Prestige ist in den letzten zwei Jahrzehnten beeindruckend gewachsen.

Die Inter-Amerikanische Kommission, die sowohl Individualklagen als auch staatliche Eingaben bearbeitet, überwacht die Beachtung von Menschenrechten allgemein und leitet Fälle an den Gerichtshof weiter.[106] Sie hat zum vitalen Verfahren der Konsolidierung und Harmonisierung des regionalen Grundrechtskonzepts in Lateinamerika wesentlich beigetragen.[107] Die

(1998), Art. 18 & 29 & Trans. Art. 17; Verf. (Guat.) (1985), Art. 27, 46 & 106; Verf. (Hond.) (1982), Art. 15 & 119; Verf. (Nicar.) (1987), Art. 46, 71 & 160; Verf. (Paraguay) (1992), Art. 143 & 145; Verf. (Peru) (1993), Trans. Art. 4; Verf. (Venez.) (1999), Art. 23, 78, 339, & Trans. Art. 4.

[101] Verf. (Arg.) (1994), Art. 75(22); Verf. (Bras.) (1988), Trans. Art. 7; Verf. (Kol.) (1991), Art. 93; Verf. (Hond.) (1982), Art. 15; Verf. (Nicar.) (1987), Art. 5; Verf. (Paraguay) (1992), Art. 145; Verf. (Peru) (1993), Art. 205; Verf. (Venez.) (1999), Art. 31.

[102] Verf. (Bol.) (1995), Art. 6 (V); Verf. (Peru) (1993), Trans. Art. 4.

[103] http://www.oas.org/juridico/english/Sigs/b-32.html.

[104] *Zum Beispiel* Juridical Condition and Rights of the Undocumented Migrants, Advisory Opinion OC-18/03, *Dispositif* 9 (2003).

[105] Beispielsweise *Baena Ricardo et al.* Case, (270 workers v. Panama) Competence, Series C; No. 104, Dispositif 2 (2003).

[106] American Convention on Human Rights (1969), Art. 41 & 61(1).

[107] Zum Beispiel *Morales de Sierra* v. Guat., Rep. No. 4/01 [*]; Case 11.625 (2001).

vorliegende Analyse wird kein vollständiges Bild dieser Phänomene liefern. Sie wird vielmehr aufzeigen, auf welche Weise internationale Rechte Bezug nehmen auf den Kampf um die Anerkennung von Menschenrechten in Lateinamerika.

Wie bereits dargestellt, hat das Inter-Amerikanische System eine wesentliche Rolle gespielt, die lateinamerikanischen Regierungen dazu zu zwingen, die HIV/AIDS Krise ernst zu nehmen. Gleichzeitig hat es den Kampf gegen kodifizierten Sexismus in der Region unterstützt. In vielen lateinamerikanischen Ländern hat internationales Recht eine bedeutende Rolle in dieser Schlacht gespielt.

In Guatemala zum Beispiel fochten der Prokurator für Menschenrechte und das Zentrum für Gerechtigkeit und Internationales Recht die Artikel 109, 110, 113, 114, 115, 131, 133, 255, und 317 des Zivilgesetzbuches an, die Frauen in Fragen des Ehe- und Kindschaftsrechts diskriminierten.[108] 1993 wies das guatemaltekische Verfassungsgericht die Klage zurück. Daraufhin reichte María Eugenia Morales Aceña de Sierra, die in diesem Fall als stellvertretende Prokuratorin für Menschenrechte vor dem Verfassungsgericht den Prozess geführt hatte, gemeinsam mit dem Zentrum für Gerechtigkeit und Internationales Recht, einen Antrag bei der Inter-Amerikanischen Menschenrechtskommission ein.[109]

Im Jahre 1998 veröffentlichte die Kommission einen ersten Bericht, „in dem sie zum Ergebnis kam, dass der guatemaltekische Staat die Rechte von María Eugenia Morales [Aceña] de Sierra auf Gleichberechtigung, Respekt des Familienlebens und das Persönlichkeitsrecht gemäß Artikel 24, 17 und 11 der Amerikanischen Menschenrechtskonvention verletzt habe."[110] Ferner stellte sie fest, „dass das betreffende Verhalten auch eine Verletzung des Übereinkommens zur Beseitigung jeder Form von Frauendiskriminierung, insbesondere der Artikel 15 and 16 darstelle."[111] In seiner Erwiderung „teilte Guatemala der Kommission mit, dass das Parlament eine Verordnung Nummer 80–98 bewilligt habe, welche die Neugestaltung der ... Artikel 109, 110, 115, 131 und 255, und eine Außerkraftsetzung der Artikel 114 und 133 [des Zivilgesetzbuches] vorsähe."[112]

Nach ihrer Bestätigung, dass Guatemala „sich mit sieben der neun von den Antragstellern angefochtenen Regeln beschäftigt habe, [verlangte] die Kommission weitere Information darüber, welche Maßnahmen betreffend der

[108] *Morales Aceña de Sierra* v. Guat., Rep. No. 4/01[1]; Case 11.625 [offizielle Übersetzung], http://www.cidh.oas.org/annualrep/2000eng/ChapterIII/Merits/Guatemala11.625.htm, (I.A.C.H.R.) (O.A.S.) (2001).

[109] *Ebd.*

[110] *Ebd.*, S. 55.

[111] *Ebd.*

[112] *Ebd.*, S. 57.

Artikel 113 und 317 getroffen würden, die nicht in der Verordnung Nr. 80–98 angesprochen worden seien.“ [113] Staatsbeamte verkündeten daraufhin die Außerkraftsetzung des Artikels 113.[114]

In ihrer Entscheidung von 2001 erkannte die Kommission die behördlichen Bemühungen als Reaktion auf ihre Entscheidung von 1998 als „einen wesentlichen Schritt in der Verteidigung von Opfer- und Frauenrechten in Guatemala“ und als umfangreiche Umsetzung der Kommissionsempfehlungen und staatlichen Verpflichtungen nach der Amerikanischen Konvention an.[115] Dessen ungeachtet unterstrich die Kommission, dass noch keine vollständige Erfüllung vorläge.[116]

Die Stellungnahme der Kommission stellt einen wesentlichen ersten Schritt dar, hin zu einer genauen Darlegung der Unterdrückung von Frauen. Als Teil dieses Unterfangens machte sie auf die soziologische Verbindung zwischen Diskriminierung und Gewalt gegen Frauen aufmerksam[117] und führte aus, dass das Bürgerliche Gesetzbuch nicht nur Frauen unterdrücke, sondern auch die Männer daran hindere, „ihre Rolle innerhalb der Ehe und Familie“ [118] voll zu entfalten. Auf jeden Fall hat die Kommission sich die Entscheidungsbefugnis erhalten und will sich so lange mit dem Fall beschäftigen, „bis der Staat vollständig seinen Verpflichtungen entsprochen hat.“ [119] Im Jahre 2009 veröffentlichte die Kommission einen Bericht zum Compliance-Status, in dem sie feststellte, dass Guatemala noch letzte Modifikationen des Zivilgesetzbuches vornehmen müsse und entschied, „die vollständige Umsetzung der noch unerledigten Punkte zu überwachen.“ [120]

Auf beeindruckende Weise hat die Kommission die Veränderung von acht aus neun angefochtenen Regeln bewirkt und ihren Druck sogar aufrechterhalten, um weitere Anpassungen des Zivilgesetzbuches anzustoßen. Selbstverständlich agierte sie nicht in einem Vakuum, sondern im Kontext einer extrem proaktiven Frauenbewegung, die heftig die guatemaltekische Gesetzgebung unterstützte. Die Entscheidung wird einen erheblichen Einfluss auf ganz Lateinamerika haben. Alle Länder innerhalb der Organisation Amerikanischer Staaten fallen in den Zuständigkeitsbereich der Kommission, die das Präjudiz der Kommission als bindend achten und durchweg im Geiste der Durchsetzung von Menschenrechten handeln. Außerdem haben die

[113] *Ebd.*, S. 59.
[114] *Ebd.*, S. 67.
[115] *Ebd.*, S. 78.
[116] *Ebd.*, S. 79.
[117] *Ebd.*, S. 52.
[118] *Ebd.*, S. 44.
[119] *Ebd.*, S. 86.
[120] *Morales Aceña de Sierra*, Status of Compliance, Annual Rep. (2009)], Chap. III; Art. D (Status of Compliance with IACHR Recommendations).

nationalen öffentlichen Institutionen in Lateinamerika nicht nur überzeugende, sondern auch verfassungsrechtliche Gründe, diese Gerichtsentscheidungen als richtungweisende offizielle Interpretation der Amerikanischen Konvention als unterzeichneten und ratifizierten internationalen Vertrag zu akzeptieren.

Tatsächlich folgen lateinamerikanische Gerichte regelmäßig der Rechtsprechung der Kommission und besonders des Inter-Amerikanischen Gerichtshof. In *Ekmekdjián v. Sófovich* (*Ekmekdjián II*) zum Beispiel erklärte das Oberste Gericht Argentiniens, dass das Recht auf Gegendarstellung aus einem unterschriebenen und ratifizierten internationalen Vertrag herrühre, nämlich Artikel 14 der Amerikanischen Konvention, und „daher das höchste geltende Recht in Übereinstimmung mit Artikel 31 der Nationalverfassung [darstelle].“[121] Es erkannte überdies eine Verpflichtung an, die Rechtsprechung des Inter-Amerikanischen Gerichtshof zu achten: „Die Interpretation des Vertrages müsse der Rechtsprechung des Inter-Amerikanischen Menschenrechtsgerichtshof folgen, dessen Aufgabe es sei, die Amerikanische Menschenrechtskonvention zu interpretieren.“[122]

**V.** Neben diesen Aufhellungen trüben jedoch auch unheilvolle Schatten das lateinamerikanische Bild. Besonders die Umsetzung dieser Rechte hat eine Vielzahl von Schwierigkeiten bereitet. Trotz vieler erstaunlicher Siege haben die politischen und rechtlichen Institutionen allzu oft nicht verstanden, dass sich die Regierung den Rechten der zweiten und dritten Generation nur durch langfristige Programme und nicht durch kurzfristige Stellungnahmen verpflichten kann. Hinzu kommt, dass die neuartigen prozessrechtlichen Mechanismen immer wieder auf ineffiziente Weise operieren. So haben viele Staaten die Voraussetzungen für eine Verfassungswidrigkeitsbeschwerde übermäßig hoch gesteckt und erlauben es Individuen nicht, als Kläger in einer Sammelklage aufzutreten. Schließlich unterstützte die Organisation der Amerikanischen Staaten die Inter-Amerikanischen Hauptorgane nur ungenügend bei der Umsetzung ihrer Beschlüsse.

Jenseits dieser Behinderungen, die weitreichende Änderungen sowohl in der rechtlichen als auch kulturellen Struktur erfordern, sehen sich die lateinamerikanischen Gesellschaften aber einer grundsätzlicheren Herausforderung gegenüber. Immer wieder fallen sie einer weitverbreiteten Gesetzlosigkeit zum Opfer. Sie haben allzu oft eine weite Kluft zwischen Rechtsnorm und Rechtsrealität toleriert. Dies hat einige Wissenschaftler dazu bewogen,

[121] *Ekmekdjián* v. Sófovich, 315 F.C.S. 1792 (1992), übersetzt und wiedergegeben in: *Oquendo*, *supra* Fußnote 2, S. 242–258, S. 15. Verf. (Arg.) (1994), Art. 31.

[122] *Ekmekdjián* v. Sófovich, 315 F.C.S. 1792 (1992), *supra* Fußnote 121, S. 21.

die systematische Verletzung des Rechtsstaats als für das lateinamerikanische Recht charakteristisch zu identifizieren.[123]

Obwohl das Rechtsstaatsproblem aktuell nicht mehr ganz so flächendeckend und schwerwiegend ist, so bleibt es dennoch ein fortwährendes Problem, das in Abständen die Durchsetzung von Rechten sowie insbesondere die in diesem Artikel analysierten spezifischen Errungenschaften bedroht. Der folgende Abschnitt nimmt dieses Thema auf, ohne sich jedoch auf bestimmte Ereignisse zu beziehen oder Reaktionsmöglichkeiten des Rechtssystems vorzuschlagen. In den vorigen Abschnitten wurden bereits Fälle betrachtet, in denen politische oder juristische Institutionen versagt haben, den verfassungsrechtlich und gesetzlich garantierten Grundrechten Genüge zu tun und es wurde wiederholt gezeigt, wie Nichtregierungsorganisationen, autonome staatliche Einrichtungen, wie das öffentliche Ministerium, innerstaatliche Gerichte und internationale Schiedsrichter – gemeinsam oder einzeln – die Einhaltung der Durchsetzung dieser Menschenrechte erzwingen können. Die nachfolgenden Überlegungen gehen von der Prämisse aus, dass diese Antworten alleine das betreffende Dilemma kaum lösen können und suchen dementsprechend nach den eigentlichen Ursachen sowie nach umfassenderen Lösungen.

Immer dann, wenn eine Gemeinschaft systematisch das Recht missachtet, findet sie sich in einer Situation wieder, in der den rechtlichen Normen selbst Legitimität fehlt.[124] Ab und zu kann dieses Defizit als direkte Folge einer fehlenden funktionierenden Demokratie gedeutet werden. In Zeiten, in denen Diktaturen in Lateinamerika herrschten, wurden die als fremdbestimmt empfundenen rechtlichen Vorschriften weder von der Bevölkerung noch vom Staat respektiert.[125]

Natürlich garantieren demokratische Institutionen nicht zwangsläufig einen funktionierenden Rechtsstaat.[126] Wieder kann Lateinamerika als typisches Bespiel dienen. Seit den späten 1980er Jahren hat die Region sich generell der Demokratie zugewandt. Die Illegalitätskrise mag im Zuge dessen etwas abgeflaut sein; jedoch ist sie keinesfalls völlig verschwunden. Die Erklärung für die Fortdauer des Problems liegt teilweise in der Tatsache

[123] *Jorge Witker Velásquez*, Derecho, desarrollo y formación jurídica, 2 Anuario Jurídico, Instituto De Investigaciones Jurídicas 295, 299–300 (1975); *Ernesto Garzón Valdés*, Eine kritische Analyse der Funktionen des Rechts in Lateinamerika, 23 Iberoamerikanisches Archiv. Zeitschrift Für Sozialwissenschaften und Geschichte, (Neue Folge) 321, 323–24 (1997).

[124] Hierzu allgemein, *Jürgen Habermas*, Legitimationsprobleme Im Spätkapitalismus (1973).

[125] Hierzu allgemein, *Ángel R. Oquendo*, Democracia y pluralismo 119–145 (2004).

[126] *Jürgen Habermas* veranschaulicht die Beziehung zwischen Demokratie und Rechtstaatlichkeit. Jürgen Habermas, Die Einbeziehung des Anderen: Studien zur politischen Theorie 293–305 (1996).

begründet, dass die meisten lateinamerikanischen Länder sich lediglich oberflächlich, jedoch nicht substanziell der Demokratie verpflichtet haben. Sie haben diese Entwicklung lediglich routinemäßig durchlaufen, ohne jedoch dafür zu sorgen, dass wirkliche Autonomie gedeihen kann.

Ein übermäßig instrumentelles Verständnis der Politik hat häufig die Oberhand behalten. Die politischen Akteure haben dementsprechend lediglich strategisch das demokratische Spiel gespielt, statt sich am echten demokratischen Dialog zu beteiligen. Sie sind bewusst Allianzen eingegangen, und wenn diese erfolgreich waren, haben sie sich die Kampfesbeute untereinander aufgeteilt. Sie haben propagandistische Feldzüge geführt, häufig ohne wirklichen Inhalt, lediglich zum Stimmenfang beim Wahlvolk und dem Parlament. Schlussendlich haben die betreffenden Gesellschaften, wie so viele andere, keine wirkliche Demokratisierung, sondern lediglich eine Trivialisierung des demokratischen Prozesses erlebt.

Infolgedessen haben private Bürger eine weitgehend passive Rolle eingenommen. Sie haben selten am Geschehen teilgenommen, etwa während einer Wahl oder eines Referendums. Ansonsten hielten sie einen politischen Winterschlaf. Augenscheinlich haben Politiker einen enormen Teil ihrer Energie und finanziellen Mittel eingesetzt, um populäre Unterstützung während der Wahlperioden zu erhalten. Dessen ungeachtet ging es ihnen mehr um Manipulation als um echte Beteiligung des Wahlvolkes. Unter diesen Umständen haben sich viele Menschen innerhalb und auch außerhalb des Establishments ihren vordemokratischen Skeptizismus, manchmal sogar Zynismus, gegenüber dem Recht, das ihre politischen Institutionen setzen, erhalten.

Aus diesen Gründen haben sowohl Verfassungsrechte als auch gesetzlich festgeschriebene Rechte ihre Versprechungen nicht vollständig eingelöst. Häufig erstrahlen sie nur auf dem Papier, verlieren jedoch ihren Glanz in der Lebenswirklichkeit. Die zuvor beschriebenen wunderbaren Errungenschaften stellen daher eher die Ausnahme dar.

Um diesem Teufelskreis zu entfliehen, muss Lateinamerika – wie fast der gesamte Rest der Welt – seinen Einsatz für Demokratie erneuern und verstärken. Das instrumentelle Politikverständnis muss zugunsten eines reflexiveren Politikansatzes überwunden werden.[127] Mit anderen Worten, müssen die Individuen ihre politische Beteiligung als Selbstzweck verstehen. Sie müssen ihr demokratisches Engagement als einen fortlaufenden Prozess begreifen, durch den die Gemeinschaft erst mit Leben erfüllt wird und sich die Gesetze gibt, nach denen sie lebt.[128] Dieser kollektive Kraftakt in Richtung Auto-

[127] *Jürgen Habermas* schlägt einen reflexiven Ansatz hin zu einer auf intersubjektiven Konsens beruhenden Moralität vor. Jürgen Habermas, Moralbewußtsein und kommunikatives Handeln 177 (1983).

[128] Dieser Ansatz ähnelt dem, was Herbert Lionel Adolphus Hart beschreibt als „innere Betrachtungsweise.“ *Herbert Lionel Adolphus Hart*, The Concept of Law 199 (1984).

nomie mag eine Vielzahl unterschiedlicher Formen annehmen: Dialog, Argument, Selbstbestimmung, Beratung, Verhandlung, emotionale Ausbrüche, Annäherungen, innere Rivalitäten sowie politische Gewieftheit.[129] Politik sollte über bloßes Taktieren hinausgehen; politische Grundsätze sollten keine Hindernisläufe vermessen, sondern einen an sich bedeutsamen existentiellen Raum, in dem die Gemeinschaft ihr eigener Herr sein kann.[130]

Von diesem Aussichtspunkt aus würde die politische Welt alle Bürger – nicht nur Politiker – umfassen. Die Zivilgesellschaft würde sich prominent profilieren. Sie würde nicht länger nur eine Quelle der Wahlbestätigung sein, sondern würde durch ihre Bürgerorganisationen eine immanente Präsenz in der Politik erhalten. Dies würde Initiativen, Ideen und Kritik hervorbringen. Sie würde, abhängig vom Thema, gemeinsam mit, gegen oder unabhängig von ihren Repräsentanten arbeiten. Sie wäre ein integraler Bestandteil der gemeinschaftlichen selbstbestimmenden *tour de force*.

Eine solche radikale Veränderung bedürfte jedoch einer Vielzahl komplexer und langfristiger Maßnahmen. Nötig wäre nicht nur eine Verringerung des Einflusses von Geld durch begrenzte und hauptsächlich von der Regierung finanzierte Wahlkampagnen, sondern auch eine Begrenzung des Ausmaßes, in dem Wahlgewinner ihre Unterstützer durch Arbeit, Verträge oder Zugang belohnen. Die Öffentlichkeit müsste gestärkt werden, zum Beispiel durch Regierungsbeihilfen für private Gruppen und Initiativen. Darüber hinaus müssten die Bildungsangebote verbessert werden, um alle Individuen nicht nur politisch, sondern auch sozial zu ermächtigen. Schließlich müssten internationale Institutionen entstehen, die sowohl die Ordnungsmäßigkeit der Stimmauszählungen als auch die grundsätzliche Fairness der vorangegangenen Beratungen überwachen.

Die Legitimität von Recht ergibt sich nicht alleine aus dem Ausmaß, in dem die Gemeinschaft ihre demokratischen Bestrebungen erfüllt. Sie hängt auch von Idealen wie Solidarität, persönlicher Freiheit und Rechtsstaatlichkeit selbst ab. Jede dieser Kategorien hat ein sie leitendes, korrespondierendes Prinzip, eine Antithese und ein Staatsverständnis. Im Namen der Solidarität wenden sich die Bürger der Gleichheit als normativem Maßstab zu und versuchen, Ungleichheit mit Hilfe des Sozialstaats zu begegnen.[131] Im Namen der persönlichen Freiheit orientieren sie sich an den Regeln des Liberalismus und verhindern Totalitarismus durch Etablierung einer liberalen

[129] *Ángel R. Oquendo*, Deliberative Democracy in Habermas and Nino, 22 Oxford J. Legal Stud. 189 (2002).

[130] *Iris Marion Young* versucht ebenfalls, neue Alternativen zu den formellen und traditionellen Demokratie- und Politikansätzen aufzuzeigen. Allgemein hierzu, *Iris Marion Young*, Justice And The Politics Of Difference (1990); Inclusion And Democracy (2000).

[131] *Richard Rorty* verfolgt ein nicht-essentialistisches Verständnis der Idee von Solidarität. *Richard Rorty*, Contingency, Irony, and Solidarity 189–198 (1989).

Regierung.[132] Im Streben nach Rechtsstaatlichkeit halten sie das Prinzip der Legalität hoch und verringern Willkür durch die Herrschaft des Legalismus.[133]

Insbesondere das Konzept der echten Solidarität konnte sich offensichtlich nicht innerhalb der lateinamerikanischen Gesellschaften hinreichend durchsetzen. Sie haben Möglichkeiten, Reichtum und Macht äußerst ungleich verteilt und sind weit hinter dem Aufbau eines Sozialstaates zurückgeblieben. Das sich auf das Wesentliche beschränkende Sozialhilfesystem, das während des 20. Jahrhunderts entstanden ist, brach mit der Neo-liberalen Euphorie der 1990er Jahre vollständig in sich zusammen. Die aktuelle Ausrichtung in der Region nach Links gründet sich teilweise (und stellt eine Reaktion) auf diese Entwicklung dar.

Die linksgerichteten Regierungen von Argentinien, Bolivien, Brasilien, El Salvador, Nicaragua, Peru, Uruguay und Venezuela sehen sich zur Zeit der Herausforderung gegenüber, Gleichheit als kollektive Priorität zu bestimmen und gleichzeitig Autonomie, Liberalismus und Legalität aufrechtzuerhalten. Sie müssen, mit anderen Worten, gleichzeitig Solidarität, Demokratie, persönliche Freiheit und Rechtsstaatlichkeit avancieren und einen sozialen, demokratischen und liberalen Rechtsstaat errichten. Die Basisgemeinschaften müssen dementsprechend die bestehende Ungleichheit radikal reduzieren, ohne in Richtung Heteronomie, Totalitarismus und völlige Anomie abzugleiten. Gewiss werde ich hier keine Vorhersage hinsichtlich der Aussichten Lateinamerikas, diese große Aufgabe anzupacken und zu meistern, wagen.

Je mehr sich lateinamerikanische Nationen in Richtung einer authentischen Demokratie, Solidarität, persönliche Freiheit und Rechtsstaatlichkeit entwickeln, umso mehr werden sie den Respekt gegenüber geltendem Recht steigern und die Beachtung des Legalitätsprinzips vertiefen. Obwohl sie sicher niemals die Utopie vollständig werden verwirklichen können, werden sie zumindest auf dem Weg dorthin Grundrechten ernstere Beachtung zukommen lassen und die Wahrscheinlichkeit für die zuvor in diesem Artikel beschriebenen Siege erhöhen. Solange das Ideal jedoch weit entfernt erscheint, wird der Kampf um Rechte weiter beschwerlich, unsicher, nicht geradlinig und steinig sein.

Selbst wenn die Lateinamerikaner in diesem Unterfangen angemessene Fortschritte machen und ihre Kultur der Rechte konsolidieren können, werden sie nicht automatisch das Reich der Zwecke erreichen. Die vollständige

[132] Dieser Liberalismusansatz ist enger als der traditionelle. Vgl. *Ronald Dworkin*, A Matter of Principle 181–204 (1985).

[133] *Joseph Raz* warnt vor Übertreibungen betreffend der Bedeutung des Rechtsstaatsprinzips besonders im Vergleich zu sozialen Werten. *Joseph Raz*, The Authority of Law 210–229 (1979).

Umsetzung von sozialer Gerechtigkeit bedarf mehr als die Verteidigung von Rechten. Sie erfordert auch einen tiefen Wandel in der Verteilung von Respekt, Einfluss und Privilegien und in der Produktionsweise von Gütern und Dienstleistungen. Solch eine radikale Transformation wird abgestimmte und breit aufgestellte Maßnahmen in der Welt der Politik und auch der Zivilgesellschaft erfordern. Die Durchsetzung von Rechten innerhalb der rechtlichen und politischen Institutionen oder selbst außerhalb des Staates mag sicherlich diesem Unterfangen zuträglich, aber keinesfalls alleine ausschlaggebend sein.

Mittellose, an HIV/AIDS erkrankte Patienten sollten zweifelsohne für ihre Grundrechte kämpfen und so nicht nur angemessene Betreuung und Medizin für sich selbst, sondern auch ein umfassendes Programm zur Krankheitsbehandlung und -vorbeugung für die gesamte Bevölkerung sichern. Dessen ungeachtet sollten sie darüber hinaus auch weitverbreitete Vorurteile gegenüber Homosexuellen, Kranken und Armen verändern. Sie sollten auf einen Wandel des sozialen und wirtschaftlichen Lebens von Grund auf drängen, um Marginalisierung abzumildern und ihre eigene Verletzlichkeit gegenüber fast jeder Form von Not zu reduzieren. Mit der Ausweitung ihrer eigenen Anliegen wird ihre Sache nach und nach auch zur Sache aller Opfer von Exklusion und schließlich der Gemeinschaft überhaupt.

Diese Beobachtungen verdeutlichen, dass der ausschließliche Feldzug für Grundrechte nirgendwohin hinführt. Diese Schlacht muss vielmehr als Teil eines größeren, utopischen Kampfes verstanden werden, Normen kollektiver Interaktion mit größerer Legitimität auszustatten und einen echten demokratischen, sozialen und liberalen Rechtsstaat bzw. eine solche Gesellschaft zu errichten. Die Erkenntnis der Unzulänglichkeit einer bloßen Durchsetzung von Grundrechten als zu eng mag vielleicht in der Tat „der Weisheit Anfang" sein.[134]

Kritiker müssen das bestehende Konzept von Rechten überdenken; sie sollten es transformieren, ohne es vollständig zu eliminieren. Sie sollten die Umsetzung von Grundrechten durch einen größeren revolutionären Kraftakt im Namen der sozialen Gerechtigkeit einfordern. Dieser neue, kritische Ansatz würde Rechte expansiver – das heißt sowohl innerhalb des Staatsapparates oder der Internationalen Ordnung als auch gegen diese Strukturen – begreifen und auch nicht davor zurückschrecken, Rechte, die kontraproduktiv geworden sind, neu zu überdenken. Er würde so vielleicht zur Weisheit selbst gelangen.

[134] „Die Furcht des HERRN ist der Weisheit Anfang." *Psalm 111, Vers. 10*, (*Luther* 1912).

# Anfechtung und Widerruf des Vertrags

Jens Petersen

## I. Die Fragestellung

Der Titel des vorliegenden Beitrags provoziert in zweifacher Hinsicht: Wird nicht die einzelne Willenserklärung angefochten und entfällt nicht infolgedessen nach § 142 Abs. 1 BGB der ganze Vertrag, wenn die Willenserklärung von Anfang an nichtig war? Und ist nicht die Willenserklärung zu widerrufen, wie § 355 Abs. 1 BGB unmissverständlich bestimmt, wonach der widerrufsberechtigte Verbraucher „an seine auf den Abschluss des Vertrags gerichtete Willenserklärung nicht mehr gebunden ist, wenn er sie" – also die Willenserklärung und nicht den Vertrag – „fristgerecht widerrufen hat"? Während die Prämisse der ersten Frage nach einem Aufsatz des Jubilars füglich bezweifelt werden kann,[1] stellt die Zielrichtung des Beitrags, die sich gegen die zweite Frage wendet, die tatbestandliche Fassung des Gesetzes selbst in Frage. Ermutigt werden solche ketzerischen Gedanken freilich nicht nur durch einzelne Bemerkungen in einer früheren Arbeit des Jubilars,[2] sondern auch durch seine Abschiedsvorlesung, in der er die Studierenden und aufgrund der Publikation letztlich auch die Fachwelt ermuntert hat, vermeintliche dogmatische Denkverbote zu durchbrechen, wenn sie sich elementaren dogmatischen Einsichten widersetzen.[3]

## II. Das anfechtbare Rechtsgeschäft

Wird ein anfechtbares Rechtsgeschäft angefochten, so ist es nach § 142 Abs. 1 BGB als von Anfang an nichtig anzusehen. Das Augenmerk bezüglich dieser Regelung gilt zumeist der Fiktion auf der Rechtsfolgenseite. Seltener wird näher erörtert, was genau das anfechtbare Rechtsgeschäft ist.

[1] *Leenen*, Jura 1991, 393. Im Folgenden werden die grundlegenden Aufsätze des Jubilars zitiert, deren zentrale Gedanken sich in einer für die juristische Ausbildung exemplarischen Weise in seinem Lehrbuch ‚BGB Allgemeiner Teil: Rechtsgeschäftslehre' (2011) aufgegriffen und für die Anspruchsprüfung in mustergültiger Weise anwendbar gemacht finden.

[2] *Leenen*, Festschrift Canaris, 2007, Bd. I, S. 699, 719 f.

[3] *Leenen*, JuS 2008, 577.

### *1. Rechtsgeschäft, Vertrag und Willenserklärung*

Die wohl nach wie vor herrschende Lehre nimmt an,[4] dass nur die einzelne Willenserklärung angefochten und mit ihr der Vertrag „hinfällig" wird.[5] Jedoch gibt bereits die Diktion zu denken, ist doch die Hinfälligkeit keine Kategorie der Rechtsgeschäftslehre. Das gilt erst recht, wenn man die Willenserklärungen als „Säulen" des Vertrags versteht, der damit im Falle der durch Anfechtung rückwirkenden Nichtigkeit einer Willenserklärung gleichsam selbst zum Einsturz gebracht wird. Eine solche Metapher ist zwar einprägsam und anschaulich, aber letztlich wenig mehr als vorwissenschaftliche Bildersprache. Konsequenterweise müsste man im Sinne der herrschenden Lehre sagen, dass durch die Anfechtung der Willenserklärung der Vertrag „vernichtet" wird. Die besseren Gründe sprechen daher dafür, den Vertrag selbst als das anfechtbare Rechtsgeschäft anzusehen.[6] Die Einfachheit und Folgerichtigkeit dieser Sichtweise offenbart sich mit Blick auf die generelle Verwendung der Begriffe des Rechtsgeschäfts und der Willenserklärung. Der Jubilar hat nicht nur im Detail gezeigt, dass der Gesetzgeber diese Begriffe bewusst und akribisch verwendet hat,[7] sondern darüber hinaus auch dargestellt, wie sich dies in der Dogmatik und Methodik der Fallbearbeitung auswirkt,[8] womit diese letztlich das innere System des Gesetzes abbildet.[9]

### *2. Versuch einer wissenschaftstheoretischen Würdigung*

Die strenge Unterscheidung der Begriffe des Rechtsgeschäfts, der Willenserklärung und des Vertrags besticht durch ihre Konsistenz und innere Folgerichtigkeit, mit der das gesetzliche System erschlossen und in seiner Begrifflichkeit ernst genommen wird. Auch wenn man die juristische Theoriebildung nicht ohne weiteres mit derjenigen in den Naturwissenschaften gleichsetzen kann,[10] sei es an dieser Stelle erlaubt, zum Vergleich den ersten Satz einer der wichtigsten Veröffentlichungen *Werner Heisenbergs* zu zitieren, in der er seine berühmte Unschärferelation entwickelte. Der Aufsatz ‚Über den anschaulichen Inhalt der quantentheoretischen Kinematik und Mechanik' beginnt folgendermaßen: „Eine physikalische Theorie glauben wir dann

[4] *Bork*, Allgemeiner Teil des Bürgerlichen Gesetzbuchs, 3. Auflage 2011, Rn. 915; *Ahrens*, in: Prütting/Wegen/Weinreich, BGB Kommentar, 6. Auflage 2011, § 142 Rn. 2.

[5] Siehe nur *Brox/Walker*, Allgemeiner Teil des BGB, 35. Auflage 2011, Rn. 439.

[6] *Leenen*, Jura 1991, 393 mit Fn. 9.

[7] *Leenen*, Festschrift Canaris, 2007, Bd. I, S. 699.

[8] *Leenen*, Jura 2007, 721.

[9] *Petersen*, Festschrift Medicus, 2009, S. 295; ebenso *Leenen*, Jura 2011, 723.

[10] Näher *Canaris*, JZ 1993, 377; *Petersen*, Max Webers Rechtssoziologie und die juristische Methodenlehre, 2008, S. 154 ff.

anschaulich zu verstehen, wenn wir uns in allen einfachen Fällen die experimentellen Konsequenzen dieser Theorie qualitativ denken können, und wenn wir gleichzeitig erkannt haben, dass die Anwendung der Theorie niemals innere Widersprüche enthält."[11] Ersetzt man die Worte ‚physikalische' durch ‚juristische' und ‚experimentellen' durch ‚praktischen', so erweist sich dies zugleich als interessanter Maßstab für die Anerkennung juristischer Theorien im Allgemeinen und der vorliegenden Theorie im Besonderen. Denn der genannte Ansatz, der den Begriffen Rechtsgeschäft, Vertrag und Willenserklärung eine je eigene und spezifisch zu würdigende Bedeutung zuerkennt, überzeugt jedenfalls in den praktischen Konsequenzen. Die damit zusammenhängende Abschichtung zwischen Zustandekommen, Wirksamkeit und Wirkungen erlaubt die genaue dogmatische Lozierung eines jeden praktischen Problems und bannt damit schon im Ansatz die Gefahr einer Vermengung, welche die Annahme mit sich bringen kann, dass ein Vertrag ‚wirksam zustande gekommen' sei. Daneben erfüllt diese strikte Unterscheidung der Ebenen und Begriffe die zweitgenannte Bedingung, dass die Anwendung der Theorie niemals innere Widersprüche enthält.[12] Es gibt in der gesamten Rechtsgeschäftslehre, soweit ersichtlich, keine gesetzgeberische Begriffsverwendung – und darüber hinaus nur eine einzige, sogleich in ihrer Fragwürdigkeit zu erläuternde –, die sich dem genannten Ansatz widersetzen würde. Mit dem Verweis auf Wirksamkeit und Wirkungen des Testaments entfaltet die Theorie sogar eine Ausstrahlungswirkung in das fünfte Buch des BGB,[13] die für die Klammertechnik des BGB bezeichnend ist und das innere System der Privatrechtsordnung zur Geltung bringt.[14]

## III. Widerruf des Vertrags

Im Folgenden soll gezeigt werden, dass sich die Überlegungen zur Anfechtung des Vertrags auch auf den Widerruf übertragen lassen, obwohl § 355 Abs. 1 BGB augenfällig eine andere Sprache spricht. Daher seien zunächst die Bedenken gegen die Fassung des gesetzlichen Tatbestandes vorgetragen, bevor am Beispiel anderer Regelungen gezeigt wird, warum es auch hier sinnvoll wäre, von einem Widerruf des Vertrags auszugehen.

[11] *Heisenberg*, Zeitschrift für Physik 43 (1927), S. 172.
[12] *Häublein*, Jura 2007, 728, für den Bereich der Stellvertretung.
[13] *Leenen*, JuS 2008, 577.
[14] *Petersen*, Festschrift Medicus, 2009, S. 295.

### 1. *Die unglückliche Fassung des § 355 Abs. 1 BGB*

Wird einem Verbraucher durch Gesetz ein Widerrufsrecht nach dieser Vorschrift (sc. § 355 BGB) eingeräumt, „so ist er an seine auf den Abschluss des Vertrags gerichtete Willenserklärung nicht mehr gebunden, wenn er sie fristgerecht widerrufen hat“, § 355 Abs. 1 S. 1 BGB. Die Formulierung ist an Umständlichkeit schwerlich zu überbieten. Sie ist jedoch ersichtlich Ausdruck der oben abgelehnten Ansicht, wonach der Vertrag „hinfällig“ wird, wenn die darauf gerichtete Willenserklärung nichtig ist.[15] Dass somit beim verbraucherschützenden Widerruf sinnvollerweise der Vertrag und nicht die einzelne Willenserklärung bis zum Widerruf zunächst zustande gekommen ist, bestätigt auch ein Blick auf die §§ 109 Abs. 1 S. 1, 178 S. 1 BGB.[16] Danach ist jeweils bis zur Genehmigung des *Vertrags* der andere Teil zum Widerruf berechtigt. Auch wenn der Gesetzgeber aus Gründen der begrifflichen Ökonomie den Bezugspunkt nicht eigens wiederholt, kann man dies wohl nur so verstehen, der andere Teil sei eben zum Widerruf des Vertrags berechtigt. Es wäre erklärungsbedürftig, wenn der Gesetzgeber hier gemeint hätte, dass der andere Teil bis dahin zum Widerruf seiner Willenserklärung berechtigt ist – oder gar nach dem gewundenen Vorbild des § 355 Abs. 1 BGB: seiner auf den Vertrag gerichteten Willenserklärung.

### 2. *Widerruf eines nichtigen Vertrags?*

Die vorstehend gestreuten Zweifel an der Fassung des § 355 Abs. 1 BGB werden scheinbar widerlegt durch einen Fall, den der Bundesgerichtshof unlängst zu entscheiden hatte.[17] Darin ging es um die Frage, ob ein nach §§ 134, 138 BGB nichtiger Vertrag unter der vorliegenden Voraussetzung eines verbraucherschützenden Widerrufsrechts noch widerrufen werden kann. Der BGH hat das im Einklang mit der von *Theodor Kipp* begründeten Lehre von den Doppelwirkungen im Recht angenommen.[18] Das verdient Zustimmung.[19] Auf den ersten Blick scheint es, als könne man das Ergebnis erst und gerade mit der hier bekämpften Formulierung des § 355 Abs. 1 BGB begründen: Es geht eben, so könnte man versucht sein zu argumentieren, um seine, also des Verbrauchers, „auf den Abschluss des Vertrags *gerichtete* Willenserklärung“. Dass diese aus anderen Gründen nichtig ist, spielte demnach keine Rolle. Doch wäre eine solche Sichtweise wenig mehr als wohlfeile

[15] Unter II. 1.

[16] Zu einem Sonderfall siehe *Leenen*, BGB Allgemeiner Teil: Rechtsgeschäftslehre, 2011, § 7 Rn. 10.

[17] BGH JZ 2010, 313.

[18] *Kipp*, Festschrift Martitz, 1911, S. 211; dazu *Petersen*, Jura 2007, 673.

[19] *Petersen*, JZ 2010, 315; a.A. *S. Lorenz*, Gedächtnisschrift Manfred Wolf, 2011, S. 77; *C. Schreiber*, AcP 211 (2011), S. 35.

Begriffs- und Konstruktionsjurisprudenz. Denn sie ließe die gegebenenfalls zu berücksichtigende Wertung des Nichtigkeitsgrundes unter einem terminologischen Vorwand außer Betracht und wäre somit wertungsmäßig nicht hinreichend fundiert.[20] Den richtigen Weg weist demgegenüber die streng durchgehaltene Unterscheidung zwischen Zustandekommen und Wirksamkeit des Vertrags:[21] Die Widerruflichkeit betrifft ungeachtet der missverständlichen Formulierung des § 355 BGB nicht das Zustandekommen des Vertrags und bleibt daher unberührt von der Unwirksamkeit nach §§ 134, 138 BGB.[22]

### 3. *Das missachtete Vorbild im Familienrecht*

Der historische Gesetzgeber selbst weist in einer wenig beachteten und in diesem Zusammenhang wohl gänzlich übersehenen Vorschrift einen ebenso einfachen wie folgerichtigen Weg. Im Zusammenhang mit den praktisch besonders wichtigen Verfügungsbeschränkungen innerhalb der ehelichen Lebensgemeinschaft behandelt § 1366 BGB ausweislich seiner Überschrift die „Genehmigung von Verträgen": Ein Vertrag, den ein Ehegatte ohne die erforderliche Einwilligung des anderen Ehegatten schließt, ist nach § 1366 Abs. 1 BGB wirksam, wenn dieser ihn genehmigt.

#### a) Immanente Rückbindung an die Rechtsgeschäftslehre

Die Vorschrift ist geradezu ein Musterbeispiel dafür, wie die anderen Bücher des BGB mit dem Allgemeinen Teil in der Weise verbunden sind, dass dessen Vorschriften vor der berühmten Klammer der übrigen Bücher stehen:[23] Zum einen ist der Zusammenhang von Einwilligung (§ 183 Abs. 1 BGB) und Genehmigung (§ 184 Abs. 1 BGB) mit den betreffenden Legaldefinitionen abgestimmt. Zum anderen verwendet der Gesetzgeber mit Bedacht die Formulierung, dass *der Vertrag* unter der Voraussetzung der nachträglichen Zustimmung wirksam ist, wie dies die §§ 109 Abs. 1 S. 1, 178 S. 1 BGB im Allgemeinen Teil vorsehen. Aus gutem Grund spricht § 1365 Abs. 2 BGB in einem weiteren Sinne vom Rechtsgeschäft und nicht vom Vertrag, weil sich die Regelung auf § 1365 Abs. 1 S. 1 BGB bezieht, der dementsprechend weit formuliert ist und jede Verpflichtung in dem genannten bzw. gemeinten Umfang einschließt, also nicht nur zweiseitige, sondern auch einseitig begründete rechtsgeschäftliche Verpflichtungen.[24]

[20] Näher *Petersen*, Von der Interessenjurisprudenz zur Wertungsjurisprudenz, 2001, S. 12 ff. und passim. Die Wertungen der Nichtigkeitsgründe berücksichtigt allerdings *S. Lorenz*, aaO.

[21] *Leenen*, AcP 188 (1988), S. 381.

[22] *Leenen*, Festschrift Canaris, 2007, Bd. I, S. 699, 720 f.

[23] *Petersen*, Jura 2011, 759.

[24] *Thiele*, in: Staudinger, BGB (2007), § 1365 Rn. 4 f.

### *b) Widerruf des Vertrags nach § 1366 Abs. 2 S. 1 BGB*

Die Pointe liegt jedoch in § 1366 Abs. 2 S. 1 BGB: Bis zur Genehmigung kann der Dritte *den Vertrag widerrufen.* Wäre die Ansicht der herrschenden Lehre zu § 142 Abs. 1 BGB beifallswürdig, dann wäre zumindest erklärungsbedürftig, warum nicht auch § 1366 Abs. 2 S. 1 BGB von der auf den Vertrag gerichteten Willenserklärung ausgeht. Die unterschiedliche ex tunc-Wirkung der Anfechtung bzw. die ex nunc-Wirkung des Widerrufs kann dies nicht erklären, zumal sie, wie eingangs angemerkt, die Rechtsfolgenseite betrifft. Aber auch dort sagt § 1366 Abs. 4 BGB deutlich: „Wird die Genehmigung verweigert, so ist der Vertrag unwirksam." Ebenso wie bei den §§ 109, 178 BGB kann schwerlich bezweifelt werden, dass es um die Genehmigung des Vertrags und nicht der darauf gerichteten Willenserklärung geht. Der historische Gesetzgeber wäre wohl kaum auf die Idee verfallen, § 1366 Abs. 2 BGB so auszugestalten: „Bis zur Genehmigung ist der Dritte an seine auf den Vertrag gerichtete Willenserklärung nicht gebunden, wenn er sie widerrufen hat." Es ist vom gesetzgeberischen Regelungsplan her gesehen durchaus folgerichtig, dass der Begriff der Willenserklärung mit Ausnahme der sogleich noch zu behandelnden §§ 1450 Abs. 2, 1629 Abs. 1, 1903, 1907 Abs. 1 BGB im Familienrecht keinen Platz hat. Das Gesetz spricht dort entweder von „Rechtsgeschäft" (§ 1365 Abs. 2 BGB) oder – nach dem Regelungsmuster der §§ 109 Abs. 1 S. 1, 178 S. 1 BGB – von der Genehmigung des Vertrags, und folgerichtig – das heißt: ohne die Ebene oder den Bezugspunkt zu wechseln – vom Widerruf des Vertrags in § 1366 Abs. 2 S. 1 BGB. So zeigt der Verweis auf die Regelungstechnik des § 1366 BGB noch eine weitere Denkwürdigkeit. Denn damit entfaltet das in der Rechtsgeschäftlehre zugrunde gelegte begriffliche Konzept nicht nur die dem Allgemeinen Teil eigentümliche Klammerwirkung, sondern auch jene Form der Fernwirkung gesetzlicher Wertungen, die *Philipp Heck* erstmals ausgemacht hat,[25] wenngleich auf begrifflicher Ebene.

### *c) Willenserklärung als Begriff des Allgemeinen Teils*

Dieser Vorstellung der Einheit und Folgerichtigkeit der gesetzlichen Begriffe widersetzt sich § 355 Abs. 1 BGB noch in anderer Weise, die diesmal auf das – ebenfalls von *Heck* begründete – „äußere" System bezogen ist.[26] Denn es ist – auch wenn dies im bisherigen Schrifttum, soweit ersicht-

[25] *Heck*, Gesetzesauslegung und Interessenjurisprudenz, 1914, S. 230 f.; dazu *Petersen*, Von der Interessenjurisprudenz zur Wertungsjurisprudenz, 2001, S. 18.

[26] Zu dieser Unterscheidung grundlegend *Heck*, Begriffsbildung und Interessenjurisprudenz, 1932, S. 259; siehe auch *F. Bydlinski*, Festschrift Canaris, 2007, Bd. II, S. 1017; *Canaris*, Systemdenken und Systembegriff in der Jurisprudenz, 2. Auflage 1983, S. 50; *Larenz*, Methodenlehre der Rechtswissenschaft, 6. Auflage 1991, S. 56 f.; *Petersen*, Festschrift Medicus, 2009, S. 295.

lich, noch nicht herausgestellt wurde – auffallend, dass der Begriff der Willenserklärung im gesamten Schuldrecht nur an wenigen Stellen neueren Datums im Zusammenhang mit dem verbraucherschützenden Widerruf vom Gesetzgeber verwendet wird. Die Rede ist von den §§ 312 Abs. 3 Nr. 3, 312f, 358 Abs. 1, Abs. 2, 485 Abs. 3, 510 Abs. 1 BGB. Ansonsten spricht das Gesetz im Zweiten Buch bevorzugt vom Vertrag bzw. – allerdings auch dies nur selten und vorwiegend in neuerer Zeit (vgl. § 311 Abs. 1 BGB) – vom Rechtsgeschäft. Auch bezüglich der einseitigen Rechtsgeschäfte in den §§ 388, 349 BGB spricht das Gesetz nur von der Erklärung, nicht aber der Willenserklärung. Daraus kann man die Folgerung ziehen, dass der Begriff der Willenserklärung entsprechend dem 2. Titel der Rechtsgeschäftslehre (§§ 116 ff. BGB) genuin dem Allgemeinen Teil zugehört.

Im Familienrecht ist zwar, wie bereits angedeutet, in den §§ 1903, 1907 Abs. 1 BGB von der Willenserklärung die Rede. Doch sind auch diese Vorschriften des Betreuungsrechts neueren Datums und illustrieren, dass der moderne Gesetzgeber das Begriffsverständnis des ursprünglichen Gesetzgebers des Bürgerlichen Gesetzbuchs nicht mehr nachvollzogen hat. Nur eine scheinbare Ausnahme machen die familienrechtlichen Vorschriften der §§ 1450 Abs. 2, 1629 Abs. 1 BGB für den Fall, dass gegenüber bestimmten Personen eine Willenserklärung abzugeben ist. Denn das bezieht sich ersichtlich auf die Willenserklärung im Sinne der §§ 116 ff. BGB des Allgemeinen Teils. Entsprechendes gilt für den erbrechtlichen § 2229 Abs. 4 BGB, wonach kein Testament errichten kann, wer wegen krankhafter Störung der Geistestätigkeit oder ähnlichem nicht in der Lage ist, die Bedeutung einer von ihm abgegebenen Willenserklärung einzusehen. In § 2255 BGB ist zwar von der Aufhebung einer „schriftlichen Willenserklärung" die Rede; hier wäre aber der Begriff „Rechtsgeschäft" vorzugswürdig und wohl auch im Sinne der Konzeption des Jubilars gewesen.

## IV. Methodologische Folgefragen

Die vorstehenden Beobachtungen ziehen drei methodologische Folgefragen nach sich. Die erste Frage betrifft eine grundsätzliche Problematik der Methodenlehre, die das Verhältnis zwischen Gesetz und Gesetzgeber berührt, die zweite beschäftigt sich mit der Valenz der unterschiedlichen Auslegungskriterien. Drittens fragt sich, wie es mit dem Verhältnis von Gesetzgebung und Dogmatik bestellt ist.

### 1. *Das im Verhältnis zum Gesetzgeber klügere Gesetz*

Ein alter Streit rankt sich um die Frage, ob das Gesetz klüger sein kann als der Gesetzgeber.[27] Das erscheint auf den ersten Blick sinnwidrig: Da es der Gesetzgeber selbst war, der das Gesetz erlassen und begründet hat, sieht es so aus, als habe er alles mit seiner Geltung und Reichweite Zusammenhängende bedacht und berücksichtigt. Eine darüber hinaus reichende Dimension scheint vorauszusetzen, dass im Gesetz gleichsam ein offenbartes Wissen enthalten ist, das jedoch im Bereich der Jurisprudenz nicht begründbar erscheint. Schließlich wird die These, dass das Gesetz klüger sein könne als der Gesetzgeber, mit dem Argument abgelehnt, dass sich auf diese Weise alle möglichen Zwecke hineininterpretieren ließen, um sodann das jeweils gewünschte Ergebnis aus dem Gesetz herauslesen zu können.[28]

Wenn man zunächst fragt, welche Bedeutung dieser Streit für die vorliegende Problematik hat, stößt man auf die viel zitierte Stelle der Motive, in der es heißt, dass die Begriffe Willenserklärung und Rechtsgeschäft „der Regel nach als gleichbedeutend gebraucht" worden seien.[29] Wenn nun die hier in den Mittelpunkt gestellte Auffassung zu dem Schluss kommt, dass dem Gesetz demgegenüber sehr wohl eine klare und unmissverständliche Unterscheidung der Begriffe zu entnehmen ist,[30] so wird damit implizit angenommen, dass das Gesetz zumindest klüger ist als die Begründung, die der Gesetzgeber ihm gegeben hat. Denn wenn man die historische Begründung zu Ende denkt, bedeutet das nichts anderes, als dass das Gesetz mehr oder minder zufällig, oder zumindest doch nicht notwendig, bald vom Rechtsgeschäft, bald von der Willenserklärung spricht. Dass das gerade im Allgemeinen Teil, der nach dem Willen des Gesetzgebers vor der Klammer stehen soll und daher Ausstrahlungswirkung auf alle übrigen Bücher des BGB hat, schwerlich vorstellbar ist, liegt nahe. Die besseren Gründe sprechen dafür, dass dem Gesetz eine einheitliche Ordnung zugrunde liegt, die den Kommissionsmitgliedern seinerzeit auch in concreto bewusst war, obwohl sie in den Motiven dann nicht mehr als solche zur Geltung gekommen ist. Es würde die Arbeit der Dogmatik entscheidend verkürzen, wenn sie nur darauf beschränkt wäre, den Willen des historischen Gesetzgebers herauszuarbeiten, und ihr dort Grenzen auferlegt wären, wo sie das bewerkstelligen kann, was nicht zuletzt ihre Aufgabe und ihr Anliegen ist, nämlich Begriff, Systematik und Wertung des Gesetzes miteinander in Einklang zu bringen und im Verhältnis zueinander zu würdigen.

[27] Dazu *Kausch*, Festschrift Otte, 2005, S. 165.

[28] *Rüthers*, JZ 2006, 53, 57; 2008, 446, 449; 2011, 593; dagegen eingehend *Canaris*, JZ 2011, 879.

[29] Mot. I, S. 126 (= Mugdan I, S. 421).

[30] *Leenen*, Festschrift Canaris, 2007, Bd. I, S. 699.

### 2. *Rangfolge der Auslegungskriterien*

Die Kritik an der Fassung des § 355 Abs. 1 S. 1 BGB soll nicht mit dem wohlfeilen Argument vorgebracht werden, dass dem zeitgenössischen Gesetzgeber vergleichsweise umständliche Regelungen unterlaufen, die der historische Gesetzgeber womöglich bündiger formuliert hätte.[31] Doch ist die Einheitlichkeit der Begriffsbildung nicht nur eine Selbstverständlichkeit,[32] sondern auch nicht zuletzt deshalb ein hohes Gut, weil sie neben der allfälligen Rechtssicherheit auch Argumente ermöglicht, die aus dem inneren System der Privatrechtsordnung schöpfen. Zudem ist damit – zumindest mittelbar – auch die Frage nach der Rangfolge der einzelnen Auslegungskriterien tangiert.[33] Denn wenn sich der Wortlaut von der „auf den Abschluss des Vertrags gerichteten Willenserklärung" als pseudopräzise und damit in Wahrheit ungenaue und trügerische Wendung erweist, laufen Wortlautargumente leer, wie weiter oben schon am Beispiel des intentionalen Merkmals („gerichtet") gezeigt wurde. Dem mag man noch entgegenhalten können, dass der Wortlaut immerhin unschädlich ist, weil das Gemeinte hinreichend deutlich werde. Jedoch ist damit, wie sich im Zusammenhang mit der ersten hier gestellten Frage ergibt, notwendigerweise zugleich auch die Systematik des Gesetzes in Frage gestellt. Wenn die Begriffe des Rechtsgeschäfts, Vertrags und der Willenserklärung an allen anderen Stellen des Allgemeinen Teils sowie der übrigen Bücher in einem bestimmten Ordnungszusammenhang verwendet werden, dann stellt die hier angegriffene Formulierung zumindest einen Fremdkörper dar. Auch wenn man angesichts der angestrengt anmutenden Formulierung nicht von einem Redaktionsversehen sprechen will, handelt es sich doch zumindest um eine redaktionelle Ungenauigkeit, um nicht zu sagen: einen Fehlgriff.[34]

Schließlich hat die Fassung des § 355 Abs. 1 BGB auch mögliche Auswirkungen auf die historische Auslegung. Bei neuen Gesetzen geht man davon aus, dass die historische Auslegung einen vergleichsweise größeren Stellen-

[31] Überzeugend etwa *Leenen*, Festschrift Canaris, 2007, Bd. I, S. 699, 719: „So gewiss Gesetzesdogmatik nicht Sache des Gesetzgebers ist (*Canaris*, Festschrift Heldrich, 2005, S. 11, 23; *ders.*, DB 2001, 1815, 1818), so störend können doch dogmatische Fehlgriffe für die systematische Geschlossenheit und wertungsmäßige Folgerichtigkeit des Privatrechts sein. Ein besonderer Fehlgriff dieser Art unterlief dem Gesetzgeber mit der gesetzestechnischen Konstruktion des verbraucherschützenden Widerrufs (...)." – Die Bedenken richteten sich zwar gegen die Vorläufer-Regelungen, doch schneidet die hier kritisierte Regelung wenig besser ab, weil „die in § 355 BGB vorgesehene Lösung des Verbrauchers von der ‚Bindung' an die auf den Vertragsabschluss gerichtete Erklärung gesetzestechnisch ohne Vorbild ist." (*Leenen*, aaO, S. 720).

[32] Siehe den Diskussionsbeitrag von *U. Huber*, in: Karlsruher Forum 2005 (Hg. E. Lorenz).

[33] Grundlegend dazu *Canaris*, Festschrift Medicus, 1999, S. 25 ff.

[34] Vgl. – mutatis mutandis – nochmals *Leenen*, Festschrift Canaris, 2007, Bd. I, S. 699, 719 f.

wert hat, weil der Wille des Gesetzgebers hier noch einfach nachvollziehbar ist und die Gründe, die für die betreffende Regelung ausschlaggebend waren, noch fortwirken.[35] Das wird man bei einer wortlautmäßig und systematisch fragwürdigen Regelung wenigstens nicht einschränkungslos gelten lassen können. Hinzu kommt ein damit zusammenhängender weiterer Umstand, der ebenfalls die Auslegung, wenngleich nicht mehr die klassischen Auslegungskanones, betrifft. Da die Widerrufsrechte letztlich auf europarechtliche Vorgaben zurückgehen, tritt gegenüber den genannten Auslegungsweisen die europarechtskonforme Auslegung ins Blickfeld.[36] In dem Maße, wie Wortlaut und Systematik einer Vorschrift des BGB unverlässlich werden, rückt die europarechtliche Zwecksetzung unfreiwillig und mitunter unverhältnismäßig in den Vordergrund, zumal der wesentliche Vorzug des Bürgerlichen Gesetzbuchs in Gestalt der begrifflichen Präzision und Genauigkeit systematischer Verschränkungen aufgehoben ist.

### *3. Gesetzgebung und Dogmatik*

Die beiden hier gestellten Fragen nach dem Bezugspunkt der Anfechtung und des Widerrufs hängen offenbar noch enger miteinander zusammen, als es zunächst den Anschein hat. Denn der Gesetzgeber des § 355 Abs. 1 S. 1 BGB hat sich offenbar die herrschende Ansicht zur Anfechtung der einzelnen Willenserklärung zu eigen gemacht. Das scheint der Dogmatik ein gutes Zeugnis auszustellen. Immerhin könnte man nunmehr § 355 Abs. 1 S. 1 BGB für die Richtigkeit der dogmatischen Einordnung des § 142 Abs. 1 BGB ins Feld führen – wenn es nicht § 1366 Abs. 2 S. 1 BGB gäbe. Dieser enthält jedoch die im Hinblick auf den Widerruf sachnähere Regelung,[37] an der sich der Gesetzgeber vordringlich hätte orientieren können. Auch wenn der Gesetzgeber gegenüber der durch eine an feste Lehrsätze streng gebundenen Dogmatik vergleichsweise frei ist, entbindet ihn dies nicht von der umfassenden Sichtung der vorgefundenen Begriffe. Die pseudopräzise Wendung in § 355 Abs. 1 S. 1 BGB gibt Anlass zu einer Selbstvergewisserung der Dogmatik und einer geringfügigen Revision durch den Gesetzgeber. Auch wenn diese grundsätzlichen Bedenken vielleicht dramatischer klingen, als es § 355 Abs. 1 BGB nahelegt, sollte bei einer der periodisch fällig werdenden Neuregelungen des Verbraucherschutzrechts klargestellt werden, dass nicht die auf den Abschluss des Vertrags gerichtete Willenserklärung widerrufen wird, sondern schlicht und einfach der Vertrag.

[35] *Fikentscher*, Methoden des Rechts in vergleichender Darstellung, Bd. III, 1976, S. 674.

[36] Zu ihr *Canaris*, Festschrift F. Bydlinski, 2002, S. 47; *ders.*, Festschrift R. Schmidt, 2006, S. 41 ff.

[37] Zum Widerruf im Bürgerlichen Recht *Petersen*, Jura 2009, 276.

# Wissenszurechnung im Zivilrecht unter besonderer Berücksichtigung einer Zurechnung zu Lasten des Versicherungsnehmers

Jürgen Prölss

Das hier vorliegende Buch ist ein „liber amicorum“ und keine normale Festschrift. Daher ausnahmsweise eine persönliche Vorbemerkung.

*Leenen* und ich waren schon in alten Zeiten Mitstreiter als die letzten Assistenten von *Karl Larenz*, ich der etwas ältere, *Leenen* der „Jungspund“, der schon durch hervorragende studentische Leistungen aufgefallen war. Leider verfassten wir unsere Habilitationsschriften nicht besonders schnell, um es euphemistisch auszudrücken. Wir litten darunter, klagten uns oft unser Leid und versuchten, uns gegenseitig zu helfen. Als ich die Habilitationsschrift endlich hinter mich gebracht hatte und mich vor meinem Habilitationsvortrag einem damals berühmten Münchner Öffentlichrechtler vorstellte, meinte dieser auf gut Bayerisch: „Ah, Sie san de Hypothek vom Larenz. Aba da gibt's doch soga no oane“. Diese weitere „Hypothek“ war *Leenen*. Er blieb dann noch einige Zeit in diesem belastenden Status, landete danach aber ziemlich schnell an der Freien Universität, an der wir uns später wieder begegneten. Ich zögerte zunächst, mich auf eine Ausschreibung hin in Berlin zu bewerben, da es mir an der Bonner Universität, an der ich eine Professur innehatte, gut ging. Berlin erschien mir – es war die Zeit vor der „Wende“ – als ziemlich finster: Mauer, „unruhige“ Studenten, viel Armut, unbequeme An- und Ausreise etc. Aber *Leenen* zeigte mir an einem schönen Tag das damalige (West-)Berlin life, von den Villen und Seen im Grunewald bis zum fünften Kreuzberger Hinterhof. Diese Buntheit hat mir gefallen. Und so kam dann auch ich an die Freie Universität. Es war eine angenehme Zeit, auch deshalb, weil sich *Leenen*, wenn man von seinem mehrjährigen USA-Aufenthalt, absieht, meist in Reichweite befand.

*Leenen* hat sich auch mit der Wissenszurechnung befasst und dieser in seinem Lehrbuch über das Rechtsgeschäft einen Abschnitt gewidmet. Zu Recht vertritt er dort die Ansicht, dass man die Wissenszurechnung nicht aus den Regeln der Stellvertretung ableiten kann, sondern andere Wertungen maßgeblich sein müssen (dazu unten III 2 a).

**I.** Bei der Wissenszurechnung geht es darum, dass das Zurechnungssubjekt so behandelt wird als besäße es die Kenntnisse eines Dritten, wobei es auch zu einer Zusammenrechnung der Kenntnisse verschiedener Dritter kommen kann, die erst in ihrer Gesamtheit ein rechtlich relevantes Wissen erzeugen. Sie spielt vor allem dann eine Rolle, wenn an bestimmte Kenntnisse negative Rechtsfolgen geknüpft sind, sei es, dass eine Norm direkt an diese Kenntnisse anknüpft, sei es, dass ihre Anwendung im Einzelfall von diesen abhängt. Jedenfalls geht es im Folgenden um eine Zurechnung zu Lasten des Zurechnungssubjekts. Wenn hier das Augenmerk insbesondere auf die Zurechnung zu Lasten des Versicherungsnehmers (VN) gerichtet wird, so deshalb, weil sich gerade die Figur des „Wissensvertreters" des VN, also desjenigen, dessen Kenntnisse dem VN zugerechnet werden, ziemlich fest etabliert hat und von großer, wenn auch vielleicht nicht immer hinreichend gewürdigter, Bedeutung ist, insbesondere, wenn es um die Pflichten des VN geht, ihm bekannte Tatsachen dem Versicherer mitzuteilen (vgl. z.B. §§ 19 Abs. 1 Satz 1, 30 Abs. 1 Satz 1 VVG), oder um das Verschulden des VN, vor allem, aber nicht nur: um Vorsatz. Außerdem gibt es einige Besonderheiten, die zu berücksichtigen sind. Das ändert allerdings nichts daran, dass im Ausgangspunkt ein allgemeiner Ansatz zur Lösung des Problems der Wissenszurechnung verfolgt wird.

Nicht näher thematisiert wird hier, ob und inwieweit die von einer Person in Computern oder Akten selbst gespeicherten Informationen den präsenten Kenntnissen dieser Person gleichstehen. Hiervon wird hier mit der zumindest h.M.[1] jedenfalls dann ausgegangen, wenn derjenige, der die Information gespeichert hatte, Anlass hatte, sich seiner Informationen zu vergewissern. Für die Konzeption der Wissenszurechnung ist das insofern relevant, als nicht nur fremdes „Kopf-Wissen" Gegenstand der Zurechnung sein kann. Was die Voraussetzungen der Wissenszurechnung angeht, könnte es allerdings eine Rolle spielen, ob die Speicherung einer Information durch den Wissenden als fremde, der Zurechnung bedürftige Information zu behandeln ist oder als „originär" eigene des Zurechnungssubjekts, wenn das Zurechnungssubjekt Zugriff auf die Daten hatte und Anlass, die von dem Wissenden gespeicherten Daten zu nutzen. Dem wird, soweit ersichtlich, meist keine besondere Aufmerksamkeit geschenkt.[2] Hier werden die von dem Wissenden gespeicherten Informationen jedenfalls als dessen Wissen behandelt. Dass das Zurechnungssubjekt Zugang zu den Informationen hatte, spielt für die

[1] Vgl. nur BGHZ 123, 224 = VersR 1993, 1087 = NJW 1993, 2807; VersR 2000, 1486; *Medicus*, Karlsruher Forum 1994, S. 4, 7; *Ellenberger*, in: Palandt, BGB, 71. Aufl. 2012, § 166 Rn. 8.

[2] Allerdings geht *Taupitz*, Karlsruher Forum 1994, S. 16, 28 f. von einem eigenen Wissen aus.

Zurechnung eine Rolle, kann aber die vom Wissenden erworbenen Informationen nicht einfach zu solchen des Zurechnungssubjekts machen. Andernfalls müsste man auch das „Kopf-Wissen“ des Wissenden als Wissen des Zurechnungssubjektes ansehen, wenn es diesem wegen der Bereitschaft des Wissenden zur Offenbarung zugänglich ist.

**II.** Zunächst **zum Verhältnis der Wissenszurechnung zur Zurechnung fremden Verhaltens.**

Im allgemeinen bürgerlichen Recht wird fremdes Verhalten vor allem im Rahmen der Vertragshaftung gemäß § 278 BGB zugerechnet. Im Versicherungsvertragsrecht sollen nach h.M., deren Richtigkeit hier unterstellt wird, Sonderregeln gelten. Danach schadet dem VN, wenn man von dessen gesetzlichem Vertreter absieht, nur das Verhalten seines Repräsentanten[3] und seines Wissenserklärungsvertreters.[4] Es geht damit, was die Haftung des VN für fremdes Verhalten anbelangt, per se nur um die Haftung für das Verhalten dieser Personen.

Wenn jemandem ein fremdes Verhalten zugerechnet wird, so muss dies auch **die Kenntnisse, die das fremde Verhalten begleitet haben**, umfassen, wenn diese für die rechtliche Qualifikation des fremden Verhaltens von Bedeutung sind. Die Kenntnisse des „Fremden“ sind Teil des zuzurechnenden Handelns, das sich nicht im äußeren Bewegungsablauf erschöpft.[5] Insoweit ist die Wissenszurechnung Teil der haftungsrechtlichen Verhaltenszurechnung und bedarf keiner davon unabhängigen Begründung. Eine eigenständige Bedeutung gewinnt die Wissenszurechnung im Zusammenhang mit der Haftung für fremdes Verhalten nur, wenn sich die Zurechnung des fremden Verhaltens für sich genommen nicht zu Lasten des Zurechnungssubjekts auswirkt, weil der fraglichen Person gewisse Kenntnisse fehlten und ihr Verhalten daher „harmlos“ war. Dann kann es über eine Kombination der Zurechnung der Kenntnisse des „Wissensvertreters“ und einer Verhaltenszurechnung dazu kommen, dass das Zurechnungssubjekt so zu behandeln ist, als habe es mit den Kenntnissen des „Wissensvertreters“ so gehandelt wie die Person, deren Verhalten ihm zugerechnet wird. Eine solche Kombination stößt allerdings an gewisse Grenzen, die noch zu behandeln sind (s.u. V 1).

[3] Repräsentant ist kurz gesagt derjenige, dem die vollständige Obhut über das versicherte Interesse überlassen wurde (vgl. *Prölss*, in: Prölss/Martin, VVG, 28. Aufl. 2010, § 28 Rn. 65 m. zahlr. Nachw.). Neben diesem risikoverwaltenden Repräsentanten soll es auch einen vertragsverwaltenden geben (s. *Prölss* a.a.O.).

[4] Das ist derjenige, den der VN mit der Erstattung von Auskünften gegenüber dem Versicherer betraut hat, s. *Prölss* (o. Fn. 3), a.a.O. m. zahlr. Nachw.

[5] Man könnte auch erwägen, ob es um die Zurechnung von Wahrnehmungsakten der Hilfspersonen geht. Vgl. *Prölss*, Festschrift Canaris, 2007, Bd. I, S. 1037, 1061. Dem wird hier nicht näher nachgegangen.

Eine **von der haftungsrechtlichen Bewertung des zuzurechnenden Verhaltens losgelöste Wissenszurechnung** lässt sich über die Fremdhaftungsnormen von vornherein nicht erreichen. Für die Fremdhaftungsnormen sind die Kenntnisse des Handelnden gleichgültig, wenn sie nicht die Bewertung des Handelns prägen. Über die isolierte Zurechnung von Kenntnissen ließe sich diesen Normen daher allenfalls eine Aussage entnehmen, wenn man Wissen und Handeln unter irgendeinem Aspekt gleichsetzen könnte. Das ist von vornherein nicht möglich. Der für die Zurechnung relevante Bezug des Zurechnungssubjekts zu fremdem Handeln ist ein anderer als der zu fremdem Wissen. Das zeigt sich schon daran, dass Handeln eine fassbare Änderung der Realität mit sich bringt, der – etwa unter dem Aspekt des Nutzens – ein Bezug zu einer anderen Person (= dem Zurechnungssubjekt) innewohnen kann, während das Vorhandensein eines Wissens als reines Faktum noch keinen Fremdbezug stiften kann, da es als solches keinerlei Wirkung hat, an der ein solcher Bezug anknüpfen könnte. Das schließt es allerdings nicht aus, dass von einer Warte hoher Abstraktion aus betrachtet Parallelen zwischen den Grundgedanken der Verhaltenszurechnung und denen der Wissenszurechnung bestehen (s.u. IV 1). Aber man kann die Wissenszurechnung eben nicht im Wege der Analogie aus den Normen herleiten, die die Haftung für fremdes Verhalten regeln, was jedenfalls im Erg. der h.M. entspricht.[6]

Man muss also Verhaltens- und Wissenszurechnung trennen. Allerdings soll – das sei schon im hier erörterten Zusammenhang erwähnt – nach einer im Schrifttum vertretenen Ansicht ganz allgemein zwischen einer **„handlungsabhängigen"** und einer **„handlungsunabhängigen"** Wissenszurechnung zu unterscheiden sein.[7] Damit ist offenbar Folgendes gemeint. Wenn das Wissen einer Person in Verbindung mit einem bestimmten Verhalten (Willenserklärung, rechtsgeschäftsähnliches Verhalten, Realakt) für die Rechtsfolgen dieses Verhaltens maßgeblich ist, so sollen unter bestimmten Voraussetzungen die Kenntnisse des Wissenden dem Rechtsfolgeadressaten zuzurechnen sein, wenn der Wissende das Verhalten etwa als Hilfsperson des Rechtsfolgeadressaten an den Tag gelegt hat.[8] In den Fällen, in denen das Wissen per se oder für Handlungen des Zurechnungssubjekts oder einer (anderen) Hilfsperson rechtsfolgebegründend ist, gehe es um die „handlungs-

[6] Z.B. *Baum*, Die Wissenszurechnung, 1999, S. 132 ff. (im Hinblick auf die „handlungsunabhängige" Wissenszurechnung; dazu sogleich im Text); *Bruns*, Voraussetzungen und Auswirkungen der Zurechnung von Wissen und Wissenserklärungen im allgemeinen Privatrecht und im Privatversicherungsrecht, 2007, S. 138; *Heiss* in: Bruck/Möller, VVG, 9. Aufl. 2008, § 28 Rn. 115; *Richardi*, AcP 169 (1969), S. 385, 386; *Taupitz* (o. Fn. 2), S. 50; *Waltermann*, AcP 192 (1992), S. 181, 188. Auch die Rspr. zieht nicht § 278 BGB heran. Anders *Oldenbourg*, Die Wissenszurechnung, 1934, S. 14 ff. Zu *Canaris* s.u. zu Fn. 58.

[7] *Baum* (o. Fn. 6), S. 33 ff.

[8] Zentralnorm für diese Zurechnung soll § 166 Abs. 1 BGB sein (*Baum* a.a.O. S. 49 ff.). Dazu unten III 2 a.

unabhängige" Wissenszurechnung, die anderen Regeln folge.[9] Was unter einer „handlungsabhängigen" Wissenszurechnung zu verstehen sein soll, ist aber unklar. Sollte diese bedeuten, dass zusätzlich zum Verhalten ein Wissen zugerechnet wird, so bleibt offen, weshalb die Wissenszurechnung nicht von der Verhaltenszurechnung umfasst wird, sondern eine eigenständige Bedeutung haben soll. Weshalb ein Handeln andererseits relevant sein soll für eine von der Verhaltenszurechnung unabhängige Wissenszurechnung, ist nicht einzusehen. Es kann allenfalls darum gehen, wie es sich verhält, wenn der Umgang mit dem zuzurechnenden Wissen nicht Sache des Zurechnungssubjekts war, sondern einer Hilfsperson des Zurechnungssubjekts oblag, so dass die Zurechnung des bloßen Wissens keine Anwendung der „Wissensnorm" auf die durch das Handeln der Hilfsperson geprägte Konstellation rechtfertigte (dazu unten IV 2 b, bb). Das hat aber mit einer „handlungsabhängigen" Wissenszurechnung nichts zu tun. Somit gibt es nur eine „handlungsunabhängige" Wissenszurechnung oder eine Verhaltenszurechnung, die eine Zurechnung fremden Wissens umfasst und daher keiner gesonderten Begründung bedarf.[10] Diese Unterscheidung wird des Öfteren nicht gemacht. Darauf ist nicht im Einzelnen einzugehen. Jedenfalls werden hier Probleme der Verhaltenszurechnung und deren Umfangs als solche nicht weiter behandelt.

**III.** Was die Folgen einer Willenserklärung anbelangt, so stellt § 166 Abs. 1 BGB auf die Kenntnisse des Vertreters ab. Das VVG enthält einige Sondernormen (z.B. §§ 2 Abs. 3, 20 Abs. 1 Satz 1), die auch die Kenntnisse des Vertretenen maßgeblich sein lassen. Desgleichen schaden dem VN grundsätzlich die rechtlich bedeutsamen Kenntnisse des Versicherten (§ 47 VVG) und die Kenntnisse der „Gefahrperson" in der Personenversicherung (§§ 156, 179 Abs. 3, § 193 Abs. 2 VVG). Um all dies geht es hier nicht, sondern um **die Voraussetzungen und die Legitimation einer „allgemeinen" Wissenszurechnung** zu Lasten des VN und auch anderer Personen. Daher können die genannten Normen allenfalls einen rechtlichen „Aufhänger" für die Wissenszurechnung bieten. Sonderprobleme, die sich dem Umstand verdanken, dass der VN oder ein anderes Zurechnungssubjekt eine juristische Person oder eine Personengesellschaft ist, werden nicht behandelt.

1. **„Wissensvertreter"** des VN ist nach der Rspr., wer vom VN zumindest seiner tatsächlichen Stellung nach damit betraut worden ist, Tatsachen, deren Kenntnis von Rechtserheblichkeit ist, an seiner Stelle zur Kenntnis zu nehmen.[11] Dass eine untergeordnete Hilfsperson vermöge der ihr übertragenen

[9] Wichtig für *Baum* sind insoweit vor allem § 164 Abs. 3 BGB (dazu unten III 2 b) sowie § 166 Abs. 2 BGB (a.a.O. S. 140 ff., S. 127 ff.).

[10] Krit. auch *Bruns* (o. Fn. 6), S. 149 f.

[11] Z.B. RGZ 101, 402; BGH VersR 1970, 613; 1971, 538; 2005, 218.

Tätigkeit über einzelne Dinge, die mittelbar auch im Rahmen des Versicherungsverhältnisses von Bedeutung sein können, aus rein tatsächlichen Gründen besser unterrichtet ist als der VN, soll nicht genügen.[12] Andererseits braucht der „Wissensvertreter" im Gegensatz zum Repräsentanten nicht in einem Geschäftsbereich von einiger Bedeutung eingesetzt zu sein.[13] In Zusammenfassung, aber auch teilweiser Ergänzung dieser Grundsätze sieht der BGH nunmehr im Anschluss an eine nicht versicherungsrechtliche Entscheidung[14] als „Wissensvertreter" denjenigen an, den der VN dazu berufen hat, im Rechtsverkehr für ihn bestimmte Aufgaben in eigener Verantwortung zu erledigen und die dabei anfallenden Informationen zur Kenntnis zu nehmen und gegebenenfalls weiterzugeben.[15] Dabei dürfte das Erfordernis der Erledigung von Aufgaben im Rechtsverkehr in einem weiten Sinne zu verstehen sein und mit dem Postulat der „Ausgangsformel", wonach es auf Tatsachen ankommt, deren Kenntnis rechtserheblich ist, übereinstimmen.

Dass es eine Wissenszurechnung zu Lasten des VN gibt, bestreitet auch im Schrifttum, soweit ersichtlich, niemand mehr, und auch der Umschreibung des „Wissensvertreters" durch den BGH wird im Großen und Ganzen nicht widersprochen.[16]

**2. a)** Begründet wird die Zurechnung der Kenntnis des „Wissensvertreters" wie im allgemeinen Zivilrecht[17] häufig mit einer **Analogie des § 166 Abs. 1 BGB.**[18] Eine solche ist jedoch nicht möglich. § 166 Abs. 1 BGB rechnet dem Vertretenen nicht die Kenntnisse des Vertreters zu, da der Vertretene überhaupt keine Willenserklärung abgibt.[19] Die Annahme einer Wissenszurechnung würde daher voraussetzen, dass diese nicht untrennbar mit der Zurechnung des rechtsgeschäftlichen Handelns des Vertreters (vielleicht besser: dem Umstand, dass die Folgen eines solchen Handelns den Vertretenen

[12] Z. B. BGH VersR 1957, 386; 1971, 538; 2005, 218 (keine ganz untergeordnete Stellung).

[13] BGH VersR 1970, 613; a. M. *Knappmann*, VersR 1997, 261. Dazu auch unten IV 3 b.

[14] BGHZ 117, 104, 106 ff. = NJW 1992, 1099.

[15] VersR 2000, 1133.

[16] S. nur *Pohlmann*, in: Looschelders/Pohlmann, VVG, 2. Aufl. 2011, § 28 Rn. 82 ff.; *Schwintowski*, in: Berliner Kommentar zum VVG, 1999, § 6 (a.F.) Rn. 249; *Wandt*, in: MünchKomm-VVG, 2010, § 28 Rn. 149. Zu Einzelheiten s.u. IV 3 b.

[17] Z.B. BGHZ 83, 293 = NJW 1982, 1585, 1586; BGHZ 117, 104 = NJW 1992, 1099, 1100; BGH NJW 1989, 2879; *Baum* (o. Fn. 6), S. 49 ff. (allerdings nur für die „handlungsabhängige" Zurechnung; dazu oben II); *Buck*, Wissen und juristische Person, 2001, S. 151 ff.; *Ellenberger*, in: Palandt (o. Fn. 1), § 166 Rn. 6; *Richardi* (o. Fn. 6), S. 395 ff.; *Schilken*, Wissenszurechnung im Zivilrecht, 1983, S. 51 ff.; *Waltermann* (o. Fn. 6), S. 196 f.

[18] Z.B. BGH VersR 2000, 1133; OLG Düsseldorf VersR 2006, 785; *Looschelders*, Vers-Hdb., 2. Aufl. 2009, § 17 Rn. 119; *Pohlmann* (o. Fn. 16), § 28 Rn. 81.

[19] *Leenen*, BGB Allgemeiner Teil: Rechtsgeschäftslehre, 2011, § 4 Rn. 84 (S. 48); *Wilhelm*, AcP 183 (1983), S. 1, 19. Vgl. ferner die Nachw. in Fn. 25.

treffen) verknüpft ist, so dass die Maßgeblichkeit der Kenntnisse des Vertreters Inhalt einer eigenständigen Wertung wäre, auf Grund deren dem Vertretenen auch die Kenntnisse des Vertreters zugerechnet werden.[20] Eine solche Aufteilung ist nicht akzeptabel. Es hätte höchstens vom Boden der vom BGB nicht übernommenen „Geschäftsherrntheorie“[21] einen Sinn, überhaupt daran zu denken, zunächst nur den äußeren Tatbestand einer Willenserklärung für den Vertretenen maßgeblich sein zu lassen und im Hinblick auf die Kenntnisse im Ausgangspunkt auf die Person des Vertretenen abzustellen, um dies dann mit Hilfe einer gesonderten Wissenszurechnung zu „überwinden“. Auch, wenn man in einigen Normen des VVG (z.B. §§ 2 Abs. 3, 20 Abs. 1 Satz 1), nach denen auch die Kenntnisse des Vertretenen relevant sind, ohne dass die Voraussetzungen des § 166 Abs. 2 BGB erfüllt sein müssen, nicht geradezu eine „umgekehrte“ Zurechnung, also eine Zurechnung der Kenntnisse des Vertretenen zum Handeln des Vertreters, sehen will,[22] lässt sich daraus ebensowenig wie aus § 166 Abs. 2 BGB ableiten, dass die Kenntnisse des Vertreters dem Vertretenen auf Grund eines eigenständigen Prinzips zugerechnet werden. Etwas anderes folgt auch nicht daraus, dass § 166 Abs. 1 BGB ohne eigenständige Regelung der Wissenszurechnung überflüssig wäre;[23] denn er ist in der Tat überflüssig und dient nur der Klarstellung einer Übernahme des „Repräsentationsprinzips“ in das BGB und als „Aufhänger“ für die Regelung des § 166 Abs. 2 BGB.[24] Somit folgt die Maßgeblichkeit der Kenntnis des Vertreters allein daraus, dass er im Besitz derselben befugter Weise eine Willenserklärung im Namen des Vertretenen abgegeben hat. Eine Analogie des § 166 Abs. 1 BGB würde daher zumindest voraussetzen, dass der „Wissende“ nach außen, also gegenüber Dritten, für das Zurechnungssubjekt in rechtlich relevanter Weise aufgetreten ist oder jedenfalls ein solches Auftreten des Zurechnungssubjektes geprägt hat, und begründete dann eine Zurechnung des Wissens (oder jedenfalls dessen Maßgeblichkeit) als einer Komponente des zuzurechnenden (oder jedenfalls für das Zurechnungssubjekt maßgeblichen) Verhaltens des Wissenden (s. auch unten IV 3 b), wobei die Fremdwirkung des Verhaltens mit einer Analogie des § 164 Abs. 1 BGB begründet werden müsste. Eine davon unabhängige Wissenszurechnung – und um eine solche geht es hier – lässt sich keinesfalls mit § 166 Abs. 1 BGB begründen.[25]

[20] In diesem Sinne *Richardi* (o. Fn. 6), S. 395 ff.; ferner *Buck* (o. Fn. 16), S. 125 f.; *Waltermann* (o. Fn. 6), S. 197.

[21] Vgl. nur *Schramm*, in: MünchKomm-BGB, 6. Aufl. 2012, vor § 164 Rn. 67.

[22] Vgl. *Leenen* (o. Fn. 19), a.a.O. zu § 166 Abs. 2 BGB.

[23] Anders z.B. *Buck* (o. Fn.17), a.a.O.

[24] S. die von *Buck* a.a.O. zitierten Materialien zum BGB.

[25] Krit. – außer *Leenen* (o. Fn. 19) und *Wilhelm* (o. Fn. 19) – z.B. auch *Baum* (o. Fn. 6), S. 94 ff. (im Hinblick auf eine „handlungsunabhängige“ Zurechnung; dazu s.o. II); *Bruns* (o. Fn. 6), S. 134 ff.

**b)** Zum Teil wird – manchmal als ein zur Heranziehung des § 166 Abs. 1 hinzutretendes oder ein für eine bestimmte Fallgruppe maßgebliches Argument – eine Analogie zu **§ 164 Abs. 3 BGB** erwogen.[26] Dagegen spricht Einiges. Zunächst einmal ist der durch den Empfang der (verkörperten) Erklärung bewirkte Zugang „beim" Vertretenen unabhängig davon, ob der Vertreter Kenntnis von dieser hatte.[27] Außerdem berühren die Wirkungen des Empfangs der Erklärung durch den Vertreter nur die Beziehung des Vertretenen zum Erklärenden. Wollte man daher die Wissenszurechnung aus einer Analogie zu § 164 Abs. 3 BGB herleiten, so setzte dies zumindest voraus, dass jemand (= der „Wissensvertreter") eine Information erhalten hat, die die Beziehungen des Vertretenen zu demjenigen betrifft, der die Information dem „Wissensvertreter" erteilt hat. Eine Wissenszurechnung, die von den Beziehungen des „Vertretenen" zu dem Vermittler einer Information unabhängig ist und auch eine Zurechnung des von dem „Vertreter" auf Grund eigener Wahrnehmungen erlangten Wissens umfasst, lässt sich mit § 164 Abs. 3 BGB nicht begründen. Auch der Versuch, mit Hilfe des § 164 Abs. 3 BGB dem § 166 Abs. 1 BGB ein eigenständiges Prinzip der Wissenszurechnung zu „implementieren",[28] ist zum Scheitern verurteilt.

**c)** Eine neuere Ansicht verzichtet auf die Verortung der Wissenszurechnung in konkreten Normen (oder zieht nur „formal" § 166 BGB heran) und argumentiert mit dem Gedanken einer **Informationsverantwortlichkeit**, also – zumindest der Sache nach – mit einer Art Haftung für Unkenntnis. Danach besteht – zumindest für juristische Personen und die Träger eines Unternehmens – die **Pflicht zur Organisation eines ordnungsgemäßen Informationsaustausches,** die den Gefahren einer Wissensspaltung begegnen soll[29] und aus dem Vertrauen des Rechtsverkehrs[30] oder aus der Veranlassung und Beherrschung der Gefahr durch das Zurechnungssubjekt[31] hergeleitet wird. Aber in vielen Fällen liegt dem Unterbleiben eines konkreten

[26] So vor allem *Bruns* (o. Fn. 6), S. 151 ff. Vgl. ferner *Baum* (o. Fn. 6), S. 140 ff.; *Looschelders* (o. Fn.18), a.a.O.; *Richardi* (o. Fn. 6), S. 398 ff.

[27] Zutreffender Hinweis von *Bohrer*, DNotZ 1991, 126, 127.

[28] *Richardi* (o. Fn. 6), S. 398 ff.

[29] S. insbesondere BGHZ 132, 30 = NJW 1996, 1339, 1340 f. = VersR 96, 628 = JZ 1996, 731 m. Anm *Taupitz*; *Bohrer*, DNotZ 1991, 125, 129 f. (der eine Wissensverantwortung allerdings als ein von der Wissenszurechnung zu unterscheidendes Institut ansieht, was hier keine Rolle spielt); *Taupitz* (o. Fn. 2), S. 16, 25 ff.; ferner z.B. *Baum* (o. Fn. 6), S. 265 ff.; *Grunewald*, Festschrift Beusch, 1993, S. 301, 304 f. (Organ einer jur. Person), 313 (sonstige Personen); *Medicus* (o. Fn. 1), S. 10; *Schramm*, in: MünchKomm-BGB (o. Fn. 21), § 166 BGB Rn. 28 f.

[30] Z.B. BGHZ 132, 30 (o. Fn. 29); *Grunewald* (o. Fn. 29), S. 313; *Schultz*, NJW 1996, 1392, 1393; *Taupitz* ( Fn. 2), S. 28.

[31] Z.B. *Baum* (o. Fn. 6), S. 225 ff., 264 ff.; *Medicus* (o. Fn. 29), S. 11.

Informationsaustausches nicht die Verletzung einer solchen Organisationspflicht – deren Existenz einmal unterstellt – zugrunde oder kann jedenfalls von demjenigen, der sich auf eine Wissenszurechnung beruft, nicht bewiesen werden, so dass häufig, wenn nicht sogar meistens, eine Wissenszurechnung scheitern würde, zumal da derjenige, der über die fragliche Information verfügt, im Hinblick auf die Organisation des Austausches nicht Gehilfe (§ 278 BGB) des Zurechnungssubjekts ist. Allerdings ist auch von einer **Informationsweiterleitungspflicht** die Rede.[32] Die Weiterleitung von Informationen ist aber entweder Teil der Organisationspflicht im Sinne einer Organisation der Weiterleitung. Dann ist die Weiterleitung als solche nicht Gegenstand einer Pflicht und es gilt das eben Gesagte. Oder man begreift die Weiterleitung selbst als Inhalt einer Pflicht. Die Pflicht, bestimmte Informationen weiterzugeben (oder auch: für den Zugriff des Zurechnungssubjekts zu speichern), kann aber nur derjenige haben, der über die Informationen verfügt. Sie kann daher nur den Wissenden treffen (und wohl auch nur gegenüber dem Zurechnungssubjekt), so dass nicht ersichtlich ist, weshalb aus ihrer Verletzung einem uninformierten Dritten (= dem Zurechnungssubjekt) Nachteile in Form einer Wissenszurechnung erwachsen können. Die Gebundenheit einer Weiterleitungspflicht an die Person des Wissenden bedeutet im Übrigen auch, dass der Wissende nicht Gehilfe des Zurechnungssubjekts bei der Erfüllung einer Weiterleitungspflicht (oder Speicherungspflicht) sein kann.[33]

Im Zusammenhang mit der Pflicht zur Organisation eines ordnungsgemäßen Informationsaustausches wird schließlich auch auf eine **Pflicht zur Abfrage von Informationen**, die im Bereich des Zurechnungssubjekts vorhanden sind, abgestellt.[34] Insoweit geht es darum, dass der Wissende ein Informationsspeicher ist, auf den das Zurechnungssubjekt (oder ein „Abfragegehilfe", dessen Verhalten sich das Zurechnungssubjekt zurechnen lassen muss; § 278 BGB), Zugriff hatte und diesen pflichtwidrig unterließ.[35] Das bedeutet nichts anderes als die Sanktion der Verletzung einer Informationsbeschaffungspflicht. Wenn man aber die Verletzung einer Pflicht zur Kenntnis – und das ist die Abfragepflicht jedenfalls dann, wenn nicht die Abfrage

[32] Z.B. BGHZ 132, 30 (o. Fn. 29); *Taupitz* (o. Fn. 2), S. 26 f.

[33] Anders bei Sonderverbindungen *Baum* (o. Fn. 6), S. 303 (§ 278 BGB), der aber ungenau von einer Pflicht zur Verfügbarmachung von Informationen spricht.

[34] BGHZ 132, 30 (o. Fn. 29); *Taupitz* (o. Fn. 2), S. 29, allerdings nicht unter dem Aspekt der Zurechnung fremden Wissens, sondern dem des Vorhandenseins eines eigenen Wissens des Zurechnungssubjekts: Verantwortlichkeit für eigenes Wissen (dazu oben I). Darauf Bezug nehmend BGH a.a.O. S. auch die nächste Fn.

[35] Sieht man von dem Wissenden gespeicherte Informationen, die dem Zugriff des Zurechnungssubjekts zugänglich sind, als eigenes Wissen bei einem Anlass zu deren Abruf an (dazu oben I), so soll es nach einer Ansicht um eine Verantwortlichkeit für eigene Informationen gehen (s. vorh. Fn.). Das ändert an der folgenden Kritik nichts.

vom Zurechnungssubjekt selbst gespeicherter Daten in Frage steht – als Grundlage einer Wissenszurechnung nimmt, so führt dies unabweisbar zu einer Gleichsetzung von Wissen und Wissenmüssen.[36] Daran ändert es nichts, dass es um vorhandene Informationen über Tatsachen geht und nicht um die Eruierung von Tatsachen selbst, die im Bereich des Zurechnungssubjekts liegen. Die Eruierung solcher Tatsachen macht, soweit ersichtlich, niemand zum Inhalt einer Pflicht, deren Verletzung zur Annahme der Kenntnis der Tatsachen führt, jedenfalls nicht, wenn es um Kenntnisse des VN geht. Aber warum ist die Pflicht zum Zugriff auf fremde Informationen etwas anderes als eine Pflicht zur direkten Eruierung von Tatsachen, sofern diese, weil im Bereich des Zurechnungssubjekts liegend, ohne große Schwierigkeiten zugänglich sind? Man könnte höchstens darauf verweisen, dass der Zugriff auf im Bereich des Zurechnungssubjekts vorhandene Informationen einfacher ist als die noch ausstehende Ermittlung im Bereich des Zurechnungssubjekts liegender Tatsachen. Das mag häufig, wenn auch keineswegs immer, so sein. Die Grenzlinie zwischen Kenntnis und Kennenmüssen ist aber keine Frage eines unterschiedlich großen Aufwandes. Wollte man auf den unterschiedlichen Aufwand abstellen, so müsste man auch berücksichtigen, dass bei bereits vorhandenen Informationen der Ermittlungs- (und Speicherungs-)Aufwand schon angefallen ist. Dass derjenige, der diesen Aufwand in dem Zeitpunkt, in dem die Kenntnis relevant wird, noch betreiben müsste, rechtfertigte es nicht, ihm keinerlei Pflicht zur Informationsgewinnung aufzuerlegen, während man demjenigen, dem fremde Informationen auf Grund eines früheren Aufwandes zugänglich sind, unter Berufung auf den nunmehr geringeren Aufwand in die Pflicht nimmt. Dem kann man nicht entgegenhalten, dass das Vorhandensein „parater" Kenntnisse, in den Fällen, in denen diese schaden, eben notwendig eine Bevorzugung des bislang Uninformierten bedeute. Das ist zwar richtig, aber darum geht es nicht, sondern vielmehr darum, dass in den hier angesprochenen Fällen eine „Distanz des Zurechnungssubjektes zur Information" besteht, die mit Hilfe des Aufwandsaspektes bei Vorhandensein einer fremden, wenn auch im Bereich des Zurechnungssubjektes vorhandenen, Information durch die Annahme einer Informationsverschaffungspflicht überbrückt werden soll (Zugriffspflicht), nicht aber beim Fehlen einer solchen Information trotz Zugänglichkeit der maßgeblichen Tatsachen (keine Eruierungspflicht). Kurz: Sobald man die Wissenszurechnung von einer Pflicht zur Kenntnis des Zurechnungssubjektes abhängig macht, geht es in allen Fällen nicht um Wissen, sondern um Wissenmüssen.

Außer diesen Bedenken bestehen weitere, hier nur anzudeutende Zweifel an der Lösung der Frage der Wissenszurechnung mit Hilfe der Annahme

[36] So auch z.B. schon *Buck* (o. Fn. 17), S. 439; *Koller*, JZ 1992, 75, 78, 85.

irgendwelcher Pflichten. Die Pflichten müssten solche des Zurechnungssubjekts gegenüber denjenigen sein, denen gegenüber die Kenntnisse des Zurechnungssubjektes relevant werden können, also den von einer Wissenszurechnung Profitierenden. Was die Weiterleitungspflicht anbelangt, so kann diese, wie schon gesagt, das Zurechnungssubjekt nicht treffen, sondern höchstens den Wissenden. Eine Weiterleitungspflicht des Wissenden könnte jedoch nur eine Sanktion gegenüber dem Wissenden auslösen. Und weiter: Wie ist eine Pflicht zur Kenntnis einzuordnen? Ist sie eine vorvertragliche oder eine vertragliche Schutzpflicht oder – zumindest auch – eine Verkehrspflicht? Um alle Konstellationen zu erfassen, in denen eine fremde Kenntnis das Zurechnungssubjekt belastet, müsste man wohl auch eine Verkehrspflicht annehmen.[37] Eine solche läge aber völlig außerhalb des Deliktsrechts und dürfte sich daher nur schwer begründen lassen. Der Hinweis auf das Vertrauen des Rechtsverkehrs auf die Verfügbarkeit der Kenntnis bei einem wohl organisierten Zurechnungssubjekt[38] hilft nicht weiter. Mit einer solch pauschalen Heranziehung des Vertrauensgedankens kann man alles Mögliche begründen, was dem geltenden Haftungssystem widerspricht.[39] Schließlich: Soll es auf ein Verschulden des Zurechnungssubjektes ankommen oder soll das Risikoprinzip maßgeblich sein, was offenbar die meisten Vertreter des Pflichtgedankens stillschweigend annehmen?[40] Eine Risikohaftung für Pflichtverletzungen ist allerdings schwer zu begründen.[41] Abgesehen davon müsste jedenfalls zwischen der Pflichtverletzung und der Unkenntnis des Zurechnungssubjekts oder der für die fragliche Angelegenheit zuständigen Hilfsperson ein Kausalzusammenhang bestehen, was, soweit ersichtlich, nicht postuliert wird.[42] Vermutlich will man allerdings die Wissenszurechnung überhaupt nicht als Schadensersatzhaftung konzipieren, weil sie nicht – wenigstens nicht direkt – auf einen Nachteilsausgleich gerichtet ist, sondern begreift sie als Pflichtverletzungshaftung eigener Art.[43] Aber immerhin be-

[37] Hierfür z.B. *Baum* (o. Fn. 6), S. 255 f., 267. Vgl. auch BGHZ 132, 30 (o. Fn. 29): Herleitung aus dem Gedanken der Gefahrbeherrschung „ähnlich wie eine Verkehrspflicht".

[38] S.o. Fn. 30.

[39] Krit. gegen die Heranziehung des Vertrauensgedankens auch *Baum* (o. Fn. 6), S. 210 ff. (im Hinblick auf die „handlungsunabhängige" Zurechnung [dazu oben II] des Wissens einer Hilfsperson); *Koller* (o. Fn. 36), S. 80 (teilweise).

[40] Ausdrücklich gegen eine Risikohaftung aber *Baum* (o. Fn. 6), S. 250, 254 f.

[41] S. *Baum* (o. Fn 6), a.a.O. (o. Fn. 40).

[42] Vermutlich geht man davon aus, dass mit der Pflichtverletzung auch die Kausalität zu bejahen ist. Das muss aber nicht so sein. Angenommen, das Zurechnungssubjekt hat es unterlassen, den Wissenden anzuweisen, ihm bestimmte Informationen weiterzuleiten. Dann steht noch nicht fest, ob der Wissende im Falle einer entsprechenden Anweisung das Wissen weitergeleitet hätte. Man mag dem durch die Wissenszurechnung Begünstigten insoweit Beweiserleichterungen einräumen. Aber jedenfalls ist die Frage der Kausalität zunächst einmal aufgeworfen.

[43] Dazu *Baum* (o. Fn. 6), S. 291 f.

lastet die Wissenszurechnung das Zurechnungssubjekt zugunsten eines anderen, dem sie zugute kommt. Wenn sie daher die Folge einer Pflichtverletzung sein soll, kann man sie nicht völlig von schadensersatzrechtlichen Kategorien lösen. Andernfalls hätte die Anknüpfung an eine Pflichtverletzung keinen Sinn.

Völlig ausgeblendet wird von der eine Informationsverantwortlichkeit annehmenden Ansicht im Übrigen, wie es mit der Wissenszurechnung steht, wenn das Zurechnungssubjekt **nicht Herr einer arbeitsteiligen Organisation** ist und es um ein Wissen geht, das das Zurechnungssubjekt zufällig nicht selbst besitzt, wohl aber eine Person in seinem „Bereich", eine im versicherungsrechtlichen Kontext nicht ganz seltene Situation.[44] Dann kann eine Wissenszurechnung nicht von vornherein ausscheiden. Nach welchen Grundsätzen soll sie sich aber richten?

**d)** In einer einzelnen Person sind Kenntnisse versammelt, die bei einer Organisation (auch bei einer mit Hilfspersonen agierenden Einzelperson) auf verschiedene Personen verteilt sind. Daraus wird zum Teil gefolgert, dass der durch die Wissenszurechnung Begünstigte ohne eine Wissenszurechnung schlechter stehe als für den Fall, dass er sich einer Einzelperson (ohne Hilfskräfte) gegenüber sieht, und diese als sachlich ungerechtfertigt empfundene Schlechterstellung durch eine Wissenszurechnung ausgeglichen werden müsse.[45] Dieses – auch zusätzlich zu anderen Begründungen herangezogene – **Gleichstellungsargument** würde – jedenfalls, wenn man es konsequent handhabte – bedeuten, dass das ganze in einer Organisation vorhandene Wissen dem Träger der Organisation zugerechnet würde, jedenfalls dann, wenn man daraus nicht nur eine Informationsverantwortlichkeit im oben kritisierten Sinne herleiten wollte[46]. Das ist nicht akzeptabel.[47] In einer arbeitsteiligen Organisation sind mehr Informationen vorhanden als eine Einzelperson besitzen könnte, was nicht einfach dadurch kompensiert wird, dass sich eine Organisation auch mit mehr Angelegenheiten befasst als eine Einzelperson.[48] Die Wissenszurechnung per Gleichstellungsargument kann daher zur Schlechterstellung einer Organisation im Vergleich zu einer Einzelperson führen. Jedenfalls lässt sich eine Privilegierung ohne Zurechnung des gesam-

[44] Deshalb weist *Looschelders* (o. Fn. 18), § 17 Rn. 114 zu Recht darauf hin, dass man nicht nur den betrieblichen Bereich ins Auge fassen dürfe.

[45] Z.B. BGHZ 132, 130 (o. Fn. 29) im Hinblick auf Gemeinden und sonstige juristische Personen; BGHZ 135, 202 = NJW 1997, 1917, 1918 im Zusammenhang mit § 166 Abs. 1 BGB; *Canaris*, in: Bankvertragsrecht, Großkomm.-HGB, Bd. 5, 4. Aufl. 2005, Rn. 106; *ders.*, Karlsruher Forum 1994, S. 33; *Medicus* (o. Fn. 1), S. 11 ff., 15.

[46] In diesem Sinne BGHZ a.a.O.

[47] Krit. auch *Baum* (o. Fn. 6), S. 185 ff., 204 ff. (allerdings nur teilweise); *Bruns* (o. Fn. 6), S. 146; *Koller* (o. Fn. 36), S. 77 ff.

[48] *Baum* (o. Fn. 6), S. 206 f.; *Koller* (o. Fn. 36), S. 80.

ten „Organisationswissens" nicht generell unterstellen. Außerdem kann die Arbeitsteilung im Bereich des Zurechnungssubjekts Vorteile für die durch eine Wissenszurechnung Begünstigten haben, die auch in Anschlag gebracht werden müssten.[49] Hinzukommt, dass man den Umfang des Wissens einer Einzelperson nicht erfassen kann, auch nicht im Wege einer typisierenden Betrachtungsweise. Somit fehlt es an einem Maßstab, anhand dessen man in einer Organisation vorhandene Informationen mit dem Wissen einer Einzelperson vergleichen kann.[50] Und schließlich: Soll wirklich die ohne Hilfspersonen agierende Einzelperson das Maß aller Dinge sein? Wenn dem so wäre, so würde man eine Lage à la Robinson zum Modell nehmen, in der sich die Zurechnungsfrage wegen der „Einsamkeit" des Zurechnungssubjekts gar nicht stellen kann. Das würde der Realität nicht gerecht. All dies spricht auch – unabhängig von der schon an der Annahme einer Informationsverantwortlichkeit geübten Kritik – dagegen, eine solche Verantwortlichkeit mit dem Gleichstellungsargument zu begründen, obwohl dann wohl ein gewisser Filter im Hinblick auf die Menge der zuzurechnenden Informationen bestünde. Im Übrigen wird das Zurechnungsproblem mit dem Gleichstellungsargument ebensowenig wie mit der Annahme einer Informationsverantwortlichkeit gelöst, wenn nicht eine arbeitsteilige Organisation in Frage steht, sondern eine unwissende Einzelperson, in deren „Bereich" Kenntnisse vorhanden sind, die ihre Existenz nicht einer arbeitsteiligen Wissensaufspaltung verdanken. Eine solche Situation ist, wie schon gesagt, nicht gerade selten, wenn das Zurechnungssubjekt ein VN ist.

Das Gleichstellungsargument wird auch herangezogen, um die Wissenszurechnung kraft Informationsverantwortlichkeit zu **begrenzen**: keine Schlechterstellung des arbeitsteilig organisierten Zurechnungssubjekts. Damit wird vor allem die Frage der Dauer der Vorhaltung einer Information angesprochen, die sich für die Befürworter des Gleichstellungsargumentes oder einer mit diesem unterfütterten Informationsverantwortlichkeit stellt (dazu unten 3 a, bb).

**e)** Gelegentlich wird auch **§ 242 BGB** wenigstens als Grundlage von Teilbereichen der Wissenszurechnung herangezogen.[51] Der Rekurs auf § 242 BGB könnte aber nur die äußerste Notlösung sein und hätte den Nachteil, den Weg für mehr oder weniger beliebige Topoi als Kriterien der Wissenszurechnung frei zu machen. Man sollte aber erwarten, dass das Fehlen einer ausdrücklichen Regelung bei einer Materie wie der Wissenszurechnung eine

[49] *Koller* (o. Fn. 6), S. 77.

[50] *Baum* (o. Fn. 6), S. 208.

[51] Z.B. RGZ 101, 402, 403; OLG Hamm VersR 1977, 132 und insbesondere *Buck* (o. Fn. 17), S. 448 ff.

Lücke des Gesetzes darstellt, die sich mit Hilfe des Gesetzes und daraus herzuleitender einigermaßen konturierter Kriterien füllen lässt. Sollte das nicht gelingen, so ist immerhin zweifelhaft, ob man überhaupt eine Wissenszurechnung de lege lata in größerem Umfang anerkennen kann. Dass eine Wissenszurechnung „irgendwie" dem Rechtsgefühl entspricht, genügt jedenfalls nicht, um sie als umfängliches Rechtsinstitut trotz des Fehlens ausdrücklicher Regelungen über § 242 BGB zu etablieren. Allerdings werden im Zusammenhang mit § 242 BGB zum Teil schon bisher in die Debatte geworfene Aspekte ansatzweise berücksichtigt, insbesondere der Aspekt der Informationsverantwortlichkeit.[52] Durch deren Ansiedlung bei § 242 BGB mag man sie von manchen Mängeln befreien können, mit denen sie bei der versuchten Anbindung an konkretere Normen oder Prinzipien behaftet sind. Aber diese „Reinigung" mit Hilfe des § 242 BGB schwebt dann eben mehr oder weniger im freien Raum. Zieht man andererseits den Aspekt der unzulässigen Rechtsausübung als einer der etablierten von § 242 BGB erfassten Fallgruppen heran (Berufung auf Unwissen als Rechtsmissbrauch),[53] so liegt es – auch in Anlehnung an § 162 Abs. 1 BGB – nahe, an eine vorsätzliche Verhinderung des Erwerbes der in Frage stehenden Kenntnis – auch durch eine entsprechende Organisation – zu denken,[54] und es ist schwierig, andere Fälle unter diesem Aspekt zu erfassen. Es ist aber schwer einzusehen, dass eine Wissenszurechnung nur in den Vorsatzfällen Platz greifen soll. Allerdings wird unter der Flagge des § 242 BGB auch der Zweck der „Wissensnormen" ins Spiel gebracht: Die Anwendung einer Norm verstoße gegen Treu und Glauben, wenn sie nicht dem Normzweck entspreche.[55] Das ist nicht korrekt. Die Berücksichtigung des Zweckes einer Norm ist nicht eine Frage von Treu und Glauben.

**f)** Schließlich wird bisweilen auf die Herleitung allgemeiner Regeln resignativ verzichtet und im Zusammenhang mit den **einzelnen „Wissensnormen"** auf unterschiedliche Gesichtspunkte zurückgegriffen,[56] wobei als „Wissensnormen" offenbar nur Bestimmungen angesehen werden, die direkt auf die Kenntnis von Umständen gemünzt sind (z.B. § 463 S. 2 BGB a.F., § 852 BGB a.F.).[57] Das Wissen einer Person kann aber auch im Zusammenhang mit anderen Normen relevant werden, z.B. mit solchen, die an die (grobe) Fahrlässigkeit eines Verhaltens anknüpfen. Dann kann es auch darauf

[52] *Buck* (o. Fn. 6), S. 454 f.

[53] *Buck* (o. Fn. 6), S. 448 ff.

[54] Vgl. *Buck* (o. Fn. 6), S. 455.

[55] *Buck* (o. Fn. 6), S. 456.

[56] *Koller* (o. Fn. 36), S. 81 ff. Vgl. auch *Buck* (o. Fn. 6), S. 456 ff. (jedenfalls teilweise und unter Heranziehung des § 242 BGB; s. oben e).

[57] *Koller* (o. Fn. 36), a.a.O.

ankommen, welche Umstände das Zurechnungssubjekt kannte und welche nicht, und es dürfte nicht möglich sein, bestimmte Zwecke solcher Normen ausfindig zu machen, denen sich etwas für die Wissenszurechnung entnehmen lässt. Das nötigt dazu, allgemeine Prinzipien zu finden, die dann auch Geltung für die speziellen Wissensnormen haben, wenn deren Zweck nicht Abweichungen erfordert.

**IV 1.** Wenn hier die geschilderten – nicht voll entfalteten und nicht anhand ihrer Details umfänglich gewürdigten – Ansichten zur Legitimation einer Wissenszurechnung zurückgewiesen wurden, so bedeutet dies keineswegs, dass die hinter diesen stehenden sachlichen Aspekte inakzeptabel sind und hier eine völlig neue Sicht der Dinge geboten wird. Aber die etwaige Relevanz und Konturierung der Aspekte ergeben sich eben erst aus einer zutreffenden Legitimation der Wissenszurechnung.

Die hier kritisierten Ansichten suchen nach Normen oder Verantwortlichkeiten, die zu einer Wissenszurechnung führen, deren Folge dann die Anwendung der Normen ist, für die die Kenntnisse des Zurechnungssubjekts relevant sind, wozu – jedenfalls nach der hier vertretenen Ansicht – auch die Normen gehören, die nicht auf ein Wissen Bezug nehmen, deren Anwendung im Einzelfall aber von Kenntnissen des Zurechnungssubjekts abhängen (s.o. III 2 f). Sie berufen sich somit auf Zurechnungsprinzipien, die zwar im Hinblick auf „Wissensnormen“ relevant sind, aber nicht unmittelbar aus deren Existenz abgeleitet werden und insofern „originär“ sind, wenn man einmal von den Ansichten absieht, die den einzelnen „Wissensnormen“ Aussagen über die Wissenszurechnung entnehmen wollen (s.o. III 2 f; zu diesen weiter unten im Text). Dieses Vorgehen stößt, wie gezeigt, auf Schwierigkeiten. Das legt es nahe, die Wissenszurechnung als eine **Identitätsfiktion** zu betrachten, **die nicht Ausfluss eines originären Zurechnungsgrundes** ist, sondern sich an vorhandene Normen, also die „Wissensnormen“, anlehnt und ein von diesen abgeleitetes Zurechnungsbedürfnis befriedigt: Die fehlende Identität von Wissendem und Zurechnungssubjekt wird ignoriert, weil sie in den Fällen, in denen der Erwerb fremden Wissens einen eigenen Wissenserwerb des Zurechnungssubjekts ersetzt (= „Wissensvertretung“), keinen sachlichen Grund dafür bildet, einen Dritten im Hinblick auf die Anwendung bestimmter Rechtsnormen schlechter zu stellen als er im Falle der Identität stünde. Grundlage der Wissenszurechnung ist also der Gleichbehandlungsgrundsatz und eben deshalb bedarf die Zurechnung keiner ausdrücklichen gesetzlichen Legitimation. Es wird jedoch nicht eine arbeitsteilige Organisation mit einer Einzelperson (ohne Hilfskräfte) verglichen (dazu oben III 2 d). Vielmehr werden den von einer Norm erfassten Fällen Situationen gegenüber gestellt, in denen der Tatbestand der Norm nicht erfüllt ist, weil ein Teil seiner Voraussetzungen (= ein bestimmtes Wissen) nicht in der Person des Zurechnungssubjekts, sondern der eines Dritten gegeben ist. Das bedeutet, dass es um eine **Analogie** der Vorschriften geht, für deren Anwendung das Vorhandensein eines Wissens relevant ist. Im Ausgangspunkt verhält es sich wie bei – der ausdrücklich geregelten und daher nicht auf eine Analogie der die Vertragshaftung regelnden Vorschriften angewiesenen – Erfüllungsgehilfenhaftung nach § 278 BGB, bei der auch eine Identifikation stattfindet.[58] Nur geht es bei der Wissenszurechnung nicht um eine solche des Zurechnungssubjektes mit dem haftungsrechtlich relevanten Verhalten eines Dritten. Darauf, dass im Hinblick auf die Identifikation eine Parallele zwischen der Haftung nach § 278 BGB und der Wissenszurechnung besteht, wurde zu Recht schon in der Diskussion über die Wissenszurechnung hingewiesen,[59] wenngleich unter dem Aspekt einer Gleichbehandlung eines arbeitsteiligen Unternehmens mit einer Einzelperson (dazu oben III 2 d).

Die hier vorgeschlagene Sichtweise unterscheidet sich schon im methodischen Ansatzpunkt von derjenigen, die den einzelnen „Wissensnormen" Aussagen über die Wissenszurechnung entnehmen will. Zwar versucht die letztere, aus den Wertungen der Wissensnormen „Kapital zu schlagen", und will somit – wie die hier vertretene Ansicht – ein von den Wissensnormen abgeleitetes Zurechnungsbedürfnis ins Spiel bringen. Aber sie stellt eben nicht generell den „Wissensnormen" bestimmte Konstellationen gegenüber, die auf Grund des Geleichbehandlungsgrundsatzes eine Anwendung der Normen trotz der Unkenntnis des Zurechnungssubjektes erfordern.

**2.** Es kommt also darauf an, ob das fremde Wissen einem eigenen Wissen des Zurechnungssubjekts **gleichsteht**.

Die schlichte Existenz einer Information ist als bloßes Faktum belanglos. Daher kann eine fremde Information als Faktum – anders als das Ergebnis einer fremden Tätigkeit – keinen vom Inhaber der Information ablösbaren Bezug zum Zurechnungssubjekt haben und daher auch nicht Ansatzpunkt einer Gleichstellung sein. Vielmehr muss man die Information **als Orientierungsdatum** für ein Verhalten des Zurechnungssubjekts in den Blick nehmen. Die Normen, um die es geht, müssen daher daran anknüpfen, dass das Wissen seinem Inhalt nach hätte eingesetzt werden können oder auch sollen, um das Verhalten des Zurechnungssubjekts in bestimmter Weise zu steuern. Und dies ist der Fall, wenn für den Eintritt nachteiliger Rechtsfolgen ein Wissen relevant ist. Nicht das schlichte Vorhandensein des Wissens ist letztlich für die Rechtsfolgen maßgeblich, sondern das Unterbleiben des Einsatzes des Wissens. Das bedeutet für die Gleichstellung fremden Wissens mit einem eigenen Wissen einer Person: Dass nicht das Zurechnungssubjekt etwas weiß, sondern eine andere Person, kann keine Rolle spielen, wenn das

[58] Näher *Prölss*, Festschrift Canaris 2007, Bd. I, S. 1037, 1048 m. w. Nachw.

[59] *Canaris*, Karlsruher Forum 1994, S. 34.

fremde Wissen als Orientierungsdatum einem eigenen Wissen des Zurechnungssubjekts gleichsteht.

Bei der folgenden Konkretisierung dieses Ansatzes soll der **VN** die Rolle des Zurechnungssubjekts übernehmen. Soweit die Ausführungen nicht speziell auf das Versicherungsrecht Bezug nehmen, gelten sie aber auch für andere Zurechnungssubjekte (weshalb bei Zitaten nicht immer darauf hingewiesen wird, dass die zitierten Ansichten sich nicht gerade auf VN beziehen).

a) Die Gleichstellung setzt – nunmehr auf den VN gewendet – zunächst voraus, dass das fremde Wissen seinem Inhalt nach für die Behandlung von Angelegenheiten des VN bedeutsam war (dazu näher unten 3 a) und der VN es daher **berücksichtigen wollte**, sei es zur Steuerung eines eigenen Verhaltens, sei es zur Steuerung des Verhaltens einer Hilfsperson. Dabei ist davon auszugehen, dass der VN Informationen, die einer vernünftigen Person in seiner Situation als bedeutsam erscheinen, als relevant betrachtet und den Willen hat, solche Informationen zu berücksichtigen. Das gilt auch im Hinblick auf Informationen, an deren Missachtung die „Wissensnorm" Rechtsfolgen knüpft. Der Wille, solche Informationen von vornherein außer Betracht zu lassen, kann nicht ex ante unterstellt werden. Außerdem wäre es arglistig und daher unbeachtlich, wenn der VN die Kenntnisse, die ihm „schaden", weil er sie möglicherweise zugunsten eines Dritten, also des Versicherers, einsetzen muss, von vornherein von sich fernhalten wollte. Schließlich ist anerkannt, dass die bewusste Verhinderung einer rechtlich relevanten Kenntnis den Arglisteinwand begründen kann.[60] Allerdings weiß man nicht, ob der VN die Kenntnis in einer Weise berücksichtigt hätte, die zur Anwendung der Wissensnorm geführt hätte. Das spielt aber keine Rolle. Entweder er hätte die Kenntnis im Sinne der „Wissensnorm" eingesetzt oder nicht. In jedem Falle wäre die Reaktion auf das Wissen dem durch die „Wissensnorm" Begünstigten zugute gekommen.

b) Für die Gleichstellung fremden Wissens mit einem eigenen des VN genügt es nicht, dass der VN eine unabhängig von ihm gewonnene Information von demjenigen, der über sie verfügt, erwerben konnte. Zwar kann der VN eine solche Information nach deren Erwerb nutzen und erspart sich dann eigene Informationsbemühungen. Wenn aber schon das schlichte Vorhandensein der fremden Information die Zurechnung begründen soll, muss schon ex ante ein die Zurechnung rechtfertigender Bezug des VN zu dieser bestehen und d.h. die Information muss das **Ergebnis einer den VN entlastenden Informationsgewinnung** sein. Allerdings kann das Ergebnis

[60] Vgl. z.B. im Hinblick auf die Kenntnis einer Gefahrerhöhung (§ 23 VVG) *Prölss* (Fn. 3), § 23 Rn. 45 m. Nachw.

fremder Informationsgewinnung einer selbst gewonnenen Information nie völlig gleichstehen, da sich die fremde Information an einem anderen „Ort" befindet als sie sich befunden hätte, wenn der VN die Information selbst gewonnen hätte. Das spielt aber keine Rolle. Es genügt, dass auch die Speicherung der Information im Gedächtnis des Wissenden oder in einem von diesem benutzten Medium (Computer, Akten) an die Stelle einer eigenen Speicherung durch den VN tritt, der Wissende also als „Wissensspeicher" des VN fungiert, und eben dies ist bei einer den VN entlastenden Informationsgewinnung der Fall, wie sich noch zeigen wird (s. unten bb).

**aa)** Eine Informationsgewinnung an Stelle des VN setzt zunächst voraus, dass der Wissende unmittelbar oder mittelbar damit betraut war, die Information zu gewinnen und d.h.: der VN muss **die Informationsgewinnung willentlich veranlasst haben**. Das ist nicht nur der Fall, wenn der VN den Wissenden speziell damit betraut hatte, die fragliche Information für ihn zu gewinnen. Es genügt, dass der Wissende die Information im Zuge einer für den VN entfalteten und von diesem veranlassten Tätigkeit erlangt hat, wenn bei dieser Tätigkeit typischer Weise Informationen wie die in Frage stehende anfallen; denn mit der Delegation der Tätigkeit ist die Entlastung von eigenen Bemühungen, solche Informationen zu gewinnen, verbunden. Das bedeutet zugleich, dass Kenntnisse, die mehr oder weniger zufällig im Verlauf einer Tätigkeit gewonnen wurden, außer Betracht zu bleiben haben. Ferner scheiden Informationen, die der Wissende nicht auf die genannte Weise erworben hat, also etwa **„privates" Wissen**, als Gegenstand der Wissenszurechnung aus[61] und kommen höchstens als Komponente eines zuzurechnenden fremden Verhaltens in den Blick. Zwar kann sich der VN solche Informationen unter Umständen zunutze machen, indem er sich an den Wissenden wendet und sich die Informationen übertragen lässt. Das genügt aber, wie dargetan, nicht, um eine Wissenszurechnung zu rechtfertigen, da eine Gewinnung der Information an Stelle des VN erforderlich ist. Dies folgt im Ergebnis auch mittelbar aus § 70 Satz 2 VVG. Wenn der Versicherer sich keine Kenntnisse des Versicherungsvertreters zurechnen lassen muss, die dieser außerhalb seiner Tätigkeit erlangt, so muss Entsprechendes auch für die Kenntnisse von Hilfspersonen des VN gelten.

**bb)** Dass im Zuge einer vom VN veranlassten Tätigkeit irgendwelche Informationen anfallen, reicht nicht aus, um den VN von deren Gewinnung zu entlasten; denn die bloßen Wahrnehmungen eines anderen nützen dem

[61] Im Erg. ebenso *Baum* (o. Fn. 6), S. 146; *Bruns* (o. Fn. 6), S. 179; *Looschelders* (o. Fn. 18), § 17 Rn. 117; *Taupitz* (o. Fn. 2), S. 27. Einschränkend *Grunewald* (o. Fn. 29), S. 306 (im Hinblick auf Organmitglieder).

VN noch nichts. Vielmehr müssen die Informationen für den VN bereit stehen. Der Wissende muss also auch den sich zumindest aus den Umständen ergebenden „Auftrag“ gehabt haben, die fraglichen Informationen **festzuhalten** und an den VN oder eine Hilfsperson **weiterzuleiten** oder sie jedenfalls **für deren Zugriff verfügbar zu halten.** Fehlt es an einem solchen „Auftrag“, scheidet allerdings eine Wissenszurechnung nicht aus. War die Information dem Wissenden **tatsächlich** (noch) **verfügbar** und stand dem Zugriff des VN offen und **wusste** darüber hinaus der VN, dass im Zuge der Tätigkeit des Wissenden einschlägige Informationen anfallen würden, so stand ihm die fragliche Information so zu Gebote, wie wenn der VN auch einen „Auftrag“ in Form eines „Auftrages“ zur Vorhaltung solcher Informationen erteilt hätte. Dabei bedeutet „einschlägig“, dass die Informationen ihrer Art nach für die fragliche Angelegenheit unabhängig davon relevant sein konnten, ob sie sich im Detail ex post tatsächlich als relevant erweisen würden. Dass der VN nicht wusste, ob der Wissende auch über die ganz konkrete Information verfügte, spielt keine Rolle. Wenn der VN die Informationen des Wissenden genau kennen würde, bedürfte es nicht mehr deren Zurechnung. Die angesprochene Unbestimmtheit kann daher als notwendige Folge der Ersetzung einer eigenen Informationsgewinnung des VN durch eine fremde nicht zugunsten des VN berücksichtigt werden. Sie ist vielmehr Auslöser der an den Entlastungsgedanken anknüpfenden Zurechnungserwägungen.

Agierte in der fraglichen Angelegenheit eine **Hilfsperson** des VN, der möglicherweise gar nichts von der konkreten Angelegenheit und den hierfür relevanten Kenntnissen wusste, so sollte dem VN die Information nicht als Orientierungsdatum zu Gebote stehen und stand ihm auch nicht zu Gebote. In einem solchen Fall ist die Hilfsperson daher „an sich“ nicht „Wissensvertreter“ des VN. Das beruht aber nur darauf, dass der VN sich nicht nur vom Erwerb der Information entlastet hat, sondern zugleich von deren Berücksichtigung. Daraus darf dem VN kein Vorteil erwachsen. Daher ist der VN so zu behandeln als hätte ihm die Information zur Verfügung gestanden und damit auch: als wäre die Hilfsperson sein „Wissensvertreter“ gewesen und der VN hätte die Information besessen. Das genügt aber für die Anwendung der „Wissensnorm“, die ja auf die Berücksichtigung des Wissens als eines Orientierungsdatums für den VN abstellt, nicht, weil das fingierte Wissen nun einmal kein Orientierungsdatum für den VN war; denn nicht er, sondern die Hilfsperson hat tatsächlich angesichts der Information gehandelt. Man muss daher auch ignorieren können, dass die Hilfsperson und nicht der VN angesichts des Wissens so gehandelt hat wie geschehen, um zu Lasten des VN die „Wissensnorm“ auf den fraglichen Sachverhalt anwenden zu können. Wäre der VN mit dem Wissen so umgegangen wie die Hilfsperson, dann spielte die fehlende Identität von VN und Hilfsperson keine Rolle. Man weiß allerdings nicht, wie der VN gehandelt hätte. Dies ist jedoch gleichgültig: Entweder wäre die „Wissensnorm“ auch bei seinem Handeln zum Zuge gekommen oder der VN hätte so gehandelt, dass die „Wissensnorm" keine Anwendung zu seinen Lasten gefunden hätte. In beiden Fällen wäre den Interessen des durch die „Wissensnorm" Begünstigten Rechnung getragen worden, so dass unter diesem Aspekt die Fälle gleich zu behandeln sind. Daraus folgt, dass die „Wissensnorm" auf den fraglichen Sachverhalt anzuwenden ist, obwohl nicht der VN, sondern eine Hilfsperson angesichts des Wissens so gehandelt hat wie geschehen. Diese Überlegungen zum hypothetischen Umgang des VN mit dem ihm zuzurechnenden Wissen sind notwendig, um ein dem VN zuzurechnendes Wissen mit dem Handeln einer Hilfsperson zu verknüpfen und diese Konstellation unter eine „Wissensnorm" fallen zu lassen, was nicht immer gesehen wird[62]. Sie spielen aber nur für die Wissenszurechnung in Fällen eine Rolle, in denen der VN nicht die Person war, der das Wissen als Orientierungsdatum zu Gebote stehen sollte. Wenn es darum geht, dem VN das Handeln einer Hilfsperson, das diese mit einem bestimmten Wissen an den Tag gelegt hat, unter haftungsrechtlichem Aspekt zuzurechnen, so gelten die Regeln der Fremdhaftung und d.h. die in Frage stehende Person muss Repräsentant oder Wissenserklärungsvertreter des VN gewesen sein (s.o. II). Da im Kontext mit Versicherungssachen „normaler" VN wohl meist die Berücksichtigung des Wissens durch den VN oder eine Fremdhaftung in Frage steht, spielen die vorgeführten Überlegungen insoweit keine große praktische Rolle. Im Zusammenhang mit dem allgemeinen Zivilrecht und auch, wenn es um eine Zurechnung zu Lasten des Versicherers geht, ist dies anders. So wären sie z.B. in dem vom BGH entschiedenen Bankfilialen-Fall, der hier schon angesprochen wurde[63] und unten unter einem anderen Aspekt noch näher behandelt wird (s.u. 3 a, aa), einschlägig gewesen (vgl. auch unten V 1 am Ende).

**3.** Die hier vertretene Konzeption der Wissenszurechnung, die zwar, wie schon gesagt, Topoi aufgreift, die in irgendeiner Weise schon in der bisherigen Diskussion aufgetaucht sind, diese aber in einen anderen Zusammenhang stellt, bedarf noch in mehreren Hinsichten der **Verdeutlichung und Konkretisierung**.

[62] So hat der BGH z.B. in dem auch noch unten (3 a, aa) zu behandelnden Bankfilialen-Fall (NJW 1989, 2879) ein dem Zurechnungssubjekt, einer Bank, zuzurechnendes Wissen mit dem Handeln einer Hilfsperson verknüpft und auf diesen Sachverhalt eine Wissensnorm (§ 142 Abs. 2 BGB) angewendet. Dabei hat er nicht berücksichtigt, dass die Anwendung einer „Wissensnorm" immer voraussetzt, dass das Wissen ein Orientierungsdatum für das Zurechnungssubjekt gewesen ist, also salopp gesprochen über das Zurechnungssubjekt „laufen" muss. *Taupitz* (o. Fn. 2), S. 29 überspielt das Problem, indem er davon spricht, dass der handelnden Hilfsperson das Wissen zugerechnet werde.

[63] S. vorh. Fn.

**a) aa)** Für die **Relevanz** einer Information als Orientierungsdatum für ein Verhalten des VN ist, wie schon erwähnt, die Beurteilung einer **vernünftigen Person in der Situation des VN** maßgeblich. Dass ein Wissen typischer Weise in Akten oder Computern festgehalten wird, ist ein Indiz für dessen Relevanz, aber auch nicht mehr.[64] Auf die **Person des Wissenden**, wie dies die Befürworter einer Weiterleitungspflicht annehmen, kommt es also nicht an.[65] Hält der Wissende seine Kenntnisse für irrelevant, so bedeutet das, dass er davon ausgeht, keinen „Auftrag" dazu zu haben, seine Kenntnisse verfügbar zu machen. Hatte der Wissende gleichwohl die fragliche Information „parat" und stand diese dem Zugriff des VN zu Gebote, so spielt das wie beim Fehlen eines „Auftrages" (oben 2 b, bb) keine Rolle, wenn der VN wusste, dass der Wissende Informationen der fraglichen Art im Zuge seiner Tätigkeit erlangen würde. War das Wissen von vornherein nur Orientierungsdatum für eine Hilfsperson des VN, so ist der VN so zu behandeln als hätte er das Wissen der Hilfsperson gehabt und wäre mit ihm so umgegangen wie die Hilfsperson (s.o. 2 b, bb).

Ein Wissen kann für **verschiedene Angelegenheiten**, also sowohl für die Angelegenheit X als auch für die Angelegenheit Y, relevant sein. Dann müssen die Zurechnungsvoraussetzungen auch im Hinblick auf Y erfüllt sein, wenn es um die Anwendung einer Wissensnorm im Zusammenhang mit Y geht. War dem VN ein fremdes Wissen in Sachen X zuzurechnen, weil er wusste, dass ihm dieses Wissen im Hinblick auf X zu Gebote stand, dann ist es ihm auch im Hinblick auf Y zuzurechnen, wenn ihm das Wissen als Orientierungsdatum für eigenes Handeln noch im Zeitpunkt der Angelegenheit Y verfügbar war (dazu näher unten bb); denn dann stand ihm, wie er wusste, die Information auch im Hinblick auf Y zu Gebote, so dass die Voraussetzungen der Zurechnung der im Rahmen von X erworbenen Information automatisch auch im Hinblick auf Y erfüllt waren. Anders ist es, wenn das im Rahmen von X erworbene Wissen von vornherein nur als Orientierungsdatum für die für Y zuständige Person und nicht für den VN selbst in Betracht kam. Zwar ist möglicherweise dem VN das Wissen der für X zuständigen Person zuzurechnen, weil diese „Wissensvertreter" des VN im Hinblick auf X war, aber daraus folgt nicht auch eine Zurechnung im Hinblick auf Y. Tatsächlich hatte der mit der Angelegenheit Y nicht befasste VN keine Kenntnis von der Relevanz der für X relevanten (und ihm im Hinblick auf X zuzurechnenden) Informationen für Y. Daher bestand auch keine Verknüpfung der Informationen in Sachen X mit Y im Sinne eines für beide

[64] *Taupitz* a.a.O. Fn. 32 gegen BGHZ 109, 327, 332 = NJW 1990, 975 = DNotZ 1991, 122 m. Anm. *Bohrer*; BGHZ 117, 104, 107 = NJW 1992, 1099.

[65] Anders BGHZ 132, 30 (o. Fn. 29); *Taupitz* JZ 1996, 734, 736.

Angelegenheiten relevanten Orientierungsdatums des VN. Somit stellt sich in den angesprochenen Fällen die Zurechnungsfrage im Hinblick auf Y erneut. Besitzt die für Y zuständige Hilfsperson die fragliche Information nicht, so schadet dem VN somit die in Sachen X erworbene Kenntnis nicht. Eine „abstrakte", von der in Frage stehenden Angelegenheit gelöste Verfügbarkeit und eine daraus folgende **„abstrakte" Zurechnung** („auf Vorrat") einer einmal zugerechneten Information gibt es **nicht,** falls die Information nicht als Orientierungsdatum für den VN selbst fungierte. Angenommen, ein „Wissensvertreter" des VN hat Kenntnis von gemäß § 19 VVG anzeigepflichtigen Umständen, von denen der VN auch später nichts erfährt. Irgendwann wird die Kenntnis dieser Umstände im Zusammenhang mit einer bestimmten Angelegenheit (z.B. mit einer Gefahrerhöhung; § 23 VVG) relevant, für die eine andere Person im Bereich des VN zuständig war. Dann kommt es auf die Zurechnung der Kenntnisse dieser Person an (wenn der Versicherer nicht nach § 19 Abs. 2 VVG zurücktritt; zur Täuschungsanfechtung bei Wissenszurechnung s.u. V 2). Kannte diese die fraglichen Umstände nicht, so gelangt man nicht im Wege der Wissenszurechnung zur Anwendung einer einschlägigen „Wissensnorm". Allerdings kann es dazu kommen, dass eine für die Angelegenheit X zuständige Person so zu behandeln ist als fungierte sie (auch) als „Wissensvertreter" in der Angelegenheit Y. Das ist der Fall, wenn die für Y zuständige Person bestimmte für Y relevante Umstände nicht kennt, wohl aber weiß, dass die für X zuständige Person einschlägiges Wissen hat. Dann ist der VN so zu behandeln als hätte er im Besitz dieses Wissens so gehandelt wie die in Sachen Y zuständige Person (s.o. 2 b, bb); denn, wenn ihm das „Wissen des Wissens" zu Gebote gestanden hätte, hätte ihm das Wissen, das die für X zuständige Person besaß, auch im Hinblick auf Y zu Gebote gestanden und er muss sich im Wege der Wissenszurechnung so behandeln lassen, als hätte er dieses Wissen – falls noch vorhanden (s. unten bb) – gehabt und wäre mit ihm so umgegangen wie die für Y zuständige Person (s.o. 2 b, bb). Um eine solche Konstellation ging es in dem vom BGH zum allgemeinen Zivilrecht entschiedenen **Bankfilialen-Fall.**[66] Hier hatte „die" Filiale 1 einen Kredit gewährt. Der Kreditvertrag kam auf der Basis einer Vollmacht zustande, die der Kreditnehmer auf Grund einer Täuschung erteilt hatte. Diese Täuschung kannte „die" Filiale 1, nicht aber „die" Filiale 2, die ebenfalls einen Kredit auf Grund der Vollmacht ausreichte und immerhin davon wusste, dass „die" Filiale 1 Kenntnisse über Einzelheiten des ersten Kreditvertrages besaß. Der Kreditnehmer focht die Erteilung der Vollmacht an, und es ging darum, ob „die" Bank bei Abschluss des zweiten Kreditvertrages die Anfechtbarkeit der Bevollmächtigung wegen Täuschung

[66] NJW 1989, 2879.

kannte oder kennen musste (§ 142 Abs. 2 BGB). Der BGH rechnete „der" Bank die Kenntnis „der" Filiale 1, die das Wissen im Hinblick auf den ersten Kredit an Stelle „der" Bank erlangt hatte, wegen der engen Verbundenheit der Kreditverträge auch im Hinblick auf den zweiten Kredit zu. Das ist im Erg. auch nach der hier vertretenen Ansicht richtig.[67] Nur kann die Lösung des BGH nicht erklären, wie es zu einer Verknüpfung des Wissens in Sachen des ersten Kredits mit der Vergabe des zweiten Kredits kommt, so dass auf Grund dieser Verknüpfung § 142 Abs. 2 BGB zu Lasten „der" Bank anzuwenden ist;[68] denn die enge Verbindung zwischen beiden Krediten ermöglicht es noch nicht, den Umstand außer Betracht zu lassen, dass der Umgang mit dem im Zusammenhang mit dem ersten Kredit erlangten Wissen von vornherein nicht Sache „der" Bank war, sondern nur Sache der für den zweiten Kredit zuständigen Person. Diese war zwar Vertreter „der" Bank, aber über die Vertretungsvorschriften konnte man nicht zu einer Kombination der fingierten Kenntnis „der" Bank mit dem Handeln des Vertreters kommen, da § 166 Abs. 1 BGB eben diese Kombination verbietet. Dieser Vorwurf trifft die hier vertretene Ansicht nicht; denn danach ist der Vertreter „der" Bank im Hinblick auf sein „Wissen des Wissens" als „Wissensvertreter" zu behandeln und den Konsequenzen einer über die Person des Vertreters laufenden „Wissensvertretung" steht § 166 Abs. 1 BGB nicht entgegen. Zwar verhindert nach dieser Vorschrift das Unwissen des Vertreters die Anwendung einer „Wissensnorm" auf den wissenden Vertretenen (vorbehaltlich des § 166 Abs. 2 BGB). Wenn dieses Unwissen aber nach den Regeln der Wissenszurechnung zu Lasten des Vertretenen zu ignorieren ist, kann es dem Vertretenen nicht über § 166 Abs. 1 BGB zugute kommen.

Aus dem Erfordernis einer Verfügbarkeit des Wissens im Rahmen der fraglichen Angelegenheit ergeben sich auch Grenzen für die **Kombination einer Wissens- mit einer Verhaltenszurechnung**, wenn es um das Wissen einer mit dem Handelnden nicht identischen Person geht, das in einer anderen Angelegenheit erworben wurde als derjenigen, die das Handeln betraf (dazu näher unten V 1). Desgleichen ergeben sich Auswirkungen auf die **„Zusammenrechnung" von Teilkenntnissen** verschiedener Personen. Sie kommt nur in Betracht, wenn sich die verschiedenen Kenntnisse auf die Angelegenheit beziehen, in deren Rahmen die fragliche „Wissensnorm" eine Rolle spielt, falls nicht die für die fragliche Angelegenheit zuständige Person von anderswo vorhandenen einschlägigen (Teil-)Kenntnissen wusste (s. weiter oben).

[67] Zustimmend z.B. auch *Taupitz* (o. Fn. 2), S. 29 (unter dem Aspekt der Informationsverantwortlichkeit). Vgl. ferner *Waltermann* (Fn. 6), S. 206 ff.

[68] Hierzu schon Fn. 62.

**bb)** Informationen sind in dem Moment relevant, in dem eine vernünftige Person Anlass hatte, Kenntnisse der fraglichen Art beim Wissenden zur Erledigung der Angelegenheit abzurufen. Von diesem **Relevanzzeitpunkt** an sind dem VN Informationen, deren Gewinnung solchen des VN gleichsteht, zuzurechnen.[69] Liegt die Gewinnung der Information **vor dem Relevanzzeitpunkt**, so ist die Information aber nicht von vornherein unbeachtlich.[70] Vielmehr ist die Lage die gleiche, wie wenn der VN den Wissenden zwar mit der Tätigkeit, bei der die Information gewonnen wurde, betraut hatte, aber nicht mit der Bereitstellung der Information. Daher ist eine Zurechnung unter denselben Voraussetzungen geboten, unter denen sie bei Fehlen eines Bereitstellungsauftrages geboten ist. Es kommt also wiederum darauf an, ob dem Wissenden die fragliche Information **im Zeitpunkt ihrer Relevanz für die in Frage stehende Angelegenheit verfügbar** war und dem Zugriff des VN zu Gebote stand und überdies der VN **wusste**, dass im Zuge der Tätigkeit des Wissenden Informationen der fraglichen Art anfallen würden. Waren diese Voraussetzungen nicht erfüllt, weil die Information von vornherein nicht als Orientierungsdatum für den VN fungierte, sondern nur als solches einer für die Angelegenheit zuständigen Hilfsperson (s.o. 2 b, bb), so scheitert mangels einer „abstrakten", also „angelegenheitsunabhängigen" Zurechnung des einmal zugerechneten Wissens die Anwendung der für die Angelegenheit einschlägigen „Wissensnorm". Vielmehr kommt es darauf an, ob die für die Angelegenheit zuständige Person das entsprechende Wissen im Relevanzzeitpunkt besaß. Etwas anderes gilt nur, wenn eine Lage wie die im Bankfilialen-Fall gegebene bestand, d.h. wenn die zuständige Person immerhin Kenntnis vom Vorhandensein einer einschlägigen Information an anderer Stelle hatte (s. oben aa).

Der Verlust oder die Unzugänglichkeit der Information **vor dem in Frage stehenden Zurechnungszeitpunkt** hindert andererseits eine Wissenszurechnung und man darf **nicht** darauf abstellen, **wie lange eine Information** wie die in Frage stehende **üblicherweise gespeichert** wird oder jedenfalls gespeichert werden sollte, um dann im Hinblick auf alle in diesen Zeitraum fallenden Angelegenheiten eine Wissenszurechnung anzunehmen.[71] **Verliert**

[69] Anders *Bruns* (o. Fn. 6), S. 191: ganz allgemein sei der Zeitpunkt der Erlangung der Kenntnis maßgeblich.

[70] *Taupitz* (o. Fn. 64), S. 736. Anders BGHZ 132, 30 (o. Fn. 28): Maßgeblichkeit für die Relevanz sei der Zeitpunkt der Wahrnehmung.

[71] Anders (offenbar) BGHZ 109, 327 (o. Fn. 63) im Hinblick auf den ausgeschiedenen Bürgermeister einer Gemeinde; BGHZ 132, 30 (o. Fn. 29); BGHZ 135, 202 = NJW 1997, 1917; *Baum* (o. Fn. 6), S. 279 ff. unter dem Aspekt des Gleichstellungsgedankens (s.o. II 2 d) und/oder dem einer Informationsverantwortlichkeit; *Bohrer* (o. Fn. 29), S. 129 (auf Grund der von der Wissenszurechnung seiner Ansicht nach zu trennenden Informationsverantwortlichkeit). Allerdings ist hinsichtlich des Wissens des Organwalters einer juristischen Person möglicherweise eine Dauerzurechnung geboten. – Für dauernde Zurechnung nach

**der** für eine bestimmte Angelegenheit zuständige **„Wissensvertreter" seine Funktion** vor dem Zeitpunkt, in dem sein Wissen im Hinblick auf die in Frage stehende Angelegenheit relevant wurde, so scheidet eine Zurechnung des Wissens aus, wenn die Information nach dem Funktionsverlust zu einer nur ihm zu Gebote stehenden wird, die der VN allenfalls nachträglich wie eine „originär" fremde erwerben kann. Sind die Informationen noch in einem dem VN ohne Zustimmung des „Wissensvertreters" zugänglichen Medium, etwa in Akten oder im Computer, im Zeitpunkt der Relevanz für die betreffende Angelegenheit vorhanden und werden Informationen der fraglichen Art üblicherweise an dem Ort gespeichert, an dem sie sich befinden, so ist dagegen eine Zurechnung (im Rahmen der in Frage stehenden Angelegenheit) geboten. Es gilt das zur Gewinnung einer Information vor dem Relevanzzeitpunkt Gesagte entsprechend (s. weiter oben).

**b**) Die Rspr. zum allgemeinen Zivilrecht verlangt teilweise, dass sich der Geschäftsherr des Wissenden als eines Repräsentanten bedient und nicht nur als eines internen Beraters.[72] Dieses Repräsentationserfordernis, hinter dessen Postulat die Verbindung der Wissenszurechnung mit den Vertretungsvorschriften steht, hat der BGH für das Versicherungsrecht zu Recht nicht übernommen.[73] Das **Auftreten nach außen** spielt für die versicherungsrechtliche Wissensvertretung (und auch darüber hinaus) keine Rolle, sondern wird nur bei der Haftung des VN für seinen Wissenserklärungsvertreter, also im Rahmen einer Verhaltenszurechnung, berücksichtigt.[74] Desgleichen ist bei VN, die Unternehmer sind, die **Stellung des Wissenden in der betrieblichen Hierarchie** belanglos und es ist (entgegen der schon erwähnten Definition des BGH)[75] auch nicht entscheidend, ob der Wissende mit der eigenverantwortlichen Erledigung von Aufgaben betraut war,[76] ein Erfordernis, das ebenfalls an die Herleitung der Wissenszurechnung aus den Vertretungsvorschriften denken lässt. Allerdings wird es meist um eine Verhaltenszurechnung gehen, in deren Rahmen auch das Wissen zugerechnet wird, und schadet dann dem VN nur, wenn die in Frage stehende Person Repräsentant oder Wissenserklärungsvertreter war (s.o. II).

dem – für sie maßgeblichen (o. Fn. 64) – Zeitpunkt der Kenntniserlangung durch den „Wissensvertreter" *Bruns* (o. Fn. 6), S. 192 f.

[72] Vgl. insbes. BGHZ 117, 104 (o. Fn. 62), wo aber auch auf eine in concreto fehlende Pflicht, einen bestimmten Informationsaustausch zu organisieren, hingewiesen wird.

[73] BGH VersR 2000, 1133.

[74] Vgl. nur *Prölss* (o. Fn. 3), § 28 Rn. 56 ff.

[75] VersR 2000, 1133.

[76] Wie BGH aber die h.L., z.B. *Bruns* (o. Fn. 6), S. 165 f.; *Looschelders* (Fn. 18), § 17 Rn. 119. Sogar die Verantwortung für einen Geschäftsbereich von einiger Bedeutung verlangend *Knappmann* VersR 1997, 261. Mehr auf die Verfügbarkeit der Information abstellend OLG Frankfurt NVersZ 2002, 523, 524.

Was **Repräsentanten und Wissenserklärungsvertreter des VN** anbelangt, so spielen deren Kenntnisse zunächst einmal im Rahmen der Haftung des VN für deren Verhalten (als dessen Komponente) eine Rolle. Im Übrigen können sie „Wissensvertreter" des VN sein, so dass deren Kenntnisse ihm unabhängig von deren Verhalten, zuzurechnen sind. Sie sind dies aber nicht schon auf Grund ihrer Rolle. Erforderlich ist vielmehr, dass ihre Kenntnisse auch dem VN als Orientierungsdatum dienten und ihm daher zu Gebote stehen sollten oder jedenfalls tatsächlich zu Gebote standen und überdies der VN wusste, dass sie über Kenntnisse der fraglichen Art verfügten (s.o. 2 b, bb).

Geht es um Personen, die **an der Anbahnung des Vertrages** beteiligt sind, so ist zunächst zu beachten, dass ein **Versicherungsvertreter** auch dann nicht „Wissensvertreter" des VN ist, wenn dieser ihn bittet, irgendwelche für den Abschluss des Vertrages relevante Tatsachen zu eruieren. Auch in diesem Fall gewinnt der Vertreter die Informationen letztlich für den Versicherer. Dem trägt § 70 VVG Rechnung, der dem Versicherer die auf Grund der Tätigkeit des Vertreters gewonnenen Kenntnisse unabhängig davon zurechnet, ob in concreto der VN bei ihrer Gewinnung mitgewirkt hat oder nicht. Damit ließe sich eine gleichzeitige Zurechnung zu Lasten des VN wegen dessen Mitwirkung nicht vereinbaren. Ist ein und dieselbe Information in gleicher Weise für den Versicherer und den VN relevant, so kann sie nicht dem Versicherer zugerechnet werden und zugleich im Wege der Zurechnung Nachteile des VN auslösen, wenn sie im Besitz der Person ist, deren Wissen dem Versicherer zugerechnet wird. Entsprechendes gilt für den vom Lebens- oder Krankenversicherer **mit der Untersuchung beauftragten Arzt**, der ebenfalls „Wissensvertreter" des Versicherers ist.[77] Der **Makler** ist zwar nicht „Wissensvertreter" des Versicherers, aber auch nicht ohne weiteres „Wissensvertreter" des VN.[78] Ist der Wissende **ähnlich wie ein Abschlussvertreter** an der Abgabe der Erklärung des VN beteiligt (Durchsicht oder Formulierung und Weitergabe der zum Abschluss des Vertrages führenden Erklärung), dann wird man es aber nicht darauf ankommen lassen dürfen, dass rechtlich gesehen der VN und nicht dessen „Sachwalter" die Erklärung abgegeben hat, sondern es gelten wohl in diesen Fällen tatsächlich die §§ 164 Abs. 1, 166 Abs. 1 BGB analog (Verhaltenszurechnung; dazu auch oben III 2 a) mit der Folge, dass das Verhalten des „Sachwalters" einschließlich dessen Wissens dem VN zugerechnet wird, ohne dass es darauf ankommt, ob die besonderen Voraussetzungen einer Wissensvertretung erfüllt sind.

[77] Vgl. nur *Prölss* (o. Fn. 3), § 19 Rn. 37 m. Nachw.

[78] Anders BGH VersR 2000, 1133 im Hinblick auf § 2 VVG, wenn der Makler mit der Weiterleitung des Antrages auf Abschluss eines Versicherungsvertrages betraut war. Siehe aber auch sogleich im Text.

**V.** Die Wissenszurechnung unterliegt gewissen **Einschränkungen.**

**1.** Das gilt zunächst im Hinblick auf **eine Kombination von Wissens- und Verhaltenszurechnung**, wobei es nur um eine „deklaratorische", sich schon aus dem bisher Gesagten ergebende, Einschränkung geht.

Hat eine Person im Bereich des VN ein für die Angelegenheit X relevantes Wissen an Stelle des VN erworben, so kann dem VN dieses Wissen grundsätzlich nicht im Hinblick auf die Angelegenheit Y zugerechnet werden, sofern das Wissen nicht dem VN selbst, sondern nur der für Y zuständigen Person als Orientierungsdatum diente (s.o. IV 3 a, aa). Daraus ergeben sich auch, wie schon angedeutet, Folgen für die Kombination von Wissens- und Verhaltenszurechnung. Spielt ein bestimmtes Wissen für die haftungsrechtliche Bewertung des Verhaltens einer Person im Bereich des VN eine Rolle, so schadet die Zurechnung des Wissens nur in Kombination mit der Zurechnung des Verhaltens und d.h., dass die Person, um deren Verhalten es geht, Repräsentant oder Wissenserklärungsvertreter des VN gewesen sein muss (s.o. II). Der Zurechnung des Wissens einer nicht mit den genannten Personen identischen Person mit der Folge, dass die Kombination mit der Zurechnung eines – ohne das Wissen „harmlosen" – Verhaltens zu einem Nachteil des VN führt, sind aber enge Grenzen gesetzt. Betrifft das Handeln des Repräsentanten (Wissenserklärungsvertreters) die Angelegenheit Y, so kann grundsätzlich nur das Wissen von Personen, deren Kenntnis im Hinblick auf diese Angelegenheit einer solchen des VN gleichsteht, zugerechnet werden (s.o. IV 3 a, aa). Meist werden das die in der Angelegenheit Y agierenden Personen selbst sein, so dass im Regelfall eine reine Verhaltenszurechnung in Frage steht. Weiß allerdings der Repräsentant, dass die für X zuständige Person ein für Y einschlägiges Wissen besitzt, so muss sich der VN so behandeln lassen als wäre der Repräsentant insoweit sein „Wissensvertreter" gewesen und er hätte mit dem Wissen der für X zuständigen Person so gehandelt wie der Repräsentant (s.o. IV 2 b, bb: „Hilfsperson"), so dass es auf diese Weise zu einer Haftung des VN kommen kann.

**2.** Eine weitere Einschränkung kann sich aus dem **Zweck der „Wissensnormen"** ergeben.

Alle Normen, die mit dem Wissen einer Person nachteilige Rechtsfolgen für diese verbinden, haben auch den Zweck, die Person zur Berücksichtigung dieses Wissens anzuhalten oder negativ ausgedrückt: eine Missachtung dieses Wissens zu vermeiden. Das hindert eine Zurechnung fremden Wissens auch dann nicht, wenn man diesem Präventionszweck eine hohe Bedeutung beimessen wollte; denn das Zurechnungssubjekt wird dadurch immerhin dazu genötigt, sich um Informationen zu kümmern, die an seiner Stelle gewonnen wurden, wenn es die Nachteile, die das Vorhandensein solcher Informationen mit sich bringt, vermeiden will. Es gibt aber auch „Wissensnormen", die gerade auf den „bösen Willen“ des Zurechnungssubjekts, der in der bewussten Missachtung von Informationen der fraglichen Art liegt, reagieren sollen. Die „Wissensnormen“ stellen dann auf die persönliche Vorwerfbarkeit des Verhaltens ab und haben insofern einen **„pönalen“ Charakter.** In einem solchen Fall können die Rechtsfolgen der Norm nicht auf Grund einer Wissenszurechnung eintreten. Die hier angesprochene Problematik wird im allgemeinen Zivilrecht besonders unter dem Aspekt von „Wissensnormen“ diskutiert, die Arglist voraussetzen.[79] Dabei ist manchmal von der Zurechnung der Arglist die Rede.[80] Darum geht es aber nicht. Ein Wissen ist nicht arglistig.[81] Auf die Zurechnung der Arglist kommt es nur im Zusammenhang mit der Verhaltenszurechnung unter dem Aspekt an, ob Arglist als Komponente eines zuzurechnenden Verhaltens dem Zurechnungssubjekt schadet, was zu bejahen sein dürfte.

Was das Versicherungsrecht anbelangt, so haben Wissensnormen (unter Einschluss von AVB-Klauseln) noch keinen „pönalen“ Charakter, wenn sie (auch) an ein vorsätzliches Verhalten des VN anknüpfen, also etwa an eine vorsätzliche Obliegenheitsverletzung oder die vorsätzliche Herbeiführung des Versicherungsfalles. Dies bedeutet nur, dass zugunsten des VN ein strengerer Verschuldensmaßstab gilt als der „normale“, dass es also nicht um eine besondere Reaktion auf Vorsatz im Sinne einer „Bestrafung“ geht, sondern nur um eine Verschonung der VN, die nicht der Vorwurf eines groben Verschuldens trifft. Das zeigt sich insbesondere in den Fällen, in denen dem VN auch grobe Fahrlässigkeit schadet (vgl. § 81 VVG), die ja nicht notwendig mit der Kenntnis gewisser Umstände verbunden ist, von deren Gewinnung sich der VN in concreto entlastet haben könnte. Im Übrigen setzt die Sanktion eines dem VN schadenden vorsätzlichen Verhaltens voraus, dass dieses Folgen zu Lasten des Versicherers gehabt hat, was nach neuem Recht auch im Hinblick auf vorsätzliche Obliegenheitsverletzungen des VN gilt (§ 28 Abs. 3 Satz 1 VVG). Die Unterdrückung eines schlicht vorsätzlichen Verhaltens hält sich daher im Rahmen einer „normalen“ Prävention durch die „Wissensnormen“. Anders ist es, wenn es um eine **arglistige Verletzung von Obliegenheiten des VN** geht. Zwar wäre häufig auch das zum Wissen hinzu-

[79] Für die Annahme einer Arglist qua Wissenszurechnung z. B. BGHZ 109, 127 = NJW 1990, 1975, 1976 (unter dem Aspekt des § 463 Satz 2 BGB a.F. sei kein moralisch vorwerfbares Verhalten erforderlich; dazu auch weiter unten); *Baum* (o. Fn. 6), S. 301. Anders *Flume*, AcP 197 (1997), S. 441 ff. wegen des voluntativen Elements der Arglist (hierzu weiter unten im Text). Generell ablehnend bei Ahndung eines Verhaltens wegen persönlicher Vorwerfbarkeit (Beispiel: § 826 BGB) *Canaris* (o. Fn. 59), S. 35.

[80] Z.B. *Waltermann*, NJW 19993, 889, 893, der denn auch von § 166 Abs. 1 BGB ausgeht (dazu oben III 2 a).

[81] Anders *Bruns* (o. Fn. 6), S. 182 ff., wenn der Wissende das Bewusstsein einer Aufklärungspflicht habe. Dieses Bewusstsein macht aber einen Wissenden, der selbst nicht agiert, nicht arglistig.

tretende voluntative Element der Arglist in der Person des VN erfüllt, wenn er oder eine Hilfsperson, für deren Verhalten der VN haftet, sich trotz der Kenntnisse so verhalten hätte, wie geschehen; denn meist folgte aus der Kombination dieses Verhaltens mit dem Wissen auch ein zumindest bedingter Täuschungswille, und soweit dies nicht der Fall wäre, weil in der Person des VN Gründe gegeben sind, die sein Handeln in milderem Licht erscheinen lassen würden, schiede die Fiktion der Arglist eben aus. Das voluntative Element der Arglist bereitet also wohl keine besonderen Schwierigkeiten.[82] Das Interesse des Versicherers an einer Ahndung arglistigen Verhaltens beruht aber nur auf einer Missbilligung des Verhaltens als solchem und hat insofern „pönalen" Charakter. Das zeigt sich deutlich daran, dass arglistiges Verhalten – anders als schlicht vorsätzliches oder fahrlässiges Handeln – auch dann mit einer Sanktion belegt wird, wenn es ohne Folgen geblieben ist (§ 28 Abs. 3 Satz 2, § 21 Abs. 3 Satz 2 VVG). Somit kann man nicht über eine Wissenszurechnung zur Annahme einer arglistigen Obliegenheitsverletzung kommen. Das Gleiche gilt für die **Anfechtung des Versicherers wegen arglistiger Täuschung** (§§ 22 VVG, 123 BGB). Auch diese knüpft allein an das in der Täuschung liegende verwerfliche Verhalten an (dazu näher weiter unten). Dies wird noch dadurch bestätigt, dass auch im Falle eines Rücktritts wegen („normal") vorsätzlicher Verletzung der Anzeigepflicht der Versicherer wegen eines eingetretenen Versicherungsfalles leistungspflichtig bleibt, wenn der verschwiegene Umstand keinen Einfluss auf den Eintritt des Versicherungsfalles und dessen Feststellung gehabt hat und auch nicht auf den Umfang der Leistungspflicht und deren Feststellung (§ 21 Abs. 2 Satz 1 VVG). Entsprechendes gilt nicht – und darin liegt gerade auch die Bedeutung der Verweisung des § 22 VVG –, wenn der Versicherer den Vertrag wegen arglistiger Täuschung anficht.

Nach den hier zum Versicherungsrecht vorgetragenen Überlegungen kommt es letztlich vor allem darauf an, ob eine auf ein Wissen abstellende Sanktion einen „pönalen" Charakter hat, weil sie nicht nur der Verschonung derjenigen dient, die dieses Wissen nicht haben, sondern eine besondere Reaktion auf die mit der Missachtung des Wissens verbundene „Böswilligkeit" darstellen. Dies kann man auch auf das **allgemeine Zivilrecht** übertragen. Wenn die Missachtung des Wissens anders als ein „wissenloses" Verhalten ohne jede Folge für den durch die Wissenszurechnung Begünstigten geahndet wird, ist klar, dass es um eine „Bestrafung" geht. Aber eine solche Lage ist im Hinblick auf „Wissensnormen" des allgemeinen Zivilrechts ziemlich selten. Es kommt daher meist darauf an, wie es ist, wenn eine Sanktion voraussetzt, dass die Missachtung des Wissens bestimmte Folgen gehabt hat. Man wird darauf abstellen müssen, ob nach den im Bereich der einschlägigen

[82] Entgegen *Flume* (o. Fn. 79). Zu *Waltermann* s.o. Fn. 80.

„Wissensnorm" geltenden Grundsätzen „an sich" die in der Wissensnorm vorgesehene Sanktion auch zu Lasten der Unwissenden in Betracht kommt, gleichwohl aber nur zu Lasten der Wissenden angeordnet ist. Dann geht es nur um eine Verschonung der Unwissenden. Gutes Beispiel: § 463 Satz 2 BGB a.F. (Schadensersatz wegen Nichterfüllung nur bei Arglist des Verkäufers = Schutz der nur fahrlässig handelnden Verkäufer).[83] Was die Anfechtung wegen arglistiger Täuschung betrifft, so soll § 123 BGB nicht diejenigen vor einer Anfechtung wegen jedweden Irrtums schonen, denen keine Arglist vorzuwerfen ist. Vielmehr ist die für die Anfechtung wegen Irrtums maßgebliche „Grundnorm" § 119 BGB, der von vornherein die Anfechtung beschränkt. Daher hat § 123 BGB eine Erweiterung der Anfechtungsgründe zum Inhalt, die sich der Arglist verdankt und damit arglistiges Verhalten „pönalisiert". Entsprechendes dürfte z.B. im Hinblick auf § 826 BGB gelten.[84] § 826 BGB hat nicht den Zweck, Unwissende von dem auch für diese in Betracht kommenden Ersatz allgemeiner Vermögensschäden zu verschonen; denn es gibt keinen Grundsatz, wonach „an sich" auch fahrlässig verursachte Vermögensschäden zum Ersatz verpflichten. Vielmehr ist Ausgangspunkt einer deliktischen Haftung von vornherein § 823 BGB, so dass der Ersatz allgemeiner – also nicht durch Verletzung eines absoluten Rechts oder eines Schutzgesetzes vermittelten – Vermögensschäden bei Vorsatz (und Sittenwidrigkeit) eine besondere Sanktion vorsätzlichen (und sittenwidrigen) Verhaltens darstellt und insofern „Strafcharakter" im hier verstandenen Sinne hat.

**VI.** Die **wichtigsten Ergebnisse** lassen sich, wie folgt, zusammenfassen.

**1.** Man muss zwischen der Wissenszurechung und der Zurechnung fremden Wissens als Komponente eines zuzurechnenden Verhaltens unterscheiden.

**2.** Die Wissenszurechnung lässt sich weder auf eine Analogie der §§ 166 Abs. 1, 164 Abs. 3 BGB stützen noch auf irgendwelche Informationsverantwortlichkeiten oder auf die Gleichstellung eines arbeitsteilig organisierten Zurechnungssubjekts mit einem ohne Hilfspersonen agierenden Zurechnungssubjekt. Auch eine Heranziehung des § 242 BGB ist nicht angebracht. Vielmehr geht es um eine Anwendung der Normen, die an Kenntnisse nachteilige Rechtsfolgen knüpfen: Die fehlende Identität des Wissenden mit dem Zurechnungssubjekt wird missachtet, weil kein sachlicher Grund dafür besteht, die „Wissensnorm" im Falle eines fremden Wissens nicht anzuwenden.

[83] Im Erg. zutreffend daher BGH (o. Fn. 79), a.a.O.
[84] Ebenso *Canaris* (o. Fn. 59), S. 34.

Es geht daher um eine Analogie der „Wissensnormen“ auf Grund des Gleichbehandlungsgrundsatzes, die keiner ausdrücklichen gesetzlichen Legitimation bedarf.

**3.** Ein fremdes Wissen kann unter dem Aspekt eines Orientierungsdatums für das Zurechnungssubjekt einem eigenen Wissen des Zurechnungssubjekts gleichstehen.

**4.** Nimmt man den VN als Zurechnungssubjekt, so ergibt sich daraus im Einzelnen Folgendes.

**a)** Es ist davon auszugehen, dass der VN Informationen, die eine vernünftige Person in seiner Situation berücksichtigt hätte, berücksichtigen wollte, und zwar auch dann, wenn sie ihm „schaden“, weil er sie möglicherweise zugunsten eines Dritten (hier: des Versicherers) einsetzen muss. Darauf, wie der VN auf das Wissen reagiert hätte, wenn er es selbst gehabt hätte, kommt es nicht an.

**b)** Der Wissende muss das Wissen an Stelle des VN erworben haben. Insoweit genügt es, dass der Wissende mit einer Tätigkeit betraut war, bei der Kenntnisse der fraglichen Art typischerweise anfallen.

**c)** Ferner muss der Wissende damit betraut gewesen sein, das Wissen dem Zugriff des VN verfügbar zu halten. War dies nicht der Fall, so spielt dies keine Rolle, wenn das Wissen noch in dem Zeitpunkt, in dem es relevant wurde, verfügbar war und der VN davon wusste, dass der Wissende Informationen der fraglichen Art erlangt hatte. Agierte in der fraglichen Angelegenheit eine Hilfsperson des VN, für die das Wissen als Orientierungsdatum fungierte, so muss sich der VN so behandeln lassen als wäre diese Person sein „Wissensvertreter“ und er wäre mit dem Wissen so umgegangen wie die Hilfsperson.

**d)** Das Wissen muss in der Angelegenheit verfügbar sein, in deren Rahmen die „Wissensnorm“, um die es geht, einschlägig ist. Eine „abstrakte“ Zurechnung und damit auch eine Dauerzurechnung einer einmal erlangten Information gibt es nicht. Vielmehr stellt sich die Frage der Wissenszurechnung für jeden Zusammenhang, in dem das Wissen eine Rolle spielt, neu. Das bedeutet vor allem, dass ein Wissen, das eine Hilfsperson im Rahmen einer bestimmten Angelegenheit erworben hatte, dem VN grundsätzlich nicht zugerechnet werden kann, wenn es in einer anderen Angelegenheit relevant wird, für die eine andere Hilfsperson zuständig ist, die diese Kenntnis nicht besitzt. Etwas anderes gilt, wenn diese Person immerhin weiß, dass die Kenntnisse an anderer Stelle vorhanden sind.

**e)** Der Verlust oder die fehlende Verfügbarkeit des fremden Wissens vor dem Zeitpunkt der Relevanz des Wissens für die in Frage stehende Angelegenheit hindert die Zurechnung des Wissens. Auf irgendwelche Speichergepflogenheiten kommt es nicht an. Hat der „Wissensvertreter" seine Funktion verloren, so ist das in seinen Akten oder in seinem Computer gespeicherte Wissen, das dem VN ohne seine Zustimmung zugänglich ist, unter gewissen Voraussetzungen dem VN zuzurechnen.

**f)** Das Auftreten des Wissenden nach außen spielt keine Rolle, desgleichen nicht dessen Stellung in einer betrieblichen Hierarchie.

**5.** Im Hinblick auf die Kombination einer Verhaltens- und einer Wissenszurechnung sind gewisse Einschränkungen zu beachten, die sich aus dem Erfordernis einer angelegenheitsbezogenen Verfügbarkeit des Wissens (s.o. 4 d) ergeben.

**6.** Hat die Sanktion, die sich aus der in Frage stehenden „Wissensnorm" ergibt, „pönalen" Charakter, so kann es nicht über eine Wissenszurechnung zu einer Anwendung dieser Norm kommen. Ob einer Norm dieser Charakter zukommt, entscheidet sich vor allem danach, ob das Erfordernis des Wissens nach den im Bereich der einschlägigen „Wissensnorm" geltenden Grundsätzen nur die Unwissenden schützen soll, oder eine besondere Sanktion für den Fall eines „bösen Willens" begründet.

# Recht und Gerechtigkeit bei Kleists Michael Kohlhaas

Reinhard Singer

Zu den unvergessenen Momenten meiner juristischen Lehrjahre gehört die Phase, in der ich als junger Assistent an der Münchener Universität mit dem Jubilar das Arbeitszimmer geteilt habe. *Detlef Leenen* war damals als Privatdozent gerade auf dem Sprung an die Freie Universität und pendelte zwischen Berlin und München. Als er mir in unserem Büro im Juristischen Seminar am Professor-Huber-Platz von seinen Berliner Erfahrungen und Erlebnissen berichtete, war ich fasziniert von der Leidenschaft, mit der *Detlef Leenen* seinen Beruf als Hochschullehrer ausfüllte. Von daher ist es kein allzu kühner Brückenschlag, ihm zu seinem Ehrentag einen Beitrag zu widmen, der den leidenschaftlichen „Kampf ums Recht" in einzigartiger und bis heute rätselhafter Weise thematisiert. Die Anregung dazu bot der zweihundertste Todestag von *Heinrich von Kleist*[1] am 21. November 2011, der Erinnerungen wach werden ließ an die mich in Jugendjahren tief bewegende[2] Konfrontation des *Michael Kohlhaas* mit dem Unrecht, eines – wie *Kleist* im ersten Satz der Erzählung mitteilt – „der rechtschaffensten zugleich und entsetzlichsten Menschen seiner Zeit".[3]

Mit feinem Gespür für die Grenzen der Konfliktbewältigung durch das Recht, für gesellschaftliche Missstände und die fehlende Unabhängigkeit des Rechtsstabes hat *Kleist* die Hauptfigur mit einer aporetischen Konstellation konfrontiert. Was soll man tun, wenn der vom Staat zu gewährende Rechts-

[1] Zur Lebensgeschichte vgl. *Wollhaupter*, Dichterjuristen, S. 469 ff. – Aus jüngerer Zeit vgl. insbes. die im Jahre 2007 erschienenen Kleist-Biografien von *Gerhard Schulz* und *Jens Bisky*.

[2] Über das Urteil der Literatur – von der antipathischen Ablehnung *Goethes* („Hypochondrie", „Widerspruchsgeist") über die Verzückung *Kafkas* (bis auf den Schluss etwas „Vollkommenes") bis hin zur „kritischen Liebe" *Thomas Manns* („vielleicht stärkste Erzählung deutscher Sprache") – informiert *Fink*, in: Rechtsgeschichte als Kulturgeschichte, Festschrift Adalbert Erler, 1976, S. 37 ff. und S. 71 ff.

[3] Reclam-Ausgabe: *Heinrich von Kleist*. Michael Kohlhaas. Aus einer alten Chronik. Durchgesehene Ausgabe 2003, S. 3. Ein erstes Fragment hat *Kleist* in der von ihm zusammen mit dem Staatstheoretiker *Adam Müller* herausgegebenen Zeitschrift „Phoebus" 2008 (Heft 6) veröffentlicht; die vollständige Fassung beruht auf den 1810 in *Reimers* Realschulbuchhandlung erschienen „Erzählungen" von *Heinrich von Kleist* (vgl. *Sembdner*, S. 295, Anhang zur dtv-Ausgabe von *Heinrich von Kleist*. Sämtliche Erzählungen und Anekdoten). – Zur Person von *Adam Müller* vgl. noch unten im Text unter VI.5.

schutz versagt? Es ist zugleich eine Variation des Spannungsverhältnisses zwischen Recht und Gerechtigkeit, das sich wohl niemals vollkommen auflösen lässt. Nach den Erfahrungen des Nationalsozialismus kann sich zwar niemand mehr auf blinden Gesetzesgehorsam berufen. Die staatlichen Organe sind – wie Art. 20 Abs. 3 des Grundgesetzes bestimmt – an „Gesetz und Recht" gebunden. Die berühmte Formel von *Gustav Radbruch*, wonach das positive Gesetz als unrichtiges Recht der Gerechtigkeit weichen muss, wenn „der Widerspruch des positiven Gesetzes zur Gerechtigkeit ein ... unerträgliches Maß erreicht hat",[4] gibt dem Rechtsanwender eine wichtige Hilfestellung, wenn er erkennt oder erkennen muss, dass das auszuübende Recht in Wahrheit grobes Unrecht darstellt. Aber kann man mit dieser Formel, die in Extremfällen der Gerechtigkeit unmittelbar zum Durchbruch verhilft, auch ein Widerstandsrecht gegen eine versagende staatliche Ordnung begründen? Der amtierende Präsident des Bundesverfassungsgerichts, der sich am Nikolausabend des vergangen Jahres ebenfalls mit dem Thema befasst hat, würde jedenfalls im demokratischen Rechtsstaat einen Rechtsbruch im Namen der Gerechtigkeit nicht gutheißen. Die Berufung des *Kohlhaas* auf eine höhere Gerechtigkeit bekäme heute – so *Andreas Voßkuhle* – eine „bittere, weil antidemokratische Note".[5]

## I. Die Geschichte

### 1. *Das Vorbild: der historische Hans Kohlhase*

Die Geschichte des *Michael Kohlhaas* spielt Mitte des 16. Jahrhunderts, in der Reformationszeit. Als Vorlage diente *Kleist* die in einer alten Chronik überlieferte Geschichte des Händlers *Hans Kohlhase*, der auf der Reise zur Leipziger Messe mit Bauern in Streit geriet und unter Zurücklassung seiner Pferde die Flucht ergreifen musste.[6] Als er nach der Rückkehr seine Pferde wieder in Besitz nehmen wollte, scheiterte dies daran, dass ihm die Futterkosten in Rechnung gestellt wurden und er deren Bezahlung verweigerte. In

[4] SJZ 1946, 105, 107; zurückhaltender *ders.*, Rechtsphilosophie, 3. Aufl. 1932, S. 82 f. (zit. nach der Studienausgabe, Hrsg. Dreier/Paulson, 2. Aufl. 2003): „Für den Richter ist es Berufspflicht, den Geltungswillen des Gesetzes zur Geltung zu bringen, das eigene Rechtsgefühl dem autoritativen Rechtsbefehl zu opfern, nur zu fragen, was Rechtens ist, und niemals, ob es auch gerecht sei".

[5] Süddeutsche Zeitung vom 8.12.2011, S. 11: „Was hat ein Pferdehändler dem Wutbürger zu sagen?" (*Thomas Kerscher* über einen Vortrag von *Andreas Voßkuhle* im Freiburger Auditorium Maximum).

[6] Über die historischen Quellen informiert *Dießelhorst*, Hans Kohlhaase/Michael Kohlhaas, Kleist-Jahrbuch 1988/89, S. 334 ff.; s. ferner bereits *Boockmann*, Mittelalterliches Recht bei Kleist, Kleist-Jahrbuch 1985, S. 85, 89 ff.

der Folge kam es zu rechtlichen Auseinandersetzungen, die aber für *Kohlhase* nicht den gewünschten Erfolg brachten, weil der sächsische Kurfürst den Schiedsspruch, der *Kohlhase* wenigstens die Hälfte seiner Forderung zugesprochen hatte, nicht akzeptierte. In seiner Enttäuschung über das Versagen des Rechtsschutzes erklärte der historische *Kohlhase* seinem Gegner, einem Freiherrn *von Zaschwitz*, die Fehde[7] und überzog schließlich das ganze Land mit Raub und Mord.

### 2. *Kleists Variation des Konflikts: Täuschung und Misshandlung*

*Kleist* variiert die Geschichte und verschärft das begangene Unrecht. Der „an den Ufern der Havel" lebende Pferdehändler *Michael Kohlhaas* soll beim Passieren der Grenze auf dem Weg nach Dresden anders als bei früheren Reisen plötzlich nicht nur Wegzoll entrichten, sondern auch einen Passierschein vorweisen. Da er keinen solchen Schein besitzt, muss *Kohlhaas* auf Druck des Junkers *von Tronka*, der vor Ort die Gebietshoheit innehat, zwei Rappen als Pfand zurücklassen, um seine Reise fortzusetzen. In Dresden erweist sich, dass man *Kohlhaas* ein Märchen erzählt hat und in Wahrheit keinen Erlaubnisschein benötigt. Schlimmer noch: bei der Rückkehr zur Burg des Junkers *von Tronka* – der „Tronkenburg" - stellt sich heraus, dass die Rappen in erbärmlichem Zustand sind: „das wahre Bild des Elends im Tierreiche"![8] Sie waren zur Feldarbeit eingesetzt worden. Den zur Aufsicht auf der Burg zurückgebliebenen Knecht des *Kohlhaas, Herse*, hatte man körperlich misshandelt und schließlich fortgejagt. Nachdem der Junker nicht bereit ist, ihm den Schaden zu ersetzen, reicht *Kohlhaas* Klage vor dem Dresdner Gerichtshof ein.

### 3. *Justizversagen und das „Geschäft der Rache"*

Diese wird „auf eine höhere Insinuation"[9] – niedergeschlagen. Von seinem Rechtsanwalt erfährt er, dass zwei verwandte Jungherren des Junkers – *Hinz* und *Kunz* – beim Kurfürsten von Sachsen angestellt sind. Ähnlich ergeht es ihm mit einer Bittschrift – einer Petition – an den Kurfürsten von Brandenburg; diese landet bei dem in der Staatskanzlei des Kurfürsten tätigen Grafen *Kallheim*, der ebenfalls mit dem Hause *Tronka* verschwägert ist. In einer Resolution der Staatskanzlei werden die Forderungen *Kohlhaas* abgewiesen. Er – *Kohlhaas* – sei ein „unnützer Querulant",[10] und man möge die Staats-

[7] Zum mittelalterlichen Fehderecht eingehend *Boockmann* (o. Fn. 6), S. 90 ff.

[8] *Kleist* (o. Fn. 3), S. 8 Z. 20.

[9] *Kleist* (o. Fn. 3), S. 17.

[10] Zur sprichwörtlichen Figur des Michael Kohlhaas als Synonym für einen Querulanten vgl. *Schmidhäuser,* Verbrechen und Strafe, 1995, S. 19; zum Querulantentum s. ferner

kanzlei mit solchen „Plackereien und Stänkereien" künftig verschonen. Nachdem seine Frau *Lisbeth* bei dem Versuch, die Bittschrift direkt an den Landesherrn zu übermitteln, von bewaffneten Wachsoldaten mit roher Gewalt zurückgewiesen und so schwer verletzt wird, dass sie Tage später – nach der Rückkehr nach Kohlhaasenbrück – verstirbt, übernimmt *Kohlhaas* „das Geschäft der Rache". Noch bei ihrem Begräbnis fasst er einen „Rechtsschluss", in dem er „kraft der ihm angeborenen Macht" den Junker binnen einer Frist von drei Tagen verurteilt, die Rappen nach Kohlhaasenbrück zu führen „und in Person dick zu füttern".[11]

Nach ergebnislosem Ablauf des Ultimatums beginnt der Rachefeldzug, zunächst gegen den Junker *von Tronka*, dessen Schloss in Schutt und Asche gelegt wird. Schon bei der Erstürmung der Burg werden Unschuldige getötet. *Kohlhaas* verfasst das sog. „Kohlhaasische Mandat", in dem er das Land auffordert, dem Junker *Wenzel von Tronka*, „mit dem er in einem gerechten Krieg liege", keine Beihilfe zu gewähren und ihn „bei Strafe Leibes und des Lebens und unvermeidlicher Einäscherung" des Besitztums an ihn auszuliefern. Da der Junker nach Wittenberg geflüchtet ist, zündet er die Stadt mehrfach an und verlangt seine Auslieferung unter der Drohung, die Stadt so einzuäschern, „dass er hinter keiner Wand werde zu sehen brauchen, um ihn zu finden".[12] Das Schloss Lützen wählt er zum Sitz seiner „provisorischen Weltregierung", ruft das Volk auf, „sich zur Errichtung einer besseren Ordnung" ihm anzuschließen, und überfällt schließlich auch die Stadt Leipzig, wo der Junker inzwischen vermutet wird.

### 4. *Vermittlung, Amnestie und Gefangennahme*

Nun lässt *Kleist* den Reformator *Martin Luther*[13] einschreiten, der sich in einem Plakat an den Rebellen wendet, um ihn „in den Damm der menschlichen Ordnung zurückzudrücken": „Ein Rebell bist du und kein Krieger des gerechten Gottes".[14] *Kohlhaas* sucht daraufhin – verkleidet als thüringischer Landpächter – *Luther* in Wittenberg auf und legt dieser Persönlichkeit seine Rechtsauffassung dar. Für ihn als einen aus der Gemeinschaft Verstoßenen sei der ihm geführte Krieg keine „Missetat". Auf die Nachfrage *Luthers*, wer ihn den aus der Gemeinschaft verstoßen habe, entgegnet *Kohlhaas:*

*Fritz Werner*, Der Querulant, in: *ders.*, Recht und Gericht in unserer Zeit, 1971, S. 406 (mit Bezug zu *Kohlhaas* S. 410). – Vgl. dazu unten im Text V. a.E.

[11] *Kleist* (o. Fn. 3), S. 28.

[12] *Kleist* (o. Fn. 3), S. 34.

[13] Historisch überliefert ist, dass *Martin Luther* dem *Hans Kohlhase* einen Brief schreibt und diesen dazu auffordert, die Selbstjustiz aufzugeben („Nu ist Selbsrichter sein und Selbsrichten gewisslich ungerecht"); Abdruck des Briefes bei *Dießelhorst* (o. Fn. 6), S. 345 f.

[14] *Kleist* (o. Fn. 3), S. 41.

*„Verstoßen … nenne ich den dem der Schutz der Gesetze versagt ist! Denn dieses Schutzes, zum Gedeihen meines friedlichen Gewerbes, bedarf ich; ja er ist es, dessenhalben ich mich, mit dem Kreis dessen, was ich erworben, in diese Gemeinschaft flüchte; und wer ihn mir versagt, der stößt mich zu den Wilden der Einöde hinaus; er gibt mir, wie wollt ihr das leugnen, die Keule, die mich selbst schützt, in die Hand“.*

Auf Vermittlung *Luthers* kommt es dann zu einem Angebot des sächsischen Kurfürsten an *Kohlhaas*. Unter der Voraussetzung, dass dieser die Waffen niederlege, werde ihm für eine erneute Untersuchung seiner Sache durch das Dresdner Tribunal freies Geleit erteilt sowie völlige Amnestie wegen seiner in Sachsen ausgeübten Gewalttätigkeiten, falls er – wie zu erwarten sei – mit seiner Klage wegen der Rappen nicht abgewiesen werde. Daraufhin begab sich *Kohlhaas* nach Dresden, bezog sein Haus, wurde aber – zunächst zu seinem Schutz –bewacht. Schon nach kurzer Zeit schlug die Stimmung um. Erst kam es zu Streitigkeiten bei der Vorführung der Pferde, dann erregten andauernde Gewalttätigkeiten seines ehemaligen Knechts *Nagelschmidt*, der die Raubzüge ohne Wissen und Einverständnis von *Kohlhaas* fortsetzt, Unmut, so dass schließlich der Polizeichef, *Freiherr von Wenk*, die Amnestie aufhebt. Fortan ist *Kohlhaas* „Gefangener“. In seiner Enttäuschung begeht *Kohlhaas* den Fehler, mit *Nagelschmidt* seine Flucht zu planen, doch wird der Plan aufgedeckt, *Kohlhaas* ins Gefängnis gesteckt und vom Dresdner Gericht zum Tode verurteilt. Er soll „mit glühenden Zangen von Schinderknechten gekniffen, geviertelt, und sein Körper, zwischen Rad und Galgen, verbrannt“ werden, eine grausame und überdies schmähliche Hinrichtungsart.[15]

### 5. *Kohlhaas geschieht Recht*

Nachdem sich der Kurfürst von Brandenburg dafür eingesetzt hat, dass dem *Kohlhaas* in Berlin der Prozess gemacht wird, kommt es nach komplizierten politischen und rechtlichen Verwicklungen, in die auch der Kaiser in Wien eingeschaltet war, zur Überstellung nach Berlin. Dort wird *Kohlhaas* auf Anklage durch den Kaiser, der sich an die Amnestie des sächsischen Kurfürsten nicht gebunden sieht, vom Reichskammergericht erneut zum Tode verurteilt, allerdings in der ehrenvollen Form der Hinrichtung durch das Schwert.

Einer der Höhepunkte der Erzählung ist die Szene auf dem Richtplatz unmittelbar vor seiner Hinrichtung. Der brandenburgische Kurfürst spricht zu dem Deliquenten: „Nun, *Kohlhaas*, heut ist der Tag, an dem dir dein Recht geschieht!“ Dann werden ihm nicht nur seine wohlgenährten, dick

[15] *Kleist* (o. Fn. 3), S. 79 f.

gefütterten Rappen zurückgegeben, sondern er erhält auch die dem Knecht *Herse* bei seiner Vertreibung aus der Tronkenburg abhandengekommenen Sachen zurück sowie eine Entschädigung für dessen Tod. Zu seiner Freude wird ihm mitgeteilt, dass der Junker *von Tronka* zu zweijähriger Gefängnisstrafe verurteilt wurde. Nachdem ihm „solchergestalt Genugtuung" verschafft worden ist, soll er sich nun bereit machen, „kaiserlicher Majestät, deren Anwalt hier steht, wegen des Bruchs ihres Landfriedens", seinerseits „Genugtuung zu geben". Kleist lässt *Kohlhaas* erwidern, dass er dazu bereit sei, und wird enthauptet.

## II. Fragen

### *1. Ausgleichende Gerechtigkeit und fundamentale Rechtskritik*

Ein ungewöhnlicher Ausgang, denn der gefundene Ausgleich, die späte Wiedergutmachung erlittenen Unrechts scheint angesichts der unmittelbar anschließenden Hinrichtung eher symbolische, denn reale Bedeutung zu besitzen. Zwar kann *Kohlhaas* dafür sorgen, dass die ihm zugesprochenen Vermögenswerte in seinem Sinne weitervererbt werden – die Rappen erhalten seine Söhne und die ihm zurückgegebenen Sachen sowie die Entschädigung für *Herses* Tod die Mutter des gefallenen Knechtes, die *Kohlhaas* „auf dem Platz wahrgenommen hatte".[16] Aber um welchen Preis? War es diese in materieller Hinsicht bescheidene Genugtuung wert, sein höchstes Gut – sein Leben – zu opfern? Wenn *Kohlhaas* ausrufen darf, dass „sein höchster Wunsch auf Erden erfüllt sei", wird deutlich, dass es um mehr geht als um Ausgleich und Wiedergutmachung. Es fällt deshalb auch schwer, in der Wiedergutmachung des erlittenen Unrechts und dem formal korrekten Handeln des preußischen Kurfürsten eine Wiederherstellung der Vernünftigkeit zu sehen.[17] Das schreckliche Ende erscheint eher als Anklage denn als Versöhnung.[18] *Kleist* demonstriert die Sinnlosigkeit des Kampfes ums Recht und zeigt keinen vernünftigen Ausweg aus dem Dilemma, wenn man Opfer staatlicher Willkür ist.

Der dem Studium der Rechte nichts abgewinnende,[19] aber mit feinem Sensorium für juristische Konflikte ausgestattete *Kleist* konfrontiert den Leser

[16] *Kleist* (o. Fn. 3), S. 79 f.

[17] *Bohnert*, Kohlhaas der Entsetzliche, Kleist-Jahrbuch 1988/89, S. 405 (430 f.).

[18] Skeptisch auch *Kaul*, Internationales Archiv für Sozialgeschichte der deutschen Literatur 31 (2006), S. 212 (221); *Rückert*, … „der Welt in der Pflicht verfallen …", Kleist-Jahrbuch 1988/89, S. 375, 402 f.

[19] In einem Brief an *Wilhelmine von Zenge* schreibt *Kleist* „Nicht die Rechte will ich studieren, nicht die schwankenden, ungewissen, zweideutigen Rechte der Vernunft …"; zit. nach *Wollhaupter* (o. Fn. 1), S. 473.

mit einem Grenzfall, in dem die Frage, was recht und gerecht ist, nicht eindeutig zu beantworten ist. Die Geschichte thematisiert aber nicht nur das Spannungsverhältnis zwischen Recht und Gerechtigkeit, sondern verkörpert geballte Rechts- und Gesellschaftskritik, die auch andere Erzählungen und Dramen *Kleists* kennzeichnet, etwa „Den zerbrochenen Krug", den „Prinzen von Homburg" oder „Das Erdbeben von Chili".[20] Und schließlich ist das Hauptthema ein hochpolitisches, nämlich das Recht auf Widerstand, das angesichts der damals noch lebendigen Erfahrungen der französischen Revolution und der aktuellen Bedrohung Europas durch die imperialen Ansprüche *Napoleons* einen sehr realen zeitgeschichtlichen Hintergrund hatte. Die Geschichte nimmt dabei Bezug auf die lebhafte zeitgenössische Diskussion über das Widerstandsrecht gegen den Staat, die Ende des 18.Jahrhunderts insbesondere zwischen den Philosophen *Kant*, *Gentz, Garve* und *Rehberg* ausgetragen wurde.[21]

### 2. *Michael Kohlhaas als Paradigma romantischer Dichtkunst*

Kleist wird gewöhnlich nicht zum engeren Kreis der Romantiker – *Tieck, Novalis, Fichte* und *Schelling* – gezählt, ist aber doch offensichtlich von ihnen inspiriert. *Kleists* Gefühlsbegriff ist ganz der *Fichte*sche, schreibt etwa *Joachim Bohnert,*[22] und auch sonst enthält die Erzählung viele Merkmale, die gemeinhin mit der Romantik verbunden werden. Sie ist vielgestaltig und widersprüchlich, sucht die Ferne der Vergangenheit und konfrontiert den Leser mit dem Extremen und Geheimnisvollen, mit Wahnsinn und den Labyrinthen der Reflexion.[23] Auch in Auseinandersetzung mit der zeitgenössischen Philosophie der Aufklärung, insbesondere mit der Gesellschaftsvertragslehre von *Immanuel Kant,*[24] offenbart sich romantisches Denken. *Kleists* Position ist antiaufklärerisch, antirational und antibürgerlich.

## III. Kohlhaas und das positive Recht

Ihren Ausgang nimmt die Geschichte in einer Reihe von Rechtsverletzungen gegenüber *Kohlhaas*. Junker *von Tronka* hatte kein Recht, einen Passschein zu verlangen. Es fehlte damit zugleich die Rechtsgrundlage für das geforderte Pfand, die beiden Rappen, die *Kohlhaas* zur Sicherheit beim Jun-

[20] Vgl. dazu auch *Raue*, Festschrift für Renate Damm, 2005, S. 128 ff.

[21] *Kant Gentz Rehberg*, Über Theorie und Praxis (Hrsg. *Henrich*), 1967, S. 41 ff.

[22] *Bohnert* (o. Fn. 17), S. 423.

[23] Zu diesen Merkmalen romantischer Dichtkunst vgl. *Safransky*, Romantik. Eine deutsche Affäre, 2007, S. 13.

[24] *Kant*, Über den Gemeinspruch: Das mag in der Theorie richtig sein, taugt aber nicht für die Praxis, 1793 (Hrsg. Klemme, 1992, S. 29 = Akademieausgabe, S. 297).

ker lassen musste. Noch viel schwerer wiegt die Pflichtverletzung durch die schlechte Behandlung der Pferde, die ja nach wie vor dem *Kohlhaas* gehörten, sowie die Verletzung des Knechts *Herse.*[25] Ein Pfandgläubiger ist zur sorgfältigen Verwahrung der Pfandsache verpflichtet,[26] darf diese also nicht schlecht behandeln. Nachdem *Kohlhaas* sich gegen die unerlaubten Inbesitznahme der Pferde nicht zur Wehr gesetzt hat – wobei ihm sogar die Anwendung von Gewalt möglich gewesen wäre[27] –, war er nun darauf angewiesen, zur Durchsetzung seines Rückgabeanspruchs und seiner Entschädigungsforderungen staatliche Hilfe in Anspruch zu nehmen.

Diese wurde *Kohlhaas* versagt, so dass eine der zentralen Rechtsfragen darin besteht, ob *Kohlhaas* ein Selbsthilferecht zu seinen Gunsten in Anspruch nehmen konnte. Das in Preußen um 1800 geltende Allgemeine Landrecht gewährte ein solches Selbsthilferecht – wie auch das heute geltende BGB – nur unter sehr engen Voraussetzungen, nämlich wenn „die Hülfe des Staates zur Abwendung eines unwiederbringlichen Schadens zu spät kommen würde"(§ 78 ALR). Aber nicht erlaubt war das Hinweggehen über eine bereits vorliegende obrigkeitliche Entscheidung. Weniger eindeutig sind die Verhältnisse zu der Zeit, in die *Kleist* seine Geschichte verlegt hat und in der auch das historische Vorbild lebte und wirkte. Diese Geschichte spielt Mitte des 16. Jahrhunderts, einer Zeit des Umbruchs im Grenzgebiet zwischen Mittelalter und Neuzeit.[28] In dieser Übergangszeit vollzog sich auch ein Wandel im Hinblick auf die allmähliche Durchsetzung des staatlichen Gewaltmonopols. Während es im Mittelalter durchaus legitim war, sich bei der Durchsetzung von Ansprüchen der sog. Fehde zu bedienen, wurde unter dem deutschen König und späteren Kaiser *Maximilian I.* im Jahre 1495 vom Reichstag in Worms der Ewige Landfrieden verkündet, ein Gesetz, das die Fehde zur Durchsetzung von Ansprüchen verbot und damit das Gewaltmonopol des Staates besiegelte.[29] Dennoch war die Fehde im 16. Jahrhundert durchaus noch gebräuchlich. Die *lex carolina*, das Strafgesetzbuch des Kaisers Karl V. aus dem Jahre 1532, erlaubte sie sogar unter bestimmten, ziemlich vage formulierten Voraussetzungen.[30]

[25] Nach heutigem Verständnis sind solche mittelbaren Schäden des Arbeitgebers nur ersatzfähig, soweit dieser Entgeltfortzahlung leistet und die Forderung des Arbeitnehmers gegen den Schädiger auf ihn übergeht gem. § 6 EFZG (*Grüneberg* in: *Palandt,* BGB, 71. Aufl. 2012, Vor § 249, Rn. 103).

[26] Vgl. im zeitgenössischen Recht § 1215 BGB.

[27] Gem. § 142 ALR war der Besitzer berechtigt, „Gewalt mit Gewalt abzuwehren, wenn die Hülfe des Staats zu spät kommen würde, einen unersetzlichen Verlust abzuwenden".

[28] *Boockmann* (o. Fn. 6), S. 86.

[29] Vgl. dazu *Wadle*, Landfrieden, Strafe, Recht, 2001, S. 183 ff.

[30] „Wer sunst zu solcher vhede rechtmessig gedrungen ursach hett", vgl. Art. 129 l c, abgedruckt bei *Dießelhorst* (o. Fn. 6), S. 349.

Ob diese Voraussetzungen vorliegen, ist aus heutiger Sicht schwer zu beurteilen. Manche Autoren halten die von *Kohlhaas* praktizierte Fehde, die anfänglichen Kriegshandlungen, für durchaus legitim.[31] Die große Mehrheit der Interpreten weist darauf hin, dass *Kohlhaas* noch den Weg zu dem auf dem Wormser Reichstag 1495 eingerichteten Reichskammergericht hätte gehen können, und hält deswegen den Rechtsweg für nicht erschöpft.[32] *Kleist* selbst geht wohl nicht davon aus, dass das Vorgehen von *Kohlhaas* rechtens war. Dagegen spricht bereits die einleitende Charakterisierung des *Kohlhaas* als eines der „rechtschaffensten“ und zugleich „entsetzlichsten“ Menschen seiner Zeit, ebenso der Umstand, dass *Kleist* am Ende, nachdem ihm Genugtuung widerfahren ist, bereit ist, seinerseits dem Kaiser „Genugtuung“ zu gewähren. Das wäre nicht verständlich, wenn ihm nicht – wie es der brandenburgische Kurfürst ausgedrückt hat – sein „Recht“ geschähe.

Andererseits würde es zu kurz ausgreifen, wenn man *Kleists* Erzählung auf „eine Art von poetischer Exemplifikation spätmittelalterlichen Fehderechts“[33] reduzierte. *Kleist* ging es insoweit nicht um juristische Genauigkeit, sondern um die Zuspitzung der Grundfrage, was gerechterweise zu tun ist, wenn der Schutz des Staates nicht zu erlangen ist. Die von *Kohlhaas* angerufene sächsische Justiz hat krass versagt und *Kohlhaas* den Rechtsschutz für seine evidenten Ansprüche verweigert, mehr noch, sein berechtigtes Anliegen als Stänkerei und Querulantentum diskreditiert. Seine auf Ausgleich und Versöhnung drängende Ehefrau *Lisbeth* prallte mit dem erneuten Versuch, Recht zu erlangen, förmlich auf die abwehrbereite, brutale Staatsgewalt. Was ist das für ein Staat, in dem verwandtschaftlich-feudale Beziehungen über dem Recht stehen, wo man nicht einmal vordringt zu der Instanz, die Recht gewähren soll? Nicht einmal auf die Amnestie des sächsischen Kurfürsten kann sich *Kohlhaas* verlassen. Die Auseinandersetzung zwischen *Kohlhaas* und seinen Gegnern, dem Junker *von Tronka* sowie dem sächsischen und brandenburgischen Staat, wird so zum Schauplatz beißender Gesellschafts- und Justizkritik. Und auf einer noch tiefer liegenden Ebene stellt *Kleist* die aporetische Frage nach dem Verhältnis von Recht und Gerechtigkeit.

[31] Insbesondere *Rudolf von Jhering* – dazu sogleich unten im Text unter IV. – sowie mit Einschränkungen auch *Boockmann*, Rezension zu Horst Sendler: Über Michael Kohlhaas – damals und heute (1985), Kleist-Jahrbuch 1985, S. 177, 178; *ders.* (o. Fn. 6), S. 90 ff. und 97 ff.

[32] *Wollhaupter* (o. Fn. 1), S. 544; *Fink* (o. Fn. 2), S. 89 f.; *Rückert* (o. Fn. 18), S. 380.

[33] *Boockmann* (o. Fn. 31), S. 179.

## IV. Michael Kohlhaas als Paradigma für Rudolph von Jherings „Kampf ums Recht“

Einer der bedeutendsten deutschen Juristen des 19. Jahrhunderts, *Rudolf von Jhering*, war fasziniert von *Kleists* Novelle und sah in ihr ein Paradigma für den zur Wahrung der Rechtsidee erforderlichen „Kampf ums Recht“. Kurz vor seinem Wechsel nach Göttingen hielt *Rudolf von Jhering* vor der Juristischen Gesellschaft in Wien einen viel beachteten Vortrag über den „Kampf ums Recht“.[34] Recht – so sein zentraler Gedanke – sei nicht lediglich bloßes Instrument zur Herstellung von Frieden und Ordnung, sondern Produkt eines dynamischen Prozesses, das aus dem Kampf widerstreitender Interessen hervorgegangen sei. Das entspricht den Vorstellungen des Romantikers und Weggefährten Kleists, *Adam Müller*, der in seinen Vorlesungen über die „Elemente der Staatskunst“ ebenfalls von der Vorstellung ausgegangen war, dass Recht und Gesetz aus dem Streit über gegensätzliche Interessen hervorgehe. Während jedoch *Adam Müller* Gerechtigkeit im Ausgleich der widerstreitenden Interessen verwirklicht wissen will,[35] muss dieses für *Jhering* im Kampf und Streit durchgesetzt werden. Wer sein Recht verfolge, tue dies, um seiner Person willen. Recht ist laut *Jhering* eine Pflicht des Berechtigten gegen sich selbst.[36] Wer sich gegen erlittenes Unrecht zur Wehr setze, verteidige aber nicht nur seine Person und sein Recht, sondern gleichsam das Recht. Es liegt auf der Hand, dass *Michael Kohlhaas* diese Vorstellung auf das Trefflichste erfüllt. Es sei eine sittliche Idee, die *Kohlhaas* treibe, „die Idee, er sei mit seinen Kräften der Welt in der Pflicht verfallen, sich Genugtuung für die erlittene Kränkung und seinen Mitbürgern Sicherheit gegen zukünftige zu verschaffen“.[37] *Jhering* sieht *Kohlhaas* über seine Gegner sittlich triumphieren „durch seine hohe Achtung vor dem Recht, seinen Glauben an die Heiligkeit desselben, die Tatkraft seines echten, gesunden Rechtsgefühls“.[38]

Diese Erhöhung des *Kohlhaas* zu einem „Märtyrer“, der aus verletztem Rechtsgefühl in den Abgrund der Gesetzlosigkeit stürze, verleitete *Jhering* allerdings zu leichten Verzerrungen der Geschichte. Denn *Kohlhaas* Kampf richtete sich nicht nur, wie *Jhering* annahm, gegen Schuldige. Schon bei der Erstürmung der Tronkenburg wurde ein anwesender Junker in den Winkel des Saales geschleudert, „dass er sein Hirn an den Steinen versprützte“.[39]

[34] *Von Jhering*, Der Kampf ums Recht, 1872 (zit. nach der von *Klenner* 1992 herausgegebenen Edition), S. 12 ff.

[35] *Adam Müller*, Elemente der Staatskunst (Neudruck der Originalausgabe von 1808/9), 1936, S. 83, 91 u. öfter.

[36] *Von Jhering* (o. Fn. 34), S. 27.

[37] *Von Jhering* (o. Fn. 34), S. 67 unter Bezugnahme auf *Kleist* (o. Fn. 3), S. 11.

[38] *Von Jhering* (o. Fn. 34), S. 68.

[39] *Kleist* (o. Fn. 3), S. 29.

Und während seine Knechte Beute machten, „flogen, unter dem Jubel *Herses*, aus den offenen Fenstern der Vogtei, die Leichen des Schlossvogts und Verwalters, mit Weib und Kindern, herab". Die massive Anwendung von Gewalt, die *Kohlhaas* zum Räuber und Mordbrenner auch gegenüber Unschuldigen werden ließ, ist kaum mit der Idee der Sittlichkeit zu vereinbaren.[40] Vieles spricht dafür, dass *Kleist Kohlhaas* nicht in dieser Form heroisieren wollte. Damit kontrastiert nicht nur die gegensätzliche Beschreibung des *Kohlhaas* als einen „der rechtschaffensten" und zugleich „entsetzlichsten Menschen seiner Zeit", sondern auch das Ende, das selbst *Kohlhaas* als gerechte Genugtuung für seine Taten empfunden hat.

## V. Kohlhaas als querulatorischer Terrorist?

Eine gegensätzliche Perspektive hat vor Jahren der ehemalige Präsident des Bundesverwaltungsgerichts, *Horst Sendler*, eingenommen.[41] Er verglich *Kohlhaas* mit den Terroristen der damaligen Zeit. Sein Rechtsgefühl, das in den Worten von *Kleist*, „einer Goldwaage glich", werde auch den modernen Terroristen nachgesagt. Auch sie wollen die Welt verbessern, so wie *Kohlhaas* „der Welt in der Pflicht verfallen" sei. Beide Typen verbinde eine „radikale Rechtsleidenschaft"[42] und ein Absolutheitsanspruch, der auch mit absoluten Mitteln durchgesetzt werde.[43] Freilich muss auch *Sendler* Unterschiede konstatieren, denn *Kohlhaas* ringt nicht um eine Veränderung der Herrschaftsverhältnisse, sondern er „will das Recht nur befolgt und vom Staat geschützt" wissen, ist also „gewiss kein Revolutionär".[44] Das sind freilich ganz wesentliche Unterschiede, die den Vergleich nicht nur schmälern, sondern ihm vollständig die Grundlage entziehen.[45]

Auch die Einschätzung des *Kohlhaas* als „Querulanten" ist höchst angreifbar. Querulanten kennzeichnet, dass sie mit pathologischem Eifer ihr Recht verfechten, indem sie ihre Ansprüche, die oft in Quisquilien bestehen, mit unverhältnismäßigen Mitteln verfolgen.[46] Querulanten überhäufen Behörden und Gerichte mit einer Unzahl unzulässiger oder unbegründeter Rechtsbehelfe. Häufig beruhen querulatorische Klagen auf menschlich nachvollziehbaren Kränkungen, ohne dass in Wirklichkeit jedoch eine Rechtsverletzung

[40] Zweifelnd auch *Bernd Hesse*, NJW 2003, 621, 623.
[41] *Sendler*, Michael Kohlhaas – gestern und heute, 1985.
[42] *Sendler* (o. Fn. 41), S. 15.
[43] *Sendler* (o. Fn. 41), S. 17.
[44] *Sendler* (o. Fn. 41), S. 20.
[45] Ebenso *Bernd Hesse* NJW 2003, 621, 624.
[46] *Fritz Werner* (o. Fn. 10), S. 406; *Schmidhäuser* (o. Fn. 10), S. 19; zur psychiatrischen Beurteilung („wahnhafte Querulanz", „Paranoia") s. aber eingehend *Fink* (o. Fn. 2), S. 62 ff., 71.

festgestellt werden könnte. Für den modernen Querulanten ist typisch, dass er zu abenteuerlichen Konstruktionen neigt, um sein Recht zu begründen. Er verklagt die Bundeskanzlerin oder erstattet Strafanzeige gegen Richter, weil diese seiner Sache angeblich kein Gehör schenken. Dies trifft auf *Kohlhaas* gerade nicht zu.[47] Seine von einem Rechtsanwalt verfasst Klage war völlig korrekt, auch die erhobenen Ansprüche waren nicht maßlos, sondern berechtigterweise auf Wiederherstellung des früheren Zustandes und Ausgleich der unrechtmäßig erlittenen Schäden gerichtet. „Die Rechtssache war in der Tat klar"![48] Maßlos sind allein die Mittel, die *Kohlhaas* einsetzt, als ihm das bestehende Recht versagt wurde. Das ist nicht eigentlich das Thema des Querulanten, sondern das des Widerstandsrechts gegen einen Staat, der den Rechtsschutz versagt.

## VI. Gesellschaftsvertrag und Widerstandsrecht

### *1. Staatsvertragstheorien der Aufklärung*

Das staatliche Gewaltmonopol bezieht seine Legitimation aus der Anerkennung des Staates als Garanten des Rechts und damit des menschlichen Zusammenlebens. Nach den Staatstheorien der Aufklärung – insbesondere in der Gestalt, die sie durch die Philosophen *Jean-Jacques Rousseau*[49] und *Immanuel Kant*[50] gefunden haben – ist es der Gesellschaftsvertrag, der die staatliche Herrschaft legitimiert.[51] In ihm verwirkliche sich der allgemeine vernünftige Wille, auf den sich die Rechtsgemeinschaft idealiter verständige. *Kant* stellt klar, dass dieser Gesellschaftsvertrag kein Faktum ist, sondern eine bloße Idee der Vernunft.[52] Diese verpflichte den Gesetzgeber, seine Gesetze so zu geben, als könnten sie „aus dem vereinigten Willen eines ganzen Volkes" entspringen, und „jeden Unterthan, so fern er Bürger sein will, so anzusehen, als ob er zu einem solchen Willen mit zusammen gestimmt habe. Denn das ist der Probierstein der Rechtmäßigkeit eines jeden öffentlichen Gesetzes".[53] Dabei soll hier dahinstehen, wie weit diese Probe auf die Rechtmäßigkeit gelingen kann, gehen doch die Auffassungen darüber auseinander, was dem vernünftigen Willen der Allgemeinheit entspricht.[54]

47 *Schmidhäuser* (o. Fn. 10), S. 38.

48 *Kleist* (o. Fn. 3), S. 16.

49 Der Gesellschaftsvertrag oder Prinzipien des Staatsrechts, 1762 (in der Übersetzung von *Bossier*), Kap. I 6 und 7 = S. 42 ff.

50 O. Fn. 24, S. 27 ff. = Akademieausgabe, S. 295 ff.

51 Vgl. dazu *Geismann*, Der Staat 21, 1982, S. 161 ff.

52 *Kant* (o. Fn. 24), S. 29 = Akademieausgabe, S. 297.

53 *Kant* (o. Fn. 24), S. 29 = Akademieausgabe, S. 297.

54 Dies gilt auch für die Rechtsdefinition von *Kant* als den „Inbegriff der Bedingungen, unter denen die Willkür des einen mit der Willkür des anderen nach einem allgemeinen

## 2. *Staatlicher Rechtsschutz als Funktionsvoraussetzung des Gesellschaftsvertrages*

*Kleist* thematisiert eine andere Schwäche der *Kant*'schen Theorie, nämlich was geschehen soll, wenn der Gesellschaftsvertrag seine Aufgabe nicht erfüllt. Er bezieht ja seine Legitimation aus dem Bedürfnis, das Miteinander der in Konflikt geratenden souveränen Rechte der Bürger untereinander zu ordnen, sie von dem Zustand des „Krieges jeder gegen jeden"[55] zu bewahren. Was ist rechtens, wenn der Staat nicht in der Lage ist, seiner Funktion zur Sicherung des Rechtsfriedens zu entsprechen?

In der Haltung des *Kohlhaas* demonstriert *Kleist* seine kritische Distanz zur Staatsvertragslehre. In der Auseinandersetzung mit *Luther* beruft sich *Kohlhaas* darauf, dass er als ein aus der Gemeinschaft Verstoßener darauf angewiesen sei, sich selbst zu schützen. „Verstoßen nenn ich den, dem der Schutz der Gesetze versagt ist". Wer ihn „mir versagt, der stößt mich zu den Wilden der Einöde hinaus; er gibt mir … die Keule, die mich selbst schützt, in die Hand".[56] Er beruft sich auf ein Widerstandsrecht, das an die Theorie vom bedingten Staatsvertrag anknüpft und die Bindung an Gesetz und Recht relativiert. Er knüpft damit an die lebhafte zeitgenössische Diskussion über die Grundlagen von Recht und Moral an. Einige der Texte, darunter *Kants* Schrift „Über den Gemeinspruch: Das mag in der Theorie richtig sein, taugt aber nicht für die Praxis" sowie die Kritik seiner Schüler *Gentz* und *Rehberg*, sind in den Jahren 1793–1795 in der Berlinischen Monatsschrift veröffentlicht worden und hatten dadurch das Interesse der gebildeten Öffentlichkeit geweckt.[57]

## 3. *„Über den Gemeinspruch: Das mag in der Theorie richtig sein, taugt aber nicht für die Praxis"*

Der französische Philosoph *Jean-Jacques Rousseau*, an dessen Lehre vom *„contrat social"*[58] als Rechtfertigung staatlicher Herrschaft *Kants* Theorie vom Gesellschaftsvertrag anknüpft, verleiht zwar dem Einzelnen kein Widerstandsrecht gegen staatliches Unrecht, begrenzt aber die Geltung des Gesellschaftsvertrages auf Herrschaftsverhältnisse, in denen die Gesetze eingehalten werden. Nur im Falle der – hier nicht gegebenen – Tyrannei gewinnen die

Gesetze der Freiheit zusammen vereinigt werden kann", Metaphysik der Sitten. Rechtslehre, 1. Aufl. 1797 (Hrsg. *Weischedel*), Bd. VIII, § B (= S. 337).

[55] *Thomas Hobbes*, Leviathan, 1651, Kap. 13, S. 98 (zit. nach der dt. Übersetzung der Ausgabe von *Iring Fetscher*).

[56] *Kleist* (o. Fn. 3), S. 44.

[57] Vgl. die Nachw. o. Fn. 24.

[58] *Rousseau* (o. Fn. 49), Kap. I 6 = S. 43 f.

Bürger nach Ansicht Rousseaus ihre natürliche Freiheit.[59] *Kant* spricht sich in der erwähnten Schrift über den Gemeinspruch sogar für die absolute, unter keinen Umständen zu relativierende Geltung der Gesetze aus. Der Zweck der Gesetzgebung besteht seiner Auffassung nach nicht darin, das Volk glücklich zu machen, sondern darin, den rechtlichen Zustand zu sichern. Denn niemand wäre in einem Zustand äußerlicher gesetzloser Freiheit vor Gewalt und dem Verlust oder der Beeinträchtigung der eigenen Freiheit sicher. Würden die allgemeinen Gesetze nicht unbedingt gelten, drohte der Zustand einer völligen Gesetzlosigkeit, „wo alles Recht aufhört, wenigstens Effekt zu haben".[60] Das Verbot des Widerstandsrechts folgt für *Kant* also aus dem Begriff des Rechts. Selbst den Tyrannensturz will er nicht zulassen und erklärt „alle Widersetzlichkeit gegen die oberste gesetzgebende Macht, alle Aufwiegelung, um Unzufriedenheit der Untertanen tätlich werden zu lassen, aller Aufstand, der in Rebellion ausbricht", für „das höchste und strafbarste Verbrechen im gemeinen Wesen".[61] Es sei daher „kaum zu bezweifeln, dass, wenn jene Empörungen, wodurch die Schweiz, die Vereinigten Niederlande oder auch Großbritannien ihre jetzige für so glücklich gepriesene Verfassung errungen haben, misslungen wären, die Leser der Geschichte derselben in der Hinrichtung ihrer jetzt so erhobenen Urheber nichts als verdiente Strafe großer Staatsverbrecher sehen würden".[62] Falls sich das Oberhaupt einmal irre oder einer Sache unkundig sein sollte, müsse dem Staatsbürger allerdings die Befugnis zustehen, seine Meinung über das vermeintliche Unrecht öffentlich bekannt zumachen. Also – folgert *Kant* – ist die „Freiheit der Feder" das „einzige Palladium der Volksrechte".[63]

### *4. Kohlhaas als Paradigma für Kleists Aufklärungskritik*

Die rigide Haltung *Kants* wirkt allzu theoretisch, verabsolutiert den Begriff des Rechts und scheint in der Tat nicht für die Praxis zu taugen. Denn ein unbegrenztes Recht des Fürsten oder Staatsoberhaupts und die Pflicht zu unbedingtem Gehorsam strapazieren das Rechtsgefühl und widersprechen der Empirie. Heute wissen wir, dass Staatsverbrechen wie die des Nationalsozialismus ein Rechtsverständnis erfordern, das nicht nur Widerstand gegen das positive Recht erlaubt, sondern unter Umständen sogar fordert. Die Soldaten, die an der innerdeutschen Grenze auf Republikflüchtlinge geschossen haben, wurden von den deutschen Gerichten wegen Totschlags verurteilt, weil man von ihnen mit Recht verlangt, dass sie die Menschenrechte beachten

[59] *Rousseau* (o. Fn. 49), Kap. III 10 = S. 156; vgl. dazu auch *Rückert* (o. Fn. 18), S. 393.
[60] *Kant* (o. Fn. 24), S. 34 = Akademieausgabe, S. 301.
[61] *Kant* (o. Fn. 24), S. 32 = Akademieausgabe, S. 299.
[62] *Kant* (o. Fn. 24), S. 34 = Akademieausgabe, S. 301.
[63] *Kant* (o. Fn. 24), S. 37 f. = Akademieausgabe, S. 304.

und nicht nur dem – verbrecherischen – Staatsbefehl gehorchen.[64] *Kant* könnte ihre Verurteilung nicht erklären. Der Philosoph der Aufklärung – *Christian Garve* –, der die Diskussion mit einem kantkritischen Text über „verschiedene Gegenstände aus der Moral, Literatur und dem gesellschaftlichen Leben“ angestoßen hatte,[65] weist in der sich anschließenden Auseinandersetzung mit *Kants* Gemeinspruch zurecht darauf hin, dass der größere „Missbrauch“ darin bestehe, dass „jedem als Pflicht auferlegt wird, demjenigen unbedingt zu gehorchen, welcher sich in dem Besitze der Gewalt befindet“.[66] Auf der völkerrechtlichen Ebene konnte man im vergangenen Jahr anschaulich miterleben, wie die Rebellion in den arabischen Staaten rasch internationale Anerkennung gefunden und damit Legitimität und Legalität erworben hat. *Kant* kann die Legitimität solcher Transformationsprozesse nicht erklären und beharrt – offensichtlich beeinflusst durch den dramatischen Verlauf der französischen Revolution - auch bei siegreichen Revolutionen darauf, dass sie ihrem Erfolg einem Staatsverbrechen verdanken.

*Kleist* thematisiert freilich nicht direkt das Widerstandsrecht gegen staatliche Willkür und Despotismus.[67] Sein Konfliktstoff ist die Auseinandersetzung unter Privaten, der Schutz gegen private Gewalt und das Versagen staatlichen Rechtsschutzes. Er führt die strenge Unterscheidung *Kants* zwischen Vernunft und Empirie, zwischen der Maxime, der Pflicht zu gehorchen, und der Maxime, nach Glückseligkeit zu streben,[68] ad absurdum. Und zwar im doppelten Sinne: Auf staatliches Recht ist kein Verlass, aber auch das blinde Vertrauen auf das Rechtsgefühl führt ins Verderben. *Kohlhaas* fühlt sich ja – ganz im Sinne der Theorie – nur dem Rechtsgefühl verpflichtet und lässt pragmatische Erwägungen und Rücksichten nicht gelten. Das Gefühl, im Recht zu sein und sich des Unrechts mit Gewalt erwehren zu dürfen, verleitet ihn paradoxerweise zu dem von *Kant* abgelehnten Widerstand gegen das positive Gesetz. Die Beschreibung des *Kohlhaas* als einen „der rechtschaffensten zugleich und entsetzlichsten Menschen seiner Zeit“ verweist auf einen Widerspruch, der unaufgelöst bleibt. Es ist der Widerspruch zwischen Individualität und Gesetz, zwischen Theorie und Praxis. Die Geschichte ist ohne Zweifel eine literarische Anspielung auf den Beitrag *Kants* in der Berliner Monatsschrift und deckt die Einseitigkeit und praktische Trostlosigkeit seiner unbeweglichen Theorie schonungslos auf.[69] *Kleists* Zweifel an der

[64] BGHSt 41, 101, 111.

[65] *Christian Garve*, Versuch über verschiedene Gegenstände aus der Moral, Literatur und dem gesellschaftlichen Leben, I. Teil, 1792, S. 111–116 (Abdruck bei Kant Gentz Rehberg [o. Fn. 21] S. 134 ff.).

[66] *Christian Garve*, in: Kant Gentz Rehberg (o. Fn. 21), S. 146.

[67] *Schmidhäuser* (o. Fn. 10), S. 37.

[68] *Kant* (o. Fn. 24), S. 12 = Akademieausgabe, S. 282.

[69] Anschaulich *Frommel*, Die Paradoxie vertraglicher Sicherung bürgerlicher Rechte, Kleist-Jahrbuch 1988/89, S. 357 (368 f.).

„neueren sogenannten Kantischen Philosophie“, die er einmal in einem Brief an seine Verlobte *Wilhelmine von Zenge* zum Ausdruck gebracht hat und Gegenstand kontroverser Deutungen ist,[70] fügt sich in diesen Zusammenhang: „Wenn alle Menschen statt der Augen grüne Gläser hätten, so würden sie urteilen müssen, die Gegenstände, die sie dadurch erblicken, sind grün, und nie würden sie entscheiden können, ob ihr Auge ihnen die Dinge zeigt, wie sie sind, oder ob es nicht etwas zu ihnen hinzutut, was nicht ihnen, sondern dem Auge gehört. So ist es mit dem Verstande. Wir können nicht entscheiden, ob das, was wir Wahrheit nennen, wahrhaft Wahrheit ist, oder ob es uns nur so scheint.“

### *5. Geist der Romantik: Vermittlung als Verwirklichung der Rechtsidee?*

Die Rechtsphilosophin *Monika Frommel* legt bei ihrer Interpretation der Erzählung den Akzent noch auf einen anderen Aspekt, den der Vermittlung.[71] Anknüpfend an den Vermittlungsversuch *Luthers*, der ja zunächst Erfolg hat und *Kohlhaas* dazu bringt, wieder den Rechtsweg zu beschreiten, findet sie in der Staatsphilosophie von *Adam Müller*[72] weitere Anhaltspunkte für diese These. *Adam Müller*, gemeinsam mit *Kleist* Herausgeber der Kulturzeitschrift „Phoebus“,[73] setzte dem statischen Verständnis des Staatsvertrages eine dynamische „Idee des Vertrages“[74] als eines sich fortwährend erneuernden Prozesses entgegen, der begrifflichen „Zergliederung“ der Gesetze – ganz im Sinne der Romantik – eine lebendige „Idee des Rechts“, die aus dem Streit der Parteien hervorgeht, das Neue aufnimmt und zur „Auffrischung und Belebung“ beiträgt. Die richtige Lösung der Konflikte, die aus dem Kampf der „Freiheit gegen die Gegenfreiheit“ hervorgingen, bestehe nicht in der einseitigen Durchsetzung einzelner Bestandteile des Staates, sondern in der „Vermittlung zwischen zwei notwendigen und unvermeidlichen Extremen“.[75] Insofern glaubt *Frommel*, dass *Luth*er in Kleists Novelle die Aufgabe zugewiesen werde, die Idee des Rechts und der Gerechtigkeit Wirklichkeit werden zu lassen.[76] *Luthers* Vermittlung hatte freilich am Ende kei-

[70] Vgl zu dieser Kontroverse *Schulz* (o. Fn. 1), S. 203 ff., der die sog. Kantkrise mehr als allgemeine Lebenskrise deutet, sowie *Mandelartz*, Von der Tugendlehre zur Lasterschule. Die sog. Kantkrise und Fichtes Wissenschaftslehre, Kleist-Jahrbuch 2006, S. 120 ff. m. ausf. Nachw. und teilweise Abdruck des Briefes. Ob *Kleist* freilich mit dem Begriff der „Kantischen Philosophie“ die Philosophie *Fichtes* gemeint hat, wie *Mandelartz*, a.a.O., S. 126 meint, erscheint wenig plausibel.

[71] *Frommel* (o. Fn. 69), S. 370 ff.

[72] Zu dieser Beziehung *Schulz* (o. Fn. 1), S. 326 ff.

[73] Vgl. dazu *Wollhaupter* (o. Fn. 1), S. 490 ff.

[74] *Müller* (o. Fn. 35), S. 82.

[75] *Müller* (o. Fn. 35), S. 91.

[76] *Frommel* (o. Fn. 69), S. 371.

nen Erfolg, so dass *Michael Kohlhaas* wohl kein Lehrstück über die Kunst der Vermittlung und des Ausgleichs der widerstreitenden Interessen verkörpert, sondern eher von den Grenzen des Rechts und von der Vergeblichkeit des Kampfes ums Recht handelt.

## 6. *Brüchige Welt des Rechts*

Das Ende ist grausam und erscheint – auch wenn *Kohlhaas* den Richtspruch annimmt – nur in einem sehr formalen Sinne gerecht. Dass hier der Rechtschaffene befriedigt und der Entsetzliche enthauptet wird, ist kein wirklicher Ausgleich der widerstreitenden Interessen[77] und auch keine echte Versöhnung mit der „geheilten Welt des Rechts",[78] sondern führt das abstrakte Rechtsdenken, das die Staatsvertragstheorien der Aufklärung beherrscht, ad absurdum. Das Verdienst *Kleists* besteht darin, die Brüchigkeit dieses einseitigen Denkens in großer Eindringlichkeit vorgeführt zu haben: Das Versagen des Widerstandsrechts führt zu unerträglicher Rechtsverweigerung, aber der von *Kohlhaas* betriebene Rachefeldzug ist nicht minder Ausdruck eines überzogen einseitigen Rechtsverfolgungswahns. Die brüchige Welt des Rechts erscheint als unsicherer, grausamer Ort, und stellt jeden, der sich mit diesem niederschmetternden Resultat nicht abfinden mag, vor unlösbare Aufgaben.

Absolute Gerechtigkeit darf man nicht erhoffen, so lautet die pessimistische, aber wohl auch realistische Botschaft, die *Kleist* an uns richtet.[79] Aber die Diskussion um das Widerstandsrecht hat auch Ansätze zur Lösung des Konflikts provoziert. So teilte der *Kant*-Schüler *Friedrich Gentz* zwar einerseits die Auffassung seines Lehrers, dass es kein Widerstandsrecht gegen die Staatsgewalt geben dürfe, sah aber, dass die praktische Trostlosigkeit dieser Lehre, die blutigste Tyrannei ermöglicht, der menschlichen Erfahrung widerstreite. Man muss die Theorie nur verändern, dann ändert sich auch die Praxis! *Gentz'* Idee ist durchaus wegweisend und setzt bei den Ursachen des Konflikts an. „Man muss – so *Gentz* – dem Fall, wo gewaltsame Schritte wünschenswürdig werden, vorbeugen".[80]

[77] Vgl. *Bohnert* (o. Fn. 17), S. 430; skeptisch *Kaul* (o. Fn. 18), S. 221.

[78] So *Schmidhäuser* (o. Fn. 10), S. 42, der allerdings sogleich relativierend darauf hinweist, dass *Kleists* Erzählung auch von der Kraft der Liebe und der Vergebung handle.

[79] Vgl. *Günther*, ZIS 2010, 8 (18); zustimmend *Stefanoupoulo*, JZ 2011, 1154 (1155).

[80] *Gentz*, in: Kant Gentz Rehberg (o. Fn. 21), S. 107.

## VII. Michael Kohlhaas – heute?

Zu den wichtigen Errungenschaften der modernen Rechtsentwicklung gehört die Garantie der richterlichen Unabhängigkeit. Steht diese nicht nur auf dem Papier der rechtsstaatlichen Verfassungen, schützt sie vor jener „höheren Insinuation“, die zur Niederschlagung der *Kohlhaas*ischen Klage geführt hat. *Michael Kohlhaas* ist insofern auch ein Lehrstück über die Notwendigkeit rechtsstaatlicher Garantien. Zu diesen gehört eine unabhängige Justiz und ein Rechtssystem, das die Chance bietet, die Rechtmäßigkeit staatlichen Handelns überprüfen zu lassen. Genauso wichtig sind Institutionen wie der Internationale Strafgerichtshof in Den Haag, dessen Einrichtung dafür sorgt, dass Despoten und Tyrannen unserer Tage damit rechnen müssen, für ihre Verbrechen zur Rechenschaft gezogen zu werden.

Auf der anderen Seite kann man nicht die Augen davor verschließen, dass die Leistungsfähigkeit des Rechts gegenüber staatlicher Willkür nach wie vor begrenzt ist. Wo es an der Bereitschaft staatlicher Führung fehlt, rechtsstaatliche Garantien einzuhalten, sind die Betroffenen schutzlos. Auch die westlichen Demokratien bieten nicht jederzeit und überall die Gewähr für die Einhaltung rechtsstaatlicher Standards. Die Existenz des Gefangenenlagers in Guantanamo, das geradezu der gezielten Ausschaltung des Rechts dient, zählt ebenso zu traurigen Zeugnissen staatlichen Unrechts wie die alltäglichen Menschenrechtsverletzungen in vielen Ländern der Erde. Insofern ist *Kleists* pessimistische Sicht auf die Gerechtigkeit leider nach wie vor aktuell.

# Verjährungshemmung durch selbständiges Beweisverfahren

Guido Toussaint

## I. Problemstellung

Das Gesetz zur Modernisierung des Schuldrechts (SchuldRModG) vom 26. November 2001 hat eine umfassende Reform des Verjährungsrechts[1] gebracht. Zu deren Anliegen gehörten auch die Verringerung der Unterbrechungs- und Ausweitung der Hemmungstatbestände.[2] So führt nun – einen Vorschlag von *Peters* und *Zimmermann*[3] aufgreifend – die Klageerhebung nicht mehr, wie früher nach § 209 I BGB a.F., zur Unterbrechung der Verjährung, sondern gem. § 204 I Nr. 1 BGB zu deren Hemmung. Zugleich wurde der Katalog der einer Klageerhebung insoweit gleichstehenden (§§ 209 II, 210 BGB a.F.) Maßnahmen erheblich erweitert (§ 204 I Nr. 2–14 BGB). Dieser erweiterte Katalog ist von einiger Heterogenität;[4] die in der neuen amtlichen Überschrift zusammenfassende Beschreibung der Hemmungstatbestände als „Rechtsverfolgung“ ist ersichtlich in einem sehr weiten Sinn gemeint. So führt jetzt nach § 204 I Nr. 7 BGB auch das selbständige Beweisverfahren (§§ 485 ff. ZPO) generell zu einer Verjährungshemmung, obwohl ein solches Verfahren die Rechtsverfolgung allenfalls vorbereiten kann.[5] Ganz neu ist diese Regelung aber nicht, denn sie verallgemeinert lediglich –

[1] Vgl. hierzu insbes *Leenen*, Die Neuregelung der Verjährung, JZ 2001, 552 ff.; *ders.*, Die Neugestaltung des Verjährungsrechts durch das Schuldrechtsmodernisierungsgesetz, DStR 2002, 34 ff.; *Zimmermann/Leenen/Mansel/Ernst*, Finis Litium? Zum Verjährungsrecht nach dem Regierungsentwurf eines Schuldrechtsmodernisierungsgesetzes, JZ 2001, 684 ff.

[2] Vgl. allg. Begr., BT-Drs. 14/6040, S. 97.

[3] *Peters/Zimmermann*, Verjährungsfristen, in: Gutachten und Vorschläge zur Überarbeitung des Schuldrechts Bd. 1, 1981, 77 ff., 260 ff., 308, 316 f. Ebenso § 208 BGB-KE. in: Abschlußbericht der Kommission zur Überarbeitung des Schuldrechts, 1992, S. 82 f. Zum SchuldRModG vgl. Begr. § 204 BGB-E, BT-Drs. 14/6040, S. 113.

[4] Vgl. *Zimmermann/Leenen/Mansel/Ernst* (o. Fn. 1), S. 684, 696. Eine gewisse Heterogenität kann allerdings auch § 209 II BGB a.F. nicht abgesprochen werden, vgl. u. II. 2. bei Fn. 41.

[5] Die ebenfalls neuen Hemmungsgründe in § 204 I Nr. 8 und 9 BGB fanden ihre Rechtfertigung in ihrer Ähnlichkeit mit dem selbständigen Beweisverfahren und der hieraus abgeleiteten Notwendigkeit einer verjährungsrechtlichen Gleichbehandlung, vgl. Begr. § 204 I Nr. 8 und 9 BGB-E, BT-Drs. 14/6040, S. 114, 115.

wiederum einem Vorschlag von *Peters* und *Zimmermann*[6] folgend – die frühere Sonderregelung des § 477 II BGB a.F. für die Unterbrechung der (kurzen) Verjährung kaufvertraglicher und aufgrund Verweisung in § 639 I BGB a.F. auch werkvertraglicher Gewährleistungsansprüche.[7] Bei der Übernahme der Regelung in das „allgemeine" Verjährungsrecht beschränkte sich der Gesetzgeber aber nicht auf die Umstellung von einem Unterbrechungs- in einen Hemmungstatbestand, sondern nahm noch eine weitere Änderung vor: Während nach § 477 II BGB a.F. genügte, dass der Käufer das Beweisverfahren „beantragt",[8] die Verjährung mithin bereits durch den Eingang des verfahrenseinleitenden Antrags bei Gericht unterbrochen wurde,[9] wird nach § 204 I Nr. 7 BGB die Verjährung erst mit der „Zustellung" dieses Antrags an den Gegner gehemmt.

Der nun in § 204 I Nr. 7 BGB verwendete Begriff „Zustellung" verweist in das Prozessrecht (vgl. § 132 I 2 BGB). Dort bezeichnet er gem. § 166 I ZPO die Bekanntgabe eines Dokuments an eine Person in der in den §§ 166–195 ZPO bestimmten Form. Es liegt daher nahe, die verjährungshemmende Wirkung eines selbständigen Beweisverfahrens nur und erst mit einer solchen (förmlichen)[10] Zustellung des verfahrenseinleitenden Antrags an den Gegner eintreten zu lassen. Dass eine Zustellung des Antrags auf Durchführung des selbständigen Beweisverfahrens (wie dies in § 271 I ZPO für die Klageschrift vorgeschrieben ist) unverzüglich vom Gericht vorzunehmen wäre, lässt sich indessen dem Prozessrecht nicht unmittelbar entnehmen. Die das selbständige Beweisverfahren regelnden §§ 485 ff. ZPO sehen eine Zustellung des Antrags lediglich für den Fall vor, dass der Gegner zu einem nach Erlass eines Beweisbeschlusses anberaumten Termin zur Beweisaufnahme geladen wird (§ 491 I ZPO). Nach den allgemeinen prozessrechtlichen Grundsätzen wird zwar regelmäßig eine (wenn auch ggf. erst nach Erlass des Beweisbeschlusses oder gar nach Durchführung der Beweisaufnahme erfolgende)[11] Mitteilung

[6] *Peters/Zimmermann* (o. Fn. 3), S. 309, 317. Ebenso § 208 II Nr. 6 BGB-KE (o. Fn. 3). Zum SchuldRModG vgl. Begr. § 204 BGB-E, BT-Drs. 14/6040, S. 113.

[7] Kurzzeitig – vom 1.9. bis zum 31.12.2001 – galt § 477 II BGB a.F. aufgrund der Verweisung in § 548 III 2 BGB i.d.F. des Mietrechtsreformgesetzes vom 19.6.2001, BGBl. I, S. 1149, 1151, auch im Mietrecht.

[8] Ebenso noch § 208 II Nr. 6 BGB-KE (o. Fn. 3).

[9] Vgl. nur OLG München, Urt. v. 12.1.1999 – 13 U 1592/98, zit. nach juris, Rn. 54; *Huber*, in: Soergel, BGB, 12. Aufl. 1991, § 477 Rn. 63; verkannt etwa von OLG Düsseldorf BauR 2006, 996, 997.

[10] Da der prozessrechtliche Begriff der Zustellung nach § 166 I ZPO die Bindung an bestimmte Rechtsförmlichkeiten einschließt, ist die Bezeichnung einer solchen Zustellung als „förmlich" pleonastisch. Wenn im Folgenden (nur) von „Zustellung" die Rede ist, ist damit stets eine solche i.S.d. § 166 I ZPO gemeint.

[11] Vgl. OLG Karlsruhe MDR 1982, 1026, 1027; *Hartmann*, in: Baumbach/Lauterbach/Albers/Hartmann, ZPO, 70. Aufl. 2012, § 490 Rn. 5.

des Antrags an den Gegner zur Wahrung dessen rechtlichen Gehörs geboten sein. Nach § 270 S. 1 ZPO erfolgen aber Mitteilungen von Schriftsätzen und sonstigen Erklärungen der Parteien mit Ausnahme der Klageschrift und solcher Schriftsätze, die Sachanträge enthalten, formlos, sofern nicht das Gericht im Einzelfall die Zustellung anordnet. Dass es sich bei dem Antrag auf Durchführung des selbständigen Beweisverfahrens nicht um einen Sach-, sondern um einen (nicht zustellungspflichtigen) Verfahrensantrag handelt, war aus Sicht des Prozessrechts bis zu dem im Weiteren zu erörternden Grundsatzurteil des BGH vom 27.1.2011[12] wohl nicht zweifelhaft.[13] Eine Zustellung dieses Antrags käme außerhalb des Sonderfalles des § 491 I ZPO dann nur aufgrund einer ausdrücklichen – ggf. vom Antragsteller zum Zwecke der Verjährungshemmung angeregten[14] – gerichtlichen Anordnung in Betracht. Demgemäß dürfte auch nach der Neuregelung des Verjährungsrechts eine Zustellung des Antrags auf Durchführung eines selbständigen Beweisverfahrens in der Praxis vielfach, wenn nicht gar regelmäßig unterblieben sein.

Wäre damit davon auszugehen, dass § 204 I Nr. 7 ZPO für den Eintritt der verjährungshemmenden Wirkung des Beweisverfahrens an eine im Gesetz an sich gar nicht vorgesehene Mitteilungsform des verfahrenseinleitenden Antrags anknüpft, würde die Vorschrift weitgehend leerlaufen und gegenüber der allein auf den Antragseingang bei Gericht abstellenden Vorgängervorschrift des § 477 II BGB a.F. zu einer verjährungsrechtlichen Schlechterstellung des Gläubigers führen. In Literatur und Rechtsprechung hat sich daher eine – durch das bereits erwähnte Grundsatzurteil des BGH vom 27.1.2011 jedenfalls vorläufig beendete – Kontroverse darüber entwickelt, ob und unter welchen Voraussetzungen auch eine bloße formlose Mitteilung des Antrags zur Hemmung der Verjährung führen kann. Hierbei wurde zunächst problematisiert, ob der in § 204 I Nr. 7 BGB verwendete Begriff der „Zustellung" tatsächlich nur eine solche im Sinne des § 166 I ZPO meint[15] oder auch

[12] BGHZ 188, 128 = NJW 2011, 1965.

[13] Vgl. etwa OLG München, (o. Fn. 9); LG Darmstadt BeckRS 2005, 31159942; LG Marburg BauR 2006, 1192 (LS); *Assmann*, in: Wieczorek/Schütze, ZPO, 3. Aufl. 2008, § 270 Rn. 21; *Kratz* in: Vorwerk/Wolf, Beck'scher Online-Kommentar ZPO, Ed. 3 1/2012, § 485 Rn. 4; *Hartmann* (o. Fn. 11), § 270 Rn. 8; *Ulrich*, in: Prütting/Gehrlein, ZPO, 3. Aufl. 2011, § 487 Rn. 18 (auch jetzt 4. Aufl. 2012); *Grothe*, in: MünchKomm-BGB, 6. Aufl. 2012, § 204 Rn. 44; *Joussen*, in: Ingenstau/Korbion, VOB, 17. Aufl. 2010, Anh. 3 Rn. 40; *Wirth*, in: Ingenstau/Korbion, Vor § 13 VOB/B Rn. 342; *Weyer*, BauR 2001, 1807, 1810; *Sterner/Hildebrandt*, ZfIR 2006, 349, 350; *Seibel*, ZfBR 2008, 9, 11; *Gartz*, NZBau 2010, 676, 677.

[14] Vgl. etwa *Henrich*, in: Bamberger/Roth, BGB, 2. Aufl. 2007, § 204 Rn. 30; *Weyer*, NZBau 2008, 228, 230 m.w.N.; *Seibel* (o. Fn. 13), 9, 12 f.; *Gartz* (o. Fn. 13).

[15] So etwa LG Darmstadt (o. Fn. 13); LG Gießen BauR 2008, 881 (LS); *Weyer*, NZBau 2008, 228 m.w.N., *Peters/Jacoby*, in: Staudinger, BGB (2009), § 204 Rn. 87; *Henrich* (o. Fn. 14); *Kesseler*, in: Prütting/Wegen/Weinreich, BGB, 7. Aufl. 2012, § 204 Rn. 14;

eine formlose Mitteilung umfasst[16]. Geht man mit der wohl h.M. auch bei der Anwendung des § 204 I Nr. 7 BGB vom prozessrechtlichen Zustellungsbegriff aus, stellt sich die weitere Frage, ob die unterbliebene Zustellung durch den tatsächlichen Zugang des Antrags[17] oder durch die Einlassung des Gegners auf den Antrag[18] ersetzt werden kann. Die insoweit in Betracht kommenden prozessrechtlichen „Heilungsvorschriften" der §§ 189, 295 ZPO setzen indessen voraus, dass der Zugang „unter Verletzung zwingender Zustellungsvorschriften" erfolgt ist (§ 189 ZPO) bzw., dass die Nichtzustellung des Antrags eine „Verletzung einer das Verfahren und insbesondere die Form einer Prozesshandlung betreffenden Vorschrift" darstellt (§ 295 I ZPO). Beides würde eine verfahrensrechtliche Notwendigkeit der Zustellung des Antrags erfordern, die jedoch, wie ausgeführt, dem Prozessrecht nicht unmittelbar zu entnehmen ist. Einer neuerdings vordringende Auffassung leitet daher aus § 204 I Nr. 7 BGB selbst – und damit aus einer materiellrechtlichen Vorschrift! – ein gesetzliches Zustellungserfordernis ab.[19] Diesen Weg beschreitet nun auch der VII. Zivilsenat des BGH in seinem bereits erwähnten Urteil vom 27.1.2011. Nach dieser Entscheidung ist der Antrag auf Durchführung eines selbständigen Beweisverfahrens – u.a. aufgrund der aus § 204 I Nr. 7 BGB folgenden materiell-rechtlichen Wirkung des Beweisverfahrens – „wie ein*[.]* Sachantrag" zu behandeln und daher nach § 270 S. 1 ZPO zwingend zuzustellen.[20] Unterbleibt die Zustellung, kommt mithin auch verjährungsrechtlich eine „Heilung" nach § 189 ZPO durch den tatsächlichen Zugang des verfahrenseinleitenden Antrags in Betracht. Für „Altfälle" aus der Zeit vor der Entscheidung des BGH ergibt sich allerdings ein weiteres Problem aus der (ihrerseits freilich problematischen) Doktrin, dass nur ein auf einem „Zustellungswillen" beruhender Zugang heilend wirken kann,[21] denn ein solcher „Zustellungswillen" kann jedenfalls dann nicht

*Klein/Moufang/Koos*, BauR 2009, 333, 349 f. m.w.N.; *Schwenker*, NZBau 2011, 309, und jetzt auch von BGH (o. Fn. 12) Rn. 29.

[16] So etwa OLG Karlsruhe NJW-RR 2008, 402; OLG Naumburg BauR 2009, 1015 (LS); LG Marburg (o. Fn. 13); *Grothe*, in: MünchKomm-BGB (o. Fn. 13); *Seibel* (o. Fn. 13), 9, 11 ff.; *Gartz* (o. Fn. 13).

[17] Eine Anwendung des § 189 ZPO wird abgelehnt etwa von OLG Dresden ZMR 2011, 312, 315; LG Darmstadt (o. Fn. 13); LG Gießen (o. Fn. 15).

[18] Eine Anwendung des § 295 ZPO wird bejaht etwa von LG Marburg (o. Fn. 13); *Peters/Jacoby* (o. Fn. 15); *Ellenberger*, in: Palandt, BGB, 71. Aufl. 2012, § 204, Rn. 6, 22; *Grothe*, NJW 2011, 1970, 1971; abgelehnt etwa von LG Gießen (o. Fn. 15); zweifelnd auch OLG Dresden (o. Fn. 17); die Frage offen lassend BGH (o. Fn. 12) Rn. 32.

[19] So etwa *Leipold*, in: Stein/Jonas, ZPO, 22. Aufl. 2006, § 486 Rn. 40; *Pukall,* in: Saenger, ZPO, 4. Aufl. 2011, § 490 Rn. 1; *Huber*, in: Musielak, ZPO 9. Aufl. 2012, § 485 Rn. 4.

[20] BGH (o. Fn. 12) Rn. 36 ff., LS 2; hieran ausdrücklich festhaltend BGH BeckRS 2011, 06858.

[21] Vgl. nur *Häublein*, in: MünchKomm-ZPO, 4. Aufl. 2012, § 189 Rn. 3 m.w.N.

angenommen werden, wenn eine Zustellung von Gesetzes wegen überhaupt nicht erforderlich ist. Der BGH überwindet auch diese Hürde durch Annahme einer verjährungsrechtlichen Ausnahme vom Erfordernis eines „Zustellungswillens“ für die Altfälle, in denen eine solche Zustellung noch unterblieben ist.[22]

Mit der Annahme eines gesetzlichen Zustellungserfordernisses für den Antrag auf Durchführung eines selbständigen Beweisverfahrens entgegen der bisherigen h.M. greift der BGH zur Lösung eines materiell-rechtlichen Problems weitreichend in das Prozessrecht ein. Dies wirft die Frage auf, ob der vom BGH gewählte Lösungsweg notwendig und sinnvoll war. Zur Beantwortung dieser Frage soll im Folgenden zunächst untersucht werden, wie es überhaupt zum Erfordernis der „Zustellung“ für eine Verjährungshemmung nach § 204 I Nr. 7 BGB gekommen ist (nachfolgend II.). Sodann wird zu erwägen sein, welche Konsequenzen sich hieraus für die Anwendung der Vorschrift ergeben (nachfolgend III.).

## II. Warum verlangt § 204 I Nr. 7 BGB eine Zustellung des Antrags?

### *1. Vorstellung des Gesetzgebers*

Die Begründung des Entwurfs eines Gesetzes zur Modernisierung des Schuldrechts zu § 204 BGB-E[23] erläutert nicht ausdrücklich, was den Gesetzgeber des SchuldRModG bewogen hat, für den Beginn der verjährungsrechtlichen Wirkungen eines selbständigen Beweisverfahrens nicht mehr, wie nach § 477 II BGB a.F., auf den Eingang des verfahrenseinleitenden Antrags bei Gericht, sondern nunmehr auf dessen Zustellung an den Gegner abzustellen. In der Begründung zu § 204 I Nr. 7 BGB-E heißt es hierzu nur, dies sei „zur Klarstellung“ erfolgt.[24] Den Paradigmenwechsel vermag das aber nicht zu erklären, da insoweit von § 477 II BGB a.F. gerade abgewichen wurde und damit jedenfalls im Verhältnis zu dieser Vorgängerregelung nichts „klarzustellen“ war.

Die Motivation des Gesetzgebers erschließt sich aber aus der Begründung zu § 204 I Nr. 4 BGB-E. Dort wird ausgeführt, dass „grundsätzlich nur solche Rechtsverfolgungsmaßnahmen verjährungsrechtliche Wirkung entfalten, die dem Schuldner bekannt werden“. Auch in den Begründungen zu § 204 I Nr. 9 und 14 BGB-E wird jeweils betont, dass der Schuldner für den Beginn der Verjährungshemmung Kenntnis von der Hemmung erlangen muss. Der

[22] BGH (o. Fn. 12) Rn. 46 ff., LS 3.

[23] BT-Drs. 14/6040, S. 114 ff.

[24] Ebenso ohne weitere Erläuterung etwa *Niedenführ*, in: Soergel, BGB, 13. Aufl. 2002, § 204 Rn. 72.

Gesetzgeber ging mithin von einem verjährungsrechtlichen Grundsatz aus, dass eine Hemmung der Verjährung nur bzw. erst dann eintreten kann, wenn dem Schuldner die verjährungshemmende Maßnahme bekannt geworden ist. Dementsprechend wurde im Entwurf – auf die späteren Änderungen durch den Rechtsausschuss wird noch zurückzukommen sein – bei allen in den Katalog des § 204 BGB-E aufgenommenen Hemmungstatbeständen für den Beginn der Verjährungshemmung jeweils auf den Umstand abgestellt, mit dem der betreffende Tatbestand dem Schuldner bekannt wird. Auch der Eintritt der verjährungsrechtlichen Wirkung des selbständigen Beweisverfahrens konnte daher nicht mehr, wie nach § 477 II BGB a.F., an den Antragseingang bei Gericht geknüpft bleiben, sondern musste auf die Mitteilung dieses Antrags an den Schuldner umgestellt werden.

Die in der Begründung zu § 204 I Nr. 7 BGB-E erwähnte „Klarstellung" bezieht sich daher nicht auf das Verhältnis zu § 477 II BGB a.F., sondern auf die prozessrechtlichen Vorschriften für das selbständige Beweisverfahren. Das erhellt ein Blick auf die Begründung zu dem die Verjährungshemmung durch Streitverkündung betreffenden § 204 I Nr. 6 BGB-E, wonach die bisherige Formulierung in § 209 II Nr. 4 BGB a.F. wiederum „zur Klarstellung" um einen ausdrücklichen Hinweis „auf die nach § 73 S. 2 ZPO erforderliche Zustellung der Streitverkündung" ergänzt wurde (wobei freilich verkannt wurde, dass „die Streitverkündung" kein Schriftsatz oder dergleichen ist, sondern eben eine „Verkündung" an den Gegner und daher gem. § 73 S. 3 ZPO die Zustellung selbst). Ausweislich der weiteren Begründung zu § 204 I Nr. 7 BGB-E ging der Gesetzgeber des SchuldRModG für das selbständige Beweisverfahren von einer „nach § 270 I S. 1 ZPO erforderlichen Zustellung des Antrags" aus. Wie bei der Regelung zur Streitverkündung wurde daher auch hier „zur Klarstellung" an die (vermeintlich) prozessrechtlich notwendige Zustellung des Antrags angeknüpft.

### 2. *Erforderlichkeit der Kenntnis des Schuldners von der Rechtsverfolgungsmaßnahme*

**a)** Der in der Begründung zum SchuldRModG-E angenommene verjährungsrechtliche Grundsatz, dass nur dem Schuldner bekannt werdende Rechtsverfolgungsmaßnahmen verjährungsrechtliche Wirkungen entfalten, findet sich – soweit ersichtlich – in dieser abstrakten Formulierung in der verjährungsrechtlichen Literatur nicht. Wie etwa die §§ 209 II Nr. 1a, 2, 5, 210, 477 II BGB a.F. und die frühere, auf § 203 BGB a.F. gestützte Rechtsprechung zur verjährungshemmenden Wirkung der Einreichung eines Prozesskostenhilfegesuchs[25] zeigen, hatten in der Vergangenheit auch weder der

[25] Grundlegend BGHZ 70, 235, 239.

historische Gesetzgeber noch der BGH durchgreifende Zweifel daran, dass auch der bloße, dem Schuldner noch nicht bekannte Eingang eines Antrags bei Gericht verjährungsrechtliche Wirkungen haben kann. Allerdings ist die in den Materialien zum Ausdruck kommende Vorstellung des Gesetzgebers des SchuldRModG der Rechtsprechung und Literatur nicht ganz fremd. Denn es wird vielfach angenommen, das Zustellungserfordernis als Voraussetzung der verjährungsrechtlichen Wirkung einer Rechtsverfolgungsmaßnahme habe eine „Warnfunktion" für den Schuldner, der sich nun darauf einrichten müsse, auch noch nach Ablauf der ursprünglichen Verjährungsfrist in Anspruch genommen zu werden.[26] Ob dies richtig ist und ob der vom Gesetzgeber angenommene verjährungsrechtliche Grundsatz existiert, bedarf einer tiefergehenden Untersuchung.

**b)** Dazu ist zunächst zu klären, woraus der Gesetzgeber des SchuldRModG den von ihm angenommenen Grundsatz überhaupt hergeleitet hat. In der Begründung zu § 204 I Nr. 4 BGB-E wird hierzu lediglich ausgeführt:

*„So erfolgt, um nur den wichtigsten Fall zu nennen, die Hemmung nach der Nummer 1 durch die Erhebung der Klage gemäß § 253 I ZPO mit der Zustellung der Klageschrift. Die Rückwirkung auf den Zeitpunkt der Einreichung der Klage setzt nach § 270 III ZPO voraus, dass die Zustellung »demnächst« erfolgt."*[27]

Hergeleitet wird der angenommene Grundsatz mithin aus der Erkenntnis, dass (auch) die verjährungsrechtlichen Wirkungen einer Klage erst mit deren Zustellung beginnen, und der Vorstellung, dass eine solche Zustellung dem Schuldner – spätestens „demnächst" – Kenntnis vom Hemmungstatbestand „Klageerhebung" verschafft. Der Grundsatz ist daher wohl eher empirisch als dogmatisch fundiert.

Indessen vermag schon seine empirische Grundlage nicht recht zu überzeugen, denn eine Zustellung als solche ist lediglich eine formalisierte Bekanntgabe, deren Wirkung – wie ihre Rückwirkung nach § 167 ZPO, die verschiedenen Formen der Ersatzzustellung (§§ 178–182 ZPO) und insbesondere die öffentliche Zustellung (§§ 185–188 ZPO) zeigen – gerade unabhängig von einer tatsächlichen Kenntniserlangung durch den Zustellungsempfänger eintreten. So hat der BGH schon im Jahre 1980 aus der Möglichkeit einer öffentlichen Zustellung zur Verjährungsunterbrechung (nach altem Recht) gefolgert, dass es für die Unterbrechung der Verjährung eben

[26] Vgl. etwa BGHZ 80, 222, 226; 104, 268, 273; 176, 128, 132 (Rn. 19); BGH WM 1988, 1030, 1031; OLG Köln NJW-RR 1989, 1079, 1080; 1991, 1033, 1034; OLG Frankfurt/Main NJW-RR 2010, 535; *Grothe*, in: MünchKomm-BGB (o. Fn. 13), § 204 Rn. 3, 44; *ders.* (o. Fn. 18), 1970; *Seibel* (o. Fn. 13), 9, 12.

[27] BT-Drs. 14/6040, S. 114.

nicht stets erforderlich ist, dass der Schuldner von der gegen ihn gerichteten Rechtsverfolgung erfährt.[28] Damit bleibt die Frage, ob die zum Vorbild (u.a.) für die Regelung in § 204 I Nr. 7 BGB genommene gesetzliche Anknüpfung der verjährungsrechtlichen Wirkung einer Klage an deren Zustellung überhaupt etwas mit der hierdurch geschaffenen Möglichkeit einer Kenntniserlangung von der Klageerhebung durch den Schuldner und damit mit einer „Warnfunktion" der Zustellung zu tun hat.

**c)** Für die Beantwortung dieser Frage ist es hilfreich zu wissen, warum die Zustellung einer Klage überhaupt verjährungsrechtliche Wirkungen hat. Hierzu bedarf es eines kleinen Rückblicks in die Vergangenheit.

**aa)** Das Institut der Verjährung in der uns heute vertrauten Form beruht auf der gemeinrechtlichen „erlöschenden" oder „aufhebenden" Verjährung.[29] Diese war – beruhend auf dem römisch- und gemeinrechtlichen Aktionensystem – ursprünglich eine Klagenverjährung (so auch noch etwa § 150 SächsBGB). Sie begann mit der Entstehung des Klagerechts („actio nata")[30] durch Eintritt der Rechtsverletzung und setzte eine während des Laufs der (ggf. zeitweise aufgrund von Hemmungstatbeständen nicht laufenden)[31] Verjährungsfrist ununterbrochene Versäumung der Anstellung der Klage voraus, an die zugleich die Vermutung der zwischenzeitlich eingetretenen Aufhebung der Rechtsverletzung geknüpft ist.[32] Mit dem Ablauf der Verjährungsfrist entfiel jedenfalls – Einzelheiten waren streitig – die Klagbarkeit.[33] Vor ihrem Ablauf unterbrochen (oder besser: abgebrochen) wurde die Verjährungsfrist durch Aufhebung der Rechtsverletzung (die, wie z.B. die Erfüllung, das Klagerecht entfallen lässt), Anerkenntnis (das sowohl die Versäumnis des Gläubigers bei der Klageanstellung als auch die hieran geknüpfte Vermutung der Aufhebung der Rechtsverletzung beseitigt) und die wirkliche Anstellung der Klage.[34] Damit war die Verjährung letztlich eine Klagefrist und die Unterbrechung der Verjährung durch Klageanstellung nichts anderes als die Wahrung dieser Frist.

[28] BGH NJW 1980, 1458.

[29] Vgl. nur *Hermann*, in: Historisch-kritischer Kommentar zum BGB, Bd. I, 2003, §§ 194–225 Rn. 7; *Dernburg*, Pandekten, Bd. 1, 5. Aufl. 1896, § 144, 2. (S. 342); Mot. I, S. 288 f. = *Mugdan* I, S. 511.

[30] Vgl. etwa *v. Savigny*, System des heutigen römischen Rechts, Bd. 5, 1841, §§ 239 ff. (S. 280 ff.); *Dernburg*, (o. Fn. 29), § 146, 1. (S. 347 ff.).

[31] Vgl. etwa *Dernburg* (o. Fn. 29), § 147, 3, 4 (S. 351 f.).

[32] Vgl. etwa *v. Savigny* (o. Fn. 30), § 242 (S. 312 f.); *Dernburg* (o. Fn. 29), § 145, III (S. 346 f.).

[33] Vgl. etwa *v. Savigny* (o. Fn. 30), §§ 248 ff. (S. 366 ff.); *Dernburg* (o. Fn. 29), § 150 (S. 356 ff.).

[34] Vgl. etwa *v. Savigny* (o. Fn. 30), § 242 f. (S. 312 ff.); *Dernburg* (o. Fn. 29), § 148 (S. 352 ff.).

Dies änderte sich mit der Durchsetzung der auf *Windscheid*[35] zurückgehenden Trennung zwischen dem prozessualen Klageanspruch einerseits und dem materiellen Anspruch andererseits. Dementsprechend verstand *Windscheid* die Verjährung nicht mehr als Klagen-, sondern als Anspruchsverjährung.[36] Diese knüpft nun nicht mehr an die Unterlassung der Klageanstellung, sondern an die Unterlassung der Ausübung des materiellen Rechts an. Die Klageerhebung kann dann nur noch als Ausübung des materiellen Rechts die Verjährung unterbrechen;[37] unerklärt bleibt letztlich, warum nicht auch andere Ausübungsformen (etwa durch bloße Einforderung des Rechts oder durch Abtretung) verjährungsunterbrechende Wirkung haben sollen.[38]

Das BGB ist, wie § 194 I BGB programmatisch zum Ausdruck bringt, *Windscheid* gefolgt und hat die Verjährung in Abkehr von älteren Vorstellungen als Anspruchsverjährung ausgestaltet.[39] Dabei wurde – ungeachtet des Umstandes, dass sich dies dogmatisch nicht ganz bruchfrei in das System einer Anspruchsverjährung einpasst – die Klage als zentraler Unterbrechungstatbestand in das BGB übernommen und damit letztlich ein „Relikt" aus der überkommenen Vorstellung einer Klageverjährung beibehalten[40] (soweit das BGB in den Katalog der Unterbrechungstatbestände – erstmals – auch die Prozessaufrechnung, § 209 II Nr. 3 BGB a.F., die Streitverkündung, § 209 II Nr. 4 BGB a.F., und das Beweissicherungs- bzw. selbständiges Beweisverfahren, § 477 II BGB a.F., aufgenommen hat, geschah dies von vornherein fern von systematischen Gründen aus rein praktischen Erwägungen)[41].

Damit bleibt zunächst festzuhalten, dass die Klage letztlich deshalb verjährungsrechtliche Wirkungen hat, weil sie die Verjährungsfrist, die eine Klage- bzw. Geltendmachungsfrist ist, wahrt.

**bb)** Das sagt indessen noch nichts darüber, warum die verjährungsrechtlichen Wirkungen einer Klage gerade von deren Zustellung abhängen. Dies ist

[35] *Windscheid*, Die Actio des römischen Civilrechts vom Standpunkte des heutigen Rechts, 1856; *ders.*, Die Actio, Abwehr gegen Dr. Theodor Muther, 1857.

[36] *Windscheid*, Lehrbuch des Pandektenrechts, Bd. 1, 6. Aufl. 1887, § 106 (S. 342 f.).

[37] So *Windscheid* (o. Fn. 36), § 108 (S. 352).

[38] U.a. deshalb kritisch gegen die Annahme einer Anspruchsverjährung *Dernburg* (o. Fn. 29), § 145, II. (S. 346).

[39] Vgl. Mot. I, S. 289 ff. = *Mugdan* I, S. 512.

[40] Wohl nicht zuletzt deshalb resümiert *Dernburg*, der dem Konzept einer Anspruchsverjährung sehr kritisch gegenüberstand (vgl. Fn. 38), in der letzten, bereits unmittelbar nach Inkrafttreten des BGB erschienenen Auflage seines Pandektenrechts, dass im BGB letztlich doch eine Anspruchsverjährung geregelt sei (vgl. *Dernburg*, Pandektenrecht, Bd. 1, 6. Aufl. 1900, § 145, II (S. 337 f.)).

[41] Vgl. Prot. I, S. 223 f. = *Mugdan* I, S. 787 f.; Mot. I, S. 329 = *Mugdan* I, S. 533; Prot. I, S. 704 = *Mugdan* II, S. 680.

indessen, wie eine nähere Betrachtung zeigt, kein verjährungsrechtliches, sondern ein prozessuales Problem.

Vor Inkrafttreten der CPO am 1.10.1879 und des BGB am 1.1.1900 sahen die einzelnen Partikularrechte nämlich noch durchaus unterschiedliche Zeitpunkte für den Beginn der Unterbrechungswirkung einer Klage vor (so genügte etwa nach I 9 § 551 pr. ALR und nach § 163 sächsBGB die bloße Anmeldung bzw. Anbringung bei Gericht). Eine Vereinheitlichung erfolgte schließlich – noch vor Inkrafttreten des BGB – durch § 239 CPO, der bestimmte, dass einerseits die Vorschriften des Bürgerlichen Rechts über die sonstigen Wirkungen der Rechtshängigkeit unberührt bleiben, andererseits aber diese Wirkungen und alle übrigen, die durch die Vorschriften des Bürgerlichen Rechts an die Anstellung, Mitteilung oder gerichtliche Anmeldung der Klage geknüpft werden, nunmehr einheitlich mit Erhebung der Klage, d.h. mit deren Zustellung (§ 230 I CPO, entspr. dem heutigen § 253 I ZPO) eintreten. Dieser Zeitpunkt wurde nicht etwa deshalb gewählt, weil die Zustellung dem Beklagten die Möglichkeit von der Kenntnisnahme der Klage verschafft. Grund waren vielmehr allein die Bedürfnisse der Praxis, weil durch die Zustellung der Klageschrift der Beginn des Rechtsstreits in einer beide Parteien verpflichtenden Weise festgestellt wird.[42] Durch die Rückwirkung der demnächst erfolgten Zustellung auf den Zeitpunkt der Klage- bzw. Antragseinreichung bei Gericht (§ 167 ZPO)[43] treten die verjährungsrechtlichen Wirkungen der Klageerhebung ohnehin bereits mit der Einreichung der Klage und damit zu einem Zeitpunkt ein, zu dem der Beklagte noch keine Kenntnis von der verjährungshemmenden Maßnahme hat.

Bei der Festlegung der Klagezustellung als dem für die verjährungsrechtlichen Wirkungen einer Klage maßgeblichen Zeitpunkt spielte mithin die Kenntniserlangung durch den Schuldner von der verjährungswirksamen Maßnahme keine Rolle; ausschlaggebend war vielmehr allein die sichere und nachweisbare Feststellung des Beginns der klageweisen Rechtsdurchsetzung durch den Gläubiger und die prozessrechtliche Bindung der Parteien hieran.

**cc)** Als Zwischenergebnis ist damit festzuhalten, dass die Unterbrechungs- bzw. Hemmungswirkung der Zustellung einer Klage jedenfalls historisch und systematisch nichts mit einer „Warnfunktion“ für den Schuldner zu tun

[42] Begr. § 231 CPO-E (= § 239 CPO 1877), Verhandl. des Reichstages, Bd. 36 (1875), 334 ff., 467 = *Hahn/Stegemann*, Die ges. Materialien zur CPO, Bd. 1, 2. Aufl. 1881, S. 260.

[43] Da die ursprüngliche Fassung der CPO einen weitgehenden Parteibetrieb vorsah, lag es allerdings zunächst in der Verantwortung des Klägers, selbst die Zustellung rechtzeitig zu bewirken. Daher fand eine verjährungsrechtliche Rückwirkung der demnächst erfolgten Zustellung auf den Zeitpunkt der Klage- bzw. Antragseinreichung bei Gericht ursprünglich nur dann statt, wenn ausnahmsweise eine (vom Kläger bzw. Antragsteller nicht zu beeinflussende) Amtszustellung erfolgte (§ 190 CPO 1877); erst mit der allgemeinen Einführung der Amtszustellung wurde diese Rückwirkung generalisiert.

hat. Dass eine Klage auf die laufende Verjährung einwirkt, beruht allein auf dem hierdurch eintretenden Ende der Untätigkeit des Gläubigers bei der Verfolgung seines Rechts; dass das Gesetz als maßgeblichen Zeitpunkt auf die Zustellung der Klage abstellt, beruht allein auf deren Nachweisbarkeit und die Prozessparteien bindenden Wirkung. Verjährungsrechtlich im Vordergrund steht damit, dass der Gläubiger die Verfolgung seines Anspruchs betreibt, nicht aber, dass der Schuldner hiervon auch Kenntnis erlangt. Dementsprechend hat auch der BGH in der Vergangenheit das (alleinige) gemeinsame Prinzip der verjährungsrechtlichen Wirkung von Rechtsverfolgungsmaßnahmen darin gesehen, dass der Gläubiger die Feststellung oder Durchsetzung seines Anspruchs aktiv betreibt.[44]

**d)** Es bleibt damit die Frage, ob andere Gründe, insbesondere Sinn und Zweck der Verjährungsvorschriften, den vom Gesetzgeber der Neuregelung (u.a.) des § 204 I Nr. 7 BGB angenommenen Grundsatz, nur dem Schuldner bekannt gewordene Rechtsverfolgungsmaßnahmen dürften auf die Verjährung einwirken, rechtfertigen. Solche Gründe sind freilich nicht ersichtlich. Die Annahme, der Schuldner bedürfe der Warnung, doch noch in Anspruch genommen werden zu können, trägt schon deshalb nicht, weil die Rechtsverfolgungsmaßnahmen i.S.d. §§ 209, 210, 477 II BGB a.F. bzw. § 204 BGB n.F. nicht die einzigen Tatbestände sind, die auf den Lauf der Verjährung einwirken, und etwa die Hemmung der Verjährung bei höherer Gewalt (§ 206 BGB) allein an die Verhältnisse des Gläubigers anknüpft. Sie versagt vollständig seit der generellen Einführung eines subjektiven Verjährungsbeginns (§ 199 I Nr. 2 BGB). Es gibt keine gesicherte rechtliche Grundlage, auf der der Schuldner unabhängig von den Gläubiger betreffenden Umständen den Eintritt der Verjährung einer gegen ihn gerichteten Forderung ermitteln könnte, und erst recht keine Grundlage für ein schutzwürdiges Vertrauen des Schuldners in einen bestimmten Verjährungsablaufszeitpunkt, das die Erforderlichkeit einer Warnung rechtfertigen könnte.

Auch der Gesetzgeber des SchuldRModG hat an dem von ihm angenommenen Grundsatz im weiteren Verlauf des Gesetzgebungsverfahrens nicht konsequent festgehalten. Die Hemmungstatbestände in § 204 I Nr. 4 und 14 BGB knüpften in der ursprünglichen Entwurfsfassung – insoweit folgerichtig – an die (formlose) Bekanntgabe des Güte- bzw. Prozesskostenhilfeantrags an. Im Rechtsausschuss erhielten die Regelungen dann aber ihre jetzige, jeweils an die Veranlassung der Bekanntgabe des Antrags anknüpfende Fassung.[45] Damit ist der Gesetzgeber selbst für diese Tatbestände vom vermeintlichen Erfordernis einer Kenntnis des Schuldners vom Hemmungstatbestand

[44] BGHZ 72, 23, 29; BGH NJW 1980, 1458.
[45] Stellungnahme und Beschlüsse des Rechtsausschusses, BT-Drs. 14/7052, S. 7 f.

abgerückt. Begründet wurde dies mit der Besorgnis, der Schuldner könne den Empfang der Mitteilung bestreiten, was nur schwer widerlegbar wäre.[46]

### *3. Prozessuale Notwendigkeit einer Zustellung*

Der gegenüber § 477 II BGB a.F. geänderten Fassung des § 204 I Nr. 7 BGB lag damit die Fehlvorstellung des Gesetzgebers zugrunde, der Antrag auf Durchführung eines selbständigen Beweisverfahrens dürfe nur dann verjährungsrechtliche Wirkung haben, wenn er dem Schuldner bekannt wird. Ein solches Bekanntwerden hätte allerdings ohne weiteres auch – die im Rechtsausschuss problematisierte Frage des sicheren Nachweises einmal ausklammernd – durch eine formlose Mitteilung des Antrags an den Schuldner entsprechend der bisherigen Praxis erreicht werden können. Warum hat der Gesetzgeber dann aber auf eine (bislang in der Rechtspraxis nicht für notwendig gehaltene) Zustellung abgestellt?

Die Beantwortung dieser Frage ergibt sich aus der Begründung zu § 204 I Nr. 7 BGB-E: Der Gesetzgeber ging von einer „nach § 270 I S. 1 ZPO erforderlichen Zustellung des Antrags“[47] aus, hielt also die Zustellung für anderweitig gesetzlich geboten und unterlag damit auch insoweit – jedenfalls auf der Grundlage der seinerzeit wohl allg.M.[48] – einer Fehlvorstellung.

## III. Konsequenzen für die Auslegung des § 204 I Nr. 7 BGB

Die Erkenntnis, dass die Fassung des § 204 I Nr. 7 BGB auf einem doppelten Irrtum des Gesetzgebers beruht, wirft die Frage auf, ob dieser Irrtum mit den anerkannten Methoden der Auslegung oder der Rechtsfortbildung korrigiert werden kann. Dabei wird insbesondere zu klären sein, ob ein Verständnis der Norm möglich ist, das auch die formlose Mitteilung des Antrags auf Durchführung des selbständigen Beweisverfahrens als verjährungshemmende „Zustellung“ genügen lässt.

### *1. Berichtigung durch Auslegung?*

Verbreitet ist die Ansicht, dass dieses Ergebnis bereits durch Auslegung des § 204 I Nr. 7 BGB erreicht werden könne.[49] Ausgangspunkt jeder Auslegung ist indessen der Wortsinn der Norm.[50] Der hier verwendete Begriff

[46] Stellungnahme und Beschlüsse des Rechtsausschusses, BT-Drs. 14/7052, S. 181.
[47] BT-Drs. 14/6040, S. 114.
[48] Vgl. Nachweise in Fn. 13.
[49] Vgl. Nachweise in Fn. 16.
[50] Vgl. nur *Leenen*, BGB Allgemeiner Teil: Rechtsgeschäftslehre, 2011, § 23 Rn. 21 m.w.N.

der „Zustellung“ mag zwar im allgemeinen Sprachgebrauch für jede Form der Übergabe eines Schriftstückes verwendet werden können. In der Rechtssprache ist er jedoch primär ein Begriff des Prozessrechts, wo er nur für eine bestimmte förmliche Übergabe verwendet und im Übrigen in § 166 I ZPO legal definiert wird. Dass der Begriff in § 204 I Nr. 7 BGB in einem hiervon abweichenden, besonderen bürgerlich- oder gar nur verjährungsrechtlichen Sinne[51] gemeint ist, kann der Vorschrift nicht entnommen werden. Das BGB kennt, wie § 132 I 2 BGB zeigt, im Allgemeinen keinen eigenen Zustellungsbegriff.[52] Dass es auch keinen eigenständigen verjährungsrechtlichen Zustellungsbegriff gibt, belegt die ersichtlich im prozessrechtlichen Sinne erfolgende Verwendung des Begriffs in § 204 I Nr. 2, 3, 6 und 9 BGB. Dies und die Verwendung des Begriffs auch in § 204 I Nr. 7 BGB im Zusammenhang mit einer Prozesshandlung, nämlich dem Antrag auf Durchführung des Beweisverfahrens, zeigt, dass auch der Bedeutungszusammenhang zu keinem anderen Verständnis führen kann. Eine „historische“, an der Vorstellung des Gesetzgebers orientierte Auslegung kann ebenfalls zu keinem anderen Ergebnis führen, weil der dargestellte Irrtum des Gesetzgebers, der Antrag müsse von Gesetzes wegen zugestellt werden, gerade zeigt, dass der Gesetzgeber tatsächlich eine Zustellung im prozessrechtlichen Sinne meinte. Sonstige, insbesondere teleologische Auslegungskriterien helfen schon deshalb nicht weiter, weil jede Auslegung ihre Grenzen im Wortsinn findet,[53] und eine formlose Mitteilung nicht unter den Begriff einer (förmlichen) Zustellung gefasst werden kann.

Beruht allerdings der Wortlaut eines Gesetzes auf einem regelungstechnischen Versehen des Gesetzgebers, kommt in engen Grenzen auch eine den Gesetzeswortlaut „berichtigende“ (und damit den eigentlichen Sinn erst herstellende) Auslegung in Betracht.[54] Anerkannt ist jedenfalls, dass ein sog. Redaktionsversehens korrigiert werden kann.[55] Ein solches Redaktionsversehen liegt jedoch nur vor, wenn die Gesetzesverfasser im Gesetzestext versehentlich einen anderen Begriff als tatsächlich beabsichtigt verwendet haben,[56] der Gesetzgeber also gleichsam einem Erklärungsirrtum erlegen ist. Ein solches Versehen ist hier aber unabhängig von der Frage, ob es aus dem

[51] So etwa *Seibel* (o. Fn. 13), 9, 11.

[52] BGH (o. Fn. 12), Rn. 29.

[53] Vgl. nur *Leenen* (o. Fn. 50), auch m. Nachw. zur Gegenansicht.

[54] Vgl. BVerfGE 11, 139, 148 m.w.N.; zurückhaltender BVerfGE 87, 48, 60 f.

[55] Vgl. aus der Rspr. etwa BGHZ 79, 291, 293; 101, 235, 242; 111, 142, 146 f.; 119, 283, 295; 186, 242, 247 (Rn. 14); BGH VersR 2003, 1555; NJW 2009, 81, 82 (Rn. 10 ff.); NJW-RR 2009, 1028, 1029 (Rn. 10).

[56] Vgl. *Enneccerus/Nipperdey*, Allgemeiner Teil des Bürgerlichen Rechts, 1. Halbbd., 14. Aufl. 1952, § 52, II (S. 197), § 57, III (S. 207); *Larenz*, Methodenlehre der Rechtswissenschaft, 6. Aufl. 1991, S. 400.

Gesetz selbst zu erkennen sein muss,[57] auszuschließen, weil der Gesetzgeber, wie gezeigt, nicht den Begriff der Zustellung irrtümlich verwendet hat, sondern irrtümlich ein angenommenes gesetzliches Erfordernis der Zustellung der Gesetzesfassung zugrunde gelegt hat. Es handelt sich mithin gleichsam um einen Motivirrtum des Gesetzgebers, der nicht mit Mitteln der Auslegung behoben werden kann.

### 2. *Möglichkeit der Rechtsfortbildung?*

Denkbar wäre daher allenfalls eine rechtsfortbildende Anwendung des § 204 I Nr. 7 BGB auch auf eine (bloße) formlose Mitteilung des Antrags auf Einleitung eines Beweisverfahrens im Wege der Analogie oder – wohl eher – der „teleologischen Extension"[58]. Zulässig wäre sie freilich nur, soweit eine entsprechende Lücke des Gesetzes anzunehmen wäre bzw. sie sich auf die gesetzesimmanente Teleologie stützen könnte.

Einen Ansatzpunkt für die Annahme einer Gesetzeslücke und eine diese füllende gesetzesimmanente Rechtsfortbildung scheint die aus der Begründung zu § 204 I Nr. 7 BGB-E ersichtliche Vorstellung des Gesetzgebers zu bieten, maßgeblich für die verjährungshemmende Wirkung des Beweisverfahrens sei gerade die Kenntniserlangung vom Verfahren durch den Schuldner. Dagegen kam es dem Entwurfsverfasser ersichtlich nicht auf die Förmlichkeiten einer Zustellung an; an diese wurde allein deshalb angeknüpft, weil irrtümlich von einer ohnehin bestehenden Notwendigkeit der Zustellung des verfahrenseinleitenden Antrags ausgegangen wurde. Dem könnte eine „Anschauungslücke" des Gesetzes und eine Rechtfertigung dafür entnommen werden, jedenfalls auch eine formlose, aber unmissverständliche Bekanntgabe an den Gegner, der Antragsteller werde seine Ansprüche weiterverfolgen, für eine Verjährungshemmung nach § 204 I Nr. 7 BGB genügen zu lassen.[59] Scheitern muss die Annahme einer ausfüllungsbedürftigen Gesetzeslücke für formlose Antragsmitteilungen indessen daran, dass der Gesetzgeber im weiteren Gesetzgebungsverfahren bloße formlose Mitteilungen als Anknüpfungspunkt für eine Verjährungshemmung gerade ausgeschlossen und dies auch in § 204 I Nr. 4 und 14 BGB zum Ausdruck gebracht hat. Denn der Rechtsausschuss hat – worauf bereits hingewiesen wurde[60] – die in den Entwurfsfassungen dieser Regelungen jeweils vorgesehene (formlose) Bekanntgabe als Auslöser der Verjährungshemmung wegen der hiermit verbundenen

[57] Vgl. *Enneccerus/Nipperdey* (o. Fn. 56), S. 207 Fn. 4; *Säcker*, in: MünchKomm-BGB, 6. Aufl. 2012, Einl. Rn. 116 ff., jeweils m.w.N.

[58] Zu dieser vgl. *Canaris*, Die Feststellung von Lücken im Gesetz, 2. Aufl. 1983, S. 89 ff.; *Larenz* (o. Fn. 56), S. 397 ff.

[59] In diesem Sinne insbes. *Grothe*, in: MünchKomm-BGB (o. Fn. 13); *ders.* (o. Fn. 18), 1970.

[60] Vgl. o. II. 2. bei Fn. 45.

Nachweisschwierigkeiten kritisiert und deshalb beschlossen, dass die Bekanntgabe jeweils – wie es auch Gesetz geworden ist – durch die Veranlassung der Bekanntgabe ersetzt wird (sinnvoller wäre es allerdings gewesen, es bei der bisherigen, systematisch richtigeren Rechtslage zu belassen, den – ebenso gut nachweisbaren – Antragseingang genügen zu lassen). Dem Gesetz ist daher gerade nicht immanent, dass auch eine formlose Bekanntgabe einer Rechtsverfolgungsmaßnahme an den Schuldner für eine Hemmung der Verjährung ausreichend sein muss.[61]

Vielmehr wäre davon auszugehen, dass dann, wenn der ursprüngliche Entwurfsverfasser erkannt hätte, dass ein Antrag auf Durchführung des Beweisverfahrens nach h.M. nicht zugestellt wird, in § 204 I Nr. 7 BGB-E anstelle der „Zustellung" die „Bekanntgabe" des Antrags hätte genügen lassen, und dass anschließend im Rechtsausschuss die Vorschrift eine ähnliche Gestalt wie § 204 I Nr. 4 und 14 BGB erhalten hätte. Zu erwägen wäre daher allenfalls – im Wege einer Gesamtanalogie zu diesen Vorschriften – auch § 204 I Nr. 7 BGB rechtsfortbildend dahingehend anzuwenden, dass auch eine Veranlassung der Bekanntgabe des verfahrenseinleitenden Antrags für eine Verjährungshemmung ausreicht. Da aber im Prozessrecht – anders als dies mit § 167 ZPO für die Zustellung der Fall ist – für die Veranlassung einer formlosen Bekanntgabe eine Rückwirkungsvorschrift fehlt, müsste die Vorschrift dann überdies nach dem Vorbild der entsprechenden Regelungen in § 204 I Nr. 4 und 14 BGB („wird die Bekanntgabe demnächst nach der Einreichung veranlasst, so tritt die Hemmung der Verjährung bereits mit der Einreichung ein") um eine solche ergänzt werden. Damit müsste im Ergebnis im Wege der Rechtsfortbildung eine Vorschrift geschaffen werden, die nicht mehr viel gemeinsam mit der gesetzlichen Regelung hat. Nach der ständigen Rechtsprechung des BGH enthalten die verjährungsrechtlichen Vorschriften aber eine formale, im Interesse der Rechtssicherheit aufgestellte Regelung, deren Anwendung sich daher grundsätzlich eng am Wortlaut des Gesetzes orientieren muss.[62] Daher müsste wohl eine derart weitreichende Korrektur des gesetzgeberischen Missgeschicks in § 204 I Nr. 7 BGB dem Gesetzgeber selbst überlassen bleiben.

### 3. *Die Lösung des Bundesgerichtshofs*

Davon, dass einem dem Gegner lediglich formlos mitgeteilten Antrag auf Durchführung des Beweisverfahrens weder im Wege der Auslegung des § 204 I Nr. 7 BGB noch durch zulässige Rechtsfortbildung verjährungshem-

[61] Zum abschließenden Charakter der Regelung des § 204 I Nr. 1 BGB vgl. auch *Leenen* (o. Fn. 50), § 23 Rn. 80 f.

[62] BGHZ 48, 125, 134; 53, 43, 47; 59, 323, 326; 123, 337, 343; 128, 74, 80; 156, 232, 243 f.; BGH NJW 1980, 1458; NJW-RR 1993, 1059, 1060; 2005, 1044, 1046.

mende Wirkung beigemessen werden kann, ist im Ergebnis auch der BGH in seinem bereits dargestellten[63] Grundsatzurteil vom 27.1.2011 ausgegangen. Wenig überzeugen kann indessen, dass er das aus der verunglückten Fassung des § 204 I Nr. 7 BGB folgende verjährungsrechtliche Problem mit seiner allein dem Zweck, eine Anwendung der Heilungsvorschrift des § 189 ZPO zu ermöglichen, dienenden Annahme, der Antrag auf Durchführung eines Beweisverfahrens sei entgegen der bisherigen h.M. zustellungspflichtig, durch einen Eingriff in das Prozessrecht gelöst hat.[64] Bedauerlicher ist indessen, dass der BGH durch seine Entscheidung die Notwendigkeit einer Korrektur des § 204 I Nr. 7 BGB gemildert und damit wohl den Weg zu einer wünschenswerten Gesetzesänderung versperrt hat.

## IV. Ergebnis

Rechtsverfolgungsmaßnahmen wirken allein deshalb auf den Lauf der Verjährung ein, weil der Gläubiger mit ihnen seine bisherige, die Vermutung eines Nicht- oder Nichtmehrbestehens seiner Forderung begründende Untätigkeit beendet und die Durchsetzung (oder Feststellung) seines Anspruchs nunmehr aktiv betreibt. Eine „Warnfunktion" für den Schuldner ist damit nicht verbunden, weshalb es auch keinen rechtsimmanenten Grund gibt, die Einwirkung einer Rechtsverfolgungsmaßnahme auf die Verjährung von der Kenntniserlangung des Schuldners abhängig zu machen. Soweit der Gesetzgeber des SchuldRModG die Einwirkung eines selbständigen Beweisverfahrens auf die Verjährung anders als nach § 477 II BGB a.F. nicht mehr vom Eingang des verfahrenseinleitenden Antrags bei Gericht, sondern in § 204 I Nr. 7 BGB nunmehr von der Zustellung dieses Antrags an den Gegner abhängig gemacht hat, beruht dies daher nicht nur auf der bei Inkrafttreten des Gesetzes (jedenfalls aus Sicht der damaligen h.M.) irrigen Annahme, solche Anträge seien zuzustellen, sondern auch auf einem mit der Systematik des Verfahrensrechts unvereinbaren und im Übrigen – wie etwa § 204 I Nr. 4 und 14 BGB zeigt – auch nicht konsequent umgesetzten Konzept. Eine Rückkehr zum Ansatz des § 477 II BGB a.F., mithin zum Eintritt der Verjährungshemmung bereits mit Antragseingang bei Gericht, durch entsprechende Gesetzesänderung wäre wünschenswert, darf aber infolge des Urteils des BGH vom 27.1.2011, mit dem das vom Gesetzgeber geschaffene verjährungsrechtliche Problem auf prozessrechtlichem Wege einer praktischen Lösung zugeführt wurde, kaum mehr erwartet werden.

[63] S.o. I., S. 3, bei Fn. 20.
[64] Kritisch daher auch *Grothe* (o. Fn. 18) 1971.

# Problems in American Legal Methodology

Stephen Utz

## A. Introduction

Some time ago, our honored friend *Detlef Leenen* [c1]introduced me to the idea of legal methodology, as that field has developed in Germany. I was at first perplexed, because the subject has no real counterpart in common-law countries, but what a revelation! Americans do of course occasionally notice methodological problems. But few of us envision a single field of study that unites theoretical and practical aspects of law. Methodology in this grand sense strives to make the speculative and the everyday so conversant with each other that they form a seamless web. And the overview that German legal methodology provides is applicable, with some adjustments, to any legal system. Prompted by our friend's comments on his own work and on this "brooding omnipresence"[1] of method, I began to ask myself, how does United States law get along without it?

General legal methodology may just be in hiding from me and my compatriots, camouflaged by our traditional approach to teaching law. A small but important literature has been devoted to American statutory interpretation based in part on precedent,[2] and in a sense, much of the vast literature on the United States Constitution is methodological, because interpreting such super-legislation presents special problems.[3] But much of the everyday work

[1] "The common law is not a brooding omnipresence in the sky, but the articulate voice of some sovereign or quasi sovereign that can be identified." So. Pac. Co. v. Jensen, 244 U.S. 205, 222 (1917) (*Oliver Wendell Holmes, Jr.*, J., dissenting). *Holmes* was not only skeptical of unidentified sources of law but also of the rational articulation of legal methodology. This article, with due respect for the great man, must take the opposite view.

[2] *William N. Eskridge, Jr.*, Dynamic Statutory Interpretation (1994); *Neil MacCormick*, Legal Reasoning and Legal Theory (Oxford U.P. 1978); *Geoffrey Samuel*, Epistemology and Method in Law (Burlington, VT: Ashgate 2003); *William N. Eskridge, Jr.*, Interpretation of statutes, in A Companion to Philosophy of Law and Legal Theory (ed. Dennis Patterson 1996); *Jill Anderson*, Just Semantics: The Lost Readings of the Americans with Disabilities Act, 117 Yale L.J. 992 (2008); *Felix Frankfurter,* Some Reflections on the Reading of Statutes, 47 Col. L. Rev. 527 (1947); *Alan Watson*, An Approach to Customary Law, 1984 U. Ill. L. Rev. 561 (1984).

[3] See, e.g., *Cass Sunstein*, Legal Reasoning and Political Conflict (Oxford: Oxford U.P. 1996).

of the American legal system goes largely unanalyzed. For example, we think of certain aspects of statutory interpretation as flowing from the Due Process Clause rather than as methodologically grounded.[4] My colleagues and I also pay serious attention to aspects of Anglophone philosophy of law, but we rarely think theories like legal positivism or legal realism impinge on the practical work of legal interpretation. In contrast, German methodological scholarship has made the subject systematic and achieved great success in exhibiting relationships among all levels of interpretative theory, relationships that American and perhaps other common-law legal scholars rarely consider.[5]

My goal in this paper is to search for the methodology of American law, drawing on my honored friend's writings and conversation for inspiration. I conclude that the obsession of common-law scholars and jurists with analogy, the apparent bedrock of *stare decisis*, has obscured our vision of the actually quite varied patterns of legal reasoning, even as we ourselves practice it. The problem is that analogy is too capacious a concept to be used effectively in defining a single sort of inference or analysis. This is a problem German methodological thought has confronted and dealt with, but in the United States it is left unexamined. The following discussion attempts to correct that.

## B. What does Methodology Include?

### *I. All the bits and pieces*

Keeping a legal system alive and well is of course primarily a mental task. Given the common gamut of human affairs with which law must deal, the maintenance of law seems likely to exhibit the same concerns in different jurisdictions. To harmonize rules that sometimes function independently, for example, is a legal task that every legal system must undertake. There are, however, legitimate differences as well. Systems based chiefly on highly explicit codes emphasize the patterns of interpretation associated with reading statutes. Common-law systems have idiosyncratic precedential rules, which are elusive because precedent by its nature is constantly being reformulated, and all the reformulations by courts have a sort of communal authority. But

[4] For example, because an overly broad reading of a statute would be arbitrary, it would violate the Due Process Clause, which is understood to condemn as arbitrary any sweeping restriction of freedom that serves no purpose. Overbreadth, however, would also be a defect on non-constitutional grounds in any interpretation of a statute.

[5] See *Stefan Vogenauer*, An Empire of Light? II: Learning and Lawmaking in Germany Today (2006) 26(4) Oxford Journal of Legal Studies 627–663; *Stefan Vogenauer*, An Empire of Light? Learning and Lawmaking in the History of German Law, 64 Cambridge Law Journal 481–500 (2005).

these superficial observations about how reasoning varies from one legal system to another only expose the tip of the iceberg. A full inventory of legal reasoning would tell a more uniform tale of how legal systems bring particular cases under statutory or precedential rules, harmonize nonfactual rules and more elusive principles, ensure the potential or actual fairness of rule applications, and so forth. The task of creating such an inventory is normally a vital part of any work on legal method. Before asking how an American jurist would carry out this task, it is useful to describe briefly the monumental work Germany has done in making methodology a thriving project.

## *II. The Contents of German Methodology*

German legal methodologists approach their subject with two broad goals: surveying the subject in its full breadth and seeking to locate its parts within a single landscape.[6] The core of this project is to give an inventory of the types of intellectual task involved in navigating and applying the law. In a modern civil law jurisdiction like Germany, statutory interpretation plays a predominant part. Thus, the manifold task of interpreting the German Civil Code inspires scholars to recognize and discuss the following aspects of the interpretative task:[7] (1) the harmonization of the smallest, more or less arbitrarily distinguishable elements of a legal system (Rechtsätze) into larger, coherent subject-matter-specific schemes of legal regulation (Regelung);[8] (2) the application of rules and broad schemes of regulation to factual situations, which entails the selection of the relevant facts from a more inclusive factual context in reliance on judgments of value and experience that are just as much part of the structure of the legal system as its primary norms of conduct and competence; (3) the articulation and practical use of canons of statutory construction; (4) the exercise of judicial discretion in maintaining and extending the application of previously settled law to new fact situations and in filling what are patently holes in the existing fabric of settled law; (5) the development of concepts that are used only or in an idiosyncratic way in each of the foregoing compartments of the legal process, recognizing that

[6] *Detlef Leenen*, BGB Allgemeiner Teil: Rechtsgeschäftslehre (2011), § 23.

[7] *Karl Larenz/Claus-Wilhelm Canaris*, Die Methodenlehre der Rechtswissenschaft, 3. Aufl. 1995, pp. 79–97, 141–68, 187–262, 263–89, 290–98 (successive sections are cited separately here because they relate to the enumerated interpretative tasks in text); *Reinhold Zippelius*, Introduction to German Legal Methods 13–21, 66–97 (trans. Kirk W. Junker & P. Matthew Roy) (Durham, N.C.: Carolina Academic Pr. 2008); see also *Karl Riesenhuber* (ed.), Europäische Methodenlehre: Handbuch für Ausbildung und Praxis (deGruyter 2006).

[8] See *Stephen Utz*, Rules, Principles, Algorithms and the Description of Legal Systems, 5 Ratio Juris 23 (1992).

once-empirical descriptive concepts are changed as they become embedded in a network of legal uses; and (6) the role of "types" in the law, especially in the more pronounced areas of legal concept formation. Lawyers from other legal traditions would be able to find each of these headings intelligible and to recognize them as describing aspects of legal reasoning their native legal systems also exhibit. Methodology in Germany, however, integrates the examination of the parts, recognizable to practicing lawyers and legal scholars alike, with a concern for the overall functioning of legal systems, and does so in articulate response to broad jurisprudential theories like those of *Savigny*, *Puchta*, *Windscheid*, *Jhering* and *Luhmann*. Integration of the more general with the more specific is not mere window-dressing but belongs to the core of the enterprise.

Exploring the subheadings just described, German scholars keep the subject from disintegrating into a pointlessly refined taxonomy of the legal process. On the contrary, they strive on various levels to preserve its relevance as a unified subject. For example, in extending or completing an area of law, talk of "filling holes" is only metaphorical, and there is a serious question whether principled creativity on the part of the judge is distinguishable from the exercise of unauthorized discretion. Where *Dworkin* describes Hercules as developing the law by articulating the principles implicit in settled law, Canaris and Larenz distinguish reliance on the nature of the legal subject matter (die Natur der Sache) from reliance on a legal/ethical principle (das rechtsethische Prinzip), and both of these from responsiveness to how law currently shapes dealings among private parties (den Rechtsverkehr).[9] Under each of these headings, they note distinctive pressures and limits, which practitioners in other legal climates would also recognize on reflection.

## C. Muddling-Through as an Alternative to Systematic Analysis of Legal Reasoning

In comparison, the legal literature of the United States and other common law countries seems not at all conscious of the problem, much less its solution, or the advantages forgone by their fragmented default position. Although specific puzzles about legal reasoning have figured in important shifts in American legal thought, the task of surveying how law works in all its branches has never gotten off the ground.[10] We seem instead to regard such

[9] *Ronald Dworkin*, Law's Empire (1986) *passim*. *Larenz/Canaris*, supra note 7, at 154–57.

[10] *Ronald Dworkin* has in fact surveyed much of the sweep of interpretation in United States legal system. *Ronald Dworkin*, Hard Cases, in Taking Rights Seriously 81–130 (2[d] ed. 1978); *Ronald Dworkin*, Law's Empire, supra note 9, 225–275, 313–354. His characterization of the law is always acute but it is devoted to various arguments concerning the nature of law rather than to the goal of articulating a neutral legal methodology.

comprehensive effort as high-flown, the prerogative of retired judges and wandering philosophers. Until recently, even the intricacy of statutory interpretation had not, for quite some time, drawn the explicit attention of American lawyers. This asymmetry is my starting point: the development of methodology into a highly sophisticated field in Germany, and the natural, un-self-conscious avoidance of methodological thought in the United States.

The "case method," the dominant method of teaching law in the United States, is more than a century old. Harvard Law School invented it, while becoming the model of an academically ambitious professional school for lawyers, influenced to a great extent by German universities' recognition of the "science" of law.[11] The case method, however, suggested skepticism about the need for broad vision and generality, and smacked of dissent from assertions about the very existence of that science.

As is well known, the hegemony of high-minded mandarins like *Christopher Columbus Langdell* prompted the next generation of Harvard professors to debunk and castigate "formalism," that almost indefinable fallacy of which the previous generation had been especially guilty. Formalists were linked in some way with the influence of Savigny and beyond him of *Immanuel Kant*.[12] But the scuffle was more local in flavor: those who believed in the "internal juristic necessity" of certain basic legal concepts and rules[13] were the target, and these miscreants were American.

The flight from formalism led many to American Legal Realism, which contained within it a host of new attitudes towards legal reasoning and the interpretation of laws. At the moderate end of the spectrum were those who merely insisted on the close reading of statutes in the light of legislative policy and of judicial precedents in the light of custom. This could be called "pragmatism" and satisfy the maxim that "the life of the law has not been logic but experience."[14] But reading the sources of the law with a view to their purposes quickly became equivalent to giving the force of law to its perceived purposes without regard to legal sources, and "rule skepticism" followed – the belief that "talk of rules is a myth, cloaking the truth that law consists simply of the decisions of courts and the prediction of them."[15]

[11] *Bruce A. Kimball*, Before the Paper Chase: Student Culture at Harvard Law School, 1895–1915, 61 J. Legal Ed. 31 (2011).

[12] *Touster*, Holmes a Hundred Years Ago: The Common Law and Legal Theory, 10 Hofstra L. Rev. 673, 685–86 (1982); *Stephen Utz*, Maine's Ancient Law and Legal Theory, 16 Conn. L. Rev. 821 (1984). For a contemporary view of formalism, see *Frederick Schauer*, Formalism, 97 Yale L.J. 509 (1988).

[13] *O. W. Holmes, Jr.*, Book Review, 14 Am. L. Rev. 233, 234 (1880). See *George Feaver*, From Status to Contract 130–35, 146–48 (1969.

[14] *O. W. Holmes*, The Common Law 2 (1888).

[15] *H. L. A. Hart*, The Concept of Law 133 (1961). Before the current conception of legal methodology took hold in Germany, a debate like that between formalists and realists

Reaction inevitably set in. Between 1939 and 1949, a return to textualism and grounded interpretation emerged in American law schools, taking its name from *The Legal Process* by *Henry M. Hart, Jr.*, and *Albert M. Sacks.*[16] "Legal process" became a buzzword among a generation of law professors who were intent on rejuvenating the case method.[17] This approach to teaching, however, also pointed away from system building. Since the case method still reigned in law schools, a close inquiry into the origin and implications of a particular case – this being the hallmark of "legal process" analysis of cases – routinely focused as closely on the peculiar posture of the case, the specificity of its facts, the relationship between the parties, and its procedural history, as on the issues of law. Purely legal analysis therefore had only a co-equal role at best in the classroom experience.

In the last half of the twentieth century, rule skepticism, and skepticism about the integrity of law, characterized the Critical Legal Studies movement and various strains of allied "critical" approaches. Disdain for formalism came back in full strength, though with less universal appeal. It is fair to observe now, as many "Crits" themselves say, that the critical heyday is over. It is no slight to these movements or their importance to accord them little place in this survey, because they were deliberately scornful of the details of the maintenance of legal systems, having decided on general principle that the law fundamentally misrepresents itself and deserves to be treated as pathological.

## D. Argument from Analogy and Common-Law Methodology

### *I. Myopic Concern With the Handling of Precedent*

Anti-systematic fashions in American legal thought mask undercurrents that could dash any attempt on our part to replace piecemeal with comprehensive discussion of interpretative issues. Two problems such an effort would bring to the surface are that of unpacking how analogical reasoning works in the common law but also that of describing how *stare decisis* and other common-law strategies play out in the interpretation of statutes. The scant literature on these topics has not kept them distinct.

Reasoning from precedent is of paramount importance to common lawyers, but it does not follow that "case crunching," as we Americans call it, is a

dominated legal theory in Germany for a few decades. See *Vogenauer*, An Empire of Light, supra note 5, at 492–500.

[16] *Henry M. Hart & Albert Sacks*, The Legal Process: Basic Problems in the Making and Application of Law (1958)[1st ed.].

[17] *William N. Eskridge, Jr.*, Dynamic Statutory Interpretation, supra note 2, at 207–38.

single kind of task.[18] Many think it is, and that it is all about analogy.[19] Proponents of this expansive view, not surprisingly, give very different accounts of how analogical reasoning works. Does analogy fly from fact pattern to fact pattern, or from rule to rule? Does it reflect the global or the narrower goals of law, or both? Does it govern or is it governed by our efforts to harmonize discordant elements within the law? The following two sections attempt to answer these questions.

## *II. The Substrate of Analogy*

To reason by analogy involves recognizing the importance of *similarities* among things. These "things" can be events, norms, policy goals, and virtually anything else. Similarity is a fundamental and ubiquitous relation. Similar things also of course exhibit differences that make them distinguishable. If they were not different in some respect, and their indiscernibility would make them identical, as Leibniz taught.[20]

If similarities point to worthwhile conclusions, the *dis*similarities among the similar things in question must be less important than the similarities, at least for the purpose in view.[21] For most purposes, a white dog is more like a black cat than it is like a white pencil. Thus, the epistemological value of similarity obviously lies in the fact that such similarities and dissimilarities as there are have varied degrees of relevance, or more accurately, *importance.* For some similarities to be instructive and useful, and for a few to be incontestably basic, other similarities must be trivial, the indefinitely large majority of them, in fact. Which similarities are most important is also a matter of debate. Changes in the debate can herald vital changes in our world view. Although the hard sciences are empirical, they are also theoretical in the sense that they change the importance ranking of similarities among physical phenomena. A "paradigm shift" in science exalts some similarity, e.g., the

[18] A recent debate between *Scott Brewer* and *Lloyd Weinreb* underscores the attraction of this characterization of how one case leads to another, even though Brewer argues that analogical reasoning must be understood differently than others have described it. *Scott Brewer*, Exemplary Reasoning: Semantics, Pragmatics, and the Rational Force of Legal Argument by Analogy, 109 Harv. L. Rev. 923 (1996). Contra *Lloyd L. Weinreb*, Legal Reason: The Use of Analogy in Legal Argument (Cambridge U.P. 2005).

[19] The locus classicus for this view is *Edward Levi*, An Introduction to Legal Reasoning (1949), but *Brewer* and *Weinreb* provide a historical survey of popularity of this view. *Brewer*, supra note 18, at 929–32; *Weinreb*, supra note 18, at 4–17.

[20] *Wilhelm Gottfried Leibniz*, Discourse on Metaphysics § 9, in *L. Loemker*, G.W. Leibniz, Philosophical Papers and Letters, (Dordrecht, Reidel 2^d ed. 1969); but see *Ian Hacking*, The Identity of Indiscernibles, 72 J. Phil. 249 (1975).

[21] See *Panayot Butchvarov*, Resemblance and Identity (2^d ed. 1976); *Mary B. Hesse*, Models and Analogies in Science (1963).

speed of light, over others, e.g., the constancy of the shape of space and the invariance of time between frames of reference.[22]

The similarity between two things can be simple and unanalyzable.[23] Similarity can also depend on subordinate or less complex similarities. Two athletes may be similarly good at their sport, but we may break that similarity down by noting that both are fast runners and tactically intelligent. Although reducible similarities may give way to other more detailed similarities, the reduction must stop somewhere, and at that point we can only judge the more fine-grained similarities important or unimportant. Similarity can thus be discussable, vulnerable to criticism and assessment, or just there – take it or leave it. Analogies, being similarities that we choose to dwell on, have the same possible duality – they may be complex and analyzable, or they may successfully resist analysis. Another useful point: when a similarity outweighs dissimilarity, this is not a matter of counting points of similarity and dissimilarity but of assessing their relevance.

How does analogy add to what we know? Deductive inference leads from undisputed propositions to previously unproven, and sometimes unexpected, further propositions. Deduction is the standard-bearer of reliable inference, although it has been argued that inductive or some other kind of probabilistic inference also fits this description.[24] *Charles Sanders Peirce* famously invented the term "ampliative" to describe reasoning that takes us from known facts to predictions or retrospective explanations of other facts, not included in broader generalizations already taken to be true, like the premises of deductive inference.[25] He thought analogical reasoning deserved equal status with deduction and induction as a type of ampliative reasoning.[26] Analogical reasoning does look ampliative, because it takes us beyond our factual, or in the case of law normative, starting point, but what makes it distinctive is that it first reaches out to discover or postulate novel premises about the relevance of similarities between similar objects. In fact, it is best to think of analogy as providing premises rather than rules of inference.

[22] *Thomas S. Kuhn*, The Structure of Scientific Revolutions (1962).

[23] *G. E. M. Anscombe*, On Brute Facts, 18 Analysis 69–72 (1958) (arguing that some descriptions and hence some underlying similarities are so basic or "brute" that no change of perspective can make them less fundamental).

[24] See *Rudolf Carnap*, The Continuum of Inductive Methods (1952) and the large literature on Carnap's project of formulating an inductive logic, e.g., *I. Hacking*, An Introduction to Probability and Inductive Logic (2001).

[25] *Charles Sanders Peirce*, 9 Writings of *Charles Sanders Peirce*, A Chronological Edition: 1890–1892, at 113 (Indiana U.P. 2009).

[26] It may be tempting to think that argument from analogy is deductive, following the pattern: A, B, C, etc. are all alike in this respect; therefore, A, B, C, etc. are all alike in that respect. But this pattern identifies no inference whose form along guarantees its reliability. Sometimes items that are alike in one respect are not alike in others, as in the example of the white dog and the white pencil.

## *III. A Dispute Over Argument From Analogy*

It is partly because analogy both does and does not look like a type of inference that it has given American methodologists much to disagree about. Recently, *Scott Brewer*[27] and *Lloyd Weinreb*[28] have taken sharply opposed views regarding it. Brewer stresses that relevance governs the value of any analogy, which is true, as we have seen. He insists in effect, however, that the salience of an analogy is never enough to support a conclusion.

All arguments involving analogy, in *Brewer's* account, exhibit the same pattern. He believes that when a legal interpreter is uncertain about the extension of a legal concept or in doubt about the classification of a phenomenon, she may "abduce" (reason backwards to) an "analogy-warranting rationale" (AWR) from items or phenomena that have previously been classified in the relevant respect. An AWR is a generalization that covers the new item or event as well as those previously classified, but it is only a tentative solution to the problem at hand. The legal interpreter must test the AWR by showing that one can deduce from it the occurrence of the problem phenomenon (as well as other phenomena whose established classification in part prompted the AWR).

The process *Brewer* describes is essentially the same as that expounded by traditional views about scientific discovery. The scientific researcher begins with data to be elucidated, makes an unfettered leap to a tentative hypothesis that may cover or "save" the phenomena, then tests the hypothesis by using it as the premise of a deductive inference, which with other already established theoretical premises and known factual premises yields the prediction or postdiction of the phenomenon in question.[29] On *Brewer's* account checking the application of the AWR is likewise a necessary step. But more importantly, the similarity or analogy that prompted the legal interpreter to formulate the AWR in the first place "drops out" and need no longer figure in the interpretation that is carried forward. Because analogies have no continuing role in legal reasoning on the topics they help us to deal with, "argument from analogy" is at best a misnomer and at worst a seriously misleading description of this important aspect of legal methodology. It is worthwhile to note that *Edward Levi*, who affirmed the importance of argument from analogy in the common law, and *Richard Posner* have characterized analogy as defective by comparison with deductive reasoning.[30] *Brewer* can justly claim that their objections should not apply to the combined procedure of abduction to an AWR and deduction from the AWR to a legal holding.

[27] *Scott Brewer*, supra note 18.

[28] *Weinreb*, supra note 18.

[29] See, e.g., *Norwood Russell Hanson*, Patterns of Discovery (Cambridge U.P. 1958).

[30] *Edward H. Levi*, An Introduction to Legal Reasoning 2–7 (Chicago: Chicago U.P. 1970). See also Cass Sunstein, supra note 3, at 62–100.

His description of analogical argument does fit some judicial reasoning. In *Howard v. Kunto*,[31] for example, a Washington State court concluded that a couple who purchased land in good faith from a previous possessor could count their own and their grantor's time on the land towards the statutory limitations period that would give them a right to it by adverse possession. Before *Howard*, the common law rule was that for successive periods of possession to "tack" or be counted together, the successive possessors must be in "privity of estate." This amounted to the requirement that they have successive undisputed rights in some other parcel of land, perhaps land adjoining that in dispute. In *Howard*, the possessors had relied on a mistaken survey and had believed themselves to be on land to which they held record title, while in fact they had been on a neighboring but entirely separate parcel. There was no privity of estate. The court reasoned, however, that privity would have been relevant only to establish a "reasonable nexus" between the successive adverse possessors, to justify treating them as acting in concert. It therefore held that their successive periods of possession counted towards the running of the statute, so that the current possessor prevailed over the record title holder.

The case can be described as based on reasoning by analogy. The court saw a strong similarity between successive possessors in privity of estate and successive possessors like the defendants and the prior possessors who purported to sell them the land. The analogy prompted it to generalize (or "stretch", as an unsympathetic observer might say) the settled common-law rule. The court expressly commented on how well the new, broader tacking rule covered past precedent. *Brewer* would be pleased to note that the AWR concerning "reasonable nexus" does not mention or rely on the continued scrutiny of the analogy between the older cases and future cases. Instead, the analogy dropped out of the court's reasoning, as he thinks typical of legal argument from analogy.

*Weinreb*, however, rejects *Brewer's* claim that analogy cannot by itself support a legal conclusion. Argument from analogy, he argues, often stands on its own legs, without the necessity for separate testing of the relevance of the asserted analogy and the disappearance of the analogy from the holding. He illustrates this with *Adams v. New Jersey Steamboat Co.*,[32] which held that a steamboat operator had the strict liability of an innkeeper for losses suffered by passengers who rented steamboat staterooms rather than the limited liability of a railroad for losses suffered by occupants of berths in a train sleeping car, because the modern palatial steamboat resembled a hotel

[31] 477 P.2d 210 (Wash. Ct. App. 1970). This is not one of Brewer's examples.
[32] 151 N.Y. 163 (1896).

more than it did a train.[33] Courts do thus sometimes rely directly on similarities to support a holding and do not resort to the search for *Brewer's* AWR or test their results by deduction.

It is notable that the analogues in *Howard* were not norms or objects but relationships between parties to a conveyance. Another such case is *United States v. Chadwick*,[34] which *Brewer* and *Weinreb* both analyze, though quite differently. There, the problem was to decide whether the use of a dog to detect something humans cannot detect was more like the use of a bugging device or wiretap than like looking through an open window with binoculars. Some Fourth Amendment cases elicit generalizations from the courts about the scope of a search-target's expectations of privacy. Thus, even the sniffer-dog case could be recast as requiring a solution in which analogy generates an AWR (something about the target's expectation of privacy for things hidden from view and not detectable by the human sense of smell). But when the more normal way of understanding the holding, both by the bar and the bench, is in terms of the analogy between sniffer dogs and bugging devices. They just seem more alike than sniffer dogs and binoculars.

Note, however, that *Chadwick* applies written law – the Fourth Amendment, which forbids "unreasonable search and seizure" in a criminal law context. There can also be "pure" argument from analogy in common law decisions that do not proceed from constitutional or statutory provisions. The law of bailment, for example, is still entirely non-statutory common law throughout most of the United States. Early cases held that unknown items of value contained in boxes or other containers were not included with the bailment of the latter, and the bailee was not liable for the concealed items' loss. In *Peet v. Roth Hotel*,[35] the court held that even the bailment of an unusually valuable fur coat did not make the checkroom of a hotel liable for the undisclosed diamond necklace in its pocket, because the fur coat was essentially a container disguising the true risk of loss, so that the bailee could not assess it. The rule is not that the bailee is exempt from responsibility for all undisclosed contents. Containers normally contain things of some value, and these would be included in the bailment of the containers. The nature of the container was important. A jewelry box would give notice of jewels inside. But in *Peet* the court did not consider the fur coat to have the notice function of a jewelry box.

Yet the view that common law cases, at least hard ones, always involve identifying and evaluating similarities between old and new *fact patterns* is misleading as well. There are such hard cases, as we have seen. Both *Brewer* and *Weinreb* correctly identify other plausible examples of reasoning from

[33] Id. at 165.
[34] 433 U.S. 1 (1977).
[35] 253 N.W. 546 (Minn. 1934).

analogy that satisfy their opposing characterizations of that pattern of inference. Even these examples, however, suggest that further analysis may yield other, possibly better ways of classifying the use of similarity in common-law decisions. To this possibility, we now turn.

## E. Overbreadth of Category of Analogical Reasoning

*Brewer* and *Weinrib* agree that analogy figures vitally in common-law judicial reasoning but they notice little else about the setting in which analogies have been persuasive to courts. The American obsession with analogy in legal reasoning combines dangerously with our lack of methodological ambition. We instinctively believe that so much depends on inherently analogical reasoning from precedent in our law that we ignore all else and oversimplify even that one preoccupying aspect. In effect, we presuppose that coming to grips with the "chain novel"[36] process of the common law will solve most of our problems, and we therefore stretch the concept of analogy beyond its capacity to enlighten. Because other kinds of legal reasoning have no clear place in our landscape, our catch-as-catch-can approach has allowed analogy to become a euphoric conceptual bubble.

I rely on *Detlef Leenen's* writings as inspiration for making the reach of common-law reasoning more self-conscious concerning the use of analogy. He offers, in his recent book, an overview of the methodological aspects of German contract law.[37] Admittedly, statutory interpretation is alone at issue, his subject being the general part of the German civil code (Allgemeiner Teil des BGB). Nevertheless, within this sphere, he calls attention to applications of several distinct kinds of interpretation that are alternatives to analogy. Each has as its purpose the filling of gaps in the pre-existing statutory (as well as, in common-law jurisdictions, precedential) framework. Gap-filling, of course, is not a type of legal reasoning, merely a broad class of problems for legal reasoning to solve. Following earlier methodological writings, including his own, *Leenen* distinguishes three broad ways in which gaps can be filled: analogy, teleological reduction, and general judicial development of the law (allgemeine Rechtsfortbildung) from existing law.[38] Within each of these, he notes some variety.

*Leenen's* restrictive view of analogy as a gap-filling technique sheds light on our inquiry. The term "analogy" he reserves, as is customary in Germany, for the application of a statutory norm or norms from the area of expressly intended application to another problematic area for which the Code makes

[36] *Dworkin*, Law's Empire, supra note 10, 228–32 ("chain of law").
[37] *Leenen*, BGB Allgemeiner Teil: Rechtsgeschaeftslehre § 23 (DeGruyter 2011).
[38] Id. § 23 Rdn. 67–97.

no provision. The similarity of the two areas provides the analogy that underlies this genus of interpretative move. Examples: (1) § 388 Satz 2 BGB applies to declarations of a contract termination or rescission, by analogy with express application of § 388 to setoff declarations (Erklärungen der Aufrechnung).[39] (2) The expert view is that the Law of Sales (Handelsgesetz), which allows a merchant to limit sales personnel's authority, should be interpreted as subject to the express rule on the apparent authority of a different category of agents.[40] (3) Analogy associates the translation error of an interpreter, who changes the content of a declaration of intent (e.g., an offer or acceptance) in communicating it to the intended, with a broker's miscommunication of a declaration of intent, with the result that the BGB's explicit rule imposing liability on the latter is also applied to the former.[41] (4) Analogy grounds the requirement of notarized agreement for the termination of a land sale contract, relying on the principle implied in § 311 b Abs. 1 BGB, which requires the sale contract itself to be notarized.[42] A parallel lies in the common-law application of the Statute of Frauds to the termination of land sale agreements, requiring a written memorandum with certain features.

The common thread here is the existence of a fully explicit and specific statutory rule the scope of whose application is not expressly left indefinite, as is true of some common-law "principles" in Dworkin's sense, but whose role in the complex network of the BGB and other codified laws the legislator did not foresee. Although civil-law jurisdictions do not acknowledge the possibility of legitimate judicial activism, the use of any rule system requires that the best sense be made of its component parts. Analogy in the restricted sense illustrated by our examples is an interpretative technique that is grounded in legislative intent precisely because it allows purpose, guided by similarity of subject matter, to prevail. This of course is true of the common-law use of analogy as well. Thus, we borrow aspects of the doctrine of adverse possession in constructing the doctrine of prescriptive easement because of their similar rationale; many constitutional rights against the federal government become rights against the States by "incorporation" (gap-filling) into the fourteenth amendment of the Constitution;[43] and delivery like that required for the valid use of a deed in the conveyance of land becomes a requirement, with certain adjustments, for the completion of a gift.[44]

[39] Id. § 6 Rdn. 114.
[40] §§ 54 Abs. 3, 56 HGB; *Leenen*, supra note 37, § 9 Rdn. 102.
[41] § 120 BGB; *Leenen*, supra note 37, § 23, Rdn. 86.
[42] Id.
[43] *Gitlow V.*, New York, 268 U.S. 652 (1925).
[44] *Cochrane v. Moore*, L.R. 25 Q.B.D. 57 (1890), affirming Irons v. Smallpiece, 3 B.& Ald. 551 (1819), made physical delivery of appropriate property an requirement for a valid

## F. Beyond Analogy

### *I. Two Views of Two Celebrated Cases*

We have just seen the error of the view that common-law reliance on analogy is merely heuristic (*Brewer*) or basically illegitimate (*Levi*). But I will now argue that there more to be gained by exploring the use of analogy is a systematic manner. In the often discussed case of *Riggs v. Palmer*,[45] the New York Court of Appeals reasoned that the analogy between the case before it, in which a murderer claimed an inheritance from the murder victim under the New York succession statute, and a previously decided case, *Mutual Life Insurance Co. v. Armstrong*,[46] in which a murderer claimed an insurance recovery under a policy on the life of another murder victim, was strong enough to support the application in the new case of the equitable principle that "No man may benefit by his own wrong," which had defeated the plaintiff's claim in the earlier case. The cases were different in many respects. A statute dominated one, whereas an insurance contract had been central to the other. But both involved opportunistic murderers, intent on benefiting from their murders under innocent views of the law. Analogy, at first glance, seems perfectly to capture what was at stake here. But does reasoning by analogy account for *all* of the court's reasoning in *Riggs*?

For *Cardozo*, who made *Riggs* famous in an often cited essay on legal reasoning, the case represented the force of attraction between fundamental acts, viewed pre-legally for the relevance of their similarities and differences.[47] In that light, the case and the precedent relied on were both primarily about murderers and the need for the law to abstain from complicity in their bad acts. For *Dworkin*, on the other hand, *Riggs* illustrates the importance of principles, as opposed to all-or-nothing rules, that sweep over diverse domains within the law and support decisions that bend and re-shape previously settled rules, even if those rules were not judge-made but legislated.[48] The difference of perspective illustrated by *Cardozo's* and *Dworkin's* accounts helps us understand why proponents of the importance of analogical reasoning in the common law stress its power, and detractors argue that it is illegitimate, especially when compared with deductive and other forms of reasoning for which straightforward rules of inference can be identified.

gift. See *Ray Brown*, The Law of Personal Property 38 (ed. *Walter B. Rauschenbush*) (Callaghan Pub. Co. 1976)

[45] 115 N.Y. 506, 22 N.E. 188 (1889). The case became a landmark illustration of various points in the jurisprudential literature after Justice *Benjamin N. Cardozo* discussed it in his The Nature of the Judicial Process 40 (1921).

[46] 117 U.S. 591 (1886).

[47] *Benjamin N. Cardozo*, The Nature of the Judicial Process 40–41 (1921).

[48] *Ronald Dworkin*, Taking Rights Seriously 23–24 ($2^d$ ed. 1978).

The straightforward category of *teleological reduction*,[49] which in *Leenen's* words, "adds a fact-specific exception to a norm," thereby filling a "hidden gap"[50] seems appropriate here too. When the purpose of a rule is inconsistent with the application of the rule to a given set of facts, we can in a sense recognize that these facts fall into a gap that should not be filled by the application of the rule. For example, the German Civil Code prohibits the creation of a contract with oneself, yet the purpose of this prohibition is to prevent a person from artificially placing himself or herself under an obligation that conflicts with other contractual obligations and may interfere with the normal application of rules concerning *ultra vires* acts. The rule against contracting with oneself should not prevent an agent from binding himself as a fiduciary in an agreement between the agent and the principal.[51] Thus, the literal application of BGB § 181 to the latter situation is curtailed. The restriction of the stated norms in both *Riggs* and *Mutual Life* was also based on their purposes, for which the norms were too broadly formulated.[52]

This may seem to leave out something tantalizingly bold about *Riggs*. What of the analogy between the murderers in *Riggs* and *Mutual Life* who sought to frustrate the bona fide purposes of the testator and the insurance company? Despite the longevity of *Riggs*, it is not clear that a murder should be denied the benefit of his crime, if the benefit should flow from application of the bankruptcy, patent, or tax law, and yet such subversions of the purpose of these legal regimes is possible. Thus, the analogy between different sorts of murderers may have attracted the attention of common-law methodologists only because analogy has cast its net so widely. Here the analogy is promising but not at all clear in its implications.

*Howard v. Kunto*[53] provides another telling example of legal reasoning that is superficially analogical but also grounded in the adjustment of a broad rule to new circumstances. Although it is not incorrect to detect analogical thinking in the court's rejection of privity of estate as a prerequisite for tacking periods of adverse possession, it makes more sense to understand the court has moving beyond privity estate as a poor attempt to capture the ultimate purpose of restrictions on tacking. By not requiring privity of estate for tacking on the facts of Howard, the court recognized that the purpose of the privity requirement was inappropriate there.

The purpose of a rule is sometimes inconsistent with its application to a gap in the law. In *Howard*, analogical reasoning could account for the court's

[49] *Detlef Leenen*, supra note 37 at § 23 Rdn. 91–92; *Canaris/Larenz*, supra note 7, at 210–15.

[50] Id. § 23 Rdn. 91.

[51] *Leenen*, supra note 37, § 23, Rdn. 92.

[52] *Reinhold Zippelius*, supra note 7, § 11, II b), at 94–95.

[53] See supra note 31.

selection of privity of estate as a prerequisite for tacking periods of adverse possession, but it makes more sense to understand the court as looking beyond privity when the parties otherwise stood in a reasonable nexus for the purpose of tacking. Similarly, the holding of *Riggs v. Palmer* can be understood as a refusal to apply the statutory rules of succession so as to further the criminal scheme of a potential estate beneficiary. The purpose of the succession regime was to carry out testamentary distributions that had not been manipulated by their recipients. In *Riggs*, the analogy on which the privity requirement depended was trumped by the stronger analogy between earlier cases covered by the privity rule and the new case from which it was absent. In the second, it was the analogy between the murderous schemes of the defendants in *Riggs* and the earlier *Mutual Life*. But neither of these analogies has other clear consequences, precisely because both cases are so closely bound up with the purposes of the broader norms they apply, viz., those of adverse possession and statutory succession. The type of gap-filling reasoning involved in *Howard* and *Riggs* could be styled analogical, given the elastic American usage of that term, but this would obscure what is really at stake. It is better to regard both as examples of teleological reduction.

## *II. General Development of an Area of Law*

A more discriminating classification of gap-filling techniques has begun to clarify the scope of analogical reasoning in the non-statutory context. We have considered analogy and purpose-based restriction of overly broad norms. It is useful now to consider a class of bold judicial decisions that do not seem to rely on analogy.

Despite the reputation of the common law for gradual change, more decisive change is also reasonably characteristic. To take examples again from the law of property, English courts spontaneously permitted substantial weakening of the requirements for the running of covenants with the land at several stages in the development of private land use restrictions during the nineteenth century, and United States federal courts went along with these changes, sometimes liberalizing them even further, at about the same time.[54] A little more than forty years ago, the District of Columbia Circuit Court of Appeals drastically changed residential landlord-tenant law by declaring residential leases more akin to contracts than conveyances and strategically changing the older common law's strictures on which lease covenants were mutually dependent on others.[55] This led to statutory change in twenty-two

[54] *Tulk v. Moxhay*, (1848) 41 ER 1143; Allen v. London County Council, 3 K.B. 642 (Ct. Apps. England 1914).

[55] *Javins* v. First National Realty Co., 428 F. 2d 1071 (D.C. Cir. 1970).

states and judicial adoption of similar rules in most other states. These case law developments illustrate another recognized form of gap-filling that does not fall within even the most generous view of analogical reasoning. "General judicial development of the law"[56] describes these more radical changes accurately.

Statutory interpretation and the harmonization of prior case law, as this occurs in the common law, share a feature that may overlap with what is called analogical reasoning. When it is necessary to understand "the interplay of separable rule-like statements (Rechtssätze) that qualify each other and through their mutually dependent meanings yield a regulatory scheme,"[57] the order of the rule-like parts of the rule-like whole indicates which characteristics of a fact situation are dispositive under that whole, and this is the same thing as to indicate which similarities between this fact situation and others governed by the same rule are relevant, in effect, how and when one fact situation is analogous to another. It may be objected that to reduce two notionally distinct kinds of reasoning – argument from analogy and argument from the coherence of a set of rules – is to ignore how differently they appear when one or the other of these descriptions more closely fits a particular piece of legal analysis. But the point is that unrestricted talk of coherence and of analogy is not particularly helpful in classifying examples of legal reasoning, no matter how useful it may be in understanding what goes on in any particular instance. As taxonomic categories they are less useful than they are in providing an abstract portrait of their subject matter. Abstract characterizations can of course overlie each other in Gestalt-shift puzzles, and that is arguably what happens with these overlapping descriptions of legal reasoning. There is, however, another way of describing both analogical and coherentist reasoning about networks of legal rules.

The English courts that gave deed covenants the power to bind successors to the original parties reasoned that the underlying purpose of the land conveyances to which those covenants were a crucial element would be frustrated if they were not held against successors. They did not expressly state that the covenants resembled the more traditional conveyance of easements. Their reasoning, however, could scarcely have been understood as having no reference to the existing law of easements. To allow covenants to run with the land as easements did was just to expand the category of non-possessory property rights. The bold invention of real covenants (clearly a case of allgemeine Rechtsfortbildung) can thus be regarded as dependent on analogy.

[56] *Leenen*, § 23 Rdn. 96–97 (Die allgemeine Rechtsfortbildung).

[57] *Canaris/Larenz*, supra note 7, at 264 (II.2.3 "Der Rechtssatz als Teil einer Regelung").

The same is true of the American courts' twentieth-century transformation of the rights of residential tenants. In fact, *Javins* expressly says that residential leases are more like contracts than like conveyances and should therefore be subject to something more like the rules regulating the remedy of contract breaches than the forfeiture remedies of defective conveyances. Yet analogy seems only a decorative effect of a much deeper, purposive adjustment of the legal structure. *Javins* clearly heralded a change to which many previous unsatisfactory adjustments of residential tenants' rights had pointed.

In brief, growth points of the common law are not so dissimilar from those recognized in German methodological commentary. Both *Tulk* and *Javins* should be regarded, not as relying on argument from analogy, but as broad adjustments of the legal network. The rough-and-tumble of the common law, especially when directed to the emendation of statutory law, may provide still further distinctive categories of legal reasoning. For now, however, it suffices to reflect on the utility of seeing those identified in this paper thus far as more easily recognized in a scheme that is less dominated by an overly broad conception of analogical reasoning.

## G. Typifying Thought in the Construction of Entire Legal Areas

It is useful to focus on another somewhat narrower category of legal thought to which our friend has devoted his attention. The term "type" plays an important role in the conception of certain forms of empirical research, largely through the influence of Max Weber's contributions to our understanding of the methodology in the social sciences and in law. In *Leenen's Der Typusbegriff und Rechtsfindung*,[58] he explored the use of this unusual conceptual element of certain parts of the law: the field of special contracts. In a cautious assessment of how the concept of a type in earlier works both legal and scientific, *Leenen* dissects discordant usages and develops a clear and adaptable version of typifying analysis for law.[59] Types play a more significant role, he points out, in property law than in general contract law, because the latter is inherently devoted to flexibility and content neutrality in contracting, whereas the former is shaped by a *numerus clausus* principle that limits the property rights private parties can create.[60]

[58] *Detlef Leenen*, Der Typusbegriff und Rechtsfindung (Berlin: Dunkler & Humblot 1971).

[59] Id.; see *Jens Petersen*, Max Webers Rechtssoziologie und die juristische Methodenlehre 133-58 (2008). Petersen's thorough account deals with Weber's philosophy of sociology (and other social sciences), with his philosophy of law, and with Leenen's significant development of the concept of type.

[60] *Leenen*, supra note 37, § 1 Rdn. 43 ("Im Interesse der Rechtssicherheit [vom Sachenrecht] gilt ein Typenzwang").

In general, *Leenen* sees the actual function of types in law as more flexible and adaptive than others have.[61] For some purposes, as in *Max Weber's* philosophy of the social sciences, the distinction between average and ideal types is relatively firm. An average type embodies "empirical/statistical" information about a kind of person, event, etc., while an ideal type raises a standard by which information about a variety of instances of that kind can be recognized, classified, or judged, depending on the nature of the intellectual enterprise. An empirical science should be exclusively descriptive, whereas legal and many other conceptual frameworks have, though not simultaneously, both descriptive and normative functions. In the latter ideal types are often of great constructive value, yet can be confusing because as standards they provide tests both for classification and for evaluation. Thus, the "reasonable person" posited by tort law both distinguishes children from adults and justifies attributing of different standards of care to children and adults in conduct affecting third parties.[62] Leenen has described this duality, as it surfaces in legal reasoning, as giving ideal types the task of "similarity testing" (Ähnlichkeitsprüfung).[63]

Other key concepts in law also have both a descriptive and a normative function. An example is the concept of *possession*, to which Roman law and virtually all other legal systems, ancient and modern, assign a central role in regulating property rights. A basic application of the term has a dispositive role in regulating disputes over rights to animals *ferae naturae* and to other unowned or abandoned movable property. The ancient maxim *qui prior est tempore potior est jure* gave the first to possess or occupy such a thing superior rights to a later possessor or occupant. Applying that principle, *Armory v. Delamirie*[64] held that a chimneysweep's boy had a superior right to a jeweled brooch he had found than did the goldsmith to whom he entrusted the brooch for valuation. *Pierson v. Post*[65] held that a huntsman who had pursued a fox on a public beach had an inferior right to another who shot the fox during the chase and promptly took it away. In these and many other instances, priority of possession or occupancy was the sole issue. But it is a "thick concept," to borrow a term from recent Anglophone ethical theory.[66]

[61] *Leenen*, supra note 59, § 18, at 193.

[62] *Petersen*, supra note 60, at 143–45.

[63] *Leenen*, supra note 59, at 183; see also *Petersen*, supra note 60, at 144.

[64] *Strange* 505 (K.B. 1722).

[65] 3 Cai. R. 175, 2 Am. Dec. 264 (N.Y. Sup. Ct. 1805).

[66] The late *Bernard Williams* apparently coined this expression for moral descriptions like "just," "courageous," "decent," etc., which both convey factual information about the person of whom they are said and evaluate the person's conduct or character from a moral perspective. *Bernard Williams*, Morality (Cambridge: C.U.P. 1972); see also *Philippa Foot*, Moral Beliefs, in her Virtues and Vices (Berkeley: California Univ. Press 1978), at 110–31.

That means, in this context, that it conveys both factual information about a person's relationship with some movable property and an evaluation of that relationship. A multitude of cases illustrate this, by showing us how courts first marshall other descriptions of how someone came to have custody of a thing before concluding that the person possessed it.[67]

The point of saying certain concepts are "thick" is that their descriptive content cannot be disentangled entirely from their evaluative content. Thus, for example, if a person says another person is courageous, the descriptive use of "courageous" suggests a certain kind of evidence for the correctness of her statement. If it turns out that the person said to be courageous displayed no relevant character trait, e.g., was not willing to take chances in the interest of others or for the glory of some accomplishment, the statement that this person is courageous would just be wrong on the facts. But this factual component of the statement cannot be stripped of its overtone of commending the courage of the other person.[68]

Possession has the same dual function in the common law of property.[69] It both conveys information about what has happened and applies a principle, based on that information, with legal consequences. A court may hesitate to say that someone who chased and maimed or killed a whale but did not manage to hold it fast with ropes has inferior rights to another who profited from the effort of the first and found the whale's dead body in the ocean a day later. But the court's deliberation will be couched in language about which of the two whalers first took "possession" of the whale, and the first whaler's lack of custody is not always dispositive. The descriptive component of the concept of possession has thus been altered by the network of possessory rights. In *Moby Dick*, Melville takes pains to justify this alteration as just a matter of common sense to the whaling industry.[70] But what the law does with the lay person's description of the facts is to invest them with normative implications. Similarly, one of the most striking respects in which the descriptive content of the legal notion of possession is changed by the

[67] *Ghen v. Rich*, 8 F. 159 (D. Mass. 1881) (whaler's "possession" of a whale never actually reduced to the whaler's control); *Hannah v. Peel*, [1945] K.B. 509 (1945) (finder had first possession of found brooch despite landowner's possibly constructive possession of the premises on which the brooch was found); *Keeble v. Hickeringill*, 11 East 574, 103 Eng. Rep. 1127 (Q.B. 1707) (court avoided deciding whether landowner had possession of ducks lured to his property).

[68] This example and its analysis are given in Foot, supra note 67, at 124.

[69] *Carol Rose*, Possession as the Origin of Property, 52 U. Chi. L. Rev. 73, 77–78 (1985). "Possession" and its cognates are often used in common law discussions with both technical and nontechnical connotations, whereas the BGB distinguishes Besitz and tatsächliche Gewalt über eine Sache. See, e.g., § 855 BGB.

[70] *Herman Melville*, Moby Dick, ch. 89 (1st ed. London 1851) ("Fast Fish and Loose Fish").

legal norms in which it functions is the deemed continuation of a person's possession of something, once the facts have justified his or her right of possession, despite that person's subsequent lack of custody of the thing possessed. If you gather valuable fertilizer from the public roads and then go home to supper before carting it away, you remain in possession of the fertilizer for a reasonable time.[71] Whether the collector of the fertilizer possessed it at all, however, may depend on whether the act of collecting it made it more valuable.

The fact of possession does not involve a relationship among several human agents, but only a relationship between one human agent and the property in dispute. Possession is nevertheless an ideal type in priority disputes. In other closely related disputes, however, it functions in an almost purely descriptive fashion. When a person entrusts her watch to a jeweler for repair, possession of the watch is transferred from one to the other. Yet the possessory rights of the watch's owner are not diminished, and an action for trespass to chattels is as appropriate if the jeweler refused to return the watch, as it would have been if the jeweler had stolen the watch from the customer's handbag.[72]

Long possession can give an "adverse" possessor of land superior rights to those of a holder of record title or a prior possessor. These rights are paramount to all others', after the running of the statute for claims of trespass against the possessor.[73] At common law, courts interpreted the statute of limitations on such claims as regulating not only the claims explicitly covered by the statute of limitations but also as regulating other claims based on alleged rights to the property, including claims for the rental value of the disputed land during the adverse possessor's time there before the running of the statute.[74] This gives rise to a puzzle. What are the rights of a prior title-holder of land against a trespasser who possessed the property non-adversely for the statutory period? The cases do not address this point.

[71] *Haslem v. Lockwood*, 37 Conn. 500 (1871).

[72] The common law describes the jeweler's custody of the watch as a bailment and imposes on the jeweler a duty of care during the intended custodial period with strict liability for misdelivery or refusal to deliver the property to prior possessor. See *Peet v. Roth* Hotel Co., supra, note 35: Uniform Commercial Code § 2–403 (good title to entrusted property purchased in good faith for value from a merchant in the ordinary course of business).

[73] A legal proceeding against a trespasser on land is often called an action in ejectment, but all understand that the underlying issue is one of trespass. Verjährung is the German term for the running of a statute of limitations, and § 214 BGB gives it many of the same legal consequences as the common law. One important difference, however, is that statutes of limitations in the United States and Britain did not originally provide that both legal and equitable claims were barred by the passage of a statutory limitations period. Equitable rights were and, in many US states, still are not subject to statutes of limitations with respect to debts and personal property.

[74] *Ewing v. Burnet*, 36 U.S. (11 Pet.) 41 (1837).

A non-adverse user of land who does not acquire the full protection due an adverse possessor is liable for the rental value of the property during the period of unpermitted possession.[75] This seems to imply that a non-adverse possessor for the full limitations period cannot be sued directly for these trespass damages but may be liable for them in equity in unrelated litigation with the landowner; the statute of limitations does not bar claims in equity, and an equity court can entertain claims between the parties before it, whether they arise from the same subject matter or not. This much, though beyond the case law, seems straightforward. But consider the following circumstances. A possessor occupies the land adversely but not long enough for the statute to run, and then in good faith transfers his interest in the land to another, who continues the occupancy until the statute would have run on their tacked periods of possession. If the second occupant's acts do not rise to the level of adverse possession, is the first, who did possess the property adversely, liable for mesne rents?

The case law seems never to have answered our question. Adverse possessors pay no damages for trespass, once the limitations period has run, because courts interpret the statute of limitations as conferring a right that "relates back" to the adverse possessor's first entry on the land. To harmonize the relevant parts of the doctrine of adverse possession, however, the non-adverse possessor is clearly relieved of the obligation to pay trespass damages, because the trespass claim against her is time-barred. The prior *adverse* possessor, for whom the statutory limitations period had not run, must be treated as a trespasser unless the limitations period has run since this party's departure from the property.

This excursion into the multivalent law of possession is relevant to methodological classification of interpretative techniques because it exhibits what Leenen calls type coercion (Typenzwang), as do many other interpretative puzzles in property law.[76] Can the reasoning that resolves the puzzle concerning successive adverse and non-adverse possessors also be considered analogical? One might say that the adverse possessor who is subject to a claim for trespass damages is not sufficiently like other adverse possessors who either adversely possess land for the full limitations period or whose holding period tacks with that of another adverse possessor to win immunity from trespass damages for them both. But the non-immune party is a possessor and her possession is adverse, thus having all the same attributes as the immune possessor, apart from the awkwardness of the transfer to a non-

[75] A co-tenant who ousts another co-tenant is never an adverse possessor for purposes of the statute of limitations and must pay the other the rental value of the property for the period of exclusive use. Holloway v. Holloway, 11 S.W. 233, 235 (Mo. 1889).

[76] *Leenen*, supra note 37, § 1, Rdn. 44.

adverse possessor. Plainly, analogy does not guide us here. The type of the adverse possessor figures in property law as one of those ideal categories whose details are not interesting in themselves but serve merely to distinguish a relationship with other parties. When that relationship does not exist, the ideal type fails like the wrong key in a lock and becomes irrelevant to further analysis.

## H. Conclusion

From our honored friend's delicate engagement with the apparatus of systematic legal methodology, many lessons can be drawn that would benefit the enterprise of the common law. Such lessons may not take root quickly in common-law countries, but they would definitely be a salutary influence. As we have seen, argument from analogy has become the catch-all classification of legal interpretation for common lawyers, largely because reliance on precedent seems inevitably to base the transition from case to case on analogy, or the similarity of fact patterns, the similarity of evolving common-law rules, or the similarity of policy goals. A more subtle analysis of the primacy of analogy in those contexts in which it matters most would plainly reveal that other gap-filling approaches and type-based analysis are of equal importance. The argument of this article has been that forms of interpretation distinguishable from reasoning based on the analogy of fact patterns should be recognized as lively alternatives within the common law tradition. To do so might well improve the quality of interpretation even when precedent is our guide.